가족관계

정현숙

Family Relations

신정

본 저서는 2018년도 상명대학교 교내연구비를 지원받아 수행하였음.

머리말

시대를 막론하고 삶에서 가족의 중요성에 대해 이의를 제기하는 사람들은 없다. 그러나 가족구성원이 누구이며, 가족이 어떻게 변화하고 있는가에 대해서는 이견들이 존재한다. 처음 대학에서 가족관계를 강의하던 1990년대와 지금은 30년이라는 세월만큼이나 가족을 바라보는 시각과 가족관계로 나타나는 다양한 행동에 대한 사람들의 인식에서 많은 차이가 있다. 이러한 상황에서 과연 대학에서 가족관계를 어떻게 교육해야 할 것인가에 대한 고민을 해왔다. 처음 2001년 가족관계에 대한 교과서를 집필하던 때와 지금은 정치, 경제, 사회, 문화적으로 우리나라의 거시적 가족환경에 많은 변화가 있었지만, 가족 내의 관계, 즉 미시적인 특성들도 많은 변화가 있었다.

그러나 이러한 변화에도 불구하고 가족을 연구하는 학자로서 가장 안타깝게 생각하는 이슈 중 하나는 벌써 30년 이상의 경험이 축적된 우리나라의 가족학 역사에서 한국 가족을 제대로 설명할 수 있는 이론적 토대가 여전히 부족하다는 것이다. 그 이유는 저자와 같은 학자들의 게으름과 함께 우리나라의 정치, 경제적 상황뿐만 아니라 사회문화적 변화가 너무나 급속도로 진행되어서 현재의 문제를 진단하기도 전에 이미 미래가 눈앞에 놓여 있기 때문이라고 생각된다. Alan Kay의 '미래는 예측하는 것이 아니라 발명하는 것이다'라는 말처럼 미래의 변화를 예측하고 선제적으로 대응했어야 하는데 그러지 못했기 때문일 수도 있다.

이러한 상황에서 새로운 교재에 대한 요구는 많았지만 선뜻 나서서 집필하지 못했던 이유는 저자의 역량의 한계가 일차적인 이유이며, 또 하나의 이유는 새로 집필하게 되는 가족관계 교재에서 어떤 내용을 다루어야 할 것인가에 대한 생각을 정리하기 어려웠기 때문이다. 실제로 가족관련 다양한 연구보고서에서 학자들의 연구경향은 수업현장에서 만나는 학생들의 관심과 인식수준과는 많은 괴리가 있다고 느꼈다. 또한 저자가 속한 대학의 상황을 모든 대학으로 일반화할 수는 없지만 석박사 과정에 있는 대학원생들조차 가족과 가족관계의 가장 기초가 되는 개념에 대한 이해수준이 매우 낮다는 것을 느끼면서 환갑을 맞아 뭔가 생산적인 일을 하고 싶어서 부족하지만 다시 책을 쓰게 되었다.

이러한 상황에서 가장 중요한 것은 누군가 이야기한 것처럼 'Back to the basic'에 충실한 교재라고 생각하였다. 교재가 가족과 가족관계를 이해하는 기본적인 tool로서 기능할 수 있도록 중요한 이론과 개념들을 정리하고, 가족과 가족관계를 연구하는 사람들에게 가족을 어떻게 분석하는 것이 적절할지에 대한 최소한의 방향을 제시하고자 하였다. 또한 급속하게 변화하는 가족관계의 다양한 현상들 중에서 향후 더 많은 고민을 해봐야 하는 이슈들이 무엇인지 정리하여 학생들에게 토론할 거리를 제공해 주는 것이 미래 가족의 변화를 대비하고 준비할 수 있는 기회라 생각하고 이 책의 집필 방향을 설정하였다.

이 책은 크게 3부로 구성되었다. 1부는 가족과 가족관계에 대한 기초 지식 습득을 위해 1장 결혼, 2장 가족과 가족관계에 대한 개념과 3장 가족관련 이론과 연구방법 등 이론적인 측면을 중심으로 내용을 구성하였다. 2부는 가족 내의 다양한 관계, 즉 가족 내의 2자 관계를 4장 부부관계, 5장 부모자녀관계, 6장 형제자매관계, 7장 친인척관계로 구분하고 각각의 관계에 대한 이론적 관점을 정리하고 관계의 특성을 발달적 관점으로 집필하였다. 다만 부모자녀관계는 임신과 출산부터 노부모-성인자녀관계까지를 모두 포함하지만 점차 변화하는 우리나라 세대관계의 특성을 고려하여 친인척관계에 포함시켜 고부관계와 장서관계 등과 함께 정리하였다. 3부는 가족의 체계적 특성과 미래의 변화를 중심으로 8장 체계로서의 가족, 9장 가족의 미래와 가족관계의 전망, 10장 가족관계를 지원하는 사회적 지원망으로 구성하였다. 가족관계의 핵심인 4장의 부부관계와 5장의 부모자녀관계는 다른 장보다 내용을 더 충실히 하려 노력하였다. 이 장들은 한 주에 다루기보다는 두 주로 나누어 강의할 때 효과적일 것이다. 각 장마다 관련한 사회적 이슈들을 중심으로 '토론해 봅시다'를 추가하였다. 학생들의 토론자료나 학생들을 위한 보고서의 주제로 활용될 수 있기를 기대해 본다.

이 책의 내용이 전적으로 새로운 부분만을 다루었다기보다는 지금까지 여기저기 투고했던 논문이나 학회 등에서 주제 강연했던 내용 및 토론자료, 대학원생들을 지도하면서 학생들과 같이 연구했던 연구보고서의 내용 및 다른 교재 등에서 저자가 직접 집필하였던 부분의 내용들도 출처와 함께 포함시켰다. 최근의 연구들은 저자가 속한 대학의 도서관이 구매하고 있는 DBPIA, KISS 등을 포함한 DB를 통해 논문들을 검색하였으며, 해외정보원은 RISS, Science Direct, Directory of Open Access 등을 통해 검색하였다.

이러한 집필의 원칙과 함께 연구에 참고한 자료들은 참고문헌에 제시하였으나, 신문자료와 통계청 자료는 본문에 구체적인 출처와 쪽수를 제시하고 참고문헌에는 별도로 다루지 않았다. 참고문헌을 꼼꼼히 정리하기 위해 노력하였으나 3장 가족관계의 이론과 연구방법에서 인용한 Holcolm의 『Inquiry Parables』처럼 언젠가 읽고 연구방법 책을 쓴다면 인용해야 되겠다고 직접 번역하고 파일로 잘 저장해 두었지만 정작 참고문헌을 찾지 못해 포함시키지 못한 경우도 있다.

이 책의 표지를 어떤 그림으로 할까 고민하던 중 전이수 작가의 책들을 읽으면서 받은 충격을 잊을 수 없다. 삶에 대한 지혜는 나이가 중요하지 않다는 것을 가장 잘 보여준 책이 아닐까! 전이수 작가의 가족에 대한 생각들은 이 책을 마무리하는 과정에 가족에 대해 어떤 연구가 필요한가를 다시 고민하고 부끄러움을 느끼게 해주었다. 그의 모든 책이 좋지만 특히 전이수(2018)의 『나의 가족 사랑하나요?』(주니어김영사)는 수업시간에도 자주 인용하는 책이다. 이 책에서 '우리는 모두 가족'(pp. 56-57)이라는 그림과 글은 가족학자보다도 현대의 가족을 가장 잘 나타낸 그림과 글이라고 생각한다. 전이수 작가와 부모님이 이 그림을 책 표지로 쓸 수 있게 허락해 주셔서 이 책이 더욱 가치가 높아진 것 같다. 감사인사를 드리며 젊은 작가를 언젠가 꼭 만나 보기를 기대해 본다. 그리고 연구보고서와 책 등에서 그림과 표를 이용할 수 있도록 허락해 주신 유계숙, 정문자, 정혜정, 이선혜, 전영주 교수님과 노미화 박사님께도 감사드린다.

이 책이 나오기까지 신정의 최용구 사장님의 지치지 않는 요청이 없었다면 아마도 완성본이 나올 수 없었을 것이다. 또한 재직 중인 대학에서 교재개발을 위해 연구비를 지원해 주고 기한을 설정한 것도 이 일을 마무리할 수 있는 중요한 자원이다. 아주 세세한 내용까지 교정과 편집에 도움을 준 신정출판사 편집부 직원들에게도 감사드린다. 참고문헌을 꼼꼼히 정리하고 확인해준 대학원생 한지수에게도 고마움을 전한다. 이 책을 위해 복만, 필임, 제훈, 진혁, 예지, 정훈과 한결, 성훈이가 흔쾌히 사진을 사용하도록 허락해준 것에도 고마움을 전한다. 가족학자로서, 아내로서, 엄마로서, 그리고 시어머니로서, 딸로서, 언니, 누나, 동생, 이모, 고모 등으로 그런대로 잘 살고 있다고 느낄 수 있도록 항상 배려하고 선한 마음으로 지켜봐 주는 가족이 나의 가장 큰 힘이다. 머리말에 이런 말을 써도 되는가 하고 잠시 고민했지만 우리 집의 막내 진돌이는 또 다른 종류의 행복이고 삶의 동반자이다.

다 집필하고 나니 여전히 부족하고 다루지 않은 많은 중요한 이슈들이 있다고 생각되지만, 이 책이 대학에서 가족관계 교과목의 교재로, 대학원에서 가족관련 교과목의 참고자료로 활용될 수 있기를 기대한다.

정선이 ‘인왕제색도’를 그린 비슷한 시점에서 인왕산을 바라보며, 연구실에서
2019년 5월
정현숙

차례

Part 2 가족 내의 다양한 가족관계

Chapter 4 부부관계

Chapter 5 부모자녀관계

Part 3 가족체계와 가족의 미래

Chapter 8 체계로서의 가족

Chapter 9 가족의 미래와 가족관계의 전망

01 Part

가족관계에 대한 기초

"완벽하게 맞물리는 좋은 일부일처제 혼인은
타고나는 것이 아니라 만들어지는 것이다."

데이비드 P. 머래쉬 & 주디스 이브 립턴

"사람에게 소중한 것은 이 세상에서 몇 년을 살았느냐가 아니라
이 세상에서 얼마만큼 가치 있는 일을 하느냐이다."

오 헨리

Chapter **1**

결혼, 가족과 가족관계

1. 결혼 | 2. 가족 | 3. 가족관계

결혼과 가족은 인간의 삶의 선택 과정에서 개인에게 가장 큰 영향을 미치는 사건이며 또한 사회의 변화에 따라 가장 다양한 모습으로 변화되고 있는 사회적 제도이기도 하다. 경제체제의 변화, 의학과 과학의 발전 및 사람들의 가치관 변화로 인해 제도로서의 결혼과 가족에 대한 인식, 이러한 인식에 기초한 사람들의 태도와 행동은 급격하게 변화하고 있다. 학문의 대상으로서 가족과 가족관계를 체계적으로 분석하기 위해서, 또한 가족관계를 이해하기 위한 기초로 결혼과 가족과 가족관계의 의미와 이들의 관계를 살펴보고자 한다.

1. 결혼

먼저 아래의 네모 안에 가족과 결혼에 대한 이미지를 그려 보자. 우리가 가지고 있는 가족과 결혼에 대한 이미지는 어떤 것일까? 결혼과 가족에 대한 사람들의 이미지는 자신들의 기대나 경험에 따라 다양하지만 일반적인 이미지는 하트와 뿌리 깊은 나무, 굴뚝이 달린 집, 가족이 서로 손을 잡거나 마주보면서 웃는 사진첩, 자녀들, 그리고 노인과 젊은이들이 함께 마주보는 모습 등 일반적으로 희망차며, 아름답고, 안정적인 모습으로 그려진다. 그러나 현실의 결혼과 가족의 모습은 이러한 신화와는 많은 차이가 있다. 또 한편으로 우리 사회에서 가족은 더 이상 서로에게 많은 것을 기대하지 않고 '그냥 가족'으로 살아가는 존재라는 막연한 공감대가 형성되어 있기도 하다. 그러나 대부분 사람들은 결혼을 통해 형성된 내 가족의 모습은 남들과는 다를 것이라고 기대한다. 그렇다면 과연 결혼은 무엇이며, 가족과 가족관계를 어떠한 관점으로 이해해야 하는가를 이론적 관점에서 살펴볼 필요가 있을 것이다.

결혼은 사회적으로 인정된 파트너관계(Williams, Sawyer, & Wahlstrom, 2006)로 정의되며, 일반적으로 남성과 여성의 결합을 의미한다. 그러나 많은 문화권에서 동성애를 사회적으로 혹은 법적으

점검해 봅시다 1

왼쪽 칸에는 '가족', 오른쪽 칸에는 '결혼'을 생각할 때 떠오르는 이미지를 그려 봅시다.

로 합법적인 파트너관계로 인정하지만 우리나라에서는 일반적으로 한 명의 남성과 한 명의 여성의 법적인 관계만으로 인식된다. 그러나 이러한 결혼에 대한 인식은 점차 변화하고 있다. 여기서는 결혼의 의미와 종류 및 현대적 의미의 결혼에 대한 사람들의 인식 변화를 살펴본다.

1) 결혼의 의미와 구성요소

결혼과 가족은 사회적 제도이므로 모든 사회와 모든 문화에 적용되는 결혼의 구성요소에 대한 합의는 없으나 일반적으로 결혼은 정서적, 의례적, 법적, 성적 배타성과 부모역할 등 5가지 요인으로 구성된다고 한다(Williams, Sawyer, & Wahlstrom, 2006). 대부분의 사람들은 사랑 혹은 친밀감(정서적 요인)이 결혼의 전제조건이라고 인식하고 있으며, 교회나 성당 혹은 결혼식장에서 일정한 절차의 결혼식(의례적 요인)을 올린다. 또한 문화마다 차이가 있으나 결혼을 위한 법적인 연령제한이나 가족법을 통한 부부관계의 규제와 역할에 대한 기준(법적 요인)이 있다. 우리나라에서는 2015년 2월 헌법재판소에서 간통죄가 위헌으로 판결되었으나, 1905년 대한제국 형법대전이 공포된 이후 110년간 간통죄는 부부관계의 성적인 행동을 규제하는 요인으로 작용해 왔다. 그러나 이러한 판결에도 불구하고 우리나라뿐만 아니라 대부분의 문화권에서는 결혼관계 내에서만 성관계를 허용하는 성적 배타성(성적 요인)을 기대한다. 또한 자녀 출산을 통한 부모역할 수행, 특히 자녀에 대한 사회화(부모역할요인)는 대부분의 문화에서 결혼으로 인한 가장 중요한 결과이며 가족의 기능 중 하나라고 인식한다.

비록 이러한 5가지 요소가 결혼의 가장 중요한 구성요소로 인식되고 있지만 문화에 따라 이 5가지 요소에 대한 강제성은 점차 약화되고 있다. 많은 사회에서 사랑보다 조건을 중요하게 인식하는 사람들도 많으며, 우리나라에서도 결혼중매업의 발달로 부모의 경제력 등 가족환경요인이 배우자 선택에 매우 중요한 선행요인으로 강조되고 있다. 유럽 국가들에서는 법적인 결혼과 함께 동거도 결혼의 대안으로 받아들이고 있으며, 외도 등이 부부관계의 중요한 갈등요인이긴 하지만 성적 허용성은 증가하고 있다. 또한 무자녀가족도 지속적으로 증가하여 우리나라의 경우도 자녀가 없는 가구가 2010년 4.6%에서 2018년 6.6%로 증가하였다(참고 1-1 참조). 또한 문화적 · 종교적 관점과 부부관계에서의 성에 대한 태도와 결혼관에 대한 인식의 변화로 다양한 결혼 유형이 생기고 있다. 결혼은 시대와 사회에 따라 끊임없이 변화하는 사회제도이며 앞으로도 지속적으로 변화할 것이다. 본 교재에서는 이러한 관점에서 법적인 결합을 전제로 하는 부부관계라는 용어와 사회적으로 통용되는 친밀한 관계인 파트너관계라는 개념을 함께 사용하고자 한다.

참고 1-1 기혼여성 연령별 출생아 수(2010년, 2015년)

(단위: 천 명, 명, %)

	기혼여성 (15세 이상)	출생아 수						평균 출생아 수
		없음	1명	2명	3명	4명	5명 이상	
2010년	15,227 (100.0)	607 (4.0)	2,719 (17.9)	6,972 (45.8)	2,518 (16.5)	1,132 (7.4)	1,278 (8.4)	2.38
15~49세	7,673 (100.0)	485 (6.3)	2,009 (26.2)	4,299 (56.0)	784 (10.2)	89 (1.2)	7 (0.1)	1.74
15~29세	634	(27.2)	(51.1)	(19.3)	(2.2)	(0.2)	(0.0)	0.97
30~39세	3,125	(7.1)	(32.7)	(51.4)	(8.1)	(0.6)	(0.1)	1.63
40~49세	3,914	(2.3)	(16.9)	(65.6)	(13.2)	(1.8)	(0.1)	1.96
50~59세	3,248	(1.8)	(13.5)	(58.2)	(20.2)	(4.8)	(1.5)	2.18
60세 이상	4,305	(1.5)	(6.3)	(18.2)	(25.0)	(20.6)	(28.4)	3.66
2015년	15,929 (100.0)	1,044 (6.6)	2,940 (18.5)	7,477 (46.9)	2,513 (15.8)	990 (6.2)	965 (6.1)	2.19
15~49세	6,920 (100.0)	778 (11.2)	1,820 (26.3)	3,585 (51.8)	670 (9.7)	58 (0.8)	9 (0.1)	1.63
15~29세	439	(40.6)	(40.0)	(17.2)	(2.0)	(0.1)	(0.0)	0.81
30~39세	2,640	(15.4)	(32.9)	(43.2)	(7.8)	(0.6)	(0.1)	1.46
40~49세	3,842	(5.0)	(20.2)	(61.7)	(11.9)	(1.1)	(0.2)	1.84
50~59세	3,873	(3.2)	(17.0)	(63.9)	(13.4)	(2.0)	(0.5)	1.95
60세 이상	5,135	(2.8)	(9.0)	(27.6)	(25.8)	(16.6)	(18.3)	3.13

출처: 통계청(2017). 2015 인구주택총조사 표본집계결과(여성출산력, 아동, 주거실태). p. 14.

2) 결혼의 종류

결혼의 종류는 파트너에 대한 사회적 규정에 따라 다양하게 구분된다. 따라서 본 교재에서는 결혼과 동거 및 새로운 파트너십(unions, marriage, partnership)을 모두 포함하는 개념으로 광범위하게 결혼을 정의하고자 한다.

결혼은 법적인 승인 여부에 따라 법적 결혼과 동거로 구분되며, 자발적인 선택을 강조하여 동거를 '비혼동거'라고 하는 개념도 제시되고 있다. 또한 많은 나라에서 Living-Apart-Together(LAT)라는 비거주동거형태도 증가하고 있다. 배우자의 수에 따른 결혼의 종류는 일부일처제(단혼제, monogamy), 복혼제(polygamy)와 집단결혼(group marriage)이 있다. 일반적으로 일부일처제는 인류가 농경사회에 들어오면서 잉여농산물이 축적되고 사유재산의 개념이 도입되면서 점차 제도화된 결혼 유형으로 인식되며, 한 명의 남성과 한 명의 여성의 결합방식을 의미한다. 현대사회에 들어와서 이혼과 재혼이 증가하여 성적 배타성을 유지하면서 연속적으로 두 번 이상의 일부일처제를 경험하는 연속적 일부일처제(serial monogamy)형태도 증가하고 있다.

표 1-1 결혼의 분류

분류기준	대분류	세부분류	
법적 승인 여부	법적 결혼(legal marriage)		
	동거(cohabitation, common in law)	비혼동거	비거주동거(living apart together)
파트너의 수	단혼제, 일부일처제(monogamy)	연속적 단혼제(serial monogamy)	
	복혼제(polygamy)	1부다처제(polygyny)	동양식 축첩제
			아랍식 다처제
		1처다부제(polyandry)	
	집단결혼(group marriage)		
파트너의 국적 · 인종	국제결혼(international marriage)		
	인종 간 결혼(interracial marriage)		

복혼제는 한 명의 남성과 여러 명의 여성이 결합하는 일부다처제(polygyny)와 한 명의 여성과 여러 명의 남성이 결합하는 일처다부제(polyandry)로 구분된다. 일부다처제의 경우 문화에 따라 다처의 지위를 규정하는 방식에서 차이가 난다. 보통 두 가지로 구분되는데 우리나라의 조선시대처럼 주처가 있고 첩이 있는 축첩제도와 여러 명의 부인이 동등한 지위를 가지는 아랍식 다처제가 있다. 많은 사회에서 불법으로 규정되지만 일부 문화나 종교집단에서는 다수의 남녀 간 결합이 이루어지는 집단결혼도 이루어진다.

3) 현대적 의미의 결혼과 관계적 요소

결혼의 구성요소 중에서도 법적인 파트너십에 대한 개념이 점차 약화되어 비혼동거와 졸혼 등 새로운 결혼 유형들이 등장하면서 파트너관계에 대한 개념은 점차 확대되고 있다. 또한 결혼을 반드시 해야 한다고 생각하는 비율도 점차 감소하고 결혼동기나 태도도 변화하고 있다. 심혜림과 주수산나(2016)의 우리나라 대학생들을 대상으로 한 연구에서 대학생들은 연애를 즐거움이나 배움, 자기성장의 과정으로 인식하며, 결혼은 영원한 동반자, 완전한 독립, 따라야 하는 사회적 규범 등으로 개념화하고 있어 양가적인 감정을 지니고 있음을 알 수 있다. 또한 Open Survey(www.opensurvey.co.kr)의 2017년 전국결혼인식조사 중 20-39세 미혼남녀의 결혼을 해야 한다고 생각하는 이유는 '사랑하는 사람과 평생을 함께 하고 싶어서'(76%), '심리적 안정을 주기 때문에'(60.9%), '사회적으로 결혼을 해야 한다는 인식이 있기 때문'(25.2%)으로 나타났으며, 79.3%가 향후 결혼에 대한 의향이 있다고 응답하였다.

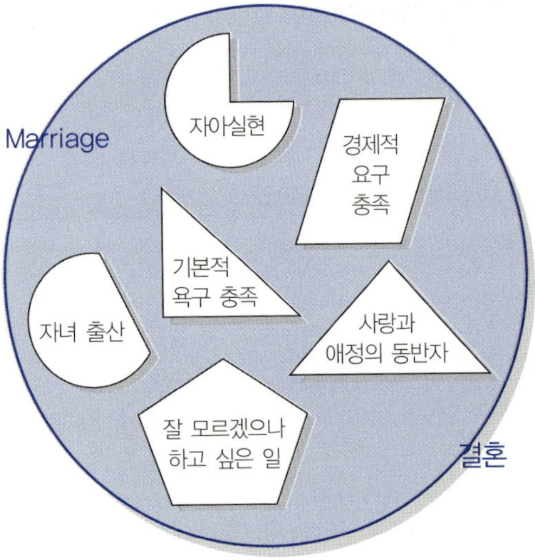

그림 1-1 결혼에 대한 다양한 견해들
출처: 정현숙(2011). p. 58.

따라서 점차 다양해지는 결혼에 대한 사람들의 인식을 볼 때 학문적인 측면에서 이러한 결혼에 대한 개인들의 인식을 반영하고 또한 중요한 관계 맺음의 방식과 구성요소들을 고려한 새로운 정의가 필요할 것이다.

현대사회에서 결혼의 의미는 결혼의 구성요소나 파트너의 수 등으로 정의되는 것이 아니라 파트너관계에서 사람들이 무엇을 기대하고 수행하는가에 따라 정의되고 새롭게 인식되어야 한다. 본 교재에서는 Kieffer(1977)의 친밀감 개념과 Anthony Giddens(배은경, 황정민 역, 2003)의 순수한 관계 및 Davis(1985)의 사랑과 우정의 요소를 통합하여 현대적 결혼의 의미를 정리하고자 한다.

이러한 관점에서 본 교재에서는 결혼을 '파트너 간의 친밀감을 통한 관계맺기'로 정의하고자 한다. 친밀감(intimacy)의 어원은 라틴어 'intimus'(깊이 알게 된다)이다(김승옥, 정혜정, 2013). 친밀감(intimacy)은 파트너 간에 정서적으로 연결되며 사랑을 주고받으며, 돌봄과 성행위를 포함하는 개념이다. Kieffer(1977)는 친밀감을 '다른 사람과의 강력한 지적, 신체적, 정서적 의사소통을 통해 자신의 자아의 실체를 경험하는 것'(p. 267)으로 정의한다.

이와 비슷한 개념으로 Anthony Giddens는 '순수한 관계(Pure relationship)'라는 개념을 소개하는데 이는 '관계 외적인 것에 의존하지 않고 관계 그 자체의 내재적 속성에 따라 유지 · 변화되는 관계'(p. 15)를 의미한다. 순수한 관계란 '성적 · 감정적으로 평등한 관계이며, 기존의 성차별적 권력 형태에 대해 폭발적인 의미를 지닌다'(p. 26)고 한다. 특히 친밀성을 평등한 두 사람 간의 인격적인 관계에 대한 협상으로 본다면, 이를 전혀 다른 각도에서 해석할 수 있다고 강조하면서 친밀성은 공적 영역에서 민주주의가 실현된 것과 완전히 상응하는 방식으로, 개인 간의 상호작용영역이 전면적으로 민주화되는 것을 함축한다(p. 27)는 점을 강조한다.

Davis(1985)는 사랑과 우정의 요소를 구분하면서 우정은 '즐거움, 상호보호, 존중, 자발성, 수용, 신뢰, 이해, 속을 털어 놓음'과 같은 요소로 구성되며, 사랑은 우정과 함께 열정(매혹, 성적 욕구, 성적 배타성)과 돌보기(그 사람 입장 되어주기, 최상의 것 제공하기)의 3가지 요소로 구성된다고 한다. 그러므로 결혼이라는 것은 반드시 법적이거나 반드시 남녀가 포함되어야 한다는 개념이 아니라 두 사람의 선택에 의한 친밀한 관계 맺기이며, 상호주의, 호혜주의, 신뢰와 기쁨이 포함되는 평등한 관계이며, 우정과 열정과 돌보기가 구성요소이다. 따라서 본 교재에서는 이러한 관계적 특징을 갖는 파트너십을 결혼으로 정의하고자 한다. 또한 이러한 파트너십을 통해 형성되기 때문에 다양한 가족관계에서 가장 핵심적이고 중심적인 관계를 파트너관계 혹은 부부관계라고 정의하고자 한다.

2. 가족

가족의 문제는 더 이상 가족만의 문제가 아니라 가족의 문제가 사회로 확산된다는 점에서 가족의 중요성이 강조된다. 특히 신수진(1998)은 인간이 가족에서 태어나 기존의 가족관계를 학습하고, 적응하여 사회를 향해 나아가기 때문에 한 사회의 문화를 일정한 모습으로 형성 · 유지시키는 기제로 가족의 중요성을 강조한다. 또한 정현숙(2016)도 가족이 합법적, 관습적으로 형성된 친족관계와 연계되어 역사, 전통, 세대관계를 공유하며, 가족구성원들 간의 양육과 돌봄에 기반한 세대관계를 통해 사회화가 이루어지고 가족문화가 계승된다는 점을 지적한다. 따라서 개인의 사회의식을 형성하는 첫 단계인 가족은 한 사회의 문화가 성장하는 온상이 되며, 이러한 이유로 가족은 역사적 · 문화적 구성체이다. 바로 이러한 점들이 가족이 중요한 이유이다. 21세기에 들어 가족의 모습은 매우 다양해지고 있는데 가족을 이해하기 위해 기본이 되는 가족에 대한 정의와 기능 및 구조적 특징과 사회에 따라 변화하는 가족의 모습을 자세히 살펴보고자 한다.

1) 가족의 정의: 가족구성원은 누구인가?

결혼의 정의와 마찬가지로 가족을 정의하는 방식도 사회문화에 따라 매우 다양하다. 가족은 구조적 특성을 통해 다양하게 구분되는데 가족의 정의는 가족의 구성원이 누구인가가 핵심이다. 그러나 이러한 가족의 정의는 문화마다 매우 다양하기 때문에 사회적으로 합의된 하나의 정의를 내리는 것은 많은 어려움이 있다. 따라서 가족의 정의는 상황에 따라 다양하게 정의되어야 하는데, Munro와 Munro(2003)의 기준은 매우 유용하다. 이들은 포괄적, 상황적, 이론적, 규범적 측면에서 가족의 정의에 대한 기준을 제시하면서 가족에 대한 정의는 개인의 특정한 목적에 따라 혹은 개별연구자의 연구목적이나 법적인 다양한 상황에 따라 차별적으로 개념화될 수 있다고 한다. Rosen(2003)은 사회에 따라 가족을 규정하는 방식이 다양한데 그 이유는 사회마다 가족의 정의를 위해 적용하는 법적, 관념적, 사회문화적, 생물학적인 규칙이 다르기 때문이라고 주장한다. 여기서는 Munro와 Munro(2003), Rosen(1999)의 구분을 재분석하여 가족을 정의내리는 다양한 방식을 살펴보고자 한다.

(1) 누가 가족의 구성원인가에 대한 개인적 정의

가족이라는 개념은 너무나 광범위하기 때문에 가족이 누구인가를 정의를 내리는 것은 매우 어려운 작업이다. 이 방식에서의 가족의 정의는 '누가 자신의 친족 혹은 가족인가에 대한 개인의 해석'에 의해 정의를 내리는 방식이다. 그러나 이러한 정의는 가족에 대한 정의를 내린 개인의 인식이나 규칙을 정확히 파악하기 힘들고, 이러한 정의가 사회의 문화나 관습과 연결되었다고 가정할 수는 없다. '가족관계'라는 수업에서 대학생들에게 자신의 가족을 정의하라는 과제를 주면 대부분의 학생들은 현재 같이 동거하고 있는 부모와 형제자매들을 가족으로 정의한다. 조부모와 동거하는 경우는 조부모를 가족으로 정의하지만, 동거하지 않는 경우는 가족으로 인지하지 않는 경향이 있다. 신혼부부들의 친인척관계에서 이러한 개인적 정의는 가족의 경계를 설정하는 데 매우 중요한 기준이 될 수 있다.

이러한 정의는 Rosen(1999)의 자연의 법칙에 의한 정의와 관련이 있다. 정혜정 등(2016)은 역사적으로 가족은 하나의 가구 안에서 살아가는 결혼한 파트너와 자녀들로 정의되었다고 한다. 이러한 정의는 우리나라 사람들뿐만 아니라 많은 사회에서 누가 가족인가에 대한 인식에서 혈연을 통한 가족의 형성이나 이성 간의 결혼을 통해 형성된 관계를 가족으로 인정하는 자연의 법칙에 근거하는 경향이 있다. 물론 대부분의 사회에서 혈연과 결혼관계는 가장 기본적인 가족의 범위이다.

우리나라 청년들의 가족구성원에 대한 인식은 <표 1-2>와 같이 17년간 많은 변화를 보인다. 부부와 그들이 낳은 자녀, 즉 혼인과 출산으로 이루어진 핵가족에 대해서는 대부분 가족으로 인식하지만, 입양가족이나 한부모가족 혹은 재구성된 가족에 대해서는 가족으로 규정하는 비율이 상대적으로 낮은 수준이다. 특히 1인가구나 공동체가구는 가족으로 규정하는 비율이 매우 낮다.

(2) 이론적 관점에 따른 가족의 정의

가족과 관련된 다양한 이론적 관점에 따라 가족을 정의내리는 방식이다. 예를 들면, 상징적 상호작용적 관점에서는 가족을 '상호작용하는 개인들의 연합'으로 정의한다. 구조기능론적 관점에서는 혈연 등 유전적인 면을 강조하여 정의한다. 체계론적 관점에서 정혜정 등(2016)은 구조적으로 가족은 '상호의존하는 개인들의 집단'으로 이러한 가족구성원들은 '역사를 공유하고, 어느 정도의 정서적 유대를 경험하며, 개별 가족구성원과 전체로서의 가족집단의 욕구를 충족하기 위한 전략을 고안하는' 관계적 특성이 있다고 정의한다. 발달론적 관점에서는 가족의 정의보다는 가족구성원의 특성을 설명하는데, 가족구성원은 사회적으로 규정된 지위를 지니며 가족 경로에 따라 변화한다는 점을 강조한다. 이러한 이론적 관점은 학술적인 연구에서 매우 유용한 방법으로, 한 사회의 현상을 설명하는 일련의 가설을 제시하는데 모든 문화와 모든 상황에 적용할 수는 없는 한계점이 있다.

(3) 상황적 정의

실제적인 목적을 위해 가족을 정의하는 방식이다. Munro와 Munro(2003)의 상황적 정의는 Rosen(1999)의 법의 법칙(order of law)과 일맥상통한다. 많은 경우 법이나 정책적 측면에서 가족을 정의하는 방식으로, 예를 들면 Crosbie-Burnet와 Lewis(1993)는 알코올 남용 가족의 복지와 관련된 법을 제정하는 경우 가족을 '아동이 사는 가구 구성에 상관없이 보호대상 아동의 지원과 양육에 포함되는 모든 사람'으로 정의하면서 가족원뿐만 아니라 가족에 도움을 주는 사람까지 포함하여 정의내릴 수 있음을 강조한다. 이러한 정의는 가족구조나 관계보다는 아동의 이익과 보호를 우선한다는 철학에 근거한다. 이러한 정의의 목적은 실제 상황에서 다양한 유형의 가족을 지원하기 위해서

표 1-2 2001년과 2017년의 청년집단의 가족 개념($n = 406$)

다양한 관계의 구성 형태	가족 규정 점수[1] M(SD)		t
	2001년 청년집단 (n=182)	2017년 청년집단 (n=224)	
부부와 그들이 낳은 자녀	.99(.11)	1.00(.00)	−1.42
세 살배기 아들과 함께 사는 편모	.88(.33)	.96(.21)	−2.73*
어렸을 때 자신을 입양한 노모와 함께 사는 52세의 중년 여성	.84(.37)	.98(.15)	−4.73***
시집가서 남편을 잃은 딸과 외손자와 함께 사는 할아버지	.82(.38)	.96(.20)	−4.35***
남편과 사별하고 애완견을 키우며 사는 84세의 할아버지	.22(.42)	.69(.46)	−10.82***
나와 단군시대까지 거슬러 올라간 나의 조상들	.10(.31)	.10(.30)	.06
한집에서 같이 사는 세 명의 중년 자매들	.82(.37)	.88(.33)	−1.56
레즈비언(동성애) 커플과 함께 사는 그들의 아이들(한 여성의 아이는 이혼한 전남편과의 사이에서 낳은 자녀이고, 다른 한 여성의 아이는 한때 동거했던 남자친구와의 사이에서 낳은 자녀임)	.45(.50)	.68(.47)	−4.81***
각자 전 배우자의 사이에서 낳은 아이들을 데리고 재혼한 부부(아이들끼리는 서로 이복/이부형제간임)	.85(.36)	.91(.29)	−1.66*
계부와 그가 동거하는 여성과 함께 사는 아이(아이의 생모는 전남편인 생부와 이혼하고 현재의 계부와 재혼했으나 2년 전 병으로 사망했음)	.49(.50)	.51(.50)	−.38
한집에서 같이 사는 사촌 간의 두 남성	.36(.48)	.74(.44)	−8.07***
어릴 적 친구와 한집에서 같이 사는 77세 할머니	.18(.38)	.28(.45)	−2.55*
한국과 미국에서 떨어져 사는 자녀가 없는 부부	.71(.45)	.84(.37)	−3.00**
사별한 남편의 육촌 여동생과 한집에 같이 사는 미망인	.34(.48)	.42(.50)	−1.64
이혼한 남성과 그가 사귀고 있는 여성과, 그녀가 키우고 있는 전남편의 아이 (이 남성은 그녀와 재혼하면 아이를 함께 키울 생각임)	.49(.50)	.61(.49)	−2.37*
2년 전 교통사고로 함께 죽은 부부(자녀는 없었음)의 양가부모	.31(.46)	.37(.48)	−1.23
입양한 아들과 며느리, 손자들과 함께 사는 노부부	.79(.41)	.94(.23)	−4.43***
서울 근교에서 공동체 생활을 하는 6명의 성인과 12명의 아이	.31(.47)	.25(.44)	1.31
정자은행을 통하여 출산한 아들과 함께 사는 미혼여성	.71(.45)	.85(.36)	−3.37***
연애만 하며 혼자 사는 독신남	.09(.29)	.09(.29)	1.43
가족형태의 다양한 수용도(전체)	10.78(3.80)	13.06(3.20)	−6.55***

주: 1) 0=가족이 아니다, 1=가족이다. / *$p < .05$ **$p < .01$ ***$p < .001$

출처: 유계숙, 강민지, 윤지은(2018). p. 54.

사회의 변화에 따라 점차 증가하는 새로운 가족형태에 맞게 유용하게 활용된다. Munro와 Munro(2003)의 이러한 정의는 위의 Crosbie-Burnet과 Lewis(1993)와 같이 아동이 보호받아야 할 상황일 때 이러한 상황을 다루기 위하여 사회복지분야 등에서 많이 활용한다고 한다.

우리나라에서도 다양한 가족이 증가하고 다문화사회에 대한 인식이 증가하면서 다문화가족이라는 개념이 등장하였다. 「재한외국인 처우 기본법」에 의하면 결혼이민자는 '대한민국 국민과 혼인한 적이 있거나 혼인관계에 있는 재한외국인'(제2조 정의)을 의미하며, 「다문화가족지원법」에서는 다문화가족을 '결혼이민자와 국적법에서 국적을 취득한 사람'[국적법 2조(출생), 3조(인지), 4조(귀화)]으로 정의한다.

이러한 이유로 법에서는 매우 명확하게 가족구성원의 범위를 설정하고 있다. 예를 들면, 우리나라 민법(779조)에서 규정하는 가족의 범위는 '배우자, 직계혈족 및 형제자매, 직계혈족의 배우자, 배우자의 직계혈족 및 배우자의 형제자매'로 이 중 '생계를 같이 하는 경우'로 구조적인 관점에서 가족의 범위를 규정한다. 그러나 이러한 법적인 정의를 적용할 때는 부모와 자녀가 동거하는 핵가족의 경우 법적인 가족의 개념과 자신들이 규정하는 정의 간에는 많은 차이가 있을 수 있다.

(4) 규범적 정의

Munro와 Munro(2003)의 규범적 정의는 Rosen(1999)의 문화적 법칙과 맥을 같이한다. 규범은 한 특정 사회에서 행동에 대한 사회적인 규칙과 기대를 의미하는데 많은 사회에서 가족을 정의할 때 규범적인 정의를 활용한다. 우리나라 사회에서는 적어도 한부모와 자녀가 있는 가족을 규범적으로 가족으로 인식하며, 부모자녀관계는 출산이나 입양을 통해 이루어진다고 인식한다. 많은 문화권에서 동성애나 동거하는 파트너를 부부관계로 인식하지만, 우리나라에서는 규범적으로 남성과 여성의 법적인 결합을 통한 관계만을 파트너로 인정한다. 또한 우리나라에서는 친족집단 간의 유대를 강조하며, 조부모와 부모의 형제자매까지도 가족의 범위로 인식하는 경향이 높다.

Rosen(1999)의 문화의 법칙은 관습이나 행위의 사회적 규범과 전통 등 문화적으로 규정된 것들이 가족의 정의에 영향을 미친다고 한다. 위의 예에서 혈연을 강조하는 우리 문화는 법적으로는 입양을 통한 부모자녀관계를 정의하지만, 사회적으로는 여전히 입양에 대한 편견이 있는 것이 사실이다. 따라서 규범적 정의는 한 사회의 문화와 종교 혹은 인종 등 각각의 하위문화에서의 규범에 영향을 받으며, 가족의 발달단계에 따라서도 변할 수 있다고 한다.

2) 가족에 대한 기본 가정

결혼이나 가족은 우리의 삶에서 항상 존재한 사회적 제도이기 때문에, 가족생활이 어떠해야 하는가에 대해서는 많은 비현실적인 기대와 신화가 발달하였다. 또한 가족의 모습이 다양해지면서 가족을 어떻게 정의해야 하는가에 대한 다양한 주장이 제기되고 있다. 그러나 이러한 비현실적인 기대나 문화에 따른 다양성에도 불구하고 보편적으로 적용되는 가족에 대한 가정들이 있다. 따라서 가족에 대한 정의를 내리기 전에 Cox(1999)의 아홉 가지 가족에 대한 가정을 통해 가족에 대한 보편적인 특성을 우선 살펴보고자 한다.

첫째, 가족은 인간조직의 가장 기본적인 단위로 자녀를 사회화하고 구성원들에게 정서적 유대감을 제공하는 보편적인 특성이 있으나 가족의 구조와 역할은 문화와 시간에 따라 다양하다고 인식된다.

둘째, 가족은 자녀양육과 같은 가족의 기능이 충족될 수 있도록 한 가지 형태로 존재하기보다는 다양한 형태로 나타날 수 있다고 가정한다. 전통적인 관점에서는 두 명의 부모가 아동발달을 위해 이상적인 형태라고는 하지만, 이혼이나 사별 혹은 미혼모 등에 의해 한부모가족의 형태를 취할 수도 있으며, 조손가족 등 다양한 형태를 취한다.

셋째, 가족생활은 고정된 현상이 아니라 변화와 연속성을 동시에 포함하며 평균수명이 증가함에 따라 변화의 내용과 방향도 매우 다양하다. 이러한 이유로 가족관계를 이해하기 위해서는 가족생활주기 등 시간에 따른 가족관계의 변화 양상을 파악하는 것이 매우 중요하다. 특히 평균수명 연장으로 부부관계와 부모자녀관계의 기간과 속성 및 상호작용방식이 매우 다양하게 변화하고 있다.

넷째, 문화에 따라 가족은 독특하지만 보편적 특성도 있다. 예를 들면 자녀 출산은 가족의 중요한 과업으로 인식되며, 우리나라의 경우에는 2명의 자녀가 이상적이라고 인식하는 사람들의 비율이 매우 높다. 반면 부부관계의 속성이나 상호작용방식 등은 문화에 따라 많은 차이가 있다. 예를 들어 미국 사회는 친구관계나 사회적인 모임이 부부중심적인 문화를 나타내지만, 우리나라는 부모-자녀 간의 유대가 상대적으로 우선시되는 경향이 있다.

다섯째, 사회의 안정성이 약화되고 사회에서 개인이 고립되고 인간관계가 소원해짐에 따라 가족구성원들에게 가족의 중요성은 점차 증가되고 있다. 특히 건강한 가족은 가족원의 정신적 · 신체적 질병에 대해 완충작용을 한다고 인식된다.

여섯째, 환경이 가족에 미치는 영향은 직접적인 것이 아니라 환경에 대한 가족구성원의 태도와 반응에 의해 가족구성원의 사회화에 영향을 미친다. 예를 들면 가족이 갖고 있는 자원에 따라 환경에 대한 해석이 달라지고, 이에 따라 환경의 영향력은 달라진다. 또한 가족의 경제적 수준의 향상은 자녀들에 대한 높은 교육열로 이어지며, 여성들의 일에 대한 인식과 자녀들에 대한 가치에도 영향을 미친다. 그 결과 초혼연령은 지속적으로 증가하고 있으며, 일과 가족의 과업 간의 밸런스는 가족의 새로운 과제가 되고 있다.

일곱째, 같은 문화권에서도 하위 문화권에 따라 그들 나름대로의 독특성이 있다. 예를 들면, 우리나라 문화권에서도 지방과 도시, 서울의 강남과 강북 등 지역과 사회계층에 따라 가족은 독특한 특성이 나타난다. 특히 현대사회에서 가족의 경제력은 자원을 의미하므로 기회의 폭과 내용이 달라지며, 이에 따라 가치관에서도 차이가 나타난다.

여덟째, 현대사회에서 가족은 기본적인 경제단위이다. 가족구성원들의 경제활동을 통한 소득으로 가계가 운영되며, 또한 가족은 소비자로서 각 국가의 경제에 기여하며 동시에 국가경제 기반의 주체가 된다. 이는 가족이 다른 사회적 제도와 가장 차이가 나는 영역이다.

마지막으로, 각 문화는 다양한 사람으로 구성되어 있으며, 그 결과 다양한 가족 유형이 존재한다.

이상의 가족에 대한 기본 가정을 볼 때, 가족은 사회의 가장 기본적인 경제단위이자 정서적 단위이며, 가족구성원의 욕구를 충족시키기 위해 다양한 형태로 존재하며, 이로 인해 보편성과 함께 다양성도 지니고 있다. 그러나 무엇보다 중요한 것은 가족은 사회의 영향을 받기만 하는 집단이라기보다는 사회의 영향에 대해 나름대로의 의미를 부여함으로써 적응하고 변화한다는 것을 알 수 있다. 특히 가족은 사회의 안정성이 낮을 때 그 중요성이 강조된다. 왜냐하면 가족구성원들은 가족과 같은 친밀한 관계를 통해 다른 사람과 관계를 맺고자 하는 욕구와 소속감에 대한 욕구 및 친밀감에 대한 욕구 등 인간의 가장 기본적인 욕구를 충족하기 때문이다. Erber와 Erber(2001)는 친밀감에 대한 욕구는 가족구성원들 간에 감정을 공유함으로써 얻을 수 있으며, 친밀한 인간관계에서 걱정과 근심을 함께 나눔으로써 사회적 통합을 향한 욕구가 충족될 수 있음을 강조하였다. 또한 가족은 도움을 필요로 하는 사람에게 도움을 주며, 가족구성원들의 중요성을 인정해 주는 다른 가족구성원을 통해 안도감의 욕구가 충족되는 장소이다.

또한 Goode(1982)는 가족은 경제적 혜택, 근접성, 친밀감, 연속성의 혜택을 준다고 한다. 즉, 가족은 가족구성원들에게 규모의 경제를 통해 시간과 돈을 절약하게 하는 경제적인 혜택을 제공하고, 서로 도움이 필요할 때 지원이 가능한 근접성(proximity)을 제공하며, 가족구성원들의 다양한 경험을 통해 서로에게 친밀감(familiarity)을 제공하며, 지속적인 정서적 지원을 통해 서로의 삶에 예측 가능한 연속성(continuity)을 부여한다. 물론 분거가족이 증가하고는 있으나, 이러한 가족의 특징은 사회의 변화에도 불구하고 가족이 인간의 삶에서 가장 중요한 지원망으로서 역할을 하게 하는 요인이 된다.

3) 시간에 따른 가족의 변화

독일의 철학자인 Engels가 『가족, 사유재산 및 국가의 기원』이라는 책에서 지속적으로 변화하는 제도로서의 가족에 대한 개념을 도입한 이후 많은 학자들이 가족의 기원과 변화에 대한 이론적 관점들을 제시하고 있다. 영장류 유아의 출생 시 미숙함과 돌봄의 필요가 가족의 기원이며 진화과정에서 자연스럽게 언어의 발달과 성별분업 및 근친금혼 같은 규정들이 발전되었다고 주장하는 학자들도 있으며, 미국의 인류학자인 Morgan은 초기인류의 난혼적 집단생활에서 농경 및 가축사육 이후 대우혼(pairing family)으로 발전되고, 농경사회 이후 사유재산제가 일부일처제의 계기로 작용되었다고 주장한다(김주희, 1993).

미국의 대표적 가족학자인 Olson과 DeFrain(2000)은 20세기 미국의 근대가족이 제도적 가족에서 현재의 의도적 가족으로, 가족구조의 특징과 이에 따른 결혼의 모습 및 가족관계에서의 중요 속성과 가치들이 시간에 따라 어떻게 변해가는지를 잘 보여준다(표 1-3). 이와 같이 가족은 역사이래로 끊임없이 구조와 관계적 특성이 변하고 있으며, 사회의 변화에 적응하여 다양한 가족의 모습을 보여주고 있다. 따라서 가족관계에 대한 이해도 가족이 역사적 · 문화적 구성체라는 기본 전제하에 한 사회, 한 문화, 그리고 한 시대에 어떠한 모습으로 살아가고 적응해 나가는지 다각도로 이해하는 것이 중요하다.

표 1-3 미국 사회에서 시간에 따른 가족 유형의 변화

가족 유형	특징	결혼	중요 속성	중심 가치
제도적 가족 (institutional family) (-1925년까지)	경제적 생산 단위이며, 아버지가 권위의 상징. 친족유대가 강하고 가족과 지역사회가 연결됨	기능적 파트너십	가족충성심, 가족전통, 유대	책임감
심리적 가족 (psychological family) (1925-1975)	가족의 모습은 더 불명확하고, 더 유동적이지만 제도적 결혼과 비교해 볼 때 친족이나 더 큰 지역사회와도 덜 연결됨	우정, 사랑, 매력	가족구성원 개인의 만족도	만족
다원적 가족 (pluralistic family) (1975-1990)	한부모, 재혼, 비혼 등 가족구조의 다양성이 증가함. 성평등과 개인의 자유가 중요한 주제로 부각됨. 여성의 취업이 증가하고 결혼의 필요성이 감소함. 맞벌이가족 동성애가족도 증가. 이상적 가족구조에 대한 사회적 합의는 없음	변화하는 형태	다양성과 포용력	유연성
의도적 가족들 (intentional families) (1990-이후)	심리적 가족과 다원적 가족의 요소들이 결합한 형태. 부부와 가족관계는 더 의도적이 되고 질적인 관계 유지에 대한 관심이 증가함	변화하는 형태	평등성과 다양성	유연성과 책임감

출처: Olson. & DeFrain. (2000). p. 7의 내용을 정리함.

4) 이상적 가족과 가족의 변화에 대한 다양한 관점

가족에 대한 현대사회의 가장 큰 관심은 가족이 변화하고 있다는 것이다. <표 1-3>에서 Olson과 DeFrain(2000)은 다원적 가족 이후 이상적인 가족에 대한 사회적 합의가 없어졌다고 가정했지만, 가족의 변화에 대한 다양한 관점은 한 사회가 추구하는 이상적인 가족에 대한 인식의 변화를 야기한다. 여기서는 Giele(2003)의 전통적, 자유주의적, 여성학적 관점을 중심으로 설명하고자 한다. Giele(2003)은 가족을 보는 관점은 3가지이며 각각의 관점은 이상적 가족의 모습은 무엇이며, 이렇게 다양한 관점으로 가족이 변화된 원인은 무엇이며, 이러한 변화로 야기된 가족문제를 해결하기 위해서 사회에서 어떠한 노력이 필요한가에 대해 설명한다.

(1) 전통적 관점의 가족

이 관점에서는 두부모가족이 가장 이상적인 가족이지만 사회문화적으로 도덕성이 약화되고 종교심이 줄어들면서 이러한 이상적인 가족이 점차 감소하고 있다고 진단한다. 이러한 전통적 가족관점에서는 가족기능(function)과 과업(task)이 강조된다. 사회적 변화에 따라 많은 가족의 기능이 사회로 이관되었으나 가족은 여전히 가족구성원을 위한 다양한 기능을 수행한다. 다양한 학자들(Schwartz

& Scott, 2006; 유영주 emd, 2000)은 가족과 사회의 관계에서 가족의 전통적인 기능으로 경제적 기능, 지위와 명성 부여기능, 교육기능, 보호기능, 종교적 기능, 오락기능, 애정과 자녀 출산 기능 등을 강조하였다. 사회의 변화와 가족에 대한 가치관의 변화에도 불구하고 가족의 정서적 기능(친밀한 관계의 근원), 경제적 기능(경제적 협조), 돌봄과 사회화 기능(자녀 출산과 사회와 보호와 지위 부여) 등이 중요한 기능으로 남아 있고, 가족들은 이러한 기능들이 가족 안에서 이루어지기를 기대한다.

가족과 사회와의 관계에서 초기 학자들이 가족이 수행해야 하는 기능에 초점을 맞추었다면, 가족체계이론과 가족발달적 관점의 학자들은 체계로서의 가족은 관계적인 측면에서 1차 과업과 2차 과업을 수행해야 한다고 한다(정문자, 정현숙, 정혜정, 전영주, 정유진, 2016). 1차 과업은 모든 가족이 공통적으로 갖는 것으로 가족체계이론가들은 ① 정체성 과업, ② 경계선 조정, ③ 가족의 정서적 분위기 조정, ④ 가정관리를 위한 전략의 고안 등의 과업을 제시한다. Hess와 Handel(1985, 정문자 등, 2016에서 재인용)에 의해 제시된 정체성 과업은 가족테마 구성하기, 성과 사회적인 성(젠더) 같은 생물학적 사회적 이슈와 관련하여 가족구성원 사회화하기와 가족 내 개인들에게 만족스럽고 일치적인 이미지 확인하기 등이 포함된다. 가족테마는 '개별 가족원들이 서로 어떻게 상호작용하고 또 타인들이 그들과 어떻게 상호작용하기를 기대하는가에 영향을 미치는' 가족의 인지적 · 정서적 요소라고 한다.

이러한 전통적 가족관점에 대해 정현숙(2016)은 가족 내 다양한 구성원의 자율성을 인정하지 않고, 가족이 사회에 대해 갖는 영향력을 간과하였으며, 가족을 사회변화에 영향받는 제도로만 인식하는 특징이 있다고 분석한다. 이러한 가족관은 아버지와 어머니, 자녀로 구성되는 두부모가족만을 이상화하기 때문에 이혼이나 사별로 인한 한부모가족이나 자녀가 없는 가족 혹은 혼인 외 출산 등은 결손가족 혹은 비규범적인 것으로 규정하는 문제점이 있다. 또한 전통적 가족관점에서 가족관계의 가장 중요한 가치는 결혼과 가족의 안정성 유지이다.

따라서 결혼을 제도화하고 전통적인 가족의 가치를 회복하는 것이 중요하며 일이나 물질소비와 같은 활동보다는 가족활동에 우선권을 주어 가족생활이 활기차게 되어야 함을 강조한다. 따라서 십대임신을 예방하고, 아버지의 역할을 강조하며, 혼외출산 감소 등을 강조하는 정책을 제시하고, 경제적으로 어려움을 겪는 부모를 지원함으로써 두부모가족을 활성화해야 한다고 주장한다.

(2) 자유주의적 관점의 가족

이 관점은 시장경제체제의 변화가 가족의 변화를 야기하면서 점차 가족의 안전망이 약화되는 것이 가족변화의 원인이라고 진단한다. 이러한 변화는 20세기 동안 두 번의 세계대전과 농경사회에서 산업사회로의 경제체계 변화로 인한 구조변화가 가족과 가족구성원들의 성역할을 변화시키면서 가족 내 다양한 관계에도 변화를 가져오게 되었다고 가정한다. 이러한 변화로 인해 전통적 가족관점에서 가족을 하나의 단위로 인식하던 것에서 벗어나 가족 내에서 다양한 개인의 상호작용과 관계에서의 서정적 측면을 강조하며, 아동의 정서적 · 지적능력을 향상시키기 위해 부모는 안정된 수입과 직업을 갖고, 은퇴 후 생활이 충분할 정도의 수입을 통해 가족 내 구성원들의 정서적 욕구도 충족되는 가족을 이상적인 가족으로 인식한다.

이러한 관점에서는 민주적인 부부관계와 부모자녀관계를 강조하지만 여전히 전통적 가족관에서처럼 물질적 부양을 전제하기 때문에 소득안정성이 확보되지 못한 상태에서는 서정적 가족관계 실현이 구조적으로 어렵다고 가정한다. 따라서 이 관점에서의 가족정책은 가족문제해결을 위한 정부주도의 안전망 확충과 여성의 고용촉진, 빈곤완화, 여성과 아동의 경제적 안정성 확충 등을 강조한다.

(3) 여성학적 관점의 가족

이 관점에서는 지역사회의 공동체 상실이 가족붕괴의 원인이라고 인식하며 기존의 전통적 · 자유주의적 가족관을 거부한다. 기존 가족가치도 중요하지만 현재의 가족제도가 여성의 종속적 지위를 확대재생산해 왔다고 믿기 때문에, 가장 이상적인 가족은 기존 가족범위를 넘어서 아동을 건강하게 키울 수 있는 지역사회환경을 조성하는 공동체적 삶 혹은 대안가족이라고 생각한다. 대안가족은 여성의 자율성을 강조함에 따라 아동과 노인 등 가족돌봄(caregiving)의 가치를 중요시하는 공동체적인 가족이다. 즉 가족이 건강하고 생산적인 새로운 세대를 키우고, 모든 사람의 복지와 건강증진이 목표라면 가상적인 친족(fictive kin)과 친밀하고 지지적인 친족집단(전통적인 혈연, 남 · 여를 거부하는 남녀, 젊은이, 늙은이, 동성, 이성 등을 포함) 등이 각각 나름대로 가족가치를 지닌다고 인식하기 때문에 이들 모두를 가족범주에 포함시킨다(정현숙, 2016). 따라서 여성학적 가족관점에서 바람직한 가족관계는 가족구성원 모두의 평등과 자율이 보장되는 관계이다. 또 건강한 시민사회가 개인과 가족복지를 증진하고 경제적 번영과 민주적 국가를 만든다고 믿기 때문에, 지역사회에 사회적 지원망을 구축하고 유지하는 것이 가족을 지원하는 국가의 가장 중요한 정책임을 강조한다.

5) 가족에 대한 구조적 분류

전통적으로 가족은 가족형성방식이나 결혼 후의 거주규정, 세대관계의 특징, 가계의 계승과 권위의 소재 등 다양한 구조적 특징을 중심으로 다음과 같이 분류된다.

(1) 가족형성방식과 거주규정에 따른 분류

일반적으로 사람들은 자신이 태어나서 자란 가족(원가족, family of origin)과 결혼해서 새롭게 형성한 가족(생식가족, family of procreation) 등 가족구성원으로서의 지위와 역할이 질적으로 다른 두 개의 가족에서 생활한다. 아동발달과 가족관계분야의 많은 연구들에 의하면 원가족에서의 경험이 생식가족에서의 가족관계에 중요한 영향을 미친다고 보고되었다.

결혼을 통해 새롭게 구성된 부부가 어디에 거주하는가에 따라, 새롭게 가구를 구성하여 독립하는 경우를 신거제라 하며, 결혼하여 남편의 가구에 편입되는 경우 부거제, 부인의 가구에 들어가서 사는 경우를 모거제라고 한다. 통계청(2018)에서는 혼인신고 이후 5년 이내 부부를 신혼부부로

표 1-4 가족의 구조적 분류

분류기준	종류	하위종류
가족 형성	원가족(family of origin, family of orientation)	
	생식가족 (family of procreation)	
거주규정	부거제(patrilocal)	
	모거제(matrilocal)	
	신거제(neolocal)	
세대관계	핵가족(nuclear family)	수정핵가족
	확대가족(extended family)	수정확대가족
가계의 계승	직계가족(stem family)	
	방계가족(joint family)	
권위의 소재	가부장제, 부권제 (patriarchal family)	
	모권제, 모계제 (matriarchal family)	
	양계제	

정의하는데, 이들의 거주 유형을 살펴보면 부부만 사는 경우가 30.3%, 자녀와 동거하는 핵가족이 47.3%로 대부분 신거제 형태를 채택하는 것으로 보인다(참고 1-2 참조).

(2) 세대관계와 가계의 계승에 따른 분류

가족이 다른 사회적 제도와 가장 큰 차이점은 세대관계로 연결되는 영속적인 사회적 제도라는 점이다. 가족구성원들은 지위와 이에 따른 역할에 기초하여 일생 전인적인 가족관계를 맺는다. 세대적 관점에서 볼 때 가족구조는 결혼한 부부와 미혼자녀들로 구성되는 핵가족(nuclear family)과 3세대가 함께 동거하는 확대가족(extended family)으로 구분된다. 우리나라는 <표 1-5>와 같이 2045년까지 지속적으로 부부가족과 1인가구는 증가하고, 3세대가구와 부부와 자녀가구 및 부(모)와 자녀가구는 지속적으로 감소하는 추세를 보일 것으로 예측된다.

핵가족은 2세대가족이 함께 거주하는 형태로 부부, 부부와 미혼자녀, 한부모가족, 조손가구 등이 포함된다. 핵가족 중 미국과 같이 부부관계가 중심인 핵가족을 부부가족(conjugal family)으로 명명하기도 한다. 우리나라도 신거제의 영향으로 부부가족의 가구구성이 지속적으로 증가하고 있다. 확대가족의 경우 조선시대의 일반적인 가족관계와 같이 결혼한 장자가 함께 가구를 형성하며 다른 자녀들은 혼인 후 출가하는 직계가족(stem family), 중국과 인도의 전통가족과 같이 결혼한 형제들

참고 1-2 2018년 우리나라 신혼부부들의 세대구성 유형별 현황

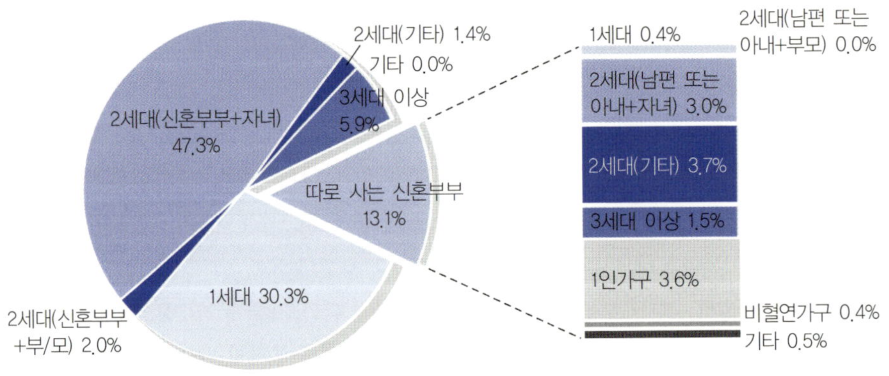

출처: 통계청(2018). 2017 신혼부부 통계결과. p. 12.

이 함께 가구를 형성하는 방계가족(joint family)이 있다. 그러나 중국의 전통가족은 부모가 돌아가시면 형제들이 재산을 균분상속하여 분가하는 점이 특징이다. 우리나라의 경우 신라 촌락 자료에 의하면 결혼한 형제자매가 같이 가구를 형성하는 쌍계적 방계가족 형태도 보인다.

표 1-5 우리나라 장래가구추계(2015–2045년)

구분			가구(천 가구)						구성비(%)				
			2015	2017	2025	2035	2045	연평균 변화	2015	2017	2025	2035	2045
전국	계		19,013	19,524	21,014	22,067	22,318	110	100.0	100.0	100.0	100.0	100.0
	친족가구	계	13,620	13,734	14,039	14,165	13,928	10	71.6	70.3	66.8	64.2	62.4
		부부	2,952	3,130	3,849	4,560	4,742	60	15.5	16.0	18.3	20.7	21.2
		부부+자녀	6,132	5,933	5,075	4,248	3,541	–86	32.3	30.4	24.2	19.3	15.9
		부(모)+자녀	2,052	2,127	2,303	2,343	2,257	7	10.8	10.9	11.0	10.6	10.1
		3세대 이상	1,034	1,000	859	746	645	–13	5.4	5.1	4.1	3.4	2.9
		기타	1,450	1,545	1,953	2,267	2,743	43	7.6	7.9	9.3	10.3	12.3
	1인가구		5,180	5,562	6,701	7,635	8,098	97	27.2	28.5	31.9	34.6	36.3
	비친족가구		214	227	274	268	291	3	1.1	1.2	1.3	1.2	1.3

출처: 통계청(2017). 장래가구추계 시도편(2015-2045년). p. 9.

(3) 권위의 소재에 따른 분류

관계적인 측면에서 권위의 소재에 따라서도 가족구조가 구분된다. 남성이 가장의 역할을 하고 부인과 자녀보다 의사결정권을 가지는 가족형태가 가부장적 가족(patriarchal family)이다. 어머니가 가장권을 가지는 경우가 모거제이다. 이러한 관점에서 볼 때 우리나라 조선시대를 포함한 전통가족을 가부장적 직계가족으로 명명한다.

우리나라의 경우 가족관계의 변화와 가족에 대한 가치관, 부모자녀관계의 변화에 따라 결혼한 자녀들이 부모와 핵가족을 구성하지만, 근거리에 거주하면서 확대가족과 같은 정서적 · 경제적 지원이 이루어지며 빈번한 상호작용을 유지하는 수정확대가족(modified extended families)이 보편적이다. 그 반대의 경우를 수정핵가족(modified nuclear families)이라 한다. 특히 현대 한국 사회에서는 모녀관계를 중심으로 한 수정확대가족도 점차 증가하고 있다.

6) 이 책에서 가족의 정의

2절에서 설명한 가족을 바라보는 세 가지 관점은 독립적이라기보다는 상호보완적이다. 결혼과 가족의 정의가 다양한 만큼 가족을 바라보는 관점도 상황에 맞게 적절히 적용할 수 있을 것이다. 이 책에서는 현대사회의 경제체제 변화와 과학기술의 발전과 가족가치관의 변화 등 사회의 전반적인 변화를 수용하고, 가족을 학문적으로 분석하기 위해서 이론적 기준과 규범적 기준을 함께 적용하여 가족을 정의하고자 한다. 그러나 본 교재의 주제인 가족관계에 초점을 맞추기 위해서 경우에 따라 상황적 정의도 포함할 것이다.

현대적 의미에서 학자들이 가족을 보는 기본 관점은 가족은 사회와 유기적으로 연결되며 끊임없이 변화함을 강조하며 역사적 · 문화적 관점에서 가족구성원들의 상호작용에 관심을 갖는다. 즉, 가족은 사회역사적인 맥락에서 가족현상 혹은 가족문화를 분석함으로써 이해할 수 있으며, 또 가족행동의 내적 과정인 가족관계에 대한 이해를 통해서 가능하다. 일제강점기와 6.25전쟁을 경험하고 농경사회에서 젊은 시절을 보낸 부모세대의 가족가치관은 정보화사회를 경험하고 교육받은 손자녀세대와는 매우 다를 것이다. 이러한 인식에 기초해 보면 가족은 남편, 아내, 그들의 자녀로 구성되는 규범적 실체이면서, 상호작용하는 개인들의 연합이기 때문에 이들의 다양한 삶의 영역을 가족의 구조적인 측면뿐만 아니라 가족구성원과의 관계, 수행해야 할 기능 및 이들 간의 역동성을 통해 바라보아야 할 것이다.

우리나라 민법(779조)에는 가족의 범위를 배우자, 직계혈족 및 형제자매, 직계혈족의 배우자, 배우자의 직계혈족 및 배우자의 형제자매로서 이 중 생계를 같이하는 경우로 구조적인 정의를 내리지만, 이 책에서는 위의 다양한 기준을 적용하여 정현숙과 유계숙(2001), 정현숙과 옥선화(2016)의 정의에서와 같이 '두 명 이상의 개인이 상당히 지속적으로 서로 경제적 · 정서적으로 의존하며, 서로 발달 · 안정 · 보호에 책임을 지는 사회적 집단 혹은 제도' 혹은 '친밀하게 상호교류하며 상호의존적인 사람들의 단위'로 관계를 중심으로 정의내리고자 한다. 또한 구조적으로는 전통적 가족관점에서의 핵가족과 이혼, 사별과 미혼모로 인한 한부모가족뿐만 아니라 동성애와 동거가족 등 대안적 가족도 가족의 범위에 포함하여 논의를 전개하고자 한다.

3. 가족관계

가족의 분석수준은 <그림 1-2>와 같이 개인수준, 관계수준 및 체계수준으로 구분된다. 가족관계는 이 중 관계수준의 특성으로 부부, 부모자녀(부녀관계와 부자관계, 모녀관계와 모자관계), 세대(손자녀관계)관계 등 다양한 관계수준으로 분석되며, 이 책의 2부에서 자세히 소개하고자 한다. 가족 전체 체계수준은 가족환경을 포함한 가족건강성, 스트레스, 여가 등의 특성이 포함되며, 이에 대한 내용은 3부에서 가족을 위한 지원체계와 함께 소개한다.

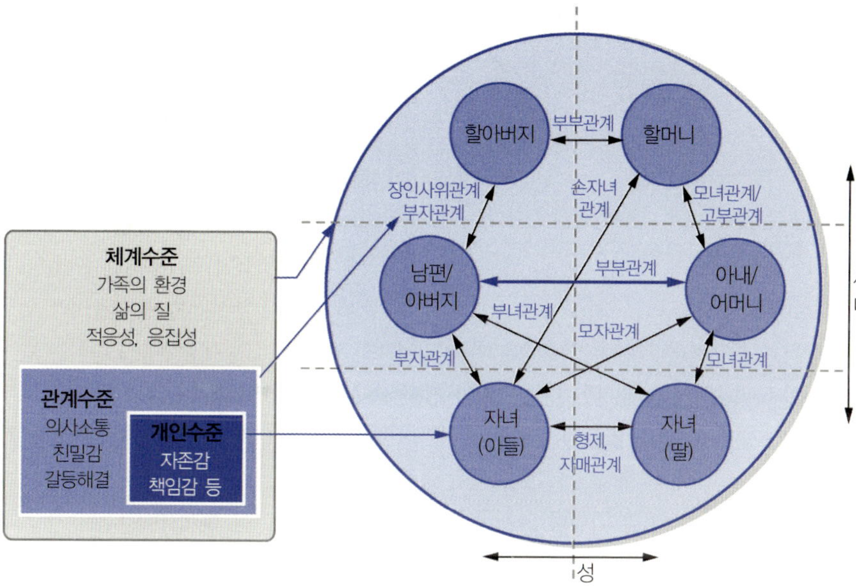

그림 1-2 가족 내의 관계와 분석단위
출처: 정현숙(2016). p. 52.

관계(relationship)는 사전적으로 ① 둘 이상의 사람, 사물, 현상 따위가 서로 관련을 맺거나 관련이 있음(예: 남녀관계, 사제관계, 국제관계), ② 어떤 방면이나 영역에 관련을 맺고 있음(교육관계 서적 등), ③ 남녀 간에 성교를 맺음을 완곡하게 이르는 말(예: 관계를 가지다), ④ 어떤 일에 참견을 하거나 주의를 기울임(예: 남의 일에 관계 마세요), ⑤ 까닭, 때문의 뜻(예: 사업관계로 자주 출장을 간다) 등 매우 다양한 의미를 지닌다(네이버 국어사전, ko.dict.naver.com/detail.nhn?docid=3589200, 2018.10.10). 이 책에서의 관계의 개념은 첫 번째 정의에 가까우며, 가족관계는 두 명 이상의 가족구성원 간의 상호작용을 의미한다. 이러한 의미에서서 볼 때 1인가구는 단독가구를 형성해서 살고

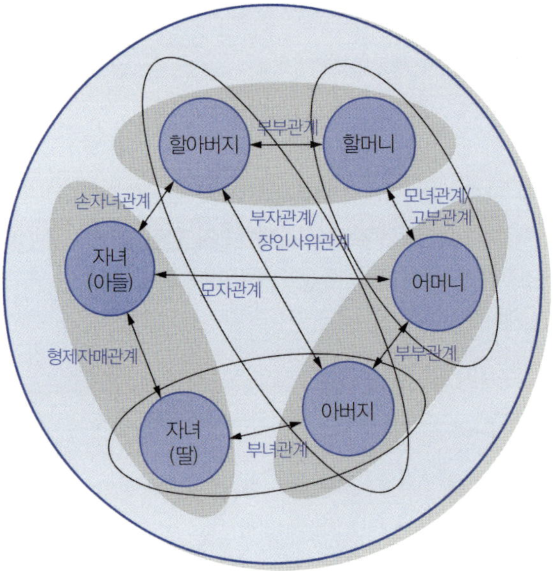

그림 1-3 가족 내의 다양한 관계
출처: 정현숙, 옥선화(2015). p. 18을 기초로 재구성함.

있으므로 1인가족이라는 용어보다는 1인가구로 명명한다. 그러나 이들도 대부분의 경우 원가족구성원들과 부모자녀관계나 형제자매관계와 같은 상호작용을 하게 된다. 일반적으로 인간관계는 대면관계에 의한 상호작용을 의미하지만 현대와 같은 정보화사회에서는 인터넷을 통한 가상공간에서도 상호작용이 이루어진다. 가족관계는 이 모든 것을 포함하는 가족구성원 간의 역동성(dynamics)과 상호작용을 의미한다.

가족 내에서 가족구성원들의 관계는 가족 내 다양한 관계에서 가족생활주기에 따라 다양하게 변화한다. 예를 들면, 아동기 때의 형제자매관계와 노년기의 형제자매관계는 관계의 질과 상호작용이 내용면에서 많은 차이가 있다. 또 가족관계에는 <그림 1-3>과 같이 부부관계, 모자관계와 부자관계를 포함하는 부모자녀관계, 성의 구성에 따라 자매관계, 형제관계, 남매관계를 포함하는 형제자매관계 등의 하위체계가 존재한다. 세대에 따라 친손, 외손을 포함하는 조손관계가 있으며, 고부관계, 사돈관계, 장인사위관계, 장모사위관계 등 다양한 친인척관계가 존재한다. 이처럼 다양한 가족유형에 따라 가족 내에 존재하는 관계의 구조 역시 다양하다.

김득성(2002)은 일반적으로 다양한 관계 중 부부관계, 부모자녀관계, 형제자매관계가 가장 뚜렷하고 중요한 하위체계이지만, 우리나라에서는 친인척관계도 중요한 하위체계 중 하나이며, 특히 부부하위체계의 강도와 내구력은 가족안정성에 매우 중요하다고 한다.

이러한 관계에서의 가족구성원들 간의 관계는 가족체계론적 관점에서 볼 때 경계침투성이 중요하다. 가족의 하위체계 간 경계는 '분명하게 정의된 경계', '경직된/비융통적 경계', '모호한 경계' 세 가지로 나누어지는데, 김유숙(1998)에 의하면 기능적인 가족은 ① 하위체계의 경계선이 명확하고, ② 가족규칙이 명확하고 공평하게 이루어지며, ③ 가족구성원이 자신의 역할을 명확히 이해하고, ④ 각 개인의 자율성이 존중되면서도 전체로서 가족이 유지되며, ⑤ 의사소통이 자유롭고 명확하며 직접적인 특징이 있다고 한다. 즉, 가족구성원 간에 경계침투성이 있지만 개인의 개성은 존중받는 관계이다. 이러한 특성은 건강가족적 관점에서 볼 때 응집성과 적응성이 있는 가족관계의 특성과 유사하다.

이러한 관계는 <그림 1-4>와 같이 세 가지 관계적 속성을 갖는다. 첫째, 두 사람이 '따로 또 같이' 상호작용한다. 즉 개인과 관계가 균형을 이룬 가장 이상적인 유형이다. 둘째, '관계없는' 유형으로 이들은 상호작용이 없는 소원한 관계이다. 셋째, '둘이 하나 되는 결합'관계로, 신혼기 부부나 연애 초기 파트너 사이에서는 가장 이상적인 관계로 인식되지만 관계의 속성으로 볼 때 개별성과 독특성이 서로 무시되는 지나친 밀착관계라고 규정할 수 있다.

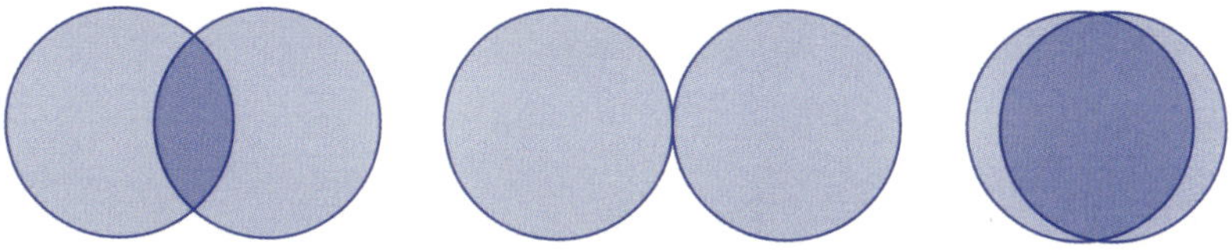

그림 1-4 관계의 본질
출처: 정현숙, 옥선화(2015). p. 19.

이 책에서는 바람직한 가족관계를 '상호작용하는 가족구성원 각 개인의 자율성과 독특성이 인정되면서 관계의 상호작용이 융통성 있게 이루어지는 관계'로 정의하고자 한다. Duncan 등(2014)은 친밀한 관계에서 개인적 요구와 삶의 상황에서의 요구 간의 균형을 이루는 전략으로서 개인에서 자유를 허용하는 새로운 가족 유형인 Living-apart-together(LAT)(혹은 non-cohabiting, 혹은 non-residential relationships)를 설명하는데, 이러한 유형이 첫 번째 관계적 특성을 가장 잘 나타내는 것으로 보인다. 이러한 개념은 스기야마 유미코(2017)의 '졸혼' 개념과 유사하다. 스기야마는 부부관계를 유지하며 각자의 삶을 살아가는 파트너들을 소개하면서 부부가 각자 하고 싶은 것을 하면서 서로를 든든하게 지지해 주는 새로운 라이프스타일로 이 개념을 제안하였다. 그러나 실제로는 부부관계에서 동거를 하면서 이러한 관계적 특성을 유지하는 것이 현대의 가족관계에서 요구되는 특성이라고 생각한다.

이러한 가족관계의 속성은 Weeks(1986)에 의하면 어느 한 시점의 관계적 특징이 고정되는 것이 아니라 시간에 따라서도 변화하며, 관계 내의 개인의 성장과 성숙에 의해서도 변화하며 개인의 자원과 환경과의 상호작용을 통해서도 끊임없이 변화한다고 한다. 관계적 속성의 변화에 영향을 미치는 구조적, 관계적 맥락은 다음 2장에서 자세히 다루고자 한다.

토론해 봅시다

1. 가족이 다른 제도와 다른 점은 무엇인가?

2. 가족을 정의할 때 '부부관계'와 '부모자녀관계'에 적용되는 법칙은 무엇인가?

3. 2005년 개정된 민법 제2장 779조(가족의 범위)는 '1. 배우자, 직계혈족 및 형제자매, 2. 직계혈족의 배우자, 배우자의 직계혈족 및 배우자의 형제자매'이며, '제1항 제2호의 경우에는 생계를 같이하는 경우에 한다'고 규정하고 있다. 이러한 가족 정의의 문제점은 무엇인가?

4. 우리나라 가족 중 최근에 증가하는 가족형태는 무엇이며, 그 이유는 무엇인가?

5. 다양한 가족에 대한 정의가 필요한 이유는 무엇인가?

6. 일본 영화감독 '고레에다 히로카즈'의 2018년 칸영화제 황금종려상 수상 영화 '어느 가족(万引き家族, Shoplifters)'을 보고 가족의 의미에 대해 토론해 보자. 1) 이 영화에서 '가족'의 의미는 무엇이라고 생각하는가? 2) '가족적인 꾸러미(familistic package)'에 포함되어야 하는 것이 무엇인가에 대해서도 토론해 보자.

Chapter **2**

가족관계 분석을 위한 기준

1. 가족의 구조 분석 | 2. 가족의 상호관계 분석

사회과학의 궁극적 목적은 사회현상을 이해하기 위한 것이며, 과학적 이해는 기술(description), 설명(explanation), 예언(prediction), 통제(control)가 목적이다(이은해, 1985). 가족의 다양한 현상을 과학적으로 기술하고, 여러 현상들 간의 관계를 설명하고, 향후 어떠한 일이 일어날 것인가를 예측하기 위해서는 가족의 특징이나 변화를 객관적인 기준에 의해 분석하는 작업이 필요하다. 가족의 특징이나 변화를 설명하기 위한 방법은 크게 두 가지로, 이 책에서는 가족의 구조 분석과 상호관계 분석의 기준과 특징을 살펴보았다.

1. 가족의 구조 분석

가족의 특징이 무엇인가에 대한 설명을 위해 대중매체나 국가적인 비교에서 가장 많이 이용하는 방법은 가족의 구조적 특징을 분석하는 것이다. 예를 들면 한국 가족의 특징이 어떠한가를 설명하기 위해서 핵가족의 비율이나 이혼율과 재혼율 혹은 맞벌이가족의 비율 등으로 설명한다.

OECD 국가들 간의 비교를 위한 가족관련 통계(family indicators)에서는 가족의 구조(출산율, 출산평균연령, 미혼출산율, 결혼과 이혼율, 가구 유형별 자녀의 분포), 가족의 노동시장에서의 지위(고용률의 젠더 차이, 성별 임금격차, 어머니의 취업률, 직업지위에 따른 아동의 분포, 가구고용지위에 따른 한부모가구의 자녀 수), 가족과 아동관련 정책(0-2세 유아보육기관 등록률, 3-5세 아동보육기관 등록률, 세금과 혜택의 균형)과 아동의 성취(아동빈곤율, 연령에 따른 NEET 비율, 15-19세의 조출산율) 등 4영역의 자료를 제공한다.[1] 이러한 구조적 특징들은 가족의 구조적 분석을 통해 각 국가의 사회적, 복지적 현황을 판단하는 중요한 정보로 국가 간 비교를 위해 매우 중요한 자료이다.

많은 연구자들(Barret & Turner, 2005; Hoffmann, 2006)은 가족구조 자체보다는 가족구조로 인해 생성되는 특정한 환경적 특성이 가족구성원들의 발달과 적응에 영향을 미친다고 한다. 그러나 비록 가족구조 자체가 구성원들의 적응에 직접적인 영향을 미치는 것이 아니라 하더라도 이미리, 박주희와 정현숙(2015)은 가족의 구조적 결핍이 경제적 어려움, 양육자의 적응이나 건강상의 어려움, 역할과중 등으로 인한 스트레스를 야기하고, 사회적 지원망의 부족으로 연결될 가능성이 크며, 가족구성원들은 적응상의 어려움에 직면할 가능성이 높아지기 때문에 중요성이 있다는 점을 강조한다. 그렇다면 가족의 내적 역동성을 이해하는 데 기초가 되는 구조적 특징을 설명하기 위한 기준은 무엇인가? 이 책에서는 크게 7가지 가족의 구조적 분석을 기준으로 제안하고자 한다.

1) 성, 성구성과 사회적 성

(1) 성과 성구성

가족의 구조적 특징으로서 성은 가족구성원들의 생물학적 차이를 나타내는 남성과 여성으로 구분되는 생물학적 성(sex)과 부부관계, 부모자녀관계 및 형제자매관계 등에 포함되는 가족의 이자관계에서의 성구성(sex-combination) 등이 포함된다. 1장에서 설명하였듯이 전통적인 결혼에 대한 정의에서는 남성과 여성의 결합을 파트너관계로 인식하였으나 동성애부부도 점차 증가하고 있는 추세이다.

---

1) www.oecd-ilibrary.org/social-issues-migration-health/data/oecd-social-and-welfare-statistics/family-indicators_efd30a09-en, retrieved 2018년 7월 13일.

부모자녀관계에서의 성의 구성은 부자관계, 모자관계, 모녀관계, 부녀관계 등으로 확대되고, 며느리와 시어머니 간의 고부관계와 사위와 장모 간의 장서관계 등으로도 구분된다. 예를 들어 부모자녀관계에서 부자관계와 모자관계는 관계적 특성이 매우 다른 양상으로 나타나기도 한다. 또한 형제자매관계에서도 출생순위에 따라 남-녀, 여-남의 남매관계의 특성과 형제들과의 관계, 자매들과의 관계적 특성은 많은 차이가 난다. 특히 현대사회에서 성인자매관계는 삶의 중요한 네트워크로서 도구적, 여가적, 경제적 지원을 주고받는 중요한 관계이다.

아동발달에 대한 많은 연구들(박성연, 1991; Cicirelli, 1976)은 형제관계는 서로의 자아개념 발달에 도움을 주며, 갈등해결방법을 배울 수 있는 중요한 관계이며, 남녀의 성구성에 따라 상호작용방식도 차이가 나타남을 지적한다. 이러한 이유로 출산율의 감소로 인한 형제자매관계의 감소가 아동삶의 가장 중요한 혁명적 변화(Hernandez & Myers, 2003) 중 하나라고 설명한다. 그 이유는 형제는 연령, 욕구, 활동이 가장 비슷한 가족구성원이면서 가족구성원 중 가족자원의 가장 큰 경쟁자이며 또한 가장 중요한 동료이기 때문에 돌봄과 친밀한 동료애를 형제들과의 경험을 통해 얻을 수 있기 때문이다. 따라서 자녀 수의 감소는 아동기에서 성인기에 이르기까지 가능한 잠재적 동료애의 절대적인 감소를 의미한다(정현숙, 2013).

(2) 성역할과 사회적 성

성역할(sex-role)을 구조적 특성으로 볼 수는 없으나 생물학적 성에 따라 사회가 부여하는 성역할은 가족관계 전반에 영향을 미치는 가족가치관 중 하나이므로 여기서 간단히 소개하고자 한다. 사회적 성은 사회문화적, 심리적으로 남성됨의 상태 혹은 여성됨의 상태를 의미하는데 이러한 사회적 성(gender)에 따라 '개인이 그가 속한 문화권에서 여성 또는 남성으로서 특징될 수 있는 여러 자질 혹은 성유형화 과정을 통해서 성별에 따라 습득하게 되는 성격 특징, 태도, 선호경향, 행동' 등을 총체적으로 일컬어 성역할이라고 한다(옥선화, 정민자, 1992, p. 38).

성역할을 어떻게 습득하는가에 대해서 Pathus, Nevid와 Finchner-Rathus(1998)는 크게 3가지 관점으로 설명한다. 남자나 여자다움의 행동 유형이 유전이나 태내환경 및 호르몬에 의해 영향받는다는 생물학적 관점과 사회적 기대와 학습에 의한다는 비교문화적 관점과 심리적 관점이 있다. 심리적 관점은 Odipus Complex와 Electra Complex를 해소하기 위하여 동성의 부모를 동일시한다는 Freud의 정신분석이론, 관찰학습과 동일시 및 사회화를 통해 성유형화된 행동을 습득한다는 사회학습이론, 아동이 성에 대한 개념을 형성하면 그 성과 관련된 행동을 한다는 인지발달이론이 있으며, 아동이 성도식(아동이 세계를 보는 관점을 구성하는 수단으로 남녀의 신체적 특성이나 행동, 성격특질에 대한 심상)을 획득하면 그들의 성과 관련된 특질에 따라 스스로 판단을 시작한다는 성도식이론이 있다.

성역할의 발달에는 가족과 학교, 대중매체 등 다양한 요인들이 영향을 미치는데, 1948년부터 1971년까지의 교과서(참고 2-1)에 나타난 여성과 남성은 매우 전형적인 성유형화된 모습을 보여준

참고 2-1 사회의 특징을 반영하는 교과서 내용

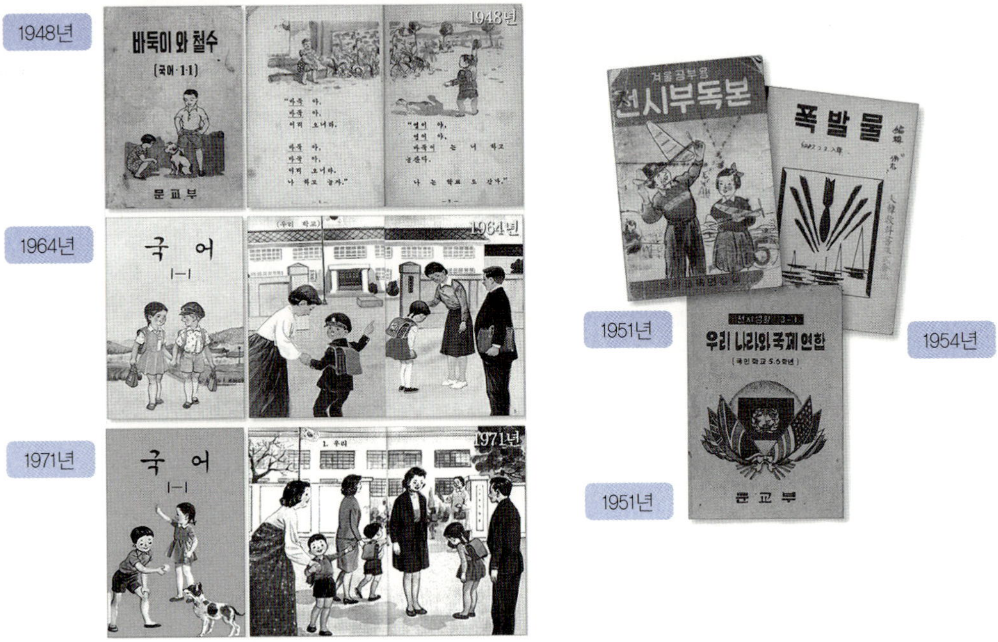

출처: 중앙일보(2018.10.5). 생활상 담기던 교과서 발행, 올해로 70년, B5.

다. 예를 들면, 여성은 치마를 입고 리본을 머리에 달고 있으며, 남성은 양복을 입고 바지를 입고 있다. 이러한 사회적 기대와 학습이 전형적인 성역할 발달에 영향을 미치며, 습득된 성역할은 의사소통방식이나 자아개념 및 다양한 가족관련 가치관 등에 영향을 미친다. 특히 가족에서 부모의 성역할에 기반한 양육방식이나 가사분담에 대한 인식 및 자녀의 성에 대한 차별적 태도 등도 자녀들의 성역할 습득에 영향을 미치는 중요한 요인이다.

2) 지위와 역할

우리나라에서 가족을 분석하는 데 가장 중요한 구조적 기준 중 하나는 혼인, 성이나 출생순위 혹은 세대 내에서의 위치에 따라 부여되는 지위이다. 예를 들면 결혼한 부부는 남편과 아내라는 새로운 지위를 습득하며, 자녀가 출생하면 남편은 아버지라는 지위(status), 아내는 어머니라는 지위가 부여된다. 또한 형제자매관계에서도 출생순위에 따라 생애과정 전반에서 오빠, 언니, 부모자녀관계에서는 아들과 딸이라는 지위가 부여된다. 장자와 차남, 장녀와 막내 등 형제자매관계에서의 다양한 지위는 가족 내에서뿐만 아니라 사회적으로도 다양한 역할(role)을 기대한다. 특히 의사소통

시 존칭어를 사용하는 우리나라 언어구조는 지위에 따라 다양한 권력을 제공하기도 한다.

가족체계론적인 관점에서 볼 때 지위는 가족의 구조이며 역할은 가족의 과업으로 설명할 수도 있다. 모든 가족은 사회와 가족구성원들을 위해 성취해야 하는 과업을 갖는데, 이를 역할로 볼 수 있다. 이러한 지위와 역할의 중요성은 역할의 개념적 정의가 '가족구성원들이 가족기능을 완수하기 위해 사용하는 반복적인 행동패턴으로 개인이 차지한 지위와 타인과의 상호작용과정에서의 행동규준'이기 때문이다(정현숙, 유계숙, 2001). 이러한 역할은 가족관계 내에서 형성되고, 시간에 따라 변화하며, 가족구성원 서로의 기대와 요구에 의해 받아들여지기도 하고 거부되기도 한다. 특히 이러한 역할의 취득과정은 역할기대-역할인지-역할수행-역할평가-역할고정의 과정을 통해 형성되는데 각각의 단계에서 다양한 역할갈등을 경험하게 된다. 예를 들면 역할기대와 역할인지 간의 역할갈등과 인지와 수행 간의 차이에서 오는 갈등, 또는 상대방의 역할수행에 대한 평가의 차이들, 각각의 역할 취득과정에서 오는 갈등의 가능성이 있어 다양한 갈등해결을 위한 책략이 요구된다. 특히 현대사회의 다양한 사회적 변화, 예를 들면 여성들의 고학력화와 맞벌이가족의 증가, 대중매체의 발달과 다양한 SNS의 발전 등은 가족구성원들의 역할에 대해 이전과는 다른 기대와 수행을 요구한다. 실제로 우리나라 결혼시장에서 남성과 여성은 결혼이라는 관계의 시작부터 구조적으로 다른 사회적 기대가 요구된다. 남성은 집을 마련하고 여성은 살림살이를 마련한다는 사회적 규범이 매우 오랫동안 결혼시장의 원칙처럼 인식되었고, 이러한 인식은 경제적으로 어려운 남성들의 혼인에 가장 큰 장애요인으로 작용하고 있으며, 저출산과도 연계된다고 분석된다.

또한 시간에 따른 생애과정에서 여성의 경우 아내, 어머니, 시어머니, 조부모 등 성인들의 지위의 궤적과 이러한 지위의 누적적인 특징은 역할수행을 어렵게 하는 요인이 되고 있다. 여성의 생애과정을 예로 들면, 여성은 태어나서부터 죽을 때까지 다양한 지위를 가지게 된다. 가족관계에서의 지위로는 태어날 때 자녀라는 지위(딸)에서 결혼을 하게 되면 부부(아내)의 지위, 자녀를 출산하면 부모(어머니)의 지위, 자녀의 출가를 통해 시어머니, 사돈, 조부모(할머니) 등의 지위를 갖게 된다. 지위라는 가족 내의 구조가 가족관계에서 중요한 이유는 지위에 따라 사회에서 다양한 '역할'을 기대하고, 그에 따른 역할 수행을 요구하기 때문이다. 따라서 가족의 상호작용을 체계적으로 이해하기 위해서는 각 가족구성원의 지위와 역할에 대한 구조적 이해가 바탕이 되어야 한다.

3) 세대(generation)

세대의 개념은 크게 두 가지로 구분할 수 있다 첫 번째는 가족세대의 개념이다. 정현숙 등(2011)에 의하면 조부모-부모-자녀관계와 같이 친족계보에서 같은 항렬에 속하는 사람들을 구분하는 방법이며, 박재홍(2001)은 동일항렬에 속하는 사람들은 10대에서 100세 이상 부모세대까지 다양한 코호트가 동급으로 취급될 수도 있어 코호트세대와는 차이가 있다고 한다. 일반적으로 가족세대는 가족 내에서 상호 간 관계 위치로 아버지세대와 자식세대를 구분(구자숙, 한준, 김명언, 1999)한다. 일반적으로 세대연구에서는 비친족과 세대가 뛰어넘는 가족관계(예를 들면 1-3세대)에만 초점을 맞추는 경향(Hanks & Ponzetti, 2004)이 있지만, 정현숙 등(2008)은 가족학분야에서 조부모-부모-자녀의 세대가 중요한 가족구성의 틀이고 세대간 상호작용에 대한 연구에 초점을 맞추기 때문에 다른 사회과학분야의 세대관계연구에서의 세대 개념보다 확대하여 세대관계를 정의한다고 한다. 즉, 세대간이란 단순히 세대간(between generation)도 의미하기 때문에 가족연구에서는 부모자녀관계, 조부모손자녀관계, 고부관계, 장인사위관계 등 다른 친족과의 관계 등 세대간의 관계들을 모두 포함한다.

세대적 특징을 설명하기 위해 가장 많이 활용되는 통계 중 하나는 핵가족과 확대가족의 비율의 변화 양상이다. 예를 들면, 통계청의 장래가구추계(2017)에 의하면 2015년 3세대 이상 가구는 2015년 5.4%에서 2045년에는 2.9%로 감소하며, 부부가족은 2015년 15.5%에서 2045년 21.2%로 증가하며, 1인가구는 27.2%에서 36.3%로 증가할 것으로 예측한다. 이러한 추계는 가족의 세대별 거주 특성이 가족관계의 변화를 설명하는 중요한 척도로 인식되기 때문이다.

구조적으로 가족의 세대구성의 변화 양상은 부모자녀관계에서 부양태도의 변화를 반영하기도 하며, 결혼 후 부부의 거주 유형이 신거제형태로 변화됨을 보여주는 척도이기도 하다. 이와 같이 세대가 가족의 중요한 구조적인 특징이기도 하지만, Burr 등(Burr, Day, & Bahr, 1993)은 가족의 전통, 감정, 가치관, 가족의 생활방식과 사고방식 등이 세대과정을 통해 한 세대에서 다음 세대로 전달되기 때문에 가족관계에서 세대관계가 중요하다는 점을 강조한다. 즉, 구조적 특징은 가족이해를 위한 1차적인 자료이며 다음 절에서 설명할 관계적 속성, 즉 어떠한 상호작용이 일어나는가도 함께 살펴보아야 한다는 점을 강조한다. 1장에서도 설명하였듯이 우리나라 가족관계는 수정확대가족형태로, 구조적으로는 핵가족이지만 관계적인 측면에서는 확대가족과 같은 유대를 가지기 때문이다. 이러한 확대가족적인 유대도 본 장의 1절에서 설명했던 성구성이 중요한 척도로 작용된다. 예를 들면, 우리나라에서 많이 증가하는 수정확대가족의 형태는 전통적인 관점에서의 가부장적 직계가족에서 특징적으로 나타나는 결혼한 장남이나 아들들과의 관계라기보다는 결혼한 딸이 근처에 살면서 친정과의 왕래가 빈번한 형태가 더 우세하기 때문이다.

두 번째 세대의 개념은 사회적인 관점에서의 출생코호트이다. '성립', '출현' 등의 의미인 희랍어 'genos'에서 유래한 세대(generation)는 새로운 아이의 탄생, 새로운 또래집단의 등장, 일정한 생애단계로의 도달 등 다양한 의미로 사용된다(박재흥, 2001). 이러한 세대 개념은 시간, 노화, 연령집단, 사회구조 등을 반영하는 사회현상들을 조직적으로 이해하려는 시도 속에서 다양하게 사용되어 왔다(Bengtson, 1975). 또한 세대는 어떤 집단이 공통으로 소유하는 사회적, 역사적인 특성으로써 동시대의 다른 구별을 만드는 특성의 의미로도 사용되었다(유진이, 2002). 이러한 세대를 구분하는 이유 중 하나는 집단 간 공통점과 차이점을 파악해 출생시기의 차이, 특정 사건 경험의 차이, 집단 내 위치의 차이 등 일련의 차이를 전제하기 때문이다(최원기, 2006). Kertzer(1983)에 의하면 세대간에는 세대차이(generational differences)가 있다고 가정하는데 세대차이는 일반적, 포괄적 개념으로 세대간의 인식과 행위양식 면에서의 차이로 역사적, 문화적 경험의 차이를 반영한다고 가정하기 때문이다. 이러한 세대차이는 세대격차(generational gap)로 구체화된다. 세대격차는 생애주기단계와 관련하여 '주로 청소년층과 기성세대 간의 차이'를 지칭할 때 사용하는 개념으로 두 세대간에 존재하는 차이를 의미한다. 세대를 분류하는 기준에서 보듯이 출생시기의 차이, 특정사건 경험의 차이, 집단 내 위치의 차이 등으로 인한 세대차이로 인해 조성남과 박숙미(2002)는 세대격차는 인류 역사의 발전과정상 항상 존재해 왔으며 앞으로도 존재할 수박에 없는 매우 자연스러운 사회 발전의 긍정적 원동력이라고 주장한다(정현숙 등, 2008).

20세기 이후 급격한 사회적 변화로 세대차이의 간극은 상대적으로 극대화되고 있다. 가족세대는 자녀세대의 세대적 특성에 따라 지금까지와는 다른 부모-자녀 간 세대격차를 경험하게 된다. 2000년 전후 태어난 Z세대에 대한 분석에서 Stillman은 X, Y는 나라별로 시차가 있지만 Z세대는 동시에 등장하였음을 강조한다. 실제로 미국과 우리나라의 세대구분과 세대별 특징은 <표 2-1>과 같이 정리할 수 있다.

표 2-1 미국과 한국의 세대구분 및 세대별 특징

연도	미국의 세대별 특징
1946–1964 베이비부머 세대	• 2차 세계대전 이후 태어나 가장 안락한 삶을 산 시대 • 존 F. 케네디 암살과 베트남 전쟁 경험 • 진보적 색채, 여성인권과 히피문화 • 컬러TV와 패스트푸드 등장
1965–1980 X세대	• 미국 작가 D. Coupland 소설 Generation–X(1991)에서 유래 • 1990년 전후 불황으로 중산층에 속하지만 사회적 · 경제적 불안을 느낌 • PC의 본격 보급과 멀티미디어 시대 • 사회적 연대보다 개성 추구
1980–2000 밀레니얼 세대	• 베이비부머를 잇는 미국 사회의 신주류 • 어린 시절 9.11테러(2001년)를 경험 • 인터넷문화 익숙, 일보다 여가와 가치 중시 • 높은 주거비용과 일자리 불안으로 캥거루족 증가
2001년 이후 Z세대	• 스마트폰 보급 확대로 아날로그 경험 없음 • 저성장시대 탓에 경제성장을 맛보지 못함 • 유튜브와 페이스북 등을 통해 동시다발적으로 전 세계인과 소통 • 인종 · 성별 · 종교 등 민족과 정체성이 점차 모호해지며 가장 편견 없는 세대

연도	한국의 세대별 특징
1955–1963 베이비부머 세대	• 한국전쟁 후 태어난 고속성장의 주역 • 우골탑으로 상징되는 최초의 고학력세대 • 어린 시절 북한의 청와대 습격 시도, 울진 · 삼척 침투(1968년) 경험, 반북정서 강함
1960–1969 386세대	• 1990년대 당시 30대, 80년대 학번, 60년대 출생 • 5.18민주화운동(1980년)을 경험하고 6.10항쟁(1987년) 등을 주도한 민주화 주역 • 1990년대 초 · 중반 3저 호황, 2000년대 집값 상승 혜택과 외환위기 타격을 동시에 경험 • 서구문화에 익숙
1970–1980 X세대	• 어린 시절 산업화 결실인 풍요로운 소비사회 경험 • 해외여행 자유화(1991년 이후)로 다양한 경험 • 기존 가치/관습 거부, 개인 성향으로 개성 중시 • PC 활용에 익숙
1981–2000 Y세대 (밀레니엄 세대)	• 외환위기(1997년), 월드컵(2002년), 금융위기(2007년) 경험 • 인터넷 활용, 소셜미디어를 통한 공유 • 욜로, 워라밸, 가성비 등이 핵심가치 • 해외봉사, 어학연수 통해 문화 · 사회적 감수성 확대
2000년대 이후 Z세대 (밀레니엄 키드)	• 어릴 때부터 PC보다 스마트폰 · 태블릿 접한 모바일 네이티브 • 본인의 개성과 취향이 소비의 기준 • 연예인보다 유튜버 등 인플루언서 영향 많이 받음 • 2020년 이후 본격적으로 사회 진출할 예비 세대

출처: 중앙일보(2019). 2-3, 4-5면(news.joins.com/article/23345784) 내용을 표로 정리함.

4) 가족생활주기(family life cycle)

개인이 시간 경과에 따라 변화와 적응을 해 나가듯이, 결혼과 출산 등을 통한 가족의 형성에서부터 가족의 붕괴로 이어지기까지 일련의 변화를 가족발달이라고 하며 가족의 발달은 가족생활주기(family life cycle)로 설명한다(정현숙, 유계숙, 2003). 일반적으로 가족주기의 변화는 크게 3가지가 중요한 역할을 하는데 첫째는 출생, 사망, 출가 등에 의한 가족구성원의 증가와 감소로 인한 변화, 둘째는 영유아기에서 아동기, 청소년기 등 아동이 겪게 되는 다양한 발달단계에 따른 변화, 셋째는 은퇴 등 가족이 다른 사회적 체계에서의 관계 변화 등으로 인한 변화가 영향을 미친다. 이러한 변화 중 전통적인 가족생활주기는 장자의 나이에 의한 분류로 Duvall(1977)은 단계로 신혼기가족 → 영유아기가족 → 아동기가족 → 청소년기가족 → 빈둥우리가족 → 노년기가족 등 8단계로 구분한다(정현숙, 1994).

그러나 1인가구의 증가 및 이혼과 재혼, 비혼의 증가 등으로 가족의 삶의 궤적이 결혼을 통해 이루어진 부부관계가 한 사람의 죽음에 이르는 과정으로 진행되는 비율은 상대적으로 감소하고 있다. Carter와 McGoldrick(1988)도 미국인들의 가족생활주기를 집을 떠남(젊은 독신) → 결혼을 통해 가족형성(새로운 부부) → 어린 아동이 있는 가족 → 청소년 자녀가 있는 가족 → 자녀들이 떠나고 들어오는 시기 → 말년의 가족 등 6단계로 제시하였다. 또한 이혼과 재혼이 가족생활주기를 변형시키는 가장 중요한 요소라고 지적하며, 재혼가족의 경우 새로운 관계의 형성 → 새로운 결혼과 가족에 대한 개념화와 계획 세우기 → 재혼 및 가족의 재구성의 3단계의 틀을 제안하였다.

이 밖에도 Slater와 Mencher(1991)는 동성애자들의 가족생활주기를 제안하였으며, Hajal과 Rosenberg(1991)는 입양가족에 대한 가족생활주기를 제안하는 등 다양한 가족의 가족생활주기를 설명하고자 하는 노력들이 계속되고 있다(정현숙, 2001에서 재인용).

이러한 가족생활주기에 따라 가족의 요구와 발달과업은 차이가 나타나는데, 전통적으로 가장 많이 연구된 분야는 부부의 결혼만족도가 가족생활주기에 따라 U자형을 그린다는 연구결과이다. 또한 가족생활교육분야에서는 가족생활주기와 한 단계에서 다음 단계로 변화되는 전이과정과 전이과정에 영향을 미치는 요인에 주목하면서 예방적 차원의 교육의 중요성을 강조한다. 예를 들면, 부모기로의 전환기에 부모준비의 중요성과 효율적인 전이를 위한 교육프로그램을 제시하고 있다.

5) 가족 유형(family types)

가족 유형을 구분하는 합의된 기준은 없다. 그러나 구조기능론적 관점에서 Parsons의 남편의 도구적 역할과 아내의 표현적 역할에 대한 구분을 기준으로 가족의 전통적 기능의 변화에 따라 새롭게 등장한 가족 등 가족기능의 다양성을 기초로 분류하거나, 또는 부모와 자녀로 구성된 가족의 구조를 기준으로 전통적인 관점과 차이가 있는 가족의 형태를 다양한 가족 유형으로 구분한다.

전통적으로 사회학자들은 성관계의 통제와 출산의 기능, 경제적 기능, 사회화 기능 등을 중요한 가족기능으로 주장하였으나 이러한 기능이 약화되면서 다양한 가족 유형 증가로 이어졌다. 예를 들면, 현대사회로 오면서 무자녀가족이 증가하고 있는데, Madeline Cain(2003, 이한중 역)은 『무자녀혁명』이라는 책에서 만혼과 직업적 성취에 대한 강조 등으로 출산을 미룬 집단들이 궁극적으로는 무자녀를 선택함으로써 무자녀가족이 더욱 증가할 것으로 예측한다.

자녀의 관점에서 가족 유형은 두 명의 부모의 존재 유무나 이들의 결혼지위, 혹은 이들의 부모의 역할과 관련된 다양성에 따라 양부모가족, 한부모가족, 비혼한부모가족, 맞벌이가족 등으로 구분되기도 한다. 또한 배우자의 결혼대상에 따라 다문화가족이나 동성애가족 등으로 구분하기도 하며, 자녀구성방법에 따라 입양가족, 수양부모가족, 재혼가족 등으로도 구분된다.

핵가족의 형태도 점차 다양해져 부부만의 가족, 조부모가족, 동성애가족 등 구조와 기능이 다양한 가족으로 확대되고 있다. 부모와 자녀로 구성된 핵가족의 경우도 입양가족이나 맞벌이가족, 분거가족(기러기가족, 주말부부가족 등) 등 주거와 부모의 역할 및 자녀의 구성에서 다양한 형태로 분화되고 있다. 이러한 이유로 전통적인 가족교과서들이 'The family'라는 제목에서 'Diverse families'와 같은 제목으로 변화되고 있으며, 미국의 가족관계학회(NCFR)의 학술지인 'Journal of marriage and the family'가 유일하다는 의미인 'the'를 학술지명에서 삭제하고 'Journal of Marriage and family'로 수정하였다.

실제로 다양한 연구들이 가족 유형이 가족관계 전반에 중요한 영향을 미치는 요인이라는 점을 강조한다. 예를 든 Kamerman 등(2003)은 한부모가족(비혼십대부모), 십대부모, 맞벌이가족, 소수인종가족, 이민가족, 대가족(large families) 등에서의 아동발달의 차이를 설명한다. 통계청의 가구관련 통계에서는 맞벌이가족, 다문화가족, 부부가족, 3세대가족 등의 구분이 사용되기도 한다. 연구자에 따라 다양한 기준을 활용하여 가족 유형을 구분하는데 OECD(2017)의 국가 간 세금 비교를 위한 연구에서 가족 유형을 두 명의 자녀가 있는 홀벌이가족과 자녀가 없는 홀벌이가족으로 나누어 분석하였다.

양친, 한부, 한모 등 가족구조에 따른 가족환경의 차이와 청소년의 적응을 분석한 이미리, 박주희, 정현숙(2015)은 양친가족, 한부가족, 한모가족 청소년이 경험하는 가족환경 특성은 여러 측면에서 공통점도 있지만 차이도 존재한다는 점을 강조하였다. 구체적으로 부모의 신체적 · 심리적 안녕(신체적 건강, 부모의 삶의 만족도), 가족의 경제적 특성, 부모양육방식 중에서 합리적 설명과 애정, 감독, 방임수준, 그리고 자녀 방과후 보호자 부재 정도의 차이를 보였다. 한부와 한모가족의 부모가 양친가족의 부모에 비해서 신체적으로 덜 건강했으며 삶의 만족도도 낮았다. 또한 한부가족과 한모가족의 가구 연소득은 양친가족에 비해 적었고 자녀의 방과후 교육에 지출하는 비용도 적었다. 그러나 자녀의 용돈은 한부가족이 양친가족과 다르지 않았으며 한모가족은 한부가족과 양친가족에 비해 자녀에게 용돈을 더 적게 주고 있었다. 방과후 보호자 부재 일수는 한부가족, 한모가족, 양친가족 순으로 많았으며, 한부가족의 경우 청소년의 적응수준에서 부정적인 결과가 나타났을 뿐만 아니라 가구 연소득과 자녀의 방과 후 교육에 지출하는 비용도 양친가족에 비해 적었다. 부모의 양육방식에 있어서도 가족구조 간 차이가 있어 양친가족과 한모가족 부모가 한부가족에 비해 더 긍정적인 것으로 나타났다. 합리적으로 설명하고 애정을 주는 정도는 양친가족 부모가 한부가족 부모보다 더 높았다. 반면, 한모가족은 양친가족과 같은 수준인 것으로 나타났다. 또한 양친가족과 한모가족의 부모가 한부가족의 부모에 비해서 자녀에 대한 방임적 행동이 적었다. 이러한 결과에 대한 연구자들은 ① 가족구조에 따라 자원에 대한 가족의 접근성이 달라질 수 있고, ② 가족구조는 양육행동과 가정환경에도 직간접적인 영향을 미치고, 이로 인해 아동과 청소년의 적응수준에 차이가 나타날 수 있으며, ③ 가족구조는 가족스트레스와 부모의 심리적 안녕에서의 차이를 통해 자녀의 행동과 적응에 영향을 미칠 수 있음을 보여주는 결과라고 해석하였다.

6) 가족의 사회경제적 지위(socio-economic status)

사회계층은 한 사회에서 비슷한 특성을 가진 집단을 구분하는 개념이다. 사회계층의 측정에는 주관적 측정과 객관적 측정방법이 있다. 우리나라 통계청 사회조사에서 활용하는 방법은 주관적 계층의식으로 '가구주의 소득, 직업, 교육 재산 등을 고려하여 자신이 어떤 계층에 속하는지'에 대한 질문으로 측정한다. 통계청(2017)의 사회조사(사회참여영역) 중 19세 이상의 국민을 대상으로 한 조사에서 계층은 상 2.7%, 중 57.6%, 하 39.7%로 나타났다. 특히 자신이 속한 가구의 월평균 소득이 높아질수록 상류층으로 응답하는 비율이 높아지고, 2017년 기준으로 소득이 500-600만원일 때 중류층으로 응답한 비율이 79.5%로, 우리나라 사람들은 월평균소득을 사회경제적 지위의 중요한 기준으로 인식하는 경향이 나타났다. 그러나 전반적으로 자식세대의 계층이동 상승 가능성은 전반적으로 감소하는 패턴을 보이며, 본인의 주관적 계층의식이 상층일 때 본인세대와 자식세대의 계층이동 가능성이 높다고 생각하는 경향을 보인다.

학문적인 관점에서는 소득, 직업, 교육, 재산 등에 가중치를 부여하는 객관적인 평가방법을 많이

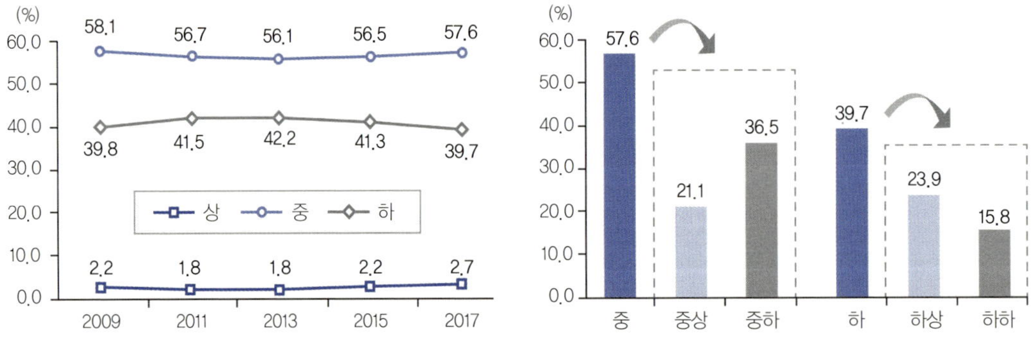

그림 2-1 계층의식과 중, 하 계층의식(2017년)
출처: 2017년 사회조사결과(복지, 사회참여, 문화와 여가, 소득과 소비, 노동). p. 20.

활용한다. 이러한 사회계층은 현대사회에서는 가족구성원들의 사회적 기회에도 영향을 미치며 생활방식과 사회적 관계에까지 다양한 영향을 미치는 가족의 경제적 · 사회적 자원이다. 우리나라의 1인당 GNI는 지속적으로 증가하여 2018년 3만불을 넘었으며, 가구의 자산도 지속적으로 증가하고 있다. 삶에 대한 만족도로 측정한 행복도에 의하면 소득이 증가할수록 증가하는 패턴을 보인다(통계청, 2018). 이러한 경제적인 혜택은 가족의 자원으로 가족관계와 가족여가 및 자녀의 교육 등 다양한 영역에 영향을 미친다. 일반적으로 저소득층 가족의 경제적 어려움은 아동의 자존감(어주경, 정문자, 1999)에도 영향을 미치며, 청소년의 교육성취(구인회, 2003)에도 부정적으로 영향을 미친다. 사회계층에 따라 가족의 주요 사회망이나 가족의 참여(오선주, 1992)와 교육격차(오욱환, 2008)도 나타난다고 한다.

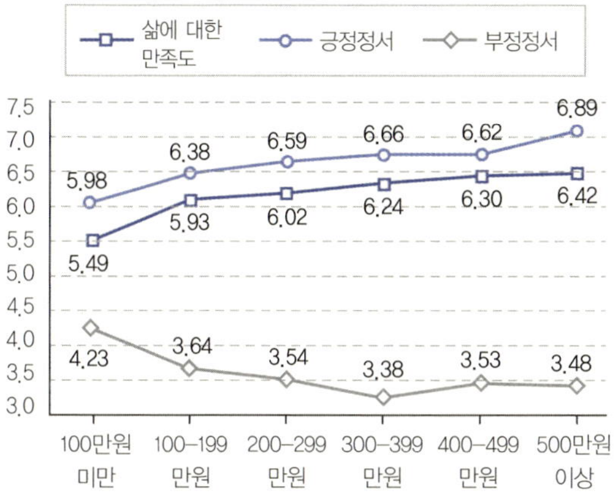

그림 2-2 가구소득에 따른 행복도
출처: 통계청(2018.10.1). KOSTAT 통계플러스. p. i.

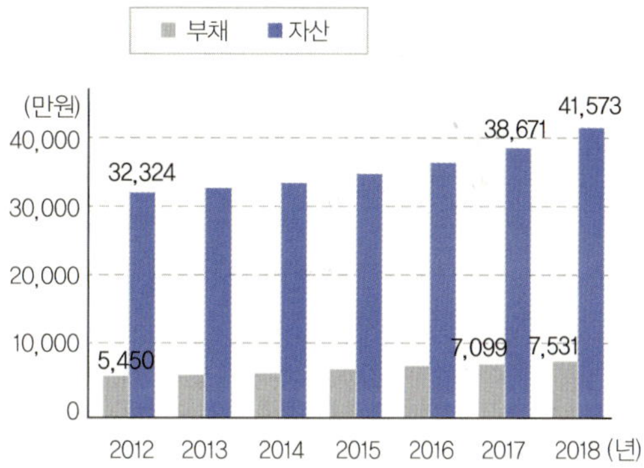

그림 2-3 우리나라 가구의 자산과 부채
출처: 통계청(2019). 2018 한국의 사회지표. p. 2.

7) 기타 가족구조

가족의 구조적 특징으로 가족의 상호작용에 영향을 미치는 요소로 부모자녀관계 연구분야에서 많은 관심이 집중된 주제는 형제자매의 수, 자녀의 밀도와 출생순위 등이다(Peterson & Rollins, 1987). 일반적으로 가족 전체를 대상으로 할 때는 가족구성원의 수도 중요한 가족구조 중 하나이다. 많은 연구들에서는 위의 5절에서 설명한 가족의 사회경제적 지위의 하위요인인 교육수준이나 직업지위, 가구의 소득을 개별적으로 가족구조를 설명하는 변수로 활용하기도 한다. 이밖에도 가족과 가족을 둘러싼 환경과 관련된 특성인 가족의 종교나 거주지역 등도 가족의 구조적 특성으로 분석의 기준이 되기도 한다. 예를 들면, 맞벌이가족은 가족 유형으로 구분되기도 하지만 여성의 직업 유무, 직업적 지위, 근무시간 등도 가족의 구조적 특징으로 분석 기준이 된다. 이 책의 2부에서는 이러한 구조적 특징이 부부관계, 부모자녀관계, 친인척관계 등 다양한 가족관계에 미치는 영향을 자세히 다루었다.

2. 가족의 상호관계 분석

1장에서 설명한 가족의 구조적 특징은 가족의 일반적인 특성을 보여주는 좋은 정보이지만 가족관계의 내적 역동성을 이해하는 데는 한계가 있다. 예를 들면 결혼만족도나 의사소통의 패턴, 상호작용방식 등이 사회계층이나 인구통계학적인 변인들에 의해 차이가 나타난다고 해석하였다. 그러나 실제로는 수입, 연령, 자녀의 수, 종교, 결혼기간, 부인의 직업유무 등 사회구조적, 인구학적인 변인들이 가족관계 전반의 특성을 설명하는 데 유용하지 않다는 많은 연구들 또한 발표되고 있다. 예를 들면, 아내의 회사에서의 직위 때문에 3세대가구를 구성하는 것이 아니라, 부모를 모셔야 하거나 자녀의 돌봄을 위한 목적 등 그 가족의 특성과 개인적 성격 같은 가족구성원 혹은 가족관계의 독특한 특징과 부부의 상호과정의 결과에 의한 결정이다. 따라서 가족의 상호작용은 가족의 사회계층이나 인구통계학적 변인에 의해 잘 설명되지 않는다. 왜냐하면 동일 가족구조하에서도 가족관계는 매우 다양한 양상으로 나타날 수 있기 때문이다. 즉, 가족관계는 가족구성원들 간의 내적 과정을 통해 이루어지는 상호관계를 통해 자세히 이해할 수 있다. 이 책에서는 Burr 등(1983, 1993)의 가족과정 개념을 발전시킨 정현숙, 유계숙(2001)의 가족과정 모델의 중요 개념들을 상호관계분석의 틀로 설명하고자 한다. Burr 등(1993)은 가족의 상호작용에서 세대와 가족발달 등의 구조적 특징과 가족의 사랑, 감정, 이데올로기, 규칙과 의사소통이 중요한 변인이라고 강조하였다.

이 책에서는 가족의 구조적 틀로 1절에서 성과 성구성, 지위와 역할, 가족생활주기, 세대, 가족유형 및 사회경제적 지위와 기타 구조 등을 포함하는 7가지를 설명하였다. 정현숙과 유계숙(2001)은 가족과정을 인지적 · 지적 과정, 정서적 과정과 교류적 과정으로 설명하였다. 이들에 의하면 '교류적 과정'은 상호작용하는 사람들이 관계에서 의미를 만들어가는 과정으로 의사소통과 권력 및 갈등이 중요 분석 개념이며, 정서적 과정은 인간이 타인으로부터 정서적, 심리적, 신체적, 지적인 친밀감을 추구하는 기본적인 욕구로 친밀감이 중요한 개념이라고 설명한다. 가족과정의 인지적 · 지적 과정은 가족의 의사소통이나 행동을 규제하는 것으로 규칙과 이데올로기 등이 포함된다. 즉, 가족관계를 이해하기 위해서는 1장에서 설명한 7가지 가족의 구조적 특징을 우선 분류하고, 이들의 관계를 인지, 정서, 교류적 과정의 중요 개념을 통해 분석함으로써 가족을 과학적으로 이해할 수 있다. 이 책에서는 교류적 과정의 의사소통과 권력, 정서적 과정의 친밀감, 인지적 과정의 규칙과 이데올로기를 중심으로 상호작용의 분석기준을 제시하고자 한다.

1) 의사소통

가족이 서로 의미를 만들어가는 중요한 과정인 의사소통과 이러한 의사소통과 갈등해결에 영향을 미치는 권력은 가족관계를 이해하는 핵심적인 개념이다. 의사소통의 핵심은 개방적인 메시지 교환, 감정이입과 지지적 발언 및 효과적인 문제해결기술을 지닌 의사소통 등이다. 문헌고찰을 통해 정현숙(2013)은 역할 태도, 결혼생활 목표(애정 유지, 경제적 안정, 자녀의 성공, 사회적 인정, 자아존중감), 가족규칙, 친밀감 등이 부부의 의사소통에 긍정적 영향을 미치는 요인들이라고 한다. 또한 부모자녀의 의사소통에는 자아존중감, 가족규칙, 학습능력, 가정분위기, 적응성, 응집성, 대화욕구, 부모와의 대화시간이 중요한 영향요인이라고 한다. 특히 상대방에 대한 배려심에 영향을 미치는 요인은 부모양육태도와 자의식이 중요한 영향을 미치며, 유아와 아동의 이타심과 배려심의 발달에는 공감능력, 부모양육태도도 중요한 요인이라고 한다. 이러한 연구들을 종합하면서 정현숙(2013)은 소통과 공존을 위한 수단인 의사소통능력은 가족에서 부부관계와 부모와 자녀와의 관계를 통해 발달하며, 이러한 자원이 이혼과 폭력과 같은 가족문제 예방을 위한 중요한 자원이며 사회에서 세대관계에 대한 이해를 위한 중요한 특성임을 강조하였다.

실제로 의사소통의 중요성은 건강한 가족의 특징인 응집성과 적응성을 형성하고 정서적인 유대감을 형성하는 중요한 도구라는 데 있다. 정현숙과 유계숙(2001)은 효율적인 의사소통 발달을 위해서는 관계에 대한 헌신, 성장지향성과 수용과 양보 및 관용을 베풀 수 있는 비위협적인 환경이 필수적인 조건이며 의사소통의 기본적인 원리를 이해하는 것이 중요하다고 하였다. 이들은 의사소통의 기본원리를 6가지로 설명하는데 첫째, 의사소통은 역동적이고 복잡하며 계속 변화하는 과정이며, 둘째, 의사소통은 의사소통에 포함된 사람들 간에 서로 의미를 함께 구성(co-construction)하는 과정이며, 셋째, 의사소통은 언어, 몸짓, 표정 등 각 개인이 사용하는 상징(code)을 포함하는 과정이며, 넷째, 의사소통은 의사소통이 일어나는 장소, 문화, 역사적 시점, 관계의 역사 등 전후맥락(context)에서 일어나며, 다섯째, 의사소통은 각 개인이 말하는 사람이면서 듣는 사람이기 때문에 상호 영향을 주고받는 과정이며, 마지막으로 의사소통은 내용수준과 관계수준을 포함하는 두 수준에서 일어나는 상호작용이라는 것이다.

이러한 의사소통의 기본원리에 기초해 볼 때, 의사소통은 언어적·비언어적 상징이 포함되는 과정이며, 의사소통에 포함된 사람들, 의사소통이 일어나는 상황, 의사소통의 내용에 대한 당사자들의 인식과 가치관 및 두 사람의 지금까지 관계의 역사와 이해도 및 의사소통방식 등 매우 다양한 요인들이 영향을 미친다. 이러한 이유로 효율적인 의사소통기술 습득이 가족의 중요한 과업이 된다. 이러한 이유로 의사소통과 관련된 연구들은 의사소통 유형(권명진, 2017; 송원숙, 2018), 의사소통 전략(이정화 등, 2017), 의사소통능력(김사녀, 부성숙, 2013; 박홍석, 고혜신, 2018), 의사소통 내용(임걸, 2010), 의사소통 장애요인(이병혜, 2011) 등 다양한 기준으로 분석되고 있다. 또는 의사소통방식, 의사소통 만족도, 의사소통 정도 등도 분석의 기준이다.

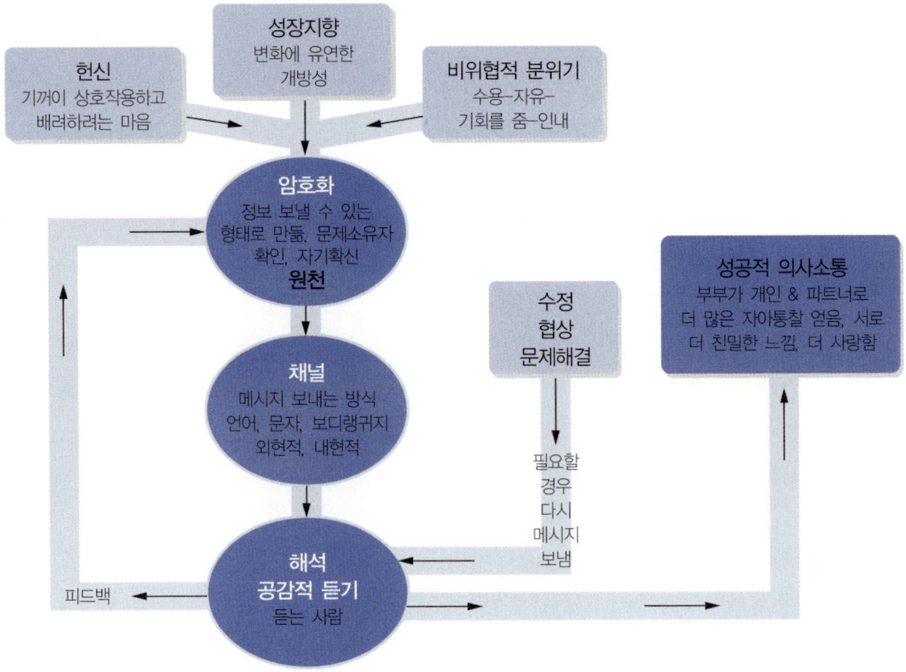

그림 2-4 성공적 의사소통을 위한 3가지 조건을 보여주는 의사소통 순환도
출처: Cox (1999). p. 169.

의사소통에서 중요한 것은 Cox(1999)에 의하면 <그림 2-4>와 같이 말하는 사람(sender)과 듣는 사람(receiver)이 서로 효율적으로 의사소통을 주고받을 수 있도록 하는, 즉 성공적인 의사소통을 위한 3가지 환경(헌신, 성장지향과 비위협적 환경)을 조성하는 것이라고 한다. 이러한 환경이 조성된 후 의사소통에서의 첫 번째 단계는 암호화(encode)한 메시지를 언어적, 비언어적 혹은 문자를 통한 의사소통 채널을 통해 듣는 사람에게 보내는 것이다. 그 다음 단계는 듣는 사람이 메시지를 해석(decode)하고 제대로 이해했는지 다시 보낸 사람에게 내가 해석한 것이 무엇인지를 피드백한다. 그 다음 단계는 말한 사람이 메시지를 확인해 주거나 혹은 수정(correction), 협상(negotiation), 문제해결(problem solving)을 통해 확인해 주는 것이다. 이러한 순환적 과정은 말하는 사람의 의도와 듣는 사람의 해석이 일치할 때까지 여러 번 반복되어야 한다고 한다.

다양한 학자들에 의해 의사소통 유형이 제안되고 있다. Hawkins 등(1980)은 부부간의 의사소통 유형을 언어화 정도와 감정노출 정도에 따라 언어화 정도는 낮고 감정노출 정도가 높은 '통제형', 언어화도 낮고 감정노출도 낮은 '형식형', 언어화 정도는 높으나 감정노출이 낮은 '숙고형', 둘 다 높은 '접촉형'의 4가지로 구분한다. 이 중에서 접촉형은 의사소통 시 상대방의 견해에 진심으로 관심을 가지고 상대방과 생각을 공유하면서 자신의 감정을 솔직히 드러내는 유형으로 가장 바람직

표 2-2 나의 의사소통 스타일은?: 다음 상황에서 본인은 어떻게 할지 한 가지씩만 고르세요.

1. 오늘 저녁 외식을 어디로 갈지 당신과 파트너의 의견이 다를 때 어떻게 하는가?	(a) 논쟁을 벌이기보다 그냥 파트너의 의견에 따른다. (b) 둘 중 하나의 의견을 쫓기보다는 둘 다 만족할만한 제3의 대안들을 제시한다. (c) "이 문제로 싸움을 벌이느니 아무데도 가지 말자"고 얘기한다. (d) 자신이 원하는 곳에 얼마나 가고 싶은지 얘기한 후, 상대방은 그(녀)가 원하는 곳에 어느 정도 가고 싶은지 물어본다.
2. 당신의 파트너가 당신을 정말 기쁘게 해주면 어떻게 하는가?	(a) "다음에 또 이렇게 해주면 얼마나 좋을까"라고 말한다. (b) 있는 그대로 분명하게 자신이 너무 기쁘다고 얘기한다. (c) "아마 다시는 이런 일이 없을 거야. 그러니 지금 실컷 기뻐해야지"라고 말한다. (d) 기쁜 감정을 표현하지 않고 마음속에 간직한다.
3. 당신이 어떤 일로 몹시 걱정을 하고 있을 때 파트너에게 어떻게 할 것인가?	(a) 아무 일도 없는 것처럼 행동하려고 애쓴다. (b) 자신에게 걱정거리가 있다고 직접 말하기보다는 우회적 방법으로 그 문제를 꺼낸다. (c) 시무룩하거나 걱정거리에 대해서 불평을 늘어놓기는 하지만, 파트너에게 드러내놓고 걱정거리를 털어놓지는 않는다. (d) 적절한 시기를 골라 파트너에게 걱정거리를 털어놓고 자신의 감정에 공감해 주기를 바란다.
4. 파트너가 한 어떤 행동에 대해 당신은 무척 화가 나 있을 때 어떻게 할 것인가?	(a) 그(녀)가 저지른 행동을 비난하지 않고 그것을 잊기 위해 다른 일에 전념한다. (b) 그(녀)에게 화가 났음을 직설적으로 얘기하고 왜 그러한 행동을 했는지 설명해 주기를 바란다. (c) 분노를 삭인 채 당신을 화나게 한 것에 대해서 함께 대화할 수 있는지 물어본다. (d) 화가 폭발하여 분명한 말로 상대방을 비난한다.
5. 파트너가 매우 우울해 보이는데 당신은 그 이유를 모를 때 어떻게 할 것인가?	(a) 그(녀)에게 왜 우울한지 말해 보라고 한다. (b) 그(녀)가 우울해서 걱정이 되며 무엇이 문제인지 알고 싶다고 얘기한다. (c) 이제 그만 우울해하라고 얘기한다. (d) 파트너가 기분을 전환하도록 노력한다.
6. 당신의 파트너가 당신을 위해 어떤 일을 해주기를 진심으로 원하고 있을 때는?	(a) 자신이 원하는 것이 무엇인지 상대방에게 얘기하고 그것을 해줄 수 있는지 여부를 물어본다. (b) 자신이 원하는 것이 무엇인지 상대방에게 얘기하고 그것을 해주었으면 좋겠다고 분명히 밝힌다. (c) 자신이 원하는 것을 그(녀)가 알아채길 바라면서 간접적으로 넌지시 얘기를 꺼낸다. (d) 그(녀)가 어떠한 반응을 보일지 알기 위해서 이 문제에 대해 대강 얘기를 꺼낸다.

판정방법: 1-c, 2-c, 3-c, 4-d, 5-c, 6-b이면 통제형, 1-a, 2-d, 3-a, 4-a, 5-d, 6-c이면 형식형, 1-b, 2-a, 3-b, 4-c, 5-a, 6-d이면 숙고형, 1-d, 2-b, 3-d, 4-b, 5-b, 6-a이면 접촉형, 이상 네 유형의 응답이 섞여 있는 사람은 상황에 따라 의사소통 양식을 융통적으로 사용하는 유형이다.

출처: Hawkins, Weisberg, & Ray (1980). pp. 585-593.

한 의사소통이라고 한다.

Gottman 등(1988, 1988)은 비판(criticism), 방어(defensiveness), 경멸(contempt), 철회(withdrawal) 등 4가지 행동이 친밀한 관계에 부정적인 영향을 미치는 의사소통 패턴이라고 주장하며, 이러한 행동이 이혼의 94%를 설명한다고 한다. Gottman(1994)은 일반적으로 불만족한 부부들이 만족한 부부들보다 파괴적인 의사소통 패턴을 더 많이 사용하며, 남편들이 갈등상황에서 철회를 더 많이 사용하며, 남녀가 부정적인 정서에 다르게 반응하는데, 긍정과 부정적 의사소통을 5:1의 비율로 유지하는 것이 안정적 결혼생활을 위해 효과적이라고 한다.

표 2-3 Cromwell과 Olson(1956)의 체계적 이론에 의한 권력에 대한 다양한 관점

이론	중요 특성	종류와 강조점
사회심리적 관점	• 집단과 사회 권력의 개념에 기초한 것. 단, 분석될 수 있는 두 행위자 간의 행동이나 상호작용에만 한정되는 제한점이 있음	• 장이론: 행동의 유인가의 가능성을 상호작용의 장에서 분석하는 이론
		• 교환이론: 두 행위자 간의 비용과 보상의 법칙에 의한 영향력을 강조함
		• 의사결정이론: 행위자의 권력이 다른 행위자의 행동을 결정하게 하는 효과를 검증함
가족사회적 관점	• 가족 간의 유형화된 상호작용의 관찰을 통해 발전된 이론 • 권력이 영향력, 통제, 우세, 권위 등으로 설명됨	• 자원이론: 개인적인 기여와 소유를 강조함
		• 관념이론: 누가 권력을 가져야 하는가의 문화적 규범을 강조
		• 규범-자원이론: 문화적 맥락 속에서 사회구조에서의 지위를 강조
아동발달적 관점	• 아동의 사회화와 관련된 부모와 자녀관계에 초점을 맞추어 권력과 양육의 차원을 강조	
가족과정적 관점	• 임상가에 의한 정상과 비정상 가족의 권력 과정에 초점	• 체계이론: 가족의 연합과 기타 체계의 속성에 초점

출처: 정현숙(1983). pp. 8-10의 내용을 정리함.

2) 권력

권력은 사회적 권력 개념에서 출발한 것으로 Cartwright(1959)는 지도력, 공공의견, 소문, 편견, 선전, 태도변화, 의사소통, 인종문제, 가치의 갈등 등과 관련 있는 변인이라고 하였다. 그러나 한편에서는 권위, 영향력, 통제, 우세, 지위, 특권, 계급 등의 동의어로도 사용되고 있다(정현숙, 1983). Cromwell과 Olson(1956)은 체계적 관점에서 다양한 권력에 대한 이론을 정리했는데 이는 <표 2-3>과 같다.

이러한 사회적 권력 중 장이론을 이용하여 심리적 변화에 대한 영향력으로 정의한 사람은 French와 Raven(1959)이다. 이들은 사회적 권력을 영향력 행사자(O)의 영향력 수용자(P)에 대한 잠재적인 영향력으로 보고, 영향력은 O에게 귀인시킬 수 있는 P의 인지, 태도, 행동, 정서 등의 심리적 변화라고 한다. 그러므로 권력의 과정은 영향력 행사자-수용자-영향력 행사의 결과 등 세 부분으로 나눠지고, 여기서 영향력 행사자는 개인, 지위 혹은 집단이 된다. 이러한 권력의 구조는 <표 2-4>와 같이 구분된다. 이 절에서는 권력의 구조에 대한 개략적인 내용은 <표 2-4>에서 다루고 French와 Raven(1959)의 이론을 중심으로 자세히 설명하고자 한다.

(1) 권력의 기반

가족권력에 대한 미시체계적 관점에서 장이론에 기반하여 권력의 기반을 제시한 학자는 French와 Raven(1959)이다. 권력의 기반은 가족구성원들이 인식하는 권력의 원천이 무엇인가 하는 것이다. 이들은 6가지 권력기반을 제시하였는데, 첫째, 가족구성원들의 가족 내의 가치체계에 의해 당연하다고 인정된 '합법적 권력(legitimate power)', 둘째, 다른 가족구성원이 모르거나 잘 알지 못하는 특별한 지식이나 정보를 가지고 언어적으로 설득력 있게 정보를 제공할 수 있는 '정보적 권력

표 2-4 권력의 구조

권력구조	정의	학자	종류
권력의 기반 (base)	권력의 기초가 되는 자원 (resource)	Safilios-Rothchild (1970)	• 규범적 자원: 권위를 가진 사람에 대해 문화적으로 규정한 자원 • 정의적 자원: 타인에 대한 개입수준, 헌신 및 의존의 정도
		McDonald(1980)	• 개인적 자원: 성격, 신체적 매력, 역할수행능력
		Macharach와 Lawler(1976)	• 인지적 자원
		French와 Raven (1959)	• 보상권력: O가 P에게 보상을 제공할 수 있을 경우 발생하는 권력 • 강제권력: P가 순응하지 않을 경우 O가 벌을 줄 걸로 믿는 경우 • 합법적 권력: O에게 P의 행동을 규제할 의무가 있으며, 그것이 O에게 허용된 경우 내면화된 가치에 근거한 권력 • 전문가권력: O가 소유한 전문지식이나 노련성에 대한 P의 지각에 기초한 권력 • 준거권력: 두 사람 간 동일시에 의한 권력. O가 P와 하나됨을 느끼는 것 • 정보적 권력: P가 잘 모르는 특별한 지식이나 정보를 가지고 언어적으로 설득력 있는 정보 제공이 가능한 경우
권력의 과정 (process)	의사결정이나 협상 시 사용하는 상호작용 기술	Nye(1973)	• 경쟁: 상호작용에서 한 명은 잃고 한 명은 얻는 관계 • 우세: 집단의 신념을 통제하는 행동 • 도전: 개인이나 집단에게 의도적이거나 무의도적으로 행해지는 해가 되는 행위
권력의 결과 (outcome)	상호작용 결과		• 누가 이기며 마지막 결정권을 소유하는가로 분석함

출처: 정현숙(1983). pp. 11-15 내용을 정리함.

(informational power)', 셋째, 가족구성원 간 애정과 친밀함과 우정에 기인한 '준거권력(referential power)', 넷째, 가족 내에서 개인이 신체적이거나 심리적인 힘을 사용하는 '강제권력(coercive power)', 다섯째, 어떤 주제와 관련해서 교육, 경험이나 훈련 등에 기초한 '전문가권력'과, 마지막으로 상대방의 요구를 들어주면 물리적이거나 심리적인 혜택을 제공함으로써 영향을 미치는 능력인 '보상권력'이 있다.

(2) 권력의 과정과 결과

가족구성원들의 가족권력 과정은 가족구성원들 간의 의사소통과 헌신, 협상, 갈등형성, 갈등과 갈등해결, 부모양육방식 등 복잡하고 다양한 가족의 상호작용 양상을 보여준다. 권력의 결과는 권력의 기반과 과정을 통해 어떠한 유형의 의사결정이 이루어졌는가 하는 것이다.

의사결정에 대한 우리나라의 연구결과들을 살펴보면, 최봄이와 송시영(2018)은 배우자의 경제활동, 자녀교육, 자산관리 등에 대한 의사결정에서 배우자 간 소득균형이 중요한 영향을 미치며 이러한 부부공동의 의사소통이 결혼만족도에 영향을 미친다고 한다. 이가연, 전혜정, 주수산나(2018)는 중년기 부부의 성역할 태도도 의사결정에 영향을 미쳐, 남편이 전통적일수록 그리고 아내가 현대적일수록 아내의 의사결정영역이 넓다고 한다.

3) 갈등과 대처방식

결혼관계에서의 갈등은 “배우자 간에 생각, 욕구나 행동의 반목(antagonism)이나 불일치(incompatibility)”로 정의된다(Morgolin, 1988, p. 195). 이러한 갈등은 부부간의 문제가 아니라 가족구성원 간의 관계에 모두 적용된다. 특히 가깝고 친밀한 관계인 가족관계에서 갈등은 불가피하며 정상적인 특성이다. 따라서 갈등은 효과적으로 해결되어야 하며 이 과정에서 중요한 역할을 하는 것이 효과적인 의사소통과 갈등해결이다. 그러나 이러한 갈등이 해결되지 않을 경우 관계에 파괴적 형태인 분노가 발생한다. 따라서 화를 어떻게 조절하는지가 갈등을 예방하는 중요한 과제이다.

갈등을 해결하기 위한 개인의 행동이나 서로의 욕구나 흥미를 고려한 신중한 토의, 심각한 폭력행동 및 문제행동이나 가족 간의 불일치에 대해 아무런 반응을 하지 않는 것까지 모두 포함하여 갈등대처방식(conflict strategies)이라고 한다(Kline & Johnson, 2000). 다양한 학자들의 갈등대처방식을 정리하면 다음과 같다.

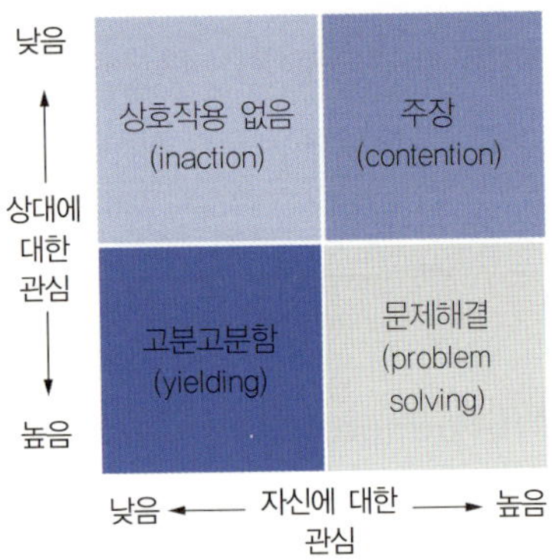

그림 2-5 갈등해결의 상호배려 모델
(Klein, & Johnson, 2000, p. 83)
출처: 정현숙, 유계숙(2001). p. 124.

(1) Pruitt와 Carnevale(1993)의 상호배려모델

관계에 포함된 개인의 이기적 혹은 애타적인 동기를 바탕으로 4개의 갈등해결책략을 사용하는데 이 모델은 문제해결을 위해 남을 배려하느냐 혹은 자신의 이익을 더 고려하느냐에 따라 문제해결방식이 결정된다고 한다(그림 2-5 참조).

(2) Peterson(1983)의 갈등반응의 발달적 모델

갈등이 일어나면 뚜렷한 세 단계를 거쳐 궁지에 몰리거나(stalemate), 단계적 확대(escalation)가 일어나거나 혹은 문제가 해결(resolution)되는 3가지 방향으로 발전되며 각 단계에서의 발달과정은 <그림 2-6>과 같다.

4) 친밀감

Galvin(2003)은 가족의 친밀감(intimacy)을 ① 밀접하고 애정 어린 인간관계를 포함하며, ② 익숙한 경험과 친밀한 개인적 연결을 통해 서로에 대한 깊은 이해와 지식이 있으며, ③ 성적인 관계를 포함하는 개념이라고 정의하였다. 다만 성적인 관계를 제외했을 때 전 가족관계에 적용할 수 있는데 가족의 발달단계와 형제자매, 혹은 부모자녀관계 등 관계의 속성에 따라 다르게 이해된다고 한다. 가족 간의 확인적인 대화와 자기노출, 성적인 의사소통 등은 친밀감을 증가시키는 요인이다. 물론 1장에서 설명했던 가족구조의 다양성은 이러한 요소들이 친밀감에 영향을 미치는 정도나 방식에 관련된다. 또한 자발적으로 개인적이고 사적인 정보를 상대방과 공유하는 자기노출(self-disclosure)은 관계를 진전시키는 데 중요한 역할을 한다. 신뢰와 애정이 기반이 된 자기노출은 성인들

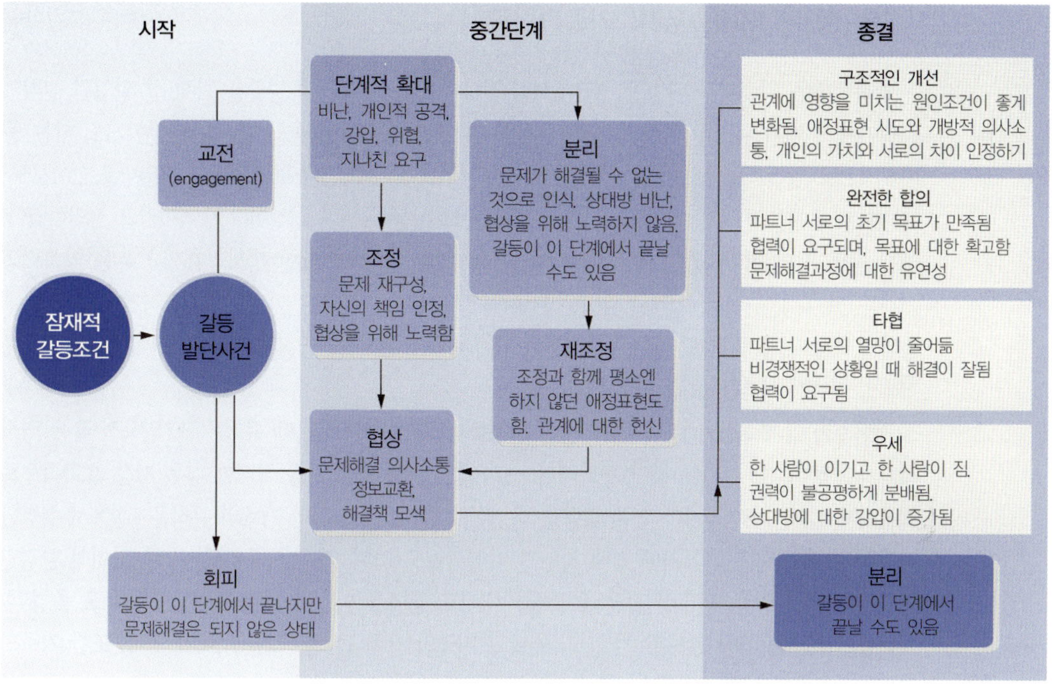

그림 2-6 Peterson(1983)의 갈등모델

출처: 정현숙, 유계숙(2001). p. 126.

의 관계 향상에 매우 중요한 기반이 되며, 성적인 태도와 행동은 특히 친밀한 관계에서 만족도를 높이는 중요한 요인이다.

이러한 친밀감에 대해 Biddle(1976)은 폭(breadth)과 개방성(openness)과 깊이(depth)의 세 차원을 고려하여야 한다고 하였다. 폭은 두 사람이 공유하는 활동의 범위를 의미하며, 개방성은 파트너가 서로에게 의미 있는 자기개방을 하는가 하는 점이며, 깊이는 두 사람이 각자 정말 중요하고 핵심적이라고 생각하는 내용을 서로 공유하는가에 대한 측면이다(정현숙, 유계숙, 2010에서 재인용).

정문자 등(2016)도 체계론적 관점에서 가족의 정서적 분위기 관리를 위해 가족구성원들의 정서적·심리적 안녕 촉진을 통한 친밀감을 형성하는 것의 중요성을 강조하면서 가족의 1차적인 과업으로 가족의 정서적 분위기를 관리하기 위해서 가족 내 갈등에 대처하고 권력을 배분할 방법을 찾아야 한다는 점을 강조한다. 즉, 가족체계는 구성원들의 친밀, 관여, 수용, 양육 욕구를 제공함으로써 정서적 분위기를 만들어가야 한다는 것이다. 또한 1절의 의사소통에서도 지적하였듯이 의사소통을 통한 응집성의 촉진은 가족구성원들의 친밀한 경험과 정서적·심리적 건강에 중요한 요소이다. 친밀감의 구체적 영역과 특징들은 4장 부부관계에서 더 자세히 다루고자 한다.

5) 규칙과 이데올로기: 가족가치관

가족생활을 위해서는 다양한 영역에서의 전략이 요구된다. 가족생활을 위해 잘 확립된 전략이 규칙이며, 이러한 규칙은 가족 안에서 수용할 수 있고 적합한 행동의 범위를 제한하기도 하는 등 반복적으로 일어나는 상호작용 패턴을 의미한다. Anderson과 Sabatelli(1998, 정문자 등, 2016에서 재인용)는 규칙을 가족이 과업을 수행하기 위해 사용하는 특별한 과정이나 방식이라고 정의하였다. 예를 들면 딸의 귀가시간이나 가사분담을 어떻게 할 것인지에 대한 명시적이거나 혹은 암묵적인 기준들, 즉 규칙이 있다. 이러한 규칙은 가족체계의 가치를 나타내는데, 이러한 규칙에 의해 가족구성원의 역할이 정의되기도 하며, 이를 통해 가족체계가 유지되고 안정화된다고 한다(정문자, 정현숙, 정혜정, 전영주, 정유진, 2016).

정현숙과 유계숙(2001)은 규칙에 대한 가정을 4가지로 설명하는데 규칙은 ① 암묵적 혹은 명시적이기도 하며, ② 시간에 따라 변화하며, ③ 개별 가족원의 욕구를 고려한 경우 가장 효과적으로 적용되며, ④ 문화적 추세에 의해 영향을 받는다고 한다. 이와 같이 가족의 규칙은 1절에서 설명한 다양한 가족의 구조적 특징에 의해 차이가 나타나기도 하며, 가족을 둘러싼 더 큰 사회적 환경인 역사적 시대와 인종, 민족성 같은 요인에 의해서도 영향을 받는다. 예를 들면, 고등학교 졸업 후 자녀들의 거주에 대한 규칙은 우리나라 가족과 미국의 가족 간에는 많은 차이가 있다. 또한 가족의 규칙 중 저녁 통금시간에 대한 내용은 딸에게 더 엄하게 적용되지만, 시대에 따라 그 기준이 완화되기도 하며, 가족생활주기에 따라 유연하게 변화되기도 한다.

이러한 규칙에 영향을 미치는 상위개념으로 이데올로기(Ideology)가 있다. 이데올로기는 집단이나 사회에 존재하는 사고의 집합이나 신념이며 더 크게는 한 사회를 지배하는 문화의 하위영역으로 이해되기도 한다. 서선희(1995)는 사회의 이데올로기는 일종의 문화적 무의식이며, 사회구성원들이 자신들의 세계를 이해하고 체험하는 매체가 되어 일상생활에서 문화적 관습으로 재생산된다고 한다. 이러한 이데올로기에는 가족주의, 집단주의와 권위주의와 같은 문화적 이데올로기에서부터 각 가족의 가족 패러다임과 가치, 종교적 사고 등과 같은 가족이데올로기 등도 포함된다(정현숙, 유계숙, 2001).

토론해 봅시다

1. 각자 자기 가족의 가족생활주기를 분석해 보자. 가족생활주기의 단계에 따라 가족에서 나의 위치는 어떻게 변화하는가? 또한 각자의 가족생활주기 단계가 변화하게 되는 사건이 무엇인지 검토해 보고, 가족생활주기에 따른 가족관계의 특징을 토론해 보자.

2. 최근 방송된 드라마나 영화를 선택하여 이들 드라마나 영화에서 보이는 가족의 구조적 특징에 대해 분석하고, 같은 구조의 가족들에서도 다양성이 나타나는 이유는 무엇인지 토론해 보자.
   - 이 가족의 구조적 틀은 어떠한가? 성, 세대, 가족 유형, 가족의 사회경제적 지위, 가족생활주기는 어떠한가?
   - 이 가족에 적용되는 의사소통방식은 무엇인가? 혹은 이들의 친밀감의 수준은 어떠한가? 혹은 이들 가족에 적용되고 있는 암시적, 명시적 규칙은 무엇인가? 혹은 이들이 분노를 표현방식은 무엇이며 가족들이 분노를 어떻게 받아들이는가?

3. 서울의 강남과 강북의 '집값 차이', '대학입학 학생의 수적 차이', '비만아동 수의 차이' 등을 설명하는 대중매체의 기사들을 통해 가족의 사회경제적 지위의 차이가 아동의 삶의 수준과 학업적 성취에 어떻게 영향을 미치는가 토론해 보자. 이러한 차이가 가족의 경제적 자원의 차이인가 아니면 강남 중심의 개발과 학군 등 사회적 요인이 원인인가, 혹은 강남 부모들의 자녀에 대한 기대나 이들의 교육수준 등의 차이인가 등 다양한 각도에서 분석해 보자.
   참고: 강북 · 강남 빈부차이만 있다? 비만차이도 있다! (health.chosun.com/site/data/html_dir/2011/03/10/2011031001040.html)

4. 우리나라의 1인당 국민소득은 2018년 3만 달러를 넘어서서 1인당 GNI가 3만 달러 이상이면서 인구는 5,000만 명 이상인 '30-50클럽'에 세계에서 7번째로 진입하였다고 한다. 일반적으로 GNI가 3만 달러 이상일 경우 선진국 진입기준으로 여겨진다고 한다. 그러나 GNI는 기업과 정부소득도 포함되며, 우리나라의 경우 가계소득은 상대적으로 느리게 성장하면서 소득양극화가 더욱 심해지고 있다고 한다. 이러한 통계를 기초로 볼 때 국민소득의 증가에 따른 경제적인 상황의 증가가 가족의 경제적 상황에 미치는 영향은 어떤지 토론해 보자.

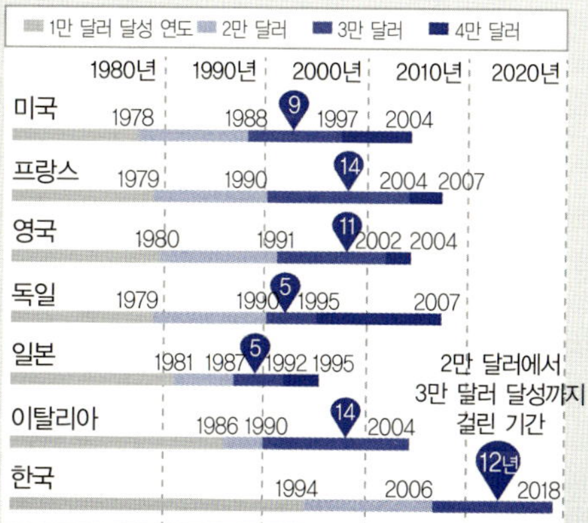

출처: 중앙일보(2019.3.6. 8면). 국민소득 3만달러, 세계 7번째 30-50클럽. 내 지갑은 왜 가볍지.

5. 여성 대통령도 나왔지만, 여성 개천용은 더 힘들어졌다(중앙일보, 2019.5.7. 8면, news.joins.com/article/23459844)의 내용을 읽고 여성들이 '유리천장'을 뚫기 어려운 이유는 무엇이며, 양육과 육아 및 가사노동 등으로 경력이 단절되는 여성들의 문제점을 해결할 수 있는 방안이 무엇인가 토론해 보자. 이러한 남녀 간의 역할에 대한 인식이 가족관계에는 어떠한 영향을 미치는지도 함께 토론해 보자.

6. 1970년대 X세대에서 1980년대 Y세대, 21세기의 Z세대 등 출생코호트세대들의 등장은 이전의 가족관계에서의 부모자녀관계와는 매우 다양한 양상을 나타낸다. 가족적인 관점에서, 예를 들면 결혼이나 동거에 대한 인식이나 태도, 삶에서 가족과 일과 개인적 삶에 대한 인식 등 각 세대의 특징은 무엇인지 토론해 보자.

7. 여성과 남성의 학력수준 간 차이는 줄어들지만, 전문직에서의 여성 비율은 같은 학력과 경력의 남성에 비해 낮은 것이 현실이다. 한국일보(2019.5.11)의 '교수면접장서 남편 직업 뭐냐. 두꺼운 상아탑 유리천장'이라는 기사에 나온 국내 박사학위 및 대학교수 중 여성비율(단위, %)을 통해 이러한 차이의 원인에 대해 토론해 보자. 가족의 중요한 구조적 특징인 성과 성역할의 관점에서 남아와 여아에 대한 부모들의 기대와 양육행동의 차이에 대해서도 토론해 보자.

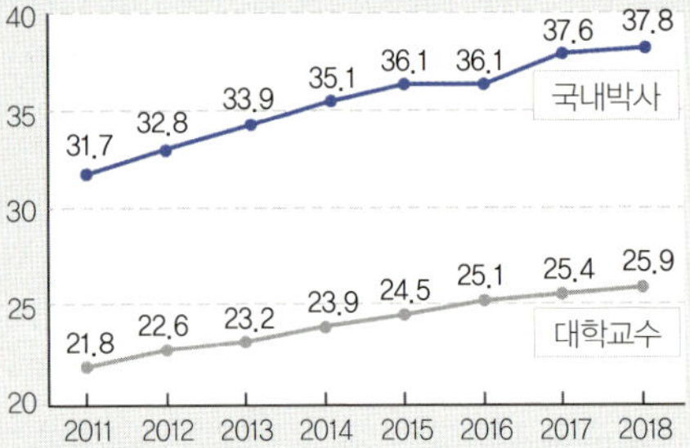

출처: 한국일보(2019.5.11.).
(참고: www.hankookilbo.com/News/Read/201905091564074538?did=NA&dtype=&dtypecode=&prnewsid=)

Chapter 3

과학으로서의 가족관계

가족관계와 관련된 주제는 우리의 일상생활과 매우 밀접하며 익숙하기 때문에 과학적 연구의 주제로 인식하지 않는 경우가 많다. 과학은 라틴어인 'scientia'에서 온 말로 '지식(knowledge)'이라는 의미이며, 아인슈타인은 과학을 '우리의 일상적인 생각을 정교화하는 것일 뿐이다(The whole of science is nothing more than a refinement of everyday thinking)'(Albert Einstein in National Geographic, 1983)라고 주장한다. 즉, 과학은 삶에 대한 정교해진 지식, 혹은 조직화된 지식의 총체를 의미한다고 볼 수 있다. 이러한 점에서 가족에 대한 과학적 접근은 우리의 가족관계에 대한 지식을 넓히는 과정이라고 볼 수 있다. 이 장에서는 가족을 어떻게 과학적으로 접근해야 하는지에 대해 구체적으로 살펴보고자 한다.

1. 과학적 사고와 과학적 연구의 목적

옛날 과일 나무가 없는 어떤 마을에 한 남자가 살았습니다. 그는 학자로 대부분의 시간을 책을 읽으며 지냈습니다. 책을 읽다 가끔 '과일'을 언급한 책들을 보게 되었습니다. 과일에 대한 묘사는 이 학자에게 과일을 경험하기 위한 여행을 꿈꾸게 했습니다. 그는 시장에 가서 과일을 찾을 수 있는 곳을 문의했습니다. 많은 노력 끝에 그 장소를 아는 사람을 발견했습니다.

마침내 오랜 여행 끝에 드디어 그는 커다란 사과 과수원 입구에 도달했습니다. 때는 봄이었고 사과나무에는 꽃이 활짝 피어 있었습니다. 기대감에 부푼 학자는 과수원에 들어가 꽃을 한 움큼 따서 입에 넣었습니다. 그러나 꽃은 느낌도 좋지 않았을 뿐만 아니라 맛도 별로였습니다. 재빨리 다른 나무로 가서 다른 꽃을 먹어 보고 또 다른 꽃도 먹어 보았습니다. 사과나무의 꽃은 매우 아름다웠지만 맛은 없었습니다. 학자는 과수원을 떠나 고향으로 돌아와 마을의 동료들에게 과일은 과대평가된 음식이라고 이야기해 주었습니다. 이 학자는 봄의 꽃과 가을 열매의 차이를 몰랐기 때문에 자신이 기대한 것을 경험하지 못했다는 사실을 결코 알아차리지 못했습니다.

-Holcolm의 '*Inquiry Parables*' 중에서-

위의 우화는 호기심을 알아가는 과정에서 경험하게 되는 주관적인 방법론의 한계를 잘 보여주는 예이며 과학적 방법에 대한 중요성을 잘 보여주는 예이기도 하다. 어떠한 학문분야이든 각각의 학문분야는 ① 관심을 갖는 연구대상이 있으며, ② 그 대상을 바라보는 독특한 시각 혹은 관점이 있으며, ③ 그 대상을 연구하는 독특한 방법론이 있다. 과학을 분류하는 기준은 매우 다양하지만 여기서는 자연과학, 사회과학, 인문과학 등의 구분을 중심으로 과학적 방법론을 설명하고자 한다.

자연과학(natural science)은 자연현상이나 사물, 자연적인 사건이나 대상이 행동하는 방법 등을 연구의 대상으로 자연현상이나 사물(things)의 행동을 설명하는 것이 목적이다. 이러한 목적을 달성하기 위해 자연과학에서는 직접적인 관찰이나 통제된 실험, 수학적 혹은 양적인 측정을 이용한다. 따라서 자연과학분야에서는 연구를 위해 조건을 정확히 통제하고, 관찰과 분석을 어떻게 쉽게 조절할 수 있느냐가 연구의 관건이며, 과학적인 연구를 위해 연구과정의 정확성과 엄밀성이 매우 중요하다. 예를 들어 물(H_2O)은 H(수소) 2개와 O(산소) 1개가 화학적인 결합을 한 물질로, 물의 끓는점과 녹는점을 온도의 표준으로 정하여, 이 사이를 100등분하여 섭씨온도로 하고, 또 4℃의 물 1cm^3의무게를 1g(네이버 지식백과, 물의 조성, 두산백과)으로 하는 등 정밀성과 엄밀성이 강조된다. 대학에서는 물리학, 천문학, 화학, 생명과학, 지구환경학 등의 학문이 포함된다.

인문과학이라는 개념은 라틴어인 'humanitas', 즉 '인간다움'이라는 뜻의 말에서 유래되었다고 한다. 이러한 인문과학은 인간행동의 의미를 이해하고 의미의 생생한 구조를 이해하는 것이 기본적인 학문의 목적이다. 인문과학에서의 연구방법은 학문 자체가 삶의 경험에 대한 현상학적인 민감성을 요구하기 때문에 현상학적(phenomenological), 해석학적(hermeneutic), 기호학적(semiotic) 접근을 선호한다. 예를 들면, 아동 삶에서의 관계나 상황에 대한 특성을 이해하고자 하는 학자들은 아동이 사는 삶의 현장에 대한 해석학적 인식을 해야 하므로, 연구방법에서는 해석학적 능력을 요구한다(Manen, 1990). 일반적으로 대학에서는 역사학, 철학, 고고미술사학, 종교학 등이 포함된다.

반면 사회과학은 사회현상이나 관계를 다루는 학문분야로, 연구방법적인 측면에서 볼 때 다루는 대부분의 개념이 가상적인 개념이어서 직접적인 측정과 관찰이 불가능한 것이 특징이다. 이러한 이유로 Miller(1986)는 자연과학을 hard science, 사회과학을 soft science로 구분하기도 한다. 대학에서는 정치학, 사회학, 경제학, 심리학, 사회복지학, 언어정보학 등의 학과들이 여기에 포함된다.

가족학(family science) 혹은 가족관계학은 사회과학의 한 분야이며, 가족을 연구대상으로 하며, 가족의 관계적 특성, 특히 내적인 역동성을 강조하는 관점이다. 즉, 가족학은 '사회역사적 맥락에서 가족현상, 가족문화를 분석하며, 가족행동의 내적 과정을 이해하는 데 초점을 둔 학문영역'(정현숙, 유계숙, 2001)이다. 이러한 이유로 가족학은 다른 사회과학분야보다 다루는 변수들이 매우 임의적이다. 예를 들어 사랑, 만족도, 건강성 등의 개념은 한 사회나 문화의 정의에 따라 매우 다양하게 인식된다. 이러한 인식을 측정하는 연구과정 자체가 연구대상의 행동변화를 유도하기도 하고, 연구대상의 현재 상태나 연구하는 개념에 대한 경험 정도에 따라 다르게 반응하기도 하며, 특히 인과관계 추론이 매우 중요한 연구목적이지만 피험자 자신이 다양한 생애과정과 경험과정에 있기 때문에 인과관계 추론을 위해서는 매우 정밀한 연구설계가 요구된다. 이러한 연구대상의 변화뿐만 아니라 연구대상이 속한 사회의 역동적 변화와 자연과학에서와 같이 실험실에서 사회현상을 임의적으로 조작하거나 통제하기 어렵기 때문에 사회과학 연구에 적절한 연구방법과 설계가 필요하다. 따라서 가족관계를 과학적으로 탐구하기 위해서는 사회과학의 학문적 성격에 적절한 과학적 사고가 필요하다. 특히 과학의 구성요소와 사회과학의 방법론적 특징을 이해하는 것이 중요하다.

그렇다면 이러한 과학적 연구의 목적은 무엇인가? 이에 대한 가장 적절한 설명은 이은해, 이미리와 박소연(2006)이 제시하고 있다. 이들은 과학적 연구의 목적은 크게 4가지로 ① 연구자가 관심을 가진 현상에 대해 상세하게 기술(description)하는 것, ② 사전에 얻어진 여러 정보를 통해 이후에 발생할 현상을 예측(prediction)하는 것, ③ 기대되는 결과를 얻기 위해 어떤 현상의 결정요인을 조작, 통제(control)하는 것, ④ 마지막으로는 어떠한 결정요인이나 선행조건에 대해 밝히는 것, 즉 설명(explanation)하는 것이다. 예를 들어, 결혼에 대한 태도 중 만혼현상을 연구하는 경우 과학적 연구의 목적은 ① 우리나라 사람들의 현재 혼인의 실태가 어떠한가를 기술하고, ② 이러한 만혼현상이 어떠한 결과를 야기할 것인가를 예측하며, ③ 이러한 만혼현상이 가져올 문제점들을 개선 혹은 향상시키기 위해 어떠한 중재(통제)를 통해 변화를 기대할 수 있는지, ④ 그리고 만혼현상을 야기시키는 선행요인이나 결정조건 등을 밝히는 것이다.

2. 과학의 구성요소

과학은 지식의 총체이며 사회과학의 다양한 학문영역들은 관심 있는 주제에 대한 독특한 시각을 중심으로 사회현상을 바라본다. 이러한 관점이 각 학문분야의 이론으로 발전된다. Lavee와 Dollahite(1991)는 사회과학에서 과학적 연구를 위한 체계론적 모형을 <그림 3-1>과 같이 제안하였다. 사회적 현상(input)에 대한 체계론적 설명(output)은 이론과 이론에서 연역과 추론방법을 통해 나온 경험적 연구를 통해 구체적인 지식으로 혹은 다시 이론으로 피드백되는 과정을 통해 이루어진다고 한다. 따라서 여기서는 이론의 구성요소들을 중심으로 과학의 구성요소를 살펴보고자 한다. Burr(1973)는 이론의 구성요소를 개념(concepts), 변인(variables), 관계(relationships), 명제(proposition), 명제들 간의 논리적인 관계(logical relationships between propositions), 조건통제의 원리 등 6가지로 설명한다.

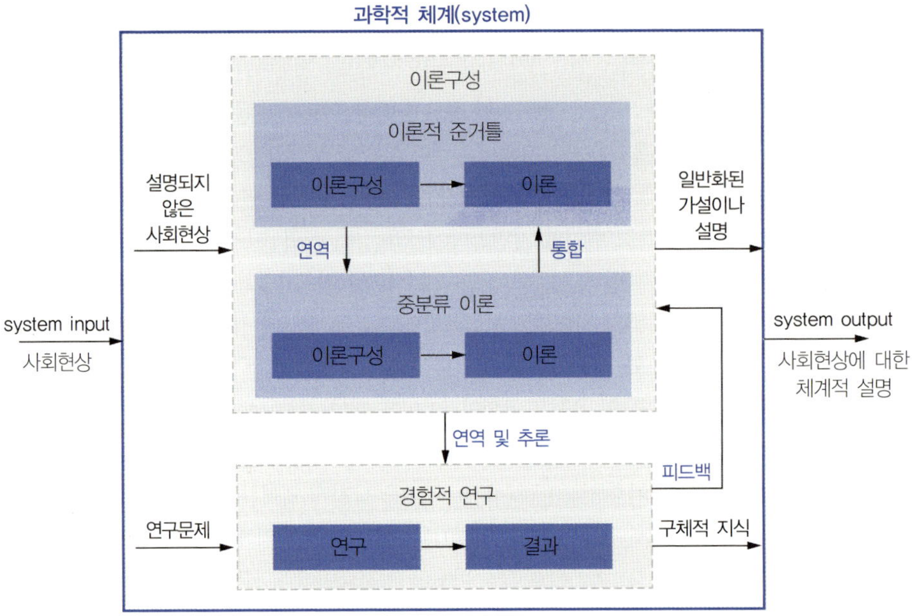

그림 3-1 사회과학에서 과학적 연구를 위한 체계론적 모형
출처: Lavee & Dollahite (1991). p. 53.

그러나 Miller(1986)는 가족연구에서 과학적 사고의 요소로 개념, 변인, 관계, 이론의 4가지 요소를 강조한다. 이 책에서는 Miller(1986)의 관점으로 과학적 요소를 설명하고 구체적인 연구방법은 각 대학의 교육과정 중 '연구방법' 관련 교과목에서 다루고 있으므로 여기서는 생략하고자 한다.

1) 개념

개념(concept)은 가족관계에서 가장 기초적인 요소로 용어나 단어를 의미한다. Miller(1986)는 '특별한 사건이나 사실에 대한 지적인 추상화'로 정의나 의미에 대한 언어적 표현이라고 한다. 예를 들면 '가족'은 하나의 개념이다. 이것은 한 사회에서 기초가 된다고 생각하는 가족의 현상이라고 생각되는 실체를 언어적인 상징으로 표현한 것이다. 이러한 개념은 고정된 것이 아니라 새롭게 개정되기도 하며 재규정되기도 하며 사용하지 않게도 된다. 1장에서 설명하였듯이 '가족'이라는 개념도 전통적인 관점에서 사용되던 개념에서 새롭게 정의되기도 하고 문화에 따라서도 다양하게 정의된다.

개념은 의미의 상징이고, 이러한 의미는 내적 과정을 통해 형성되는 것이므로 이론의 구성요소인 개념의 가장 중요한 점은 이들이 명확해야 한다는 점이다. 그러나 앞에서도 설명하였듯이 사회과학에서 다루는 대부분의 개념은 가상적인 실체이다. 따라서 어떠한 개념이 가지고 있는 의미에 대해 다른 사람도 같은 것으로 이해해야 하기 때문에 모호하지 않아야 하며 또한 이중적 메시지를 주지 않아야 한다. 많은 연인들이 '사랑한다'며 '사랑'이라는 개념을 사용하지만, 데이트 중인 여성이 생각하는 사랑의 개념과 남성이 생각하는 사랑의 개념은 다를 수 있다. 또한 부모들이 자녀에 대한 사랑과 연인들 간의 사랑의 개념도 차이가 있다.

따라서 사회과학에서는 개념을 명확히 하기 위해 2가지 방법을 활용한다. 첫 번째는 하나의 개념을 정의하기 위하여 여러 개념들을 이용하는 것이다. 이 방법에서는 개념이 의미하는 바를 논리적이고 명확하고 정확한 언어로 설명하는 것으로, 이성적 접근(rational approach) 혹은 구성적 방법(constitutive method)이라고 한다. 이 방법은 특정 개념의 조작적 정의 과정에서 많은 문제를 가지고 있으나 그 개념이 가진 의미를 극대화할 수 있다는 장점이 있기 때문에 다음의 두 번째 방법보다는 선호된다.

두 번째 방법은 현대 사회과학에서 가장 많이 이용되는 방법인 조작적 정의방법(operational definition)이다. 이은해(1981)는 Kerlinger의 정의를 인용하여 조작적 정의를 '어떤 개념이나 변인을 측정하고 조작하는 데 필요한 구체적 활동을 명시함으로써 그 개념이나 변인에 의미를 부여하는 것'(p. 41)이라고 하였다. 이 방법은 실제 연구에서 쉽게 이용할 수 있고, 그 개념이 의미하는 바에 대해 연구자 간에 명확한 이해가 가능하다는 장점이 있으나, 본래 의도한 개념보다 그 의미가 매우 제한적으로 사용된다는 단점이 있다는 점에서 비판이 되고 있다. 예를 들어 '온도를 수은주에 나타난 눈금(네이버 지식백과)으로 정의하는 것이 조작적 정의이다. 또한 친밀감은 '다른 사람과의 강력한 지적, 신체적, 정서적 의사소통을 통해 자신의 자아의 실체를 경험하는 것'(Kieffer, 1977, p. 267)으로 정의되며 정서적 연결, 사랑을 주고받음, 돌봄과 성행위를 포함하는 개념으로 폭, 개방성과 깊이의 세 차원으로 측정한다.

2) 변인

변인은 변화하는 개념이다. 다시 말하면 개념은 고정적이 아니라 어느 정도 변화(vary)하므로 변인(variable)이다. 유명한 '봄날은 간다'라는 영화에서 '사랑이 어떻게 변하니?'라고 주인공이 말하듯이, 사랑이라는 개념은 고정된 것이 아니라 계속 변화하며, 부부간의 결혼만족도도 변화한다. 이와 같이 정도의 차이를 보이는 개념이 변인 혹은 변수이다. 이론은 조작화될 수 있는 변인들로 <그림 3-1>의 과정을 통해 연구자에 의해 경험적으로 검증된 것이다. 변인은 명명변인(유목변인), 서열변인, 등간변인, 비율변인 등으로 측정된다.

3) 변인 간의 관계

변인 간의 관계(relationships)는 두 개 이상의 변인들 간의 관계를 의미하는데 여기서는 가족관계에서 많이 활용되는 3가지 관계를 설명하고자 한다.

(1) 변인 간 관계의 유무

두 개의 변인 간에 관계가 있는가? 있다면 방향은 어떠한가? 예를 들어, '부모의 지능과 자녀의 지능은 어떠한 관계가 있는가?'라는 질문에 대한 답은 3가지가 가능하다.

첫째, 둘 간의 관계가 전혀 없다(관계없음).

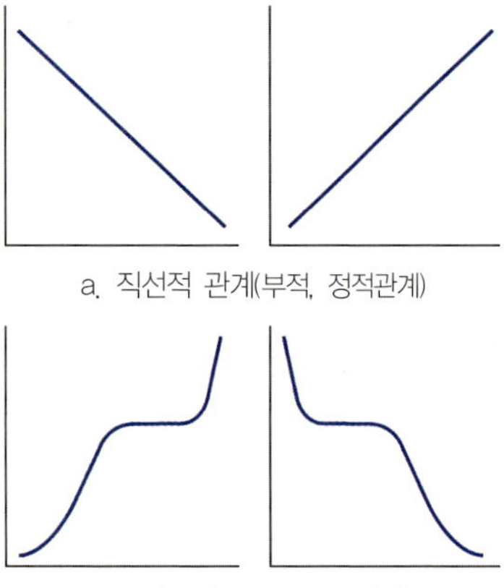

a. 직선적 관계(부적, 정적관계)

b. 단조의(monotonic) 관계

그림 3-2 관계의 형태

둘째, 둘 간의 관계가 있는데 부모의 지능이 자녀의 지능에 영향을 미친다(일방적인 관계).

셋째, 부모의 지능은 자녀의 지능에 영향을 미치지만, 자녀의 지능도 부모의 지능에 영향을 미친다(양방적인 관계). 그러나 실제로 세 번째 설명은 이론적으로 타당하지 않다. 그러나 관계의 유무를 설명할 때는 이러한 3가지 설명이 가능하다.

(2) 관계의 방향

가족관계에서 많이 활용되는 관계의 방향은 2가지로 정적, 부적관계로 설명한다. 위의 예를 들면 첫째는 '부모의 지능이 높으면 자녀의 지능이 높다'(정적관계), 둘째는 '부모의 지능이 높으면 자녀의 지능이 낮다'(부적관계)와 같은 관계의 방향으로 가족관계의 다양한 개념을 설명할 수 있다. 또 다른 예를 들면, '결혼준비교육의 경험은 결혼만족도를 높인다'도 정적인 관계의 예이다.

(3) 관계의 형태

가족관계에서 관계의 형태는 크게 3가지로 설명된다. 첫째는 직선적 관계(linear relationship)로 두 변인 간의 관계가 한 변인이 증가할 때 다른 변인이 증가하거나 감소하는 직선적인 관계를 보이는 경우이다. 둘째, 곡선적 관계(curvilinear relationship)는 단조(monotonic relationship), 포물선을 그리는 2차방정식관계(second-order or quadratic relationship), 3차방정식관계(third-order or cubic relationship) 등 다양한 관계가 존재한다(그림 3-2 참조). 그러나 실제 연구현장에서는 직선적 관계와 단조관계 등이 발견된다. 예를 들면, 아동의 연령과 키, 가족의 응집성과 건강성은 정적인 직선적 관계를 나타내며, 결혼만족도와 우울증은 부적인 직선적 관계를 나타내는 경향이 있다. 일반적으로 첫 자녀의 연령을 기준으로 구분한 가족생활주기에 따른 결혼만족도는 U자형의 2차방정식관계를 나타낸다.

4) 이론

개념, 변인, 관계는 과학적 사고의 가장 기초가 되는 요소이며 이러한 요소들이 모두 포함된 것이 이론이다(Miller, 1986). 이론은 개별적 현상에 대한 일반적인 유형과 규칙성으로 학문분야에서 설명이나 예측을 위한 원리를 제공하는 역할을 한다. 따라서 이론은 '어떠한 현상을 설명하고 예측하기 위한 목적으로 상호연관성이 있는 일련의 구성개념(construct), 정의(definition)와 변인 간의 특별한 관계를 체계적인 방법으로 제시하는 명제(propositions)'(Miller, 1986, p. 21)를 의미한다.

여기에서 명제는 일반적으로 진실(a truth)을 주장하거나 적어도 주장하려고 노력하는 진술들로 정의할 수 있다. 개념과 변인은 단순히 사실의 어떤 측면을 상징화한 개념이므로 명제와는 다르다. 명제는 이런 개념들에 대한 어떤 선언적인 문장이라고 할 수 있다. 명제는 두 가지 방법으로 이루어지는데, 첫 번째는 방법적인 문헌에서 많이 사용하는 것으로 개념을 정의하는 선언적 문장을 의미하며 'definition'이라는 용어를 이용한다. 두 번째는 특정한 변인이 여러 다양한 상황에서 어떠한 특성이 나타나는지에 대해 예언(prediction)하고 추정(estimation)하는 방법이다. 학자에 따라서는 가설(hypothesis, theorem, axioms, postulates, invariances)과 명제를 동일하게 다루기도 하지만, 가설은 명제의 한 형태로 경험적으로 충분히 검증이 가능한 변인들 간의 관계에 대한 구체적인 예측을 의미한다.

3. 가족연구과정과 연구방법

1) 가족연구의 어려움

가족을 연구하는 학문분야는 많지만 역사 · 사회적 맥락에서 가족관계를 연구하는 가족학분야는 1절에서 설명한 것과 같이 다루는 변인들이 soft science로서의 성격 때문에 개념화하기 어려운 점이 있다. 그러나 이러한 학문적인 성격뿐만 아니라 '가족' 자체가 지닌 다양한 속성 또한 연구의 장애요인으로 작용한다.

첫 번째, 개인이 가족생활에서 경험한 단편적인 가족경험 때문에 연구 주제를 설정하는 과정이 결과를 해석하는 데 '가치중립적'이지 못하다는 것이 연구를 어렵게 만드는 요인이다. 과학적인 가족연구는 연구자가 개념과 절차 모두에서 객관성과 검증 가능성을 확보해야 하지만 개인의 경험들이 이러한 과정에 작용한다는 것이다.

두 번째, 우리 모두는 가족 안에서 성장하고 생활하면서 겪은 경험들로 인해 가족과 관련된 행동이 너무 익숙하기 때문에 가족과 관련된 연구주제 자체를 연구의 대상으로 인식하지 못하는 문제점도 있다. 저자도 가족을 전공한다고 소개하면 여전히 많은 사람들에게 가족도 대학에서 배우는 학문분야냐고 묻거나 그런 것까지 배워야 하느냐는 질문을 받는다.

세 번째, 우리나라의 많은 사람들이 가지고 있는 가족에 대한 신화 중 하나로 가족을 '사적인 영역'으로 인식하는 문제이다. 오래 전부터 부부싸움은 '칼로 물 베기', '여자와 북어는 삼 일에 한 번씩 패야 한다', '내 자식을 내가 때리는데 누가 간섭하는가' 등의 인식은 가족문제에 대한 사회적 개입이 필요하지 않다고 생각하였으며, 가족을 하나의 성역으로 인식하는 근간이 되고 있다.

네 번째, 가족에 대한 이상적인 이미지가 가족연구를 어렵게 하는 요인이다. 사회의 변화에 따른 가족의 변화를 가족의 문제로 인식하며 과거 가족에 대한 환상을 가지고 있어 이혼이나 가정폭력 등의 문제들이 과거에는 존재하지 않았으나 최근에 생긴 문제로 인식하는 경향도 있다.

마지막으로 가족은 끊임없이 변화하는 제도로 시간과 공간에 따라 구조와 관계의 특성들이 다양해지고 있지만 이러한 다양성을 포용하지 못하는 경향이 높다. 현대가족의 변화 중 가장 중요한 특성 중 하나는 다양한 구조의 가족이 증가하는 현상이며, 동성애가족, 1인가구나 졸혼 등의 증가로 가족의 다양성은 더욱 확대되고 있다. 그러나 지역사회에서 동성애가족이나 졸혼을 받아들이는 정도는 한 문화의 다양성에 대한 수용 정도에 따라 매우 다양하다. 이와 같이 가족은 끊임없이 구조와 구성원들의 관계적 측면에서 사회의 변화에 적응하고 있으나 이러한 변화 속도를 사람들의 인식수준이 따라가지 못하며, 이를 지원하는 법과 제도도 같은 속도로 변화하지 못하는 실정이다.

따라서 가족의 이러한 속성을 잘 이해하고 가족을 연구하는 데 적절한 연구과정과 방법을 통해 가족관계를 체계적으로 이해하는 노력이 필요하다.

2) 연구과정

가족과 관련된 여러 현상들에 대한 명확한 설명을 위한 경험적 연구에서의 필수적 과정은 이론을 유도하는 과정과 이 이론에 기초한 연구문제를 통해 가설이나 명제를 검증하는 과정으로 구분된다. 이 과정들은 상반되는 과정이 아니라 다른 시작점을 가진 두 단계로 이론의 산출(theory construction)과 이론의 검증(theory testing)으로 명명한다. 이 과정을 그림으로 나타내면 <그림 3-3>, <그림 3-4>와 같다.

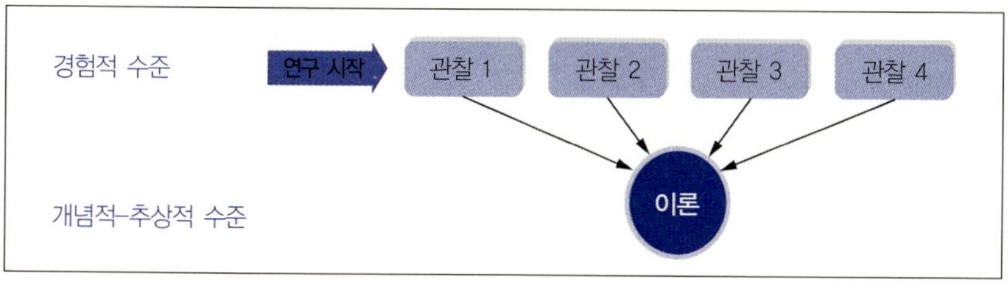

그림 3-3 이론 산출 접근
출처: De Vaus (1986). p. 12.

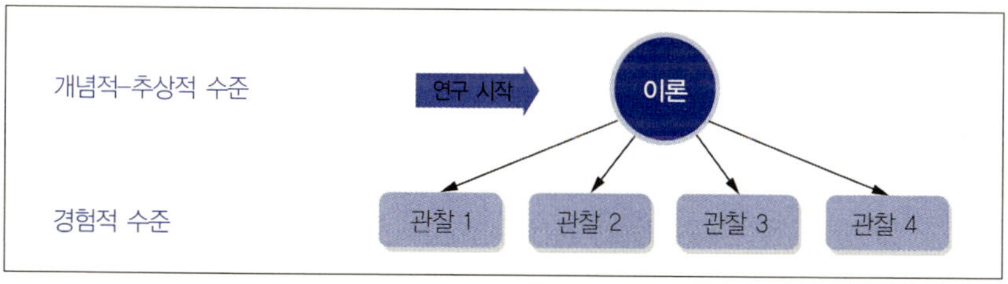

그림 3-4 이론 검증 접근
출처: De Vaus (1986). p. 12.

이론 산출은 <그림 3-3>과 같이 경험적 수준에서 관찰들로부터 연구가 시작되어 추상적-개념적 수준의 이론으로 발전하는 것이다. 이론을 산출하는 과정은 많은 연구를 통해 축적된 개념적-이론적 내용을 통합하여 하나의 이론으로 발전시켜나가는 과정이며, 이론의 검증은 기존의 이론에서 검증되지 않은 명제나 가설들을 경험적으로 검증하는 것이다. 이 둘의 관계는 <그림 3-5>와 같이 연속된 연구의 과정에서 다른 시작점을 가진 두 단계로 설명될 수 있다. 또한 많은 연구들이 이 두 과정을 한 연구에서 다루기도 한다.

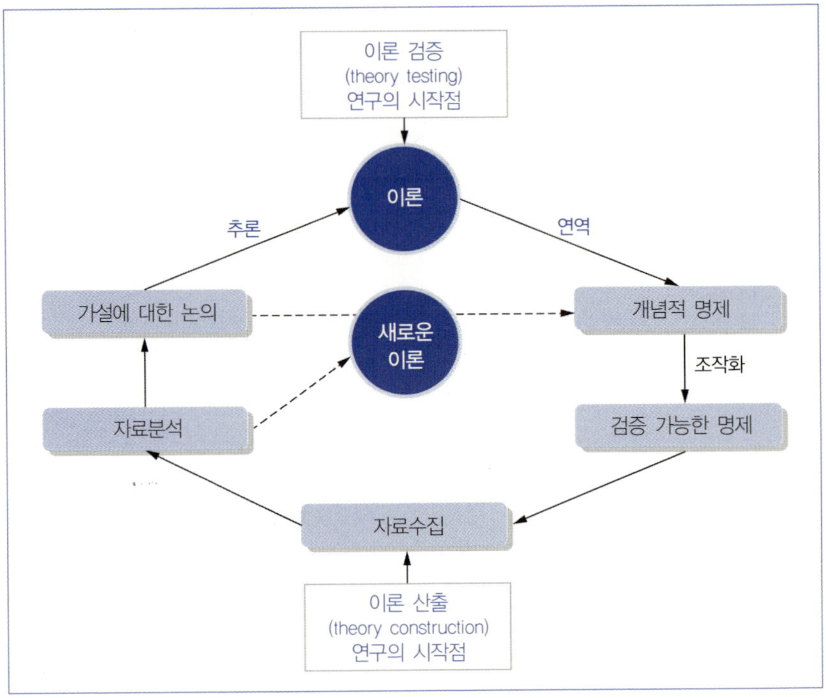

그림 3-5 이론 산출과 이론 검증 연구과정

출처: De Vaus (1986). p. 21.

3) 연구방법

연구방법(research method)은 어떠한 질문에 대한 답을 찾는 방법 중의 하나이다. 연구의 종류는 조사목적이나 상황 및 접근방식과 시간적 개념에 따라 매우 다양하다. 연구자들은 연구의 목적에 따라 적절한 연구방법을 선택하게 된다. 다양한 연구의 종류를 정리하면 <표 3-1>과 같다.

최근에는 특정조사 대상자를 선정하여 반복적으로 연구하는 반복(패널)연구들이 많이 이루어지고 있어 다양한 데이터베이스들이 축적되어 있다. 이러한 자료를 이용한 이차자료연구들은 동일대상과 자료를 통해 이루어지기 때문에 이론의 형성이나 경향성 연구 및 코호트연구 등 다양한 연구들이 가능해졌다. 가족연구를 위한 패널데이터 목록은 <표 3-2>와 같다. 각각의 패널자료를 이용한 연구보고서들은 가족관계 이해를 위한 매우 중요한 자원으로 활용된다. 이밖에도 일정한 기간에 한 번씩 자료를 수집하는 보건복지부의 '전국 결혼 및 출산동향 조사', '보육실태조사', '노인실태조사'와 여성가족부의 '한부모실태조사', '다문화가족실태조사', '가정폭력실태조사' 등 전국단위 조사자료 결과들은 한국 가족을 이해하는 중요한 자원이며, 가족을 연구하는 학자들과 대학원생들에게는 연구방법 전반을 연습하고 자료분석을 통한 연구보고서 작성을 위한 자료로 활용할 수 있다.

표 3-1 다양한 연구의 종류

분류기준	종류	특징	
조사목적	탐색조사	• 다른 조사의 선행단계, 문헌조사, 전문가 의견조사, 사례조사 등을 위한 목적	
	기술조사	• 관련 이슈의 특성 파악이나 변수간의 상호관계 파악 및 상황 변화에 대한 각 변수들의 반응 예측 목적	
	인과조사	• 특정한 사회현상들 간의 인과관계를 밝히기 위한 조사방법 • 실험설계를 통해 실험상황을 통제 후 특정 변수들 간의 원인과 결과를 파악위한 목적 • 실험조사, 유사실험조사 등의 방법이 있음.	
조사상황	표본조사	• 전집을 대표하는 일부표본 추출하여 조사	
	현장조사	• 현장에서 직접 관찰을 통해 자료 조사	
	현장실험	• 이론적 가설검증을 통해 독립변수를 조작하여 현장에서 실험을 통해 인과관계 검증	
	실험실 실험	• 자연적인 상황을 모방하여 통제된 실험실에서 조건을 조작·통제하여 조사	
접근방식	포괄적조사	• 광범위한 조사대상을 표집하는 연구	
	집중적조사	• 소규모의 대상을 체계적으로 분석	
	사례연구	• 개인이나 집단, 또는 기관을 단위로 다양한 자료를 활용하여 정밀하게 연구조사	
시간차원	횡단연구	• 다양한 집단을 동시에 표집하여 비교하는 연구	
	종단연구	• 경향(trend)연구	• 일정 기간 광범위한 인구 집단에서 시간에 따른 변화나 경향성을 연구하는 방법
		• 코호트(cohort)연구	• 동일한 특성집단(출생코호트, 결혼코호트 등)을 반복조사하는 방법
		• 패널(panel)연구	• 특정 조사대상자를 선정하고 동일한 조사항목을 특정시점마다 반복조사함
자료의 종류	질적연구	• 실험적으로 조사되고 측정되지 않는 질적인 측면과 과정과 의미 파악이 목적	
	양적연구	• 양적인 현상, 결과의 일반화에 초점을 맞추고, 변인 간 인과관계에 대한 분석과 측정	
자료수집 방법	1차자료연구	• 조사연구의 목적 달성을 위해 직접 자료수집을 한 연구	
	2차자료연구	• 다른 조사자에 의해 수집되어 공개된 자료를 이용한 연구	

4) 연구문제의 종류

가족과 가족관계에 대한 많은 궁금증에 대해 우리는 매우 다양한 방법으로 지식을 습득한다. "최근 다양한 가족에서 가정폭력이 증가하는 이유는 무엇인가?", "자녀들의 건강한 발달에 영향을 미치는 가족환경은 무엇인가?", 혹은 "부부관계 향상에 영향을 미치는 가장 중요한 개인의 특성은 무엇인가?" 등과 같은 질문의 답을 경험을 통해서 얻는 데는 한계가 있다. 이와 같은 구체적인 문제는 관련 당사자들에게 그 이유를 물어보고 그들의 대답을 체계적으로 분석해 봄으로써 그 결과를 알 수 있다. 가족구성원들이나 사회에서의 개인의 경험을 통해서나 종교적인 가르침, 혹은 TV나 영화 등 대중매체를 통해 지식을 얻기도 하며, 책을 통해 정보를 얻기도 한다. 그러나 좀 더 구체적인 질문에 대한 답을 경험을 통해 얻는 것은 한계가 있다. 다양한 종류의 질문이 가능한데 크게 서술적(descriptive), 관계적(relational), 인과적(causal) 질문이 가능하다.

표 3-2 가족연구에서 활용 가능한 패널자료의 종류와 조사내용

조사기관	시작 연도	조사기	표본 수	조사대상	조사내용
육아정책 연구소	2008	매년	2,150	표본가구의 0세 아동	• 대상 아동의 인구학적 특성, 건강 특성, 발달영역별 특성, 기질, 기초습관, 양육 특성, 아버지 특성, 어머니 특성, 경제적 특성, 사회보장지원 여부, 대리양육 여부, 기관, 시설 향후 이용계획 등
한국청소년 정책연구원	2010	매년	7,071	초1, 초4, 중1	• 개인발달(신체발달, 지적발달, 사회정서발달, 비행, 생활시간), 발달환경[가정환경(가족구성, 양육방식, 보호자 부재, 용돈), 친구관계, 교육환경, 지역사회 환경, 매체환경, 활동, 문화환경]
한국청소년 정책연구원	2003 – 2008	매년	3,697 2,949	청소년 (초4, 중2) 및 부모	• 학생: 인적사항, 직업선택, 향후 진로설정, 진로준비, 여가, 생활영역별 시간배분 및 중요도, 자아관 등 • 부모: 가족구성, 동거 여부, 학력, 직업, 근로형태, 소득, 사교육비, 주거형태 등
한국고용 정보원	2001	매년	5,956	표본가구 중 만 15–29세 청년층 가구원	• 학교생활, 교육평가, 사교육, 해외연수, 여가생활, 일자리, 구직활동 관련, 직업관 및 진로, 직업교육훈련 및 자격증, 진로결정성 및 경제활동여성, 직장체험, 인적사항
	2007	매년	10,206		• 새로운 표본으로 시작: 교육력, 아르바이트 및 휴학, 직업경력, 구직활동 관련, 진로, 사교육, 해외연수, 문화적 자본, 직업교육훈련 및 자격증, 정부청년실업대책, 인적사항
한국보건 사회연구원	2006	매년	7,000 가구	일반, 저소득층 가구 각각 3,500가구	• 한국복지패널: 가구원일반사항, 보육, 교육, 건강 및 의료, 주거, 사회보험, 공공부조, 사회복지서비스, 소비, 지출 및 저축, 자신 및 부채, 직업이력, 경제활동상태, 고용지원프로그램, 생활실태 등
한국노동 연구원	1998	매년	6,700 가구	표본가구의 15세 이상 가구원	• 가구원 정보, 사적이전, 주거, 사교육, 소득, 소비, 저축, 자산, 부채, 경제활동상태, 주된 일자리 특성(근로계약, 기업형태 및 규모, 근로시간, 임금, 사회보험), 자격증, 학력, 혼인, 출산, 건강, 생활만족도 등
한국여성 정책연구원	2007	격년	10,000 명	만 19–64세 이하 여성 가구원과 여성 자신	• 가구원 및 가족사항, 가구소득 및 소비, 주거상태, 자산 및 부채, 성장과정 및 학교생활, 남편 일자리, 형제와의 관계, 첫 직장 경험, 장애인 및 환자, 혼인상태, 출산경험과 자녀, 결혼과 부부생활, 현재의 경제활동, 사회보험, 차별사항, 일 만족도, 교육 및 훈련, 모성보호제도 등

출처: 김희삼(2014). p. 33의 내용을 정리함.

(1) 서술적 질문

"초혼자들의 평균 연령은 몇 살인가?", "한국가족의 가족구조는 어떠한가?", "사람들의 노인에 대한 태도는 어떠한가?" 등 현재의 상황에 대한 관심이 서술적 질문으로 표현된다. 또한 대중의견조사, 즉 특정 의견을 가진 사람들의 비율에 관심이 있을 때도 서술적 질문을 통한 연구가 가능하다.

(2) 관계적 질문

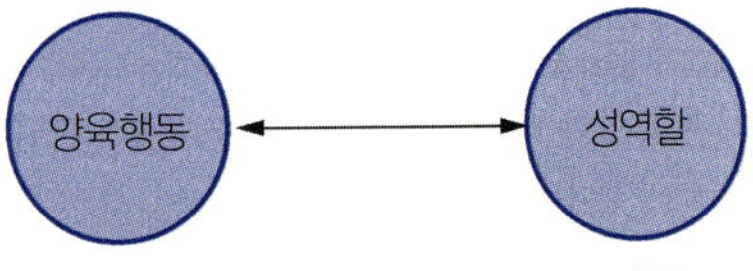

그림 3-6 관계적(relational) 질문

서술적인 연구문제들이 대부분 한 변인의 특성을 설명하는 것이라면 관계적 연구는 둘 이상 변인들 간 관련성에 대한 질문이다. 예를 들면, "부모의 양육행동과 부모의 성역할은 어떠한 관계가 있는가?", "전통적 성역할에 대한 인식에 남녀 간 차이가 있는가?", "부모와 자녀의 성격의 유사성은 어떠한가?", "젊은 세대와 노인세대의 가족주의 가치관은 차

이가 있는가?" 등이 관계적 질문이다.

이러한 연구문제에서 관계의 대상은 개인이 될 수도 있으며, 개인의 특성들 간의 비교도 가능하다. 이 경우도 먼저 관찰이나 측정을 통해 관심변인의 특성을 서술하고 서로의 관계를 설명한다.

(3) 인과적(causal) 질문

"부모의 양육행동은 자녀의 사회성 발달에 영향을 미치는가?", "남편의 의사결정방식에 영향을 미치는 아내의 특성은 무엇인가?", "개인의 사회인구학적 특성(성, 연령, 결혼지위 등)이 출산율에 영향을 미치는가?", "은퇴 후 적응에 영향을 미치는 부부관계의 특성은 무엇인가?" 등 인과적 질문은 하나나 둘 이상의 변인이 다른 변인에 어떤 영향을 미치는가에 대한 연구문제이다. 이러한 질문의 경우 관심 있는 변인에 대한 서술적, 관계적 특성을 설명하고 다양한 방식으로 인과적 관계를 추론한다.

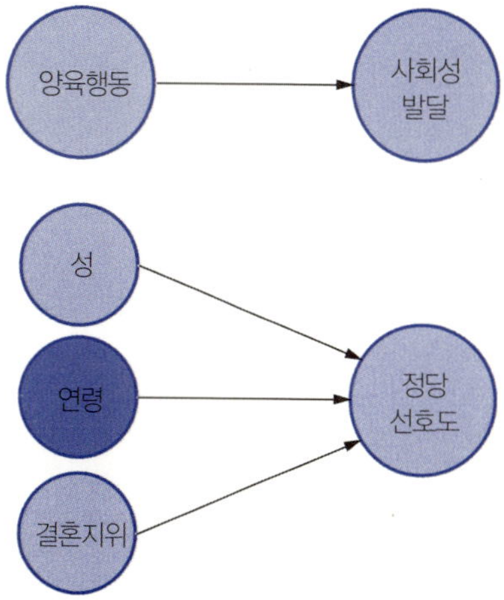

그림 3-7 인과적(causal) 질문

5) 가족분야 연구방법

연구방법은 어떠한 과학적 문제나 궁금증에 대한 답을 얻는 전 과정을 의미한다. 즉, 연구방법은 다양한 질문에 대한 답을 찾는 과정이다. 앞에서도 설명하였듯이 각각의 학문분야는 연구대상을 체계적으로 설명하고 이해하기 위한 독특한 방법론을 발전시킨다. 가족학분야에서는 조사연구와 인터뷰, 관찰, 사례연구, 실험방법들이 활용되지만 조사연구와 인터뷰가 가장 많이 사용되는 방법 중의 하나이다. 여기에서는 다양한 연구방법의 개론서들인 한국가족학연구회 편(1993), Fink(1995), Fowler(1984), Frey(1983)와 Miller(1986) 등의 학자들의 연구방법 중에서 가족연구에서 많이 사용하는 일부 방법의 특징과 장단점을 <표 3-3>과 같이 정리하였다.

그러나 각각의 연구방법들은 장점도 있지만 한계점 혹은 단점들도 있다. 따라서 연구의 목적과 대상 및 연구문제에 따라 장점이 극대화될 수 있는 연구방법을 선택하게 된다. 또한 각각의 방법의 단점을 최소화하고 연구의 타당성을 높이기 위한 다양한 방법론이 적용된다. 예를 들어 관찰방법은 가족연구에서는 많이 활용되지 않지만 관찰 상황에 영향을 많이 받지 않고, 언어적으로 자신을 표현하기 어려운 영유아나 아동연구에서 많이 활용되는 방법이다. 그러나 가족연구에서도 관찰법이 활용되는데 예를 들면, 부부관계에서의 권력을 관찰방법으로 연구하는 경우 연구자는 각 가정을 방문하거나 연구실로 부부들을 초대하여 일정 시간 동안 부부의 대화나 행동을 지켜보고 기록하거나 또는 설치된 캠코더 등을 통해 부부간의 상호작용을 녹화하여 분석한다. 그러나 이 두 경우 모두 관찰 전 관찰단위나 기간 등을 설정하고, 관찰자가 여러 명인 경우 관찰 간 신뢰도와 관찰자 내 신뢰도를 높이기 위한 준비작업이 이루어진다. 통제된 상황에서 변인들 간 인과관계를 규명하는 실험설계연구도 가족분야에서는 많이 사용되지는 않는다.

표 3-3 가족분야에서 많이 사용하는 연구방법

연구방법		특징
조사연구	종류	• 개인이 질문에 응답함으로써 자료가 수집되는 모든 방법을 통칭하여 조사연구(survey)라고 함 • 면접(전화, 대면면접 등)이나 질문지(questionnaire) 방법
	질문지 장단점	• 개인이나 소집단수준의 현상보다 사회적 수준의 특징이나 경향 연구에 특히 유용함 • 적은 시간과 비용으로 대량의 자료를 확보할 수 있는 경제적 이점이 있음 • 구조화된 응답반응 범주에 연구자의 관점이 개입될 가능성과 모든 가능한 응답을 다 포함시키기 어려움 • 응답자의 프라이버시가 유지되지만, 대표성과 표집의 편파성 문제, 자신의 행동에 대한 인식 정도를 확신하기 어려움. 교육수준이 높은 대상에게 효과적임 • 응답자가 자기노출을 꺼리거나 사회적으로 바람직한 성향으로 응답하여 왜곡된 정보를 얻을 가능성 있음
	면접법 장단점	• 질문지의 단점을 보완하여 보다 심층적이고 질적인 연구에 이용 • 섬세하고 복잡한 연구주제를 심층적으로 다룰 때 효과적이며 자료의 융통성이 있음 • 응답자의 반응 해석 시 연구자의 가치나 선입견 배제가 중요 • 전화면접법은 신속성이 있고, 면접자와 응답자 간의 상호작용 및 응답기록이 적은 비용으로 가능함 • 조사방법 중 비용이 가장 많이 들고 면접자의 선정과 훈련, 질적관리에 많은 노력이 필요하며, 시간상의 제약을 받는다는 단점이 있음
관찰	종류	• 일상 상황에서 진행되는 자연스런 인간행동을 연구하는 방법 • 방법: 자연적 관찰 vs. 통제된 관찰, 연구자의 참여방법에 따라 참여관찰 vs. 비참여관찰로 구분됨
	장점	• 조사법을 통하여 응답자가 보고한 내용과 실제 행동 간의 차이를 관찰법으로 보완할 수 있음 • 아동 대상 연구와 가족들의 비언어적 행동이나 자연적인 상황에서의 행동 연구에 적절함
	제한점	• 참여관찰의 경우 관찰자의 존재를 의식하여 의도적 혹은 무의식적으로 자신의 행동을 수정할 수 있음 • 호돈효과(Hawthorne effect)의 가능성이 있음(예를 들어 부부의사소통방식을 관찰하는 경우 부부들이 평소 사용하던 폭언이나 폭력 등 바람직하지 않은 행동 자제하고 평등적인 의사소통방식을 사용함) • 시간과 비용이 많이 들고 소수의 대상에만 적용할 수 있음 • 연구자가 연구 상황을 통제할 수 없음
사례연구 (case studies)	특징	• 한 개인이나 가족, 사회집단에 대한 자세한 정보를 관찰, 검사, 면접, 여러 가지 누적된 기록을 통해 체계적으로 수집하는 방법 • 임상가나 가족치료자들이 문제를 가진 개인이나 소집단을 심층적으로 분석할 때 자주 활용됨. 이러한 과정에서 연구자들이 가족의 과정(process)에 대한 통찰력을 키울 수 있음
	장단점	• 결혼과 가족생활의 다양한 측면들에 대하여 장기간의 심층적인 분석이 가능 • 소수의 특정사례를 대상으로 하여 연구결과를 일반화시킬 수 없음
실험	특징	• 자연스러운 환경에서 연구가 이루어지거나, 특수한 반응 유도를 위해 변인의 통제, 조작이 가해지는 연구 • 가족학분야에서는 철저히 통제된 실험상황이 아닌 정상적으로 상호작용하는 자연적 상황에서 이루어짐
	단점	• 영향을 미치는 외적 변인들에 대해 충분한 통제를 할 수 없음

출처: 한국가족학연구회 편 (1993); Fink (1995); Fowler (1984); Frey (1983); Miller (1986)에서 관련 내용을 정리하였음.

4. 가족관계의 중요 이론적 관점

이론의 어원은 그리스어인 'theoria'에서 온 용어로 '찬찬히 살펴보다(to ocntemplate)'라는 의미이다. 가족학분야에서 이론은 가족을 연구하는 사람들에게 결혼과 가족의 실체가 무엇이며 이들이 어떻게 작용하는지를 설명하기 위하여 관찰(observation)과 설명(explanation)을 통해 얻어진 일련의 법칙들과 일반화된 결과들을 의미한다(Sprey, 1990). 가족관계를 연구하는 학술분야에서 사용되고 있는 가족이론들은 Thomas와 Wilcox(1987)에 의하면 서구에서 실증주의 영향으로 형성된 중요 사회학이론의 일부를 가족분야에 적용한 것이며 가족연구들에서 연구가 추구하는 가치나 방법적인 면에서 전통적인 실증주의 개념에 기초하고 있다고 한다. 그러나 이론은 내용의 범위와 추상성의 수준에 따라 <그림 3-8>과 같이 구분된다. 따라서 메타이론(이론에 관한 이론: 유계숙 등, 1998, p. 69)과 개념틀은 추상성의 수준과 내용의 범위가 매우 높은 수준의 이론이며 일반적으로 '경험적 일반화'는 가장 낮은 수준의 추상성과 내용범위를 가진 이론 유형이다.

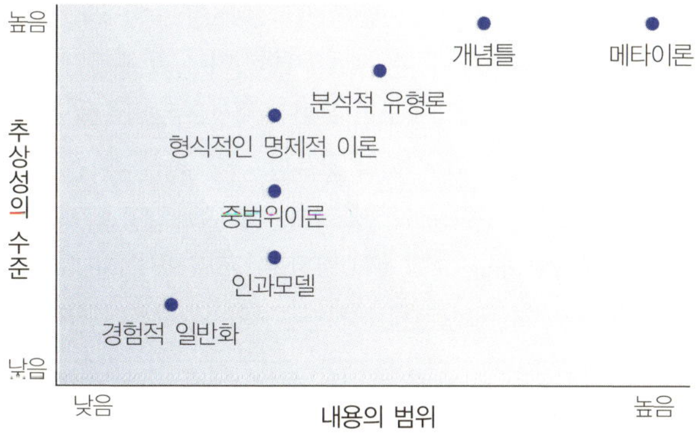

그림 3-8 추상성의 수준과 내용의 범위에 따른 가족이론의 유형
출처: 유계숙, 최연실, 성미애 편역(1998). p. 46.

사회과학분야에서 이론은 이 장 앞부분 <그림 3-1>에서 설명한 과학적 연구방법에서 설명한 것과 크게 일반이론(혹은 이론적 준거틀, General Thoretical Framework)과 중범위이론(Substantive Theories 혹은 Middle Range Thories)으로 구분된다. 이론적 준거틀은 그 자체는 아직 이론이 아니나 사회과학이론의 발전에 유용한 개념적 틀로 일반적으로 사회현상을 설명하기 위한 일련의 상호 연관된 개념들과 명제(proposition)들로 이루어져 있다. 상징적 상호작용이론, 교환이론, 체계이론 등이 여기 포함된다. 반면 중범위이론은 범위가 제한된 하위수준의 독립적인 이론으로 가족위기와 적응을 설명하는 ABC-X 모델, 가족의 건강성을 설명하는 Circomplex 모델, 배우자 선택의 역할이론 등이 여기 속한다. 가족연구가 과학적이기 위해서는 모든 연구가 이론에서 출발하여야 한다.

그러나 아직까지 가족학분야에서 이론과 연구의 연결은 미흡한 상태로 1937년부터 1987년까지 50년 동안 Journal of Marriage and the Family에 발표된 연구들의 분석을 통해 Nye(1988)는 전체의 80%에 해당하는 논문이 이론을 이용하지 않았으며, 단지 1%만이 명확히 이론을 제시하였음을 보고하였다. 그러나 30년이 지난 현재 우리나라의 상황에서도 가족연구에 이론을 명시적으로 제시한 연구는 매우 제한적이다. 연구가 이론에 기초해야 하는 이유는 적절한 이론적 틀에 기초하여 공통의 준거를 중심으로 연구를 수행하는 것이 중요하기 때문이다. 구체적으로는 ① 연구자 자신의 관심사를 경험적 연구를 통해 끌어모으는 것보다 지식의 계승, 발전과 측정을 가속화시킬 수 있으며, ② 정확한 예측을 위한 준거를 마련해 주며, ③ 개념과 명제들이 충분히 또한 명확히 검증될 수 있는 정확성도 제시한다는 점에서 그 중요성을 찾을 수 있다.

그러나 많은 연구들이 이론을 사용하지 않은 이유를 크게 두 가지로 나누어 볼 수 있는데, 하나는 이론 자체가 부족하기 때문이다. 즉 현대의 이론들이 연구자의 관심영역의 문제를 충분히 다루고 있지 않아 연구에 적절히 이용을 할 수 없거나, 현존하는 일반적 이론들이 검증 가능할 만큼 충분히 정의되지 않는 경우도 있다. 또는 많은 중범위이론들조차 상대적으로 불완전하여 연구문제로 연결시키지 못할 수도 있으며, 많은 연구자들이 이론을 이해하지 못하는 경우도 있을 수 있다고 한다. 실제로 우리나라 가족을 설명하는 중범위이론은 매우 제한적이다. 비록 전 세계가 서로 연결되는 초연결망 사회이지만 가족은 한 사회의 가장 중요한 문화적 속성으로 가족을 둘러싼 다양한 생태학적 환경에 의하여 영향을 받기 때문에 각 사회의 고유한 가족을 설명하는 이론화 작업은 매우 중요한 학자들의 역할이며, 가족을 연구하는 학생들에게는 연구의 방향을 제시하는 기초작업이다.

그러나 서구에서의 많은 middle-range 이론들의 발전과 Lavee와 Dollahite(1991)가 제시한 가족학의 발전을 고려해 볼 때 이론 자체의 문제보다 연구자의 문제가 더 심각하다고 볼 수 있다. 우리나라의 교육과정에서는 연구방법이나 이론에 대한 교육과정은 상대적으로 부족하여, 대학원에서도 교육과정에 이론과 연구방법을 다루는 대학은 상대적으로 제한적인 실정이다. 이 책에서 가족관계를 이해하는 데 기초가 되는 생태학적 관점, 가족발달론, 가족체계론, 여성학적 관점을 간단히 다루고, 가족관계 각각의 분야에서 중요하게 적용되는 중범위이론들은 각 장에서 다루고자 한다.

1) 생태학적 이론

인간과 환경은 지속적 상호교환을 하며 서로 분리할 수 없으며, 동시에 고려해야 한다는 Bronfenbrenner(1989)의 이론에서 출발한 생태학적 이론은 환경 속에서 인간을 능동적이고 유목적적 존재로 가정하고 인간과 환경이 상호작용하며 적응하는 상호의존적 관계라는 점을 강조한다(Daring, 1987; Duncan, 1965; Germain, 1979; Germain & Gitterman, 1980). 또한 인간생활의 질과 환경의 질이 중요하며, 인간생활의 질은 기본적 욕구가 충족되고 가치가 실현되는 정도의 측면에서 규정할 수 있다고 보았으며, 이는 개인 · 가족 · 사회수준에서 평가될 수 있다고 보았다(Boss & Doherty, 1993). 현대사회에서 자연환경을 포함하여 가족을 둘러싼 다양한 환경에 대한 관심을 고려할 때 다양한 가족관계와 가족과 사회의 관계에 대한 연구에 생태학적 이론은 중요한 통찰을 제공한다.

일반생태학이론을 가족에 적용시킨 Darling(1987)은 <그림 3-9>와 같은 '가족생태모델'에서 개인, 가족, 자연환경, 인간건설환경, 인간행동환경 등 다양한 생태체계와 전 세계 천연자연과 우주까지 포함하는 가족생태체계를 제안하였다. 이 이론은 Morrison(1974)과 BuBolz 등(1979)의 이론을 기초로 미국 Michigan 주립대학 인간생태대학(College of Human Ecology)의 교수진들이 이 재구성한 모델로 가족관계를 설명하는 매우 유용한 틀을 제공한다. 이 이론은 3가지 요소들인 ① 유기적 조직체(organism) 혹은 환경단위(environed unit)인 가족과, ② 환경(자연, 인간건설, 인간행동, 근접환경과 규제체계를 포함)과, ③ 이러한 요소들 간의 상호작용과 교환의 중요성을 강조한다. 각각의 영역에 대한 구체적인 설명은 <표 3-4>와 같다.

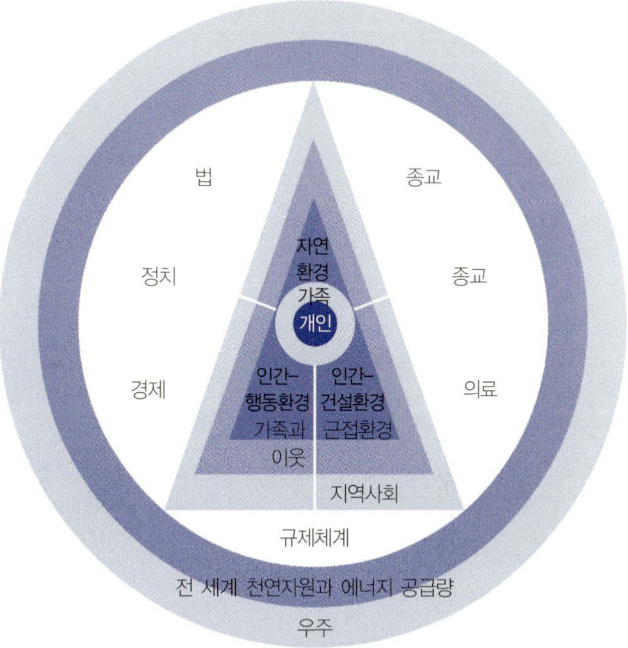

그림 3-9 가족의 생태구조(Ecosystem approach)
출처: Darling (1987). p. 820.

2) 가족발달론

제2차 세계대전 후 군인가족의 적응에 대한 관심에서 출발한 이론으로 Duvall, Hill과 Rodgers 등에 의해 발전된 발달론은 가족의 삶의 조건과 가족과 개인의 생애과정은 고정된 것이 아니라 계속 변화하는 환경 속에서 존재하며 그 자체도 시간에 따라 변화한다고 가정한다(정현숙, 2016). 특히 가족을 상호작용하는 개인들의 집합체로 보기 때문에, 중요한 연구문제는 가족의 시간(family time)에 대한 분석이다. 따라서 가족발달이론은 생애과정 동안 거치게 되는 특별한 단계로의 가족의 변화에 관심을 두고 시간에 따른 체계로서의 관계가 어떻게 이동하는가에 초점을 맞춘다.

이러한 가족의 시간에 따른 변화는 단순한 변화가 아니라 발달과정이기 때문에 이 이론에서는 가족체계의 종단적인 경로(career)와 가족이 한 조직으로서 거치게 되는 각 단계에서의 역할인 발달과업(developmental task)이 중요한 개념이다. 특히 각각의 가족은 내적으로는 생물학적, 심리학적

표 3-4 Darling(1987)의 Ecosystem Model의 3가지 요소와 특징

요소	하위 요소	개념	특징
유기체/환경단위	가족	공통의 목표와 자원을 가진 상호의 존적(정서적, 신체적, 사회적)이고 상호작용하는 결속된 집단, 생애과정 중 거주를 공유, 핵가족 내 하위체계 혹은 더 큰 친족집단	• 개인이나 집단의 특성보다는 개인들의 집단에서의 상호작용(부부, 부모자녀, 형제자매 간 등)에 초점
환경	자연 환경	시간과 공간 내에서 생존을 위한 기본적인 자원(음식, 공기, 물)을 제공함. 삶을 지속시키기 위한 자원 제공	• Bubulz 등(1979): 공간(에너지가 존재하고 사건이 일어나는 3차원적인 공간)-시간(사건이 일어나는 지속적인 시간으로 과거, 현재, 미래가 시간적으로 연결됨) (시간은 공간에서의 지구의 운동을 통해 측정되므로 이 둘을 한 차원으로 묶음), 물리적 환경(대기, 기후, 땅, 물, 미네랄, 지형 등)을 구성하는 자원
	인간 건설 환경	가족과 자연을 중재하는 역할. 인간이 사회문화적 환경(가치, 법, 언어 등)을 변화시키는 것과 마찬가지로, 인간이 물리적인 환경을 수정하는 것(도로, 빌딩, 기계 등) 자연환경의 한계나 자연보호와 같은 것에 영향을 받음	• 개인과 개인의 가족과의 상호작용을 초점으로 볼 때 핵심은 개인이며, 가족은 환경이 됨 • Bubulz 등(1979): 인간에 의해 수정되거나 창조된 환경: 도로, 오염된 물이나 공기, 빌딩, 그림, 조각, 옷, 기계 등. 사회문화적인 요소들(기술, 법과 가치, 심미적인 기준 등 의사소통과 질서, 인간행동의 기초를 제공하는 것) • Bubulz 등(1979): 인간의 사회적 · 지적능력의 산물로 인간의 신체적, 생리학적, 사회적, 심리적 욕구와 필요를 충족시키기 위해 자연적 환경을 개조한 것 • 가족이 단위가 될 때는 가족과 외부환경(일, 학교, 이웃)과의 상호작용을 검토하게 됨: 가족은 체계 자체도 되며 큰 사회체계의 독립적인 하위체계도 됨
	인간 행동 환경	가족구성원이 사회화되고 인간이 양육되는 환경 내에 존재하는 인간행동환경[정서(emotions), 감정(sentiments), 사회적 관계(social pattern)]도 중요함	• Bubulz 등(1979): 인간의 생리적, 심리적, 사회적 행동환경. 생리-신체적 요소(신체 자세, 신체의 움직 임 등 인간존재), 심리적 요소(사고, 정서, 가치, 태도, 정서 등), social pattern(상호작용하는 사람이나 집단, 장단기관계 등) • 사랑, 관계, 의사소통, 지식, 자아충족 등의 인간의 생리적, 신체적 욕구와 사회적 심리적 욕구를 충족시키기 위해 기초가 되는 요소
	규제 체계	가족과 물리적 환경 간 교환을 촉진 이들 규제체계 간에 상호작용을 함	• 의료, 경제, 정치, 교육, 법과 같은 규제체계는 천연자원과 가족을 둘러싼 에너지 공급량과 상호작용함
요소들 간 상호작용과 교환		유기체, 환경요소들, 환경 간의 organism과 한두 개 환경과의 상호작용. 동시 혹은 독립적인 상호관계	• 인간과 환경과의 상호작용이 가장 중요함

요구, 외적으로는 사회적 기대와 생태학적 환경에 의해 결정된 일련의 발달단계를 거치기 때문에 가족의 발달과정에서의 가족생활주기(family life cycle)에 따라 어떠한 사건(event)이 일어나며, 이러한 사건을 통해 전이(transition)가 일어나며, 시기(timing)가 언제인가 하는 것 등이 중요한 연구개념이다. 또한 이러한 경로에서 규범(norm), 역할, 지위(position)가 어떻게 변화하는가와, 가족체계의 가족경력(family career)의 변화에도 관심을 갖는다. 이러한 점들 때문에 가족발달이론이 다른 가족이론과 구별되며, 개인의 생활주기를 분석하는 생애과정(life course)이론과 유사점이 있다고 인식된다(정현숙, 2001). 연구분야에서는 가족생활주기에 따른 생활수준, 결혼만족도, 역할분담의 변화 등 시간에 따른 가족의 변화과정 등이 많이 연구되고 있다.

이 이론에서 가장 핵심적인 개념은 가족생활주기에 따른 발달과업으로, 이 개념은 Havighurst의

개인의 발달단계를 Hill과 Hansen(1960), Aldous(1978) 등이 확대한 것으로 가족발달과 발달과업에 대해 6가지 기본가정을 제안하는데, ① 가족의 행위는 과거와 현재의 사회환경과 개인 조건과의 함수관계에 있으며, ② 가족구성원들 간 상호작용은 연령에 따라 부여된 독특한 역할에 기초가 되므로 인간의 행동과 발달은 상호연결해서 이해해야 하며, ③ 인간은 행위자인 동시에 반응하는 주체이기 때문에 가족체계도 중요하지만 가족구조 내에서 개인이 가장 중심이 되며, ④ 가족과 구성원들은 가족의 발달수준에 따라 스스로 혹은 사회의 집단구성원에 의해 규정된 발달과업을 수행해 나가야 하며, ⑤ 그 결과 가족들은 비슷하고 일관적인 유형으로 시간에 따라 변화하며, ⑥ 이러한 이유로 개인은 사회적 환경에서 가장 기초가 되는 자율체계라고 가정한다(정현숙, 2016).

이혼과 재혼 등 다양한 대안적 가족발달단계가 제안되면서 가족생활주기, 혹은 가족발달단계에 대한 비판도 많지만 이 이론은 가족을 연구하는 데 가족을 보는 시각뿐 아니라 연구방법상 많은 공헌을 하였다고 평가된다. 특히 정현숙(2016)은 가족현상(즉, 시간에 따른 가족의 변화와 시간에 따른 상호작용 유형의 변화)을 설명하기 위해서 사회제도적인 관점과 이들 간의 상호연관성 및 개인적 변인의 영향 등 미시적 분석과 거시적 분석을 모두 포함하며 가족을 하나의 분석단위로 봄으로써 가족의 총체적인 접근법을 제시하고 있다는 점이 긍정적으로 평가되고 있다고 분석한다. 이러한 장점으로 인해 가족발달이론은 가족학분야의 가족생활교육영역뿐 아니라 임상분야나 사회사업분야 등 다른 다양한 사회과학분야의 연구틀로 사용되고 있다.

3) 가족체계론

체계론은 독일의 생물학자인 Bertalanffy에 의해 제안된 이론적 틀이다. 그는 체계를 복합적 요소들 간의 상호작용으로 규정하고 생물학분야에서 이루어진 체계연구에서의 일련의 원칙을 정리하여 일반체계이론을 제안하였으며, 이러한 개념을 가족에 적용한 것이 가족체계이론이다. Powell과 Cassidy(2001)는 이 이론에서는 가족을 특별한 범위(boundary)와 규칙, 기대, 세대간의 상호작용 패턴을 운영하는 살아 있는 유기체라고 인식하며, 가족체계는 더 큰 지역사회, 문화, 동료체계와 같은 사회적 시스템의 일부라고 가정한다. 특히 이러한 시스템은 가족의 모습을 형성하는 데 중요한 영향을 미치며 가족체계의 변화를 촉진하거나 대항하기도 한다.

또한 가족체계이론에서의 중요한 특징 중 하나는 가족체계 원리는 개인의 문제를 고립적이고 개별적인 현상이 아니라 가족구성원의 상호관계와 전체 분석을 통해 이해해야 한다는 전체성(holism)의 개념으로 이해하는 것이다. 또한 가족체계는 각 구성원들의 상호작용으로 나타나며, 자기성찰적 특성을 지니고 있어 외부환경에 대한 개방성과 가족 내 구성원들 간의 상호작용으로 변화하는 상황이나 요구에 민감하게 반응하며, 안정성과 균형상태를 유지하기 위하여 일련의 상호작용 패턴을 형성하고 가족구성원의 행동을 제한하는 규칙을 형성하게 된다는 것이다(정현숙, 유계숙, 2001). 이러한 이유로 가족에서의 한 부분의 변화는 가족 전체에 영향을 미칠 뿐만 아니라 가족체계도 변화시킨다는 것이다. 즉, 가족구성원들은 전체로서 작용하며 상호 연결되어 있기 때문에 가족체계의 변화는 개별 가족구성원에게 영향을 미치며, 동시에 가족체계 전체에도 영향을 준다. 이러한 관점으로 인해 가족상담분야에서 가장 중요한 이론적 관점으로 활용되고 있다.

4) 여성학적 관점

1960년대 이후 여성운동으로 전통적 성별 분업에 도전하면서 발전한 여성학적 관점은 매우 다양한 이론적 편차를 지니며, 크게 자유주의적 관점, 사회주의적 관점, 그리고 급진주의 여권론으로 구분된다(정현숙, 2016). 정현숙과 유계숙(2001)은 각각의 관점들은 그들의 독특한 시각에 따라 강조점과 문제해결방식에서 차이가 나타나는데, 18세기 계몽주의에 뿌리를 둔 자유주의 여권론은 공공정책을 통하여 여성들에게 동등한 기회가 주어져야 함을 강조하고, 사회제도와 법의 개혁을 주장한다고 한다. 사회주의 여권론은 자본주의에 대한 급진적인 관점으로 여성 억압의 기원을 자본주의 발전과정에서 여성이 노동참여에서 배제된 것으로 보며 성에 따른 노동분화를 반대한다. 또한 급진적 여권론은 가부장제에 기반한 남녀관계가 여성 억압의 중요 원인인데, 특히 여성의 출산기능과 친족제도 등이 억압의 원인이므로 여성들만이 출산과 육아를 하는 제도적 관습을 제거하고, 전통적 가족제도의 탈피를 주장한다.

여성학적 관점이 문제의 원인과 해결방안을 제시하는 방법은 다양하지만 21세기 가족관계에서 가장 중요한 과제인 남녀의 불평등 해소와 조화를 위한 환경 형성에 기여하였으며, 가족관계 내에 자율성과 평등에 대한 시각을 제시한다는 점에서 가족관계 연구에 적용 가능성이 매우 높은 이론적 관점 중 하나이다.

토론해 봅시다

1. 내가 현재 속해 있거나 졸업한 대학의 경우 학문분야는 어떻게 구분되며, 각각의 고유한 연구분야는 무엇인가 토론해 보자. 또한 나의 학문분야에서의 학습 결과에 따라 사회현상을 바라보는 시각이나 사회현상을 해석하는 방식이 다른 학문분야의 사람들과는 차이가 있는가?

2. "아버지와 어머니의 양육방식은 차이가 있는가?"라는 질문에 답을 찾는 과정을 연습해 보자. 이러한 질문에서 1) 개념(concepts): '양육방식'의 개념은 무엇인가? 2) 정의(definition): 이 개념은 어떻게 조작적으로 정의되는가? 연구자들에 따라 정의한 양육방식의 정의는 동일한가, 아니면 차이가 있는가? 3) 변수 간의 관계: 양육방식에 영향을 미치는 혹은 양육방식이 영향을 미치는 변수들은 어떠한 것들이 있는가? 4) 2015년 이후 이루어진 다양한 논문을 통해 아버지와 어머니의 양육방식의 차이가 있는지 분석해 보자.

3. 가족 연구의 장애요인을 통해 가족관계를 과학적으로 연구하기 위해 연구자들에게 필요한 자질은 무엇인지 토론해 보자.

02
Part

가족 내의 다양한 가족관계

"성공이란 당신 자신을 좋아하는 것이고,
당신이 하는 일을 좋아하는 것이고,
당신이 그 일을 하는 방식을 좋아하는 것이다."

마야 안젤루

"어떤 장소든 당신이 그곳에 있기를 원치 않는다면,
아무리 안락하더라도 당신에겐 그곳이 감옥이다.
원치 않는 관계 속에 있다면 당신은 또한 감옥에 있는 것이다."

아잔 브라흐마

Chapter **4**

부부관계

1. 부부관계의 발달: 배우자 선택 | 2. 부부관계에 대한 이론적 관점 |
3. 생애주기에 따른 부부관계 | 4. 부부관계의 대안적 경로

부부관계는 가족관계의 가장 핵심적 관계로 일반적으로는 결혼을 통해 이루어진 부부관계가 자녀 출산을 통해 확대기루 발전하며, 부부 연령이 증가함에 따라 질적으로 다른 장년기, 중년기와 노년기의 단계를 거치게 된다. 모든 부부들이 자녀를 출산하지는 않으며, 비혼의 동거부부도 증가하는 추세이지만 이 장에서는 결혼과 자녀 출산을 기준으로 부부관계의 발달과정을 살펴보고자 한다. 이를 위해 배우자 선택과 결혼에 대해 살펴보고, 부부관계를 분석하는 중요한 이론적 개념들을 정리하고자 한다. 또한 이러한 이론적 개념을 중심으로 신혼기에서 노년기까지 부부관계의 특징을 살펴보고, 대안적 부부관계의 경로인 이혼과 재혼의 특징과 이러한 관계에서의 부부간의 적응을 위한 과제를 정리하였다.

1. 부부관계의 발달: 배우자 선택

우리 사회에서 부부관계는 배우자 선택을 통한 구애과정을 통해 결혼에 이르는 경로가 일반적이다. 점차 비혼도 증가하지만 본 장에서는 일반적인 경로인 배우자 선택을 통한 부부관계에 초점을 맞추어 살펴보고자 한다.

1) 결혼: 관계맺음에 대한 욕구

통계청(2013)의 혼인상태표에 의하면 2010년 혼인상태별 사망률이나 혼인상태 변동률이 그대로 유지된다는 가정하에서 <그림 4-1>과 같이 2010년 기준의 남성들은 출생아 중 79.1%는 전 생애 동안 초혼하고, 20.9%는 미혼상태로 사망하며, 재혼을 포함한 유배우 남성의 경우는 23.4%는 전 생애 동안 이혼하고, 나머지는 배우자 사망 17.3%, 본인 사망 52.5%로 해체된다고 한다. 2010년 출생아가 전 생애 동안 이혼할 확률은 23.4%이며, 전 생애 동안 재혼할 확률은 13.6%이다. 이들이 이혼상태로 사망할 확률은 9.8%이며, 전 생애 동안 사별 확률은 17.3%이며, 전 생애 동안 재혼 확률 0.5%, 사별상태로 사망 확률 16.7%로 예측된다. 여성들의 경우도 남성들보다는 초혼율이 상대적으로 높고 배우자 사망 후 생존기간이 길 것으로 예측된다. 이와 같이 생애과정에서 남성은 79%, 여성은 85%로 남녀 모두 결혼관계를 경험하는 비율이 매우 높다.

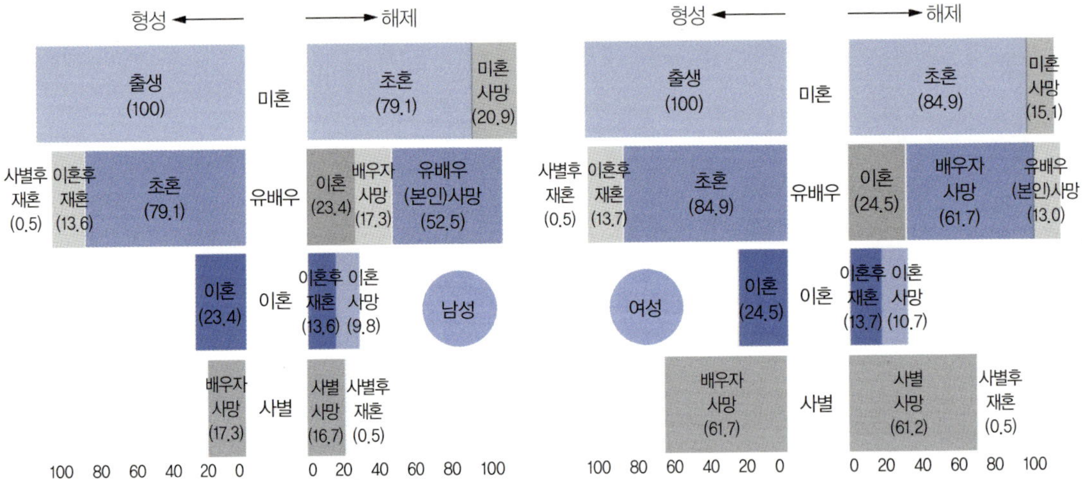

그림 4-1 혼인상태 형성 및 해체 확률(2010) (단위: %)

출처: 통계청(2013). 2000-2010 혼인상태생명표. p. 3, p. 7.

또한 <표 4-1>과 같이 이들의 평균 결혼기간은 2010년을 기준으로 볼 때 남성은 35.1년, 여성은 34.2년으로 2000년보다 남성 2.0년, 여성 1.9년 증가하였다. 이러한 통계는 남녀 모두 미혼율은 지속적으로 증가하는 패턴을 보이지만 우리나라 사회에서 결혼은 생애과정의 가장 많은 부분을 차지하는 삶의 과정임이 분명하다는 점을 보여준다.

표 4-1 혼인상태별 평균지속기간 및 비율 (단위: 년, %, %p)

구분		2000년		2005년		2010년		증감(2000년 대비)	
		남성	여성	남성	여성	남성	여성	남성	여성
평균지속기간	미혼	34.56	31.04	38.03	35.37	39.87	36.26	5.31	5.22
	유배우	33.91	34.59	33.13	33.12	32.69	33.92	-1.22	-0.67
	이혼	2.18	3.07	2.32	3.43	2.97	4.43	0.79	1.36
	사별	1.61	10.89	1.65	9.97	1.67	9.45	0.07	-1.44
생애기간비율	계	100.0	100.0	100.0	100.0	100.0	100.0	100.0	100.0
	미혼	47.8	39.0	50.6	43.2	51.6	43.1	3.8	4.1
	유배우	46.9	43.5	44.1	40.4	42.3	40.4	-4.6	-3.1
	이혼	3.0	3.9	3.1	4.2	3.8	5.3	0.8	1.4
	사별	2.2	13.7	2.2	12.2	2.2	11.2	-0.1	-2.4

2) 배우자 선택이론

실제로 배우자를 선택할 때 어떠한 조건이나 과정에 의해 선택하는가에 대한 다양한 이론적 관점이 있으나 연구결과는 배우자를 선택하는 이유가 이론들과는 많은 괴리가 나타난다. 다양한 학문분야에서 배우자 선택과정에 대한 이론적 관점을 제시하고 있는데 여기서는 유영주, 김경신, 김순옥(1996), Murstein(1986), Schuwartz와 Scott(1994) 및 정현숙, 최연실, 유계숙(1998)에서 소개된 배우자 선택이론들을 <표 4-2>에 간단히 정리하였다.

표 4-2 배우자 선택이론

이론	특징	중요 학자
부모 이미지 이론	• 프로이트의 정신분석이론을 배우자 선택에 적용함 • Oedipus complex와 Electra complex에 의해 아들과 딸이 각각 이성 부모의 이미지와 유사한 배우자를 선택함	Murstein (1986)
교환이론	• 경제학 이론에 기초하며 배우자 선택 상황에서 비용보다는 더 많은 이득을 얻을 수 있는 다양한 대안들 중 가장 많은 보상을 줄 최선의 대안을 선택함 • 비용과 보상에 대한 평가는 시대, 사회마다 다르지만, 경제적 조건, 사회적 계층, 신분, 사랑, 성, 신체적 매력, 직업, 학벌, 가문 등이 대안으로 인식됨	
공평이론	• 교환이론의 변형 • 공평은 공정성을 의미하는 것으로 이익이 되는 교환보다는 공정한 거래에 더 매력을 느낀다고 가정함 • 상대방은 서로 각기 다른 자원을 교환하는 과정에서 제공되는 자원의 질과 양의 상호형평성 등을 고려함으로써 동등한 결합(공정교환)을 원하기 때문에, 공정성 판단에는 상대방의 가치를 어느 정도 인정하느냐 하는 심리적인 요인이 개입되고, 이러한 판단기준이 서로 유사할 때 공평성에 대한 평가가 쉬움	Centers (1975)
상보적 욕구이론	• 사람들은 서로 비슷한 사람보다는 서로를 보완해 줄 수 있는 요인이 있을 때 매력을 느끼고 이러한 특성이 배우자 선택에서도 작용한다고 보는 관점 • 유형: 1) 유형1: 특정 분야에 높은 욕구를 가지고 있는 사람이 그렇지 않은 사람에게 매력을 느낌, 2) 유형2: 만족하려는 욕구분야가 서로 다를 때 매력을 느낌(서로가 다른 소질을 가졌을 때 매력을 느끼는 경우)로 Saxton(1968, pp. 208-209)은 지배-순종욕구, 양육-의존욕구, 성취-대리성취욕구, 적의-비하욕구들이 상보적으로 작용한다고 함(그림 4-2 참조) • 비판점: 욕구가 항상 행동으로 연계되지 않기 때문에 실제 배우자 선택에서 이러한 현상을 연구하는 데에는 많은 어려움이 있음	Winch (1958)
여과망 이론	• 시간적 순서에 따라 관계가 진전되는 배우자 선택과정에 초점을 맞춘 이론 • 시간에 따라 각기 다른 여과망에 의해 배우자가 걸러진다고 가정함. 초기에는 근접성, 매력, 사회적 배경, 의견일치 등의 동질적 측면이 중요하게 작용하고, 이후 관계의 발전에 상호보완적 측면이 중요하게 작용함	Kerckhoff와 Davis (1962)
자극-가치-역할 (SVR) 이론	• 배우자 선택이 시간에 따라 중요하게 여기는 가치가 변화하는데 자극(Stimulus: S)-가치(Value: V)-역할(Role: R)의 단계로 중요성이 변화한다고 가정함(그림 4-3 참조) • 자극(S)단계: 최소한의 상호작용만 존재하는 단계이므로 사람들은 외적으로 나타나는 특성에 의해 상호매력을 느낌. 상대방의 외모, 사회적 기술, 명성, 지적능력 등에 기초하여 공평한 교환이 이루어질 수 있는지 분석하며, 상호 간 느끼는 총체적 매력이 균형을 이루면 다음 단계로 진전됨 • 가치(V)평가단계: 인생관이나 성, 결혼생활에 대한 가치나 태도 등이 서로 공존하고 양립할 수 있는지를 평가하여 상호유사성을 느끼게 되면 관계가 발전되어 다음 단계로 이동함 • 역할(R)평가단계: 두 사람이 함께 부부로서 수행할 다양한 역할에 대해 서로 얼마나 적합한지 평가하는 단계 • 비판점: 항상 SVR의 순서로 진행되지 않는다는 주장도 제기되고 있음	Murstein (1970)

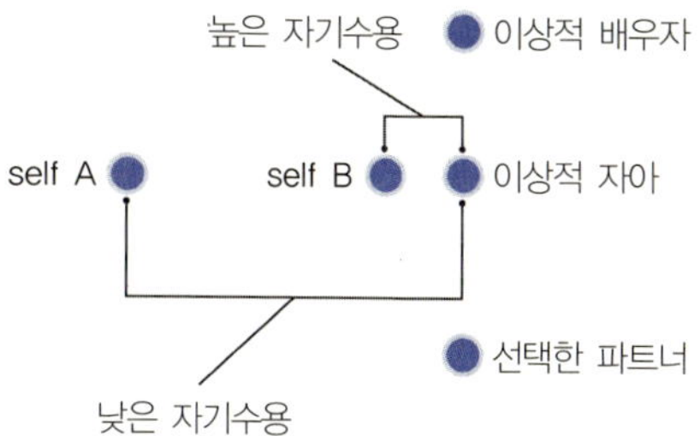

그림 4-2 Winch의 상보적 욕구이론, 파트너 간 인지한 유사성 정도
출처: Murstein (1986). p. 128.

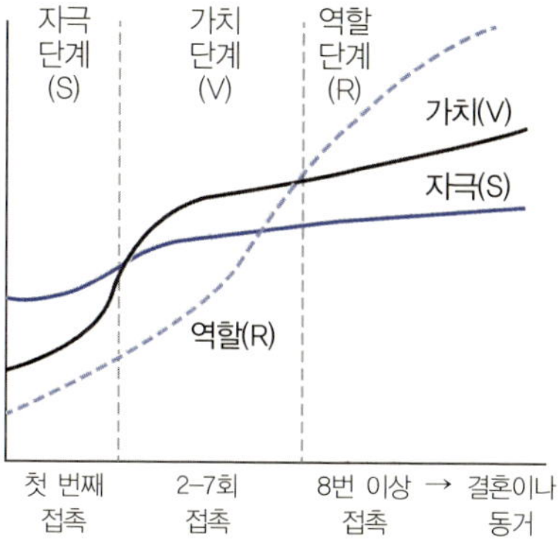

그림 4-3 Murstein의 자극-가치-역할(SVR) 이론에서의 구혼단계
출처: Murstein (1986). p. 135.

3) 동질혼과 이질혼

배우자 선택과정에서 다양한 요소들이 어떻게 작동하는가에 대한 설명으로 동질혼과 이질혼이 존재하며 이러한 경향은 문화적으로 유사한 특성이 있다고 한다. 동질혼은 자신과 유사한 조건 혹은 자신과 닮은 사람에게 매력을 느끼는 경향으로 개인적인 특성으로는 연령, 교육수준, 지능, 흥미나 태도, 가치관이 유사한 사람들끼리, 사회적 요소로는 지리적 근접성, 사회적 지위나 종교, 인종 등이 비슷한 사람들끼리 결혼하는 경향이 있다고 한다.

이질혼은 배우자 선택과정에서 이질적인 요소에 매력을 느낀다는 것이다. 이러한 경우는 일반적으로 성격에서의 이질성을 주장하는데 Winch(1958)의 상보적 욕구이론에 의하면 서로의 성격이나 욕구가 다르면 이것이 보완적으로 작용해 서로 매력을 느끼고 배우자로 선택하게 된다고 한다.

Warren(1992)은 <표 4-3>과 같은 특징에 대해 부부가 유사성이 높을수록 결혼생활에 긍정적인 영향을 미친다는 점을 강조한다. 홍달아기(2003)의 연구에서도 교육 정도와 성격, 연령(적령기에 대한 인식: 남성 28-31, 여성 24-27) 등의 유사성이 배우자 선택에서 중요한 요인이 된다고 한다. 그러나 결혼시장에서 동질혼 내에서도 여성들이 자신보다 좀 더 나은 조건의 배우자를 찾는 경향으로 인해 결혼경사(marriage gradient)현상과 결혼상대자 부족(marriage squeeze)현상(표 4-4 참조)이 나타난다.

표 4-3 Warren(1992)의 배우자 간에 비슷하면 결혼생활에 도움이 되는 50가지 특성들

1. 가족의 사회경제적 배경	26. 가족이 영적 활동에 참여하는 정도
2. 지능	27. 취미와 관심
3. 교육수준	28. 즐기는 음악의 종류
4. 언어능력	29. 신체활동을 위한 에너지수준
5. 결혼생활에서 기대하는 역할	30. 성 충동과 성적 관심
6. 권력 분담에 대한 견해	31. 소비수준과 저축수준
7. 바라는 자녀 수	32. 금전할당방식(의복, 휴가 등)
8. 가족생활 시작 시점	33. 기부금의 정도와 기부대상
9. 아동양육에 대한 견해	34. 투자에 거는 위험부담의 정도
10. 정치철학	35. (집, 의복, 신체 등의) 청결에 대한 태도
11. 흡연, 음주, 약물복용에 대한 견해	36. 아픈 것을 다루는 방식
12. 친정(처가)이나 시댁(본가)과 어울리는 정도	37. 건강에 대한 표준-의사를 보러 가는 시점
13. 유머감각	38. 사람을 대하거나 어울리는 기술
14. 시간약속 등을 잘 지키는 것	39. 선호하는 사회활동의 양과 유형
15. 신뢰할 수 있는 정도	40. 사는 장소
16. 언어적 친밀성에 대한 기대와 친밀해지는 능력	41. 집의 크기와 양식
17. 갈등에 대한 태도와 해결 방법	42. 가구나 장식의 유형
18. 분노를 다루는 방식	43. 여행 정도와 유형
19. 이성과의 우정을 처리하는 방식	44. 휴가를 보내는 방식
20. 기대하는 프라이버시 정도와 이를 다루는 규칙	45. 명절 등을 쇠는 방식
21. 야망수준	46. 함께 보내는 시간의 양
22. 인생목표	47. 취침시간과 기상시간
23. 체중에 대한 태도	48. 주야간 집안의 실내온도
24. 종교적 · 영적 신념과 선호	49. 식사시간 동안의 활동(대화, TV시청 등)
25. 교회 참여 정도	50. 선호하는 TV 프로그램

출처: Warren (1992).

표 4-4 결혼경사와 결혼상대자 부족현상

결혼 경사도 현상	일반적으로 사람들이 배우자를 선택할 때 여성들은 남성들이 자신보다 나이, 키, 학력, 직업 등에서 더 나은 조건의 상대를 원하기 때문에 남성들은 학력이나 직업 등에서 낮은 지위의 사람들, 즉 최하층의 사람들이 남게 되고, 여성들은 최상의 지위에 있는 사람들이 남게 되는 현상을 말함. 우리나라의 경우 여성들은 소위 골드미스로 불리는 학력과 직업적 경력이 높은 여성들이 남게 됨. 농촌총각들의 결혼의 어려움도 일부 이러한 결혼경사도에 기인함
결혼 상대자 부족	결혼시장에서 결혼하려는 여성이 남성보다 많은 현상으로 Strong과 Devault(1992)에 의하면 미국의 경우 여성들은 보통 자기들보다 어느 정도 나이가 많은 남성들과 결혼하기를 원하기 때문에, 베이비붐세대인 여성들은 같은 해에 태어난 남성들보다 보통 2년 정도 일찍 결혼 적령기에 도달하게 되고, 그 결과 결혼할 여성들이 남성들보다 많아 여성들에게 결혼상대자 부족(marriage squeeze)현상이 발생하게 된다고 진단함. 우리나라의 경우도 2018년의 경우 남성 연상이 67%, 동갑 15.8%, 여성 연상이 17.2%로 남성 연상이 높은 비중을 차지함 (통계청, 2019, 혼인이혼통계)

4) 결혼과 배우자 선택에 대한 실태조사 결과

2010년부터 2018년 동안 약 8년간의 통계에서 '결혼을 해야 한다'거나 '결혼하지 않아도 같이 살 수 있다'라는 사회조사의 질문에 사람들은 <그림 4-4>와 같이 변화된 인식을 보이고 있다(통계청, 2019). 즉, 결혼에 대한 필요성은 감소하고, 동거에 대한 허용성은 증가하고 있다.

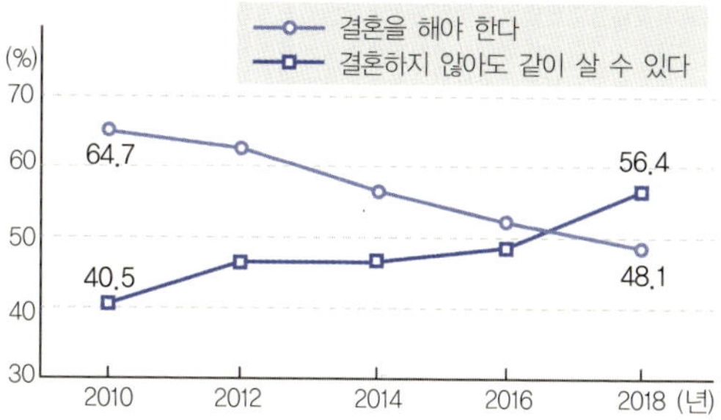

그림 4-4 결혼에 대한 견해(2010-2018년)
출처: 통계청(2019). 2018 한국의 사회지표. p. 1.

결혼에 대한 한국과 일본의 태도를 비교한 연구 중 일부를 살펴보면 <표 4-5>와 같이 한국 사람들은 결혼이 구시대적 제도는 아니며, 삶에서 가족은 여전히 중요하고 결혼을 하고 싶지만 경제적 부담이 결혼의 가장 중요한 장애요인이라고 인식하고 있다.

표 4-5 결혼과 가족에 대한 태도 (단위: %)

질문	응답 항목	대상과 방법	한국	일본
결혼은 구시대적 제도이다	그렇다	20-60대 이상 World Values Survey (2005, 2010)	13.2	4.1
	그렇지 않다		86.9	68.5
	잘 모르겠다		1.0	27.4
삶에서 가족의 중요성은?	아주 중요하다		91.3	90.8
	상대적으로 중요하다		7.6	6.8
결혼에 대한 태도	결혼은 반드시 해야 한다	20-40대 여성 유무선전화 응답률 19.4 (중앙일보 닛케이 조사) (중앙일보, 2016. 5. 30)	전체 38.9	전체 46.9
	결혼은 해도 좋고 안 해도 좋다		전체 55.6 72.1(여), 50.7(남)	전체 50.9 61.7(여), 45.0(남)
	하지 않는 게 좋다		전체 5.5	전체 2.2
	결혼의 장애물		경제적 부담(75)	행동의 자유 제약(55.3)
	저출산 원인		일/육아병행 어려움(27.2)	비혼과 만혼경향(24)
결혼에 대한 태도	해야 한다	13세 이상 인구 (통계청, 2014년 사회조사)	56.5(60세 이상, 75.8)	
	해도 좋고 하지 않아도 좋다		38.9(60세 이상, 20.8)	
	하지 말아야 한다		2.0(60세 이상, 1.5)	

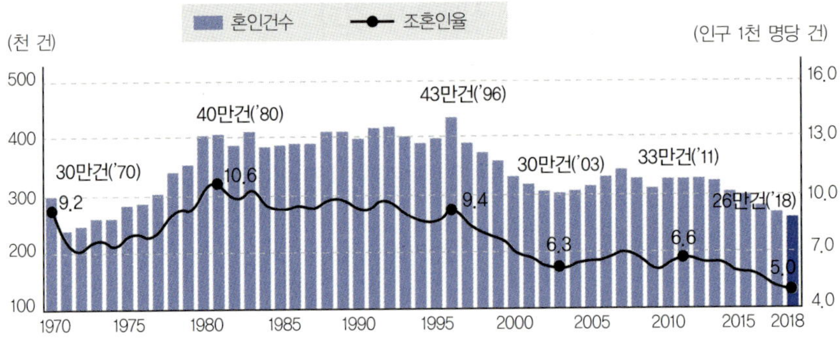

그림 4-5 혼인건수와 조혼인율(1970-2018년)

출처: 통계청(2019). 2018 혼인이혼통계. p. 1.

표 4-6 미혼남녀의 거주지, 학력, 취업유무에 따른 배우자 선택조건

구분		신체적 조건	건강	직업	경제력	성격	신뢰와 사랑	가정 환경	기타
미혼 남성	거주지 (x^2=22.5)								
	대도시	3.5	9.5	5.0	4.3	42.8	18.0	8.0	8.9
	중소도시	4.7	8.7	2.5	3.2	45.3	23.6	5.0	7.0
	농촌	3.2	10.1	1.3	5.1	45.6	22.2	2.5	10.1
	교육수준 (x^2=16.9)								
	고졸 이하	5.3	12.0	3.2	3.9	46.3	17.7	4.2	7.4
	대학 재학	2.8	7.3	3.1	4.5	43.9	20.4	6.2	11.8
	대졸 이상	3.6	8.8	4.2	3.6	42.9	22.3	7.1	7.4
	취업 여부 (x^2=4.1)								
	취업	3.8	10.3	4.1	3.7	42.6	21	6.0	8.4
	비취업	3.8	7.9	2.9	4.5	46.1	21	6.3	8.5
미혼 여성	거주지 (x^2=23.2)								
	대도시	0.3	4.4	7.3	22.3	36.5	14.2	9.1	5.9
	중소도시	0.2	5.2	6.7	20.5	34.5	19.6	8.8	4.5
	농촌	1.4	1.4	8.4	17.5	47.6	14.0	6.3	3.5
	교육수준 (x^2=16.0)								
	고졸 이하	-	4.3	5.5	30.5	36.0	12.2	6.1	5.5
	대학 재학	0.4	3.6	6.2	22.3	36.9	15.7	10.2	4.7
	대졸 이상	0.4	4.6	7.9	18.8	37.3	17.1	8.8	5.2

출처: 한국보건사회연구원(2015). 전국 출산력 및 가족보건 복지 실태조사. pp. 394-395.

그러나 우리나라의 혼인건수와 조혼인율은 <그림 4-5>와 같이 1980년대 이후 지속적으로 감소 추세에 있다(통계청, 2019). 또한 2018년도 평균초혼연령은 남성 33.2세, 여성 30.4세로 만혼현상을 보이며, 전체 결혼 중 초혼이 84%, 재혼이 16%이다. 외국인과의 혼인은 전체 혼인 중 8.8%로 외국남성과의 결혼이 2.4%, 외국여성과의 결혼이 6.4%이다. 외국인 배우자의 국적은 남성은 중국(24.4%), 미국(23.6%), 베트남(9.6%), 캐나다(6.6%) 순이며, 여성은 베트남(38.2%), 중국(22.1%), 태국(9.4%), 일본(5.9%) 순이다.

그렇다면 우리나라 사람들이 배우자를 선택하는 기준은 무엇인가? 배우자를 선택할 때 중요하게 생각하는 기준은 시대에 따라 많은 변화가 있다. 배우자 선택에 대한 주제어로 신문기사를 검색해 보면, 가장 오래된 기사는 동아일보(1937.10.8)의 '일시적 감정의 지배로 배우자 선택은 말자'라는 기사이다. 이 기사에 의하면 결혼은 집안의 흥망에 영향을 미치므로 일시적 감정

이 아니라 이성적으로 문제를 심각하게 생각하라는 조언을 한다. 외모, 건강, 나이, 학력 등 여러 가지를 고려하여 가중치를 두고 선택(매일경제, 1989.2.22)하라는 조언이 있으며, 미혼남녀 500명의 설문조사 결과는 외모, 경제력보다는 성격과 건강이 중요하고 33%는 농촌으로 시집갈 수도 있다(동아일보, 1988.11.18)는 구체적인 조건을 제시하는 기사도 보인다. 인쿠르트지에서 2030세대 미혼 회원 776명을 대상으로 한 설문조사(국제신문, 2017.9.12)에서는 여성은 정규직에 공기업에 다니며 연봉은 3,800만 원, 남성은 직장은 무관하나 정규직이어야 하며 연봉은 약 3,700만 원 정도가 희망하는 미래 배우자의 조건이라는 매우 실용적인 조건을 제시하기도 한다.

또한 전국단위의 표집을 통한 실태조사(한국보건사회연구원, 2015)에서 20-44세 미혼남녀들이 지적한 배우자 조건은 <표 4-6>과 같이 남성들은 거주지와 학력 및 취업 유무에 상관없이 성격, 신뢰와 사랑, 건강 순으로 중요성을 인식하며, 여성들은 남성들과 유사한 점도 있으나 성격, 경제력과 신뢰와 사랑 순으로 경제력을 좀 더 중요한 요인으로 지적한다.

우리 사회에서 비혼도 점차 중요한 라이프스타일로 자리잡고 있다. 20-44세의 미혼남녀들의 결혼

표 4-7 미혼남녀의 연령, 취업 여부에 따른 비혼 사유 (단위: %)

구분		미혼 남성	연령(세)		취업 여부		미혼 여성	연령		취업 여부	
			30–34	35–44	취업	비취업		30–34	35–44	취업	비취업
경제적 요인	소득이 적어서	10.9	13.1	8.8	12.2	3.9	3.5	3.5	3.6	2.7	9.1
	실업	4.2	4.5	4.0	–	25.0	1.3	1.3	1.2	–	9.1
	고용불안	5.7	7.7	3.5	4.3	11.8	1.6	1.8	1.2	1.5	1.8
	주택마련 곤란	8.3	10.4	6.2	8.9	5.3	0.5	0.4	0.6	0.3	1.8
	결혼비용 마련 곤란	4.4	5.4	3.5	5.4	–	2.3	2.7	1.2	2.1	3.6
	결혼생활비용 부담 커서	7.9	10.9	4.9	8.1	6.6	2.0	2.2	1.8	1.8	3.6
사회적 요인	결혼-직장양립 곤란/사회활동 지장 우려	0.2	0.5	–	–	1.3	7.7	10.2	4.2	8.8	–
	나의 일에 더 충실 희망	5.1	6.8	3.5	5.9	1.3	9.2	9.7	8.4	10.3	1.8
가치관	이른 나이	1.6	2.7	0.4	1.9	–	1.2	1.8	0.6	1.2	1.8
	결혼 시기 놓침	7.1	1.4	12.8	7.8	3.9	6.5	1.8	13.2	6.2	7.3
	상대방에 구속되기 싫어서	3.5	3.2	4.0	3.8	2.6	4.4	3.1	6.6	3.5	10.9
	기대치 맞는 사람 못 만나	17.2	14.0	19.9	19.2	7.9	32.5	34.1	30.5	34.8	18.2
가족요인	결혼제도가 남편 중심	–	–	–	–	–	4.3	4.0	4.8	5.0	–
건강요인	건강/장애	1.6	1.8	1.3	–	9.2	1.4	0.4	3.0	0.6	5.5
기타	시간 부족	3.3	2.3	4.4	3.8	1.3	1.7	0.9	3.0	2.1	–
	결혼 생각 없음	6.8	6.3	7.5	6.8	7.9	11.0	11.5	10.2	10.9	12.7
	이성 만날 기회 없어	8.6	6.3	10.6	9.5	3.9	5.0	5.8	3.6	5.6	1.8
	기타	3.5	2.7	4.4	2.4	7.9	3.7	4.9	2.4	2.7	10.9

출처: 한국보건사회연구원(2015). 전국 출산력 및 가족보건 복지 실태조사. pp. 394-395.

의 필요성에 대한 조사에서 미혼남성의 14.1%와 미혼여성의 6.0%가 반드시 해야 한다고 응답(이소영 등, 2018)해 필요성에 대한 인식은 매우 낮은 실정이다. 그러나 결혼할 생각이 있다는 비율은 남성 68.8%, 여성 45.3%로 필요성에 대한 인식보다는 높은 선호를 나타낸다. 이들이 궁극적으로 비혼을 선택할 가능성은 높지만 자발적인 비혼과 비자발적인 비혼을 구분하는 것은 쉽지 않은 분석이다.

그러나 비혼 사유에 대한 분석에서 <표 4-7>과 같이 연령과 취업 여부에 따라 차이가 있다. 미혼남성의 경우 '기대치에 맞는 사람이 없어서'가 17.2%로 가장 많으며, 여성도 같은 항목이 32.5%로 가장 높아 결혼상대자에 대한 높은 기대수준을 나타낸다. 특히 여성들의 점수가 더 높아 남녀 간의 차이를 보여주지만 비자발적인 이유들이 높은 비중을 차지한다.

비혼을 선택한 사람들의 원가족과의 관계에 대한 연구에서 노미화와 이인수(2011)는 독신남성은 가족 및 자녀부양과 가장으로부터의 책임으로부터의 자유를, 여성은 가족주의적 가치관을 벗어나 자신의 의사대로 생활할 수 자유를 누리지만 이러한 자유가 원가족을 거부하는 것이 아니라 <그림 4-6>과 같은 다양한 인과적, 맥락적, 중재적 조건들이 혼자 살아가는 결과에 영향을 미친다고 한다.

배우자 선택과 관련된 국외의 연구에서는 문화에 따라 차이가 있으나 매우 다양한 항목이 배우자 선택에 관련성이 있는지 연구되고 있다. 얼굴과 신체의 털(Valentova 등, 2017)과 같은 신체적 조건이, 얼굴 사진을 통한 가상적 파트너 선택 시 신체적 매력과 경제력, 건강(Tskhay 등, 2017) 등의 요인이 중요하며, 정자은행에서 여성들이 정자파트너를 선택할 때는 연령과 학력(Whyte 등, 2016)이 중요한 요인으로 작용한다고 한다. 이밖에도 강아지가 고양이보다 데이팅 환경에서 'social tool'로 기능하여 여성들이 남성들보다 잠재적 파트너의 애완동물과의 상호작용에 더 많은 가치를 둔다고 한다(Gray 등, 2015). 언어도 중요한 역할을 하는데 여성들이 더 매력적이라고 생각하는 대상에게 더 높은 톤으로 대화(Fraccaro 등, 2011)하고, 언어유창성은 단

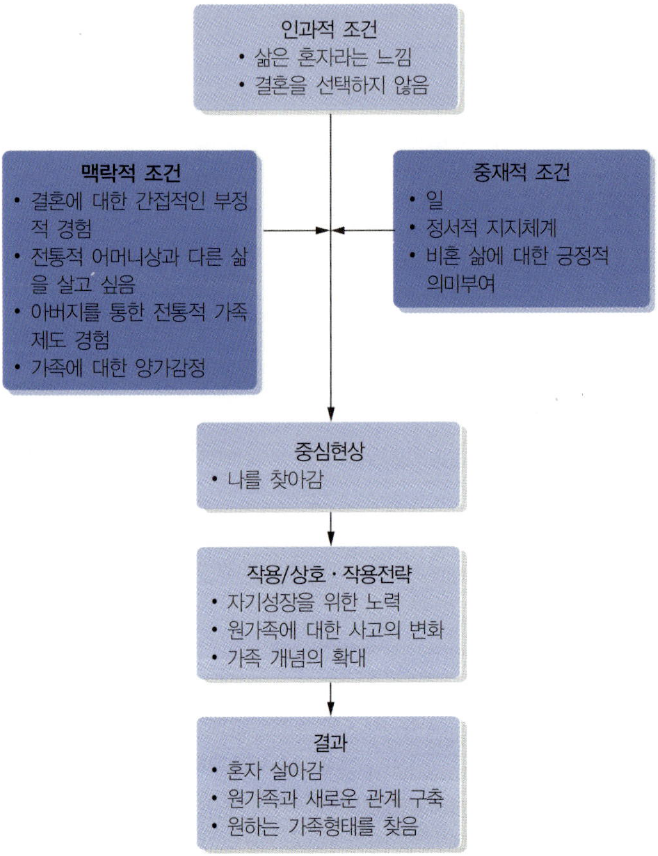

그림 4-6 비혼여성의 가족 경험에 관한 패러다임 모형
출처: 노미화, 이인수(2011). p. 92.

기적인 관계보다는 장기적인 관계에서 매력으로 작용(Lannge 등, 2016)한다고 한다.

그러나 가상적 실체에 대한 선호와 실제 파트너 선택 간의 차이가 있는가에 대해서는 논란이 있으나, 실제 커플의 경우 선택한 파트너의 개인적 특성과 개인적 선호 간에는 높은 상관(Conroy-Beam & Buss, 2016)이 검증된다고 한다. 또한 매력, 남성성과 같은 심리적 요소와 지능과 학업적 열망과 같은 요소들은 파트너관계를 선택하는 데 영향을 미치지만, 로맨틱한 욕구나 성적 만족 같은 요소들은 실제 관계에 영향을 미치지 않는다는 연구(Eastwick 등, 2017)도 있다.

우리나라에서도 가상공개구혼장에서의 배우자 조건(서선영, 2009)은 키, 몸무게, 외모, 건강상태와 같은 신체적 조건과 직업, 학력, 수입, 성격, 여가 및 가족의 경제수준과 출생순위 등 다양한 조건이 포함된다. 그러나 실제 부부관계에서 갈등영역은 이러한 신체적이거나 구조적인 특징이 아니라 가치관과 관련된 이슈들이 많이 지적되고 있다.

5) 배우자 선택 시 고려할 점

결혼과 이혼과 재혼으로 이어지는 연속적 단혼제가 증가하고 있지만, 재혼의 이혼율이 초혼보다 높으며 비혼도 증가하며, 배우자에 대한 기대수준도 점차 높아지는 사회적 현상을 고려할 때 성숙한 배우자 선택의 중요성이 더욱 강조되고 있다. 따라서 <표 4-8>과 같은 Warren(1992)의 배우자 선택의 원칙이 절대적인 기준이 될 수는 없으나 우리에게 성숙한 배우자 선택의 방향을 제시해 준다.

표 4-8 Warren의 배우자 선택의 10가지 원칙

원칙	내용
원칙 1: 배우자 선택에서 가장 흔히 저지르기 쉬운 일곱 가지 잘못들을 제거해라.	① 결혼 결정을 너무 빨리 한다. ② 너무 이른 나이에 결혼 결정을 한다. ③ 한쪽/둘 다 너무 열렬히 결혼하고 싶어 한다. ④ 한쪽/둘 다 다른 누군가를 즐겁게 하기 위해 배우자를 고른다. ⑤ 두 사람의 경험의 토대가 너무 약하다. ⑥ 두 사람이 결혼에 대해 비현실적인 기대를 가지고 있다. ⑦ 한쪽/둘 다 중요한 성격적/행동적 문제가 있는데 이를 간과한다.
원칙 2: 자신이 원하는 이상적 배우자상(像)을 분명히 하라.	• 자신이 파트너에게서 특별히 무엇을 원하는지, 예를 들면 인격(인간됨), 지성(지능), 용모, 야망, 마음이 잘 통하는 것, 종교적 열성, 성격, 창의성, 부모됨의 자질 등이 무엇이지 명확히 하고 배우자를 선택한다.
원칙 3: 나를 있는 그대로 좋아하는 사람을 찾아라.	• 사랑을 하면 결점들이 간과되고 긍정적으로 평가하는 경향이 있는데, 자신이 지니고 있는 속성을 있는 그대로 받아들여주고 또 원래부터 그러한 속성을 좋아하는 사람과 결합하게 되면 갈등의 소지가 줄어든다.
원칙 4: 결혼 전에 내가 건강한 사람이 되어야 한다.	• 건강한 사람은 분노를 효과적으로 다룰 줄 알며, 자아도취에 빠지지 않으며, 조울증 등의 증세를 다룰 수 있으며, 중독적인 심리상태를 다루며, 부모님과의 관계에서 오는 문제들을 처리할 수 있는 사람이다.
원칙 5: 열정적 사랑을 신중하게 다루어 사랑이 성숙하도록 한다.	• 길고 만족스러운 관계를 유지하길 원한다면 열정적 사랑이 성숙한 사랑으로 발전되도록 노력하여야 한다. 열정적 사랑은 항상 강한 신체적 매력을 포함하는데 육체적 관계는 확고하게 규정된 경계에 대한 합의를 통해 신중하게 접근되어야 한다. 왜냐하면 신체적 행동은 즉시 보상이 되지만, 곧 최고점에 도달하게 되어 이전 수준으로의 만족은 어렵기 때문이다. 따라서 관계의 정서, 인지, 영적 측면이 육체적 욕구의 노예가 되지 않기 위해서는 관계의 다른 부분들과 함께 조화를 이루면서 발전되어야 한다.
원칙 6: 결혼을 결정하기 전에 열정적 사랑이 우애적 사랑으로 발전하도록 하라.	• 동반자적 감정을 지니는 우애적인 사랑은 관계의 지속에 기여하게 되므로 우애적 사랑으로 발전되도록 해야 한다. • 우애적 사랑은 ① 상대의 행복을 위해 이타적으로 헌신하며, ② 파트너가 즐기는 것을 자신도 즐기며, ③ 서로를 깊이 사랑하는 사람은 그들 관계에서의 세 가지 공간, 즉 자신, 상대방, 그리고 두 사람을 위한 공동의 공간을 개발할 가치를 인식하며, ④ 개인의 전체성 발견의 중요성을 인식하고 대개는 고요하고 고독한 시간에 온다는 것을 알고 있으며, ⑤ 파트너와 자신의 진정한 자아를 공유할 자유를 제공하며, ⑥ 신뢰를 요구하며, ⑦ 서로를 사랑하는 사람들은 꿈과 그것에 도달하는 계획을 공유하는 특징이 있다.
원칙 7: 두 사람 간의 친밀성이 확대되도록 노력하라.	• 두 사람 간의 친밀감은 다양한 상황, 즉 시간이 많을 때, 일상적인 일에서 벗어나 있을 때, 한쪽이 위기나 고통을 당하고 있을 때, 두 사람이 규칙적으로 만나서 내적으로 들여다볼 수 있을 때 생겨나므로 다양한 상황을 잘 활용하여 두 사람 간의 친밀감을 키우는 것이 중요하다.
원칙 8: 친밀한 관계에서 당연하게 발생하는 갈등 처리방법을 배워야 한다.	• 갈등을 다루는 가장 흔한 잘못된 방법들(① 부인, ② 상대방에 무관심하기, ③ 분노 폭발시키기, ④ 조작(죄책감, 아첨, 위협, 협박, 교묘한 거래), ⑤ 상대의 의사를 살피지 않는 일방적인 거래 제안하기)을 거부한다. • 갈등을 대하는 두 사람의 인식이 중요한데, 갈등을 정복하기 위해서는 두 사람이 ① 자신들이 생각하고 느끼는 행동방식에 대해 정당한 권리가 있다고 인정해 주어야 하며, ② 파트너가 하는 말을 충분히 듣고, 정확히 이해해야 하며, ③ 두 사람의 불일치점에 대해 서로 구체화하고 ④ '주고받는(give and take)' 태도로 접근해야 하며, ⑤ 문제가 해결했을 때 서로 축하해 주는 것이 좋다.
원칙 9: 평생 관계로 가기로 결정 전까지는 진행 속도를 늦추는 것이 좋다.	• 평균수명의 연장으로 배우자 선택은 한 평생을 함께 할 사람을 찾는 것이므로 결단과 의지로 둘 간의 관계를 책임지는 자세가 필요하므로 확고한 결정을 내리기 전까지는 신중하게 처신해야 한다.
원칙 10: 가족과 친구들의 충분한 지원을 받는 결혼을 하는 것이 좋다.	• 결혼생활에서 부모와 친구들은 중요한 타인들이며 또한 지지기반이다. 따라서 그들의 축복을 받는 선택을 하는 것이 좋을 것이다.

출처: Warren (1992). Finding the love of your life에서 제시한 10가지 원칙에 대한 내용을 표로 정리함.

2. 부부관계에 대한 이론적 관점

부부란 무엇이며 부부관계에서 추구해야 하는 가치를 가장 잘 보여주는 정의는 Satnley, Markman과 Whitton(2002)의 건강한 결혼의 개념이다. 이들은 건강한 결혼은 일상생활의 상호작용에서 정서적으로 안전성이 있는 관계이며, 유해한 공포로부터 자유로운 관계이며, 무엇보다 중요한 것은 미래에 대한 안전함이 있는 관계로 이러한 요소들이 관계를 가치 있게 한다는 것이다. 이러한 개념은 사회의 변화와 가족에 대한 가치관의 변화에도 불구하고 결혼에서 가장 중요하게 다루어져야 하는 가치이다. 이러한 부부관계를 설명하는 다양한 이론과 관점들은 이러한 가치하에 부부가 어떤 역할을 수행하는가와 어떠한 요소에 의해 부부관계가 영향을 받는가에 대한 다양한 설명을 제시한다. 여기서는 부부관계를 보는 관점이 어떻게 변화하였으며, 부부의 역할, 유형, 갈등, 친밀감 등 부부관계의 중요한 속성에 대한 이론적 관점을 살펴본다.

1) 부부관계를 보는 관점의 변화

부부관계를 보는 관점은 시대변화에 따른 가족관점을 반영하면서 다양하게 정의된다. Olson과 DeFrain(2000)은 부부관계의 특성이 <표 4-9>와 같이 제도적 결혼에서 의도적 결혼까지 4가지 유형으로 변화하고 있다고 지적한다. 이러한 결혼과 부부관계의 속성 변화를 토대로 볼 때 파트너는 어떠한 성으로 구성되며, 어떠한 역할을 누가 수행하는가 하는 문제보다도 이 둘의 관계에서

표 4-9 Olson과 DeFrain(2000)의 결혼제도와 부부관계 특성의 변화

결혼 유형	부부관계의 특징
제도적 결혼 (institutional)	• 가족의 가장 중요한 기능은 경제적 공동체로서의 기능 • 아버지에게 권위가 있으며, 친족 간 유대, 가족과 지역사회 간 유대가 강한 것이 특징임. 결혼과 부부관계는 기능적인 동반자로서 각자의 역할이 나뉘어 있으며, 조상숭배, 가족의 전통, 가족유대가 강조되며, 남편은 대외적 권위와 경제적 책임이, 아내는 도구적 역할의 책임감 강조 • 가장 중요한 부부의 책임은 결혼관계의 안정성 유지에 있음
심리적 결혼 (psychological)	• 배우자 선택 시 우정, 사랑, 상호매력 등이 강조됨 • 부부관계에서도 개인적인 만족이 관계를 지속하게 하는 요인이 되며, 부부간 책임과 부부간의 만족이 부부관계에서 중요함
다원적 결혼 (pluralistic)	• 여성의 사회적 활동과 경제활동 참여가 증가하면서 결혼의 필요성은 약화되었고, 여성은 더 독립적이 되며 등장하게 된 유형 • 부부관계에서는 성적평등과 개인의 자유가 중요한 가치이며, 모든 가족에 공통적으로 적용되는 이상적인 부부관계가 있다는 인식보다는 다양한 가족에 적합한 부부관계가 있음을 강조
의도적 결혼 (intentional)	• 심리적 결혼과 다원적 결혼이 결합된 형태 • 부부관계는 동등성과 다양성을 중시하며, 유연성과 책임감도 중요한 가치로 인식 • 부부관계는 평등성을 바탕으로 한 동반자적 관계를 지향하며, 관계를 통한 개인의 성장이 중요한 과제로 이를 위해 두 사람의 파트너십이 강조됨

무슨 일이 벌어지고 있으며, 이 둘의 관계를 통해 상호 얻게 되는 것은 무엇인가가 중요한 이슈가 되어야 한다.

우리 사회의 부부관계는 남성의존적이고 지배적인 형태에서 평등하고 동반자적인 관계로 변화하고 있다. 박민자(2004)는 1980년대 이후 혼인관련 논문분석을 통해 1970년 이후 제도적 결혼에서 우애적 혼인의 의미로 변화되었으며, 2000년 이후는 결혼의 의미를 개인의 성장, 자아실현 등 개인중심적인 가치를 중시하는 방향, 즉 관계를 통한 자아실현을 강조하는 방향으로 변화되었다고 분석하였다. 그러나 양성평등하고 민주적인 결혼문화에 대한 의식 변화는 남성보다 여성에게서 더 빠르게 나타나고 있으며, 이러한 차이로 인해 성별지체현상이 나타나고 있다. 남성과 여성 간에 결혼에 대한 가치관의 차이가 커지면서 잠재적인 성별 갈등이 커지고 있다.

2) 부부역할

결혼제도와 부부관계의 특성에 대한 인식의 변화에도 불구하고 가족생활교육영역에서는 부부관계에서 수행해야 하는 관계적 특성을 강조한다. 이러한 관계적 특성 중 대표적인 내용이 부부에 대한 역할 기대이다. 정현숙과 유계숙(2002)은 <그림 4-7>와 같이 건강한 부부관계를 위한 개인적 자원(자율성, 자존감, 책임감, 관계에의 몰입)과 공동의 자원을 강조한다. 공동의 자원이 부부관계에서의 역할이며 도구적 역할(가정을 꾸미거나, 유지, 가사분담 등)과 표현적 역할(사랑하고 사랑받기, 성적인 관계와 의사소통), 그리고 주변 사람들과 관계형성(자녀, 친척, 친구, 일과 지역사회)의 역할이 균형잡혀야 함을 강조한다(표 4-10 참조).

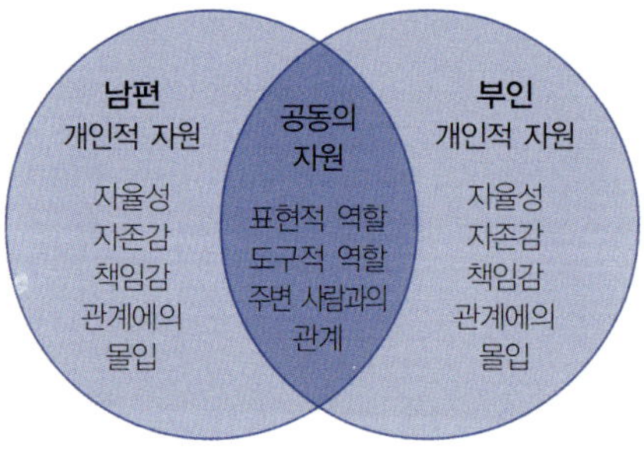

그림 4-7 부부관계의 자원과 역할
출처: 정현숙, 유계숙(2002). p. 185.

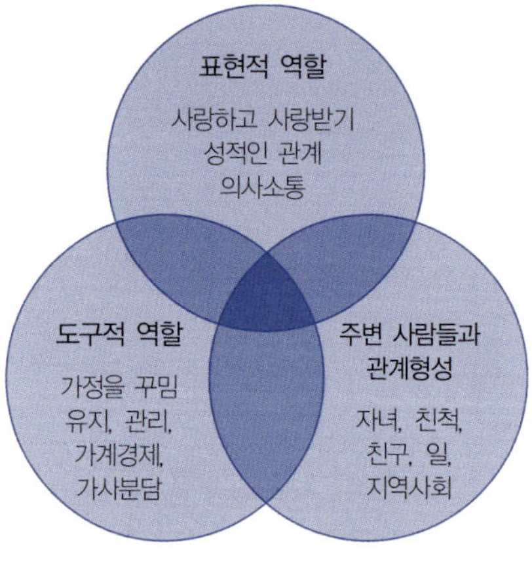

그림 4-8 부부관계 역할
출처: 정현숙, 유계숙(2002). p. 184.

표 4-10 건강한 부부관계를 위한 역할영역

영역	내용
표현적 역할	• 인간의 기본적인 욕구(타인으로부터 사랑받고, 심리적, 정서적 만족) 충족을 위해 부부간의 의사소통, 성적인 관계 등을 포함하는 상호작용영역 • 정서적인 감정과 성적 행동을 통해 친밀감이 발달하며, 친밀한 관계에서 자연스럽고 어쩔 수 없는 영역인 갈등해결이 중요하기 때문에 부부간 상호협력적이고, 건설적인 갈등해결 기술 습득이 중요한 역할 중 하나임
도구적 역할	• 가족의 생계를 위해 경제적 여건이 마련되어야 하며, 부부간에 가사일에 대한 분담과 가정을 꾸미고 가꾸는 등의 일련의 도구적인 역할이 요구됨. 특히 남녀의 평등적 기여에 대한 기대가 증가함. 그러나 지나치게 개인주의와 물질주의가 강조되면서 부부관계에서 도구적인 역할만을 강조하는 것의 문제점도 대두됨
부부와 주위 사람과의 관계형성	• 사회적 관계망은 사회적 힘을 의미하며, 이러한 네트워크가 관계에 영향을 미치기 때문에 부부관계와 개인에게 매우 중요한 요소임. 부부관계에서의 관계망은 부부개인의 친구와 직장동료, 지역사회의 단체나 모임 등이 포함될 수 있음 • 체계론적 관점에서 부부관계를 중심으로 부모자녀관계와 고부관계 등의 친인척관계도 관계네트워크에 포함되므로 이들과의 건강한 관계형성은 부부의 중요한 역할 중의 하나임

출처: 정현숙, 유계숙(2002); Sprecher, Felmlee, Orbuch & Willetts (2002); Anderson (1993)의 내용을 정리함.

부부가 어떤 역할과 기대를 해야 될 것인가에 대한 보편적인 원칙은 없지만 우정 이상의 친밀한 인간관계를 형성하는 부부관계에서 부부가 함께 추구해야 하는 가치가 무엇인가는 끊임없이 고민하며 두 사람만의 체계를 형성해야 한다. '일상의 철학자'라는 별명을 가진 Alain de Botton이 『사랑의 과정』(The course of love, '낭만적 연애와 그 후의 일상'이라는 제목으로 번역됨)에서 제안들이 부부관계를 재해석하는 데 많은 지침을 준다(중앙일보, 2016.9.13, news.joins.com/article/20589720). 그는 성숙한 결혼을 위해 몇 가지를 조언하는데 ① 사랑과 섹스가 늘 함께 해야 하는 것은 아니며, ② 돈 이야기가 사랑에 대한 배신은 아니며, ③ 상대를 이해하는 데는 엄청난 노력이 필요하며, ④ 사람은 모두 불완전하다는 것을 인정하고, ⑤ 욕실수건 위치에 대해 토론할 필요는 없다고 강조한다. 또한 많은 사람들이 중요시 여기는 신화들인 부부관계에서 반드시 만족스런 성관계를 가져야 한다거나, 다른 사람에게 눈길조차 주면 안 된다거나, 부부 사이에는 절대 비밀이 없어야 한다거나, 부부가 항상 모든 일을 함께 해야 한다거나, 소울메이트라고 생각하는 것이 결혼을 망치는 착각들이라는 점도 강조한다.

3) 부부의 유형

유형화(typology)는 한 가지 이상의 특성에 기초해서 대상을 분류하는 것으로, 다양하고 복잡한 연구대상이나 자료를 동질적 기준으로 범주화함으로써 단순화하여 이해를 높이기 위한 방법이다(이지훈, 1993). 가족연구에서 유형화는 가족관계의 다양성과 복잡성을 줄여 다양한 구성요인들을 쉽게 이해하기 위해 활용된다(류민영, 2016).

가족의 상호작용의 결과 가족의 하위체계에서는 다양한 유형(typology)들이 발견된다. 부부관계의 상호과정에서 어떠한 점들이 강조되느냐에 따라 부부유형이 나누어지며, 부모자녀관계에서도 부모의 양육행동에서 중요시하는 요인이 무엇인가에 따라 부모의 유형이 나누어진다. 이러한 유형은 사회에서의 역할과도 많은 관련이 있다. 본 장에서는 부부의 유형을 중심으로 살펴보며, 부모의 양육 유형은 7장(부모됨)에서 자세히 다루고자 한다.

같은 시대와 비슷한 사회적 환경에서 사는 부부들일지라도 부부 자신들의 개인적인 특성이나 성장배경 및 상호과정에 따라 다양한 부부유형이 존재한다. 예를 들면, 가족에서 한 부부의 권력과 친밀감, 의사소통의 의미는 부부마다 차이가 있을 것이다. 부부들은 그들만의 가치체계에 따라 행동에 다른 의미 부여를 하게 되고 이에 따라 다양한 상호작용 패턴이 나타나는데 이러한 패턴을 유형이라 부른다. 부부관계는 어떤 특정한 요소들이나 상호작용하는 방식에 의해 몇 개의 유형으로 구분될 수 있으며, 이러한 유형은 부부관계를 포괄적으로 이해하는 데 도움이 된다.

부부유형화 작업에서 가장 중요한 문제는 부부유형화를 위한 기준을 무엇으로 할 것인가 하는 문제이다. 특히 우리나라는 서구와는 달리 가부장적 가치관과 결혼과 가족에 대한 태도가 급격하게 변화하고 있는 사회이다. 부부의 유형화 작업을 통해 전체 부부를 몇 개의 하위구조로 분류함으로써 가족상담이나 가족생활교육에 중요한 자료로 이용할 수 있다. 본 장에서는 몇 가지 중요한 분류기준에 의한 유형을 소개하고자 한다.

(1) Burgess와 Locke(1948)의 유형

Burgess와 Locke(1948)는 『*The family: From institution to companionship*』에서 처음으로 결혼의 유형에 대해 언급하며 제도적 결혼과 동료적 결혼으로 부부의 유형을 구분하였다. 이들은 역할과 파트너십의 관점에서 부부유형을 분류하였으며 특징은 <표 4-11>과 같다. Eshelman(2000)은 현대 부부관계의 특징 중 하나가 제도적 결혼에서 동료적 결혼으로 변화하는 것이라고 주장한다.

표 4-11 Burgess와 Lock(1948)의 부부유형

분류기준	유형	특징
역할과 파트너십	제도적 (institution)	• 부부관계가 엄격한 역할로 구분됨 • 결혼생활을 유지하게 하는 것은 결혼이 사회적 제도로서 평생 해로해야 한다는 사회적 압박 때문이라고 생각함
	동료적 (companionship)	• 부부가 결혼생활과 인생에 대한 공동의 목표가 있으며, 공동관심을 추구하는 등 결혼을 공동건설 과업으로 인식함 • 성공적 결혼을 위해서는 관계를 이해하려는 노력이 있어야 하며 갈등을 해결하기 위한 노력뿐 아니라 무관심을 통해 유지되는 관계를 해소하려는 노력이 필요하다는 점을 강조함 • 결혼을 통해 개인적인 성장을 이루며 동시에 부부로서의 성장을 이뤄나가려고 노력하는 부부

(2) Levinger(1965)의 유형

Levinger(1965)는 경계(boundaries)와 매력(attraction)의 개념을 활용하여 네 가지 결혼 유형을 제시하였다. 경계는 결혼관계를 끝내는 데 장애가 되는 제한요소로 작용하는 규제적인 힘이며, 매력은 두 사람을 서로에게 향하게 추진하는 내적인 힘을 의미한다. 각 유형의 특징은 의사소통 유형과 갈등내용과 갈등방식에 의해 구분된다(표 4-12 참조).

결혼만족도와 안정성은 서로 독립적이 아니며(Fitzpatrick, 1988), 이혼에 대한 연구에서 외적인 규제가 이제는 더 이상 결혼생활을 계속 유지하게 하는 힘이 아니라는 점이 발견되면서 위의 Burgess와 Lock(1948)와 Loevinger(1965)의 접근은 많은 학자들의 비판을 받고 있다.

표 4-12 Levinger(1965)의 부부유형

분류기준	유형	특징
경계 (boundaries) 매력 (attraction)	완전한 결혼 (full shell)	• 만족도와 안정성이 모두 높은 집단 • 이혼이나 별거 등을 전혀 고려하지 않으며, 두 사람 간 사이가 매우 좋음 • 개방적이고 표현적인 의사소통이 특징
	빈껍질 결혼 (empty shell)	• 높은 안정성과 낮은 만족도 • 결혼생활이 아주 행복하지는 않지만 진지하게 이혼을 고려하지도 않음 • 부부간 문제에 대해 토론하거나 서로 경험을 나누지 않으며, 부부간에 최소한의 의사소통만 이루어짐 • 결혼생활에서 적개심이 높고 사소한 문제에 대해서도 갈등이 많음
	반쪽결혼 (half-shell)	• 부부 각자는 서로 행복하지만 계속 함께 살아야 하는 이유를 찾기 힘든 부부로 부부간 갈등은 거의 없음 • 동거부부에서 많이 발견되며, 주기적으로 주거를 같이하며, 별거하고 시간이 지나면 다시 합치는 패턴을 지속함
	공허한 결혼 (no-shell)	• 만족도와 결혼안정성이 다 낮은 경우 • 매우 불행하며, 계속 함께 사는 것이 거의 불가능함 • 이들 유형은 대부분 이혼했거나 별거 중이며 실제로 결혼한 부부에게서 이 패턴을 찾기는 거의 불가능함

(3) Schwartz의 유형

Schwartz(1999)는 6,000명 이상의 결혼, 동거, 동성애 부부들을 인터뷰한 결과를 통해 평등성과 의사결정권을 기준으로 세 가지 유형의 부부관계를 발견하였다(표 4-13 참조).

표 4-13 Schwartz(1999)의 부부유형

분류기준	유형	특징
평등성 (자녀양육, 가사노동, 재정관리) 의사결정권	평등 부부	• 자녀양육, 가사노동, 재정관리 등의 일을 60:40이나 그 이상 평등하게 나누어서 책임지는 부부로 스스로 자신들이 평등하다고 생각하는 부부 • 평등부부가 된 이유는 '여성해방운동이나 페미니스트 이데올로기 때문에'(남성의 40%, 여성의 20%), 원가족에서의 부모의 역할 모델 거부 욕구, 파트너의 강력한 요구, 관계에 대한 심각한 고려의 결과라고 지적함 • 남편의 경우 아내의 성공을 기뻐해 주고 아내의 직업적 성취를 도와주고, 자녀와 더 많은 시간을 보내려고 노력하며, 부부가 서로 친구나 형제관계처럼 느끼는 부부로 상대적으로 성에 덜 몰입하는 경향 • 대부분 맞벌이가족이며, 서로의 관계에서 돈이 자원이 될 수 없다고 생각해서 자신들이 우위에 있기 바라지 않음 • 부모역할을 공유하며, 갈등이 있을 때 서로 합의점을 찾을 때까지 대화함 • 관계에서 서로간 애정이 부족하다거나 친밀감이 부족하다는 불만보다는 서로가 너무 친밀하여 서로 사랑하는 연인이라기보다는 형제관계처럼 느낌
	전통 부부	• 일반적으로 남편이 결정권을 가지고 있으며, 아내가 스스로 평등적 지위를 가지지 못하고 있다고 느끼고 있거나, 혹은 평등적 지위를 가지기를 원하지도 않는 관계의 부부유형 • 부인의 경우 남편에 대해 불평은 많으나 이러한 상황을 변화시키려는 노력을 하지 않으며, 남편이 부모역할에 간섭하는 것도 원하지 않음. 부부간에 정확하게 구별되는 역할이 있으며, 한 사람이 더 많은 권리를 주장함으로써 갈등이 해결됨
	동료적 부부	• 스스로는 평등적이라고 믿지만, 자녀양육 역할이나 남편의 수입 때문에 실질적인 결혼생활에서는 점차 그렇지 못하다고 느끼는 관계 • 전통적 부부와 동료적 부부는 여성이 자녀양육에 더 많은 시간을 할애한다는 점에서 평등적 부부와 차이가 있음

(4) Fitzpatrick의 부부유형

Fitzpatrick(1988)은 모든 부부관계는 몇 개의 기본적인 유형으로 구분되며, 같은 유형에 속한 사람들은 공통적인 특징을 갖고 있기 때문에, 부부의 유형화가 부부만의 독특한 상호작용 패턴을 이해하는 데 도움이 된다고 하였다. Fitzpatrick(1988)은 부부가 결혼관계를 인지하는 방식, 특히 전통성, 상호의존성과 의사소통을 중심으로 유형을 분류하였으며, 미국 부부대상의 연구에서는 20%가 전통적 유형이며, 17%가 분리형, 22%는 독립적 유형으로 구분되었다. 그는 또한 세 차원을 이용하여 관계차원척도(Relational Dimensions Instrument)를 제안하였는데, 부부가 같은 이념을 가질 때를 순수형, 남편과 아내가 다른 이념을 가진 경우를 혼합형으로 명명하였다. 그 결과 60%의 부부가 같은 유형에 속하며, 40%의 부부가 혼합형이다. 혼합형 중에는 부인이 전통형이고 남편이 분리형이 가장 많은 유형 중 하나이다. 각 유형의 특성은 다음과 같다.

표 4-14 Fitzpatrick(1988)의 부부유형의 특징

분류기준	유형	특징
결혼에 대한 이데올로기: 전통성, 상호의존성, 의사소통	전통적 유형	• 자발성보다는 안정성을 강조하며, 정해진 틀에 박힌 일상을 방해받는 것에 대해 강하게 거부하며 변화나 불확실성도 거부함 • 부부간 상호의존성과 공유도가 높으나 서로 간 주장성은 약하며 결혼 관계에서의 갈등을 피하지는 않음 • 전통적인 가사일 분담 등 지역사회 관습에 충실하기 때문에 다른 유형에 비해 부부간 만족도가 가장 높음
	독립적 유형	• 개인적 자유가 결혼생활로 인해 제한받지 않아야 된다는 믿음에 따라 부부간에 많은 부분을 공유하고 동반자적인 관계를 유지하지만 이것이 개인의 자율성을 침해할 정도가 되어서는 안 된다고 생각함 • 심리적으로는 친밀감을 유지하지만 배우자와의 관계에서 어느 정도 물리적인 간격을 유지함 • 서로에 대해 주장성이 있으며 갈등도 피하지 않으며 평등적 역할과 융통성 있는 성역할을 유지함
	분리형	• 미국의 경우 결혼생활에서 아내가 남편의 성을 따르거나 틀에 박힌 일상생활을 유지하면서도 개인의 자유도 강조하는 유형 • 부부간에 심리적 거리뿐만 아니라 물리적 거리도 어느 정도 유지하며, 타인들과의 관계에서도 간격을 유지함 • 평등적 성역할을 거부하며, 결혼생활에서의 갈등도 피함
	복합형	• 복합형은 남편/아내의 순서로 표기할 때 전통/분리, 분리/전통, 독립/분리, 분리/독립, 전통/독립, 독립/전통의 여섯 가지 유형이 있음 • 분리/전통 유형이 관계적 문제에 대해 부부간 합의가 낮으며, 중간 정도의 응집성을 나타내며 다른 복합형 유형보다 부부관계에서의 만족도가 높으며, 외적인 애정표현을 많이 함

표 4-15 Fizpatrick의 부부유형

	전통적 이데올로기 높음 ← 갈등 → 낮음		비전통적 이데올로기 높음 ← 갈등 → 낮음	
높음 ↑ 상호의존성 ↓ 낮음	전통적 유형		독립적 유형	
		분리 유형		

출처: Fizpatrick (1988). p. 77.

표 4-16 관계차원척도(Relational Dimensions Instrument)의 하위영역 및 표본문항

차원	하위차원	표본문항
이데올로기	전통성에 대한 이데올로기	결혼식 의례가 우리에게는 매우 중요하다.
	불확실성과 변화에 대한 이념	관계 내에서 개인의 자유가 규제되어서는 안 된다.
상호의존성	공유	우리는 서로 얼마나 사랑하는지 말할 수 있다.
	자율성	나는 집에 나만의 작업공간이 있다.
	획일적인 공간	남편이 내 주변에 있을 때, 어떤 것에 골몰하고 있을 때 나는 자유롭게 남편을 방해할 수 있다.
	시간의 일관성	우리는 매일 일정한 시간에 식사를 한다.
의사소통	갈등회피	내가 갈등이 있는 문제에 대해 논쟁을 피하면 문제는 사라질 것이다.
	주장성	내 배우자는 내가 원하지 않는 일을 하도록 강요한다.

출처: Fitzpatrick (1988). p. 71의 내용을 표로 정리함.

(5) Kantor와 Lehr의 부부유형

Kantor와 Lehr(1975)는 민속학적인 방법(ethnographic)으로 가족을 관찰한 자료를 기초로 가족의 중요 과업이 거리규제(distance regulation)라는 점을 발견하고 가족구성원 간에 거리와 친밀감을 조절하는 과정에서 사용하는 여섯 가지 개념을 이용하여 유형을 구분하였다. 즉 권력(자율성과 자유에 대한 의식), 의미(가족정체감에 대한 의식) 및 애정(가족의 친밀감과 배려에 대한 의식)과 가족 목적을 이룩하기 위하여 가족이 사용하는 시간과 공간과 에너지 등 여섯 가지 하위개념을 이용해 가족이 자원을 이용하는 방식이나 가족의 자원의 사용목적에 따라 세 유형으로 구분하였다. 각 가족의 특징은 <표 4-17>과 같다.

표 4-17 Kantor와 Lehr(1975)의 부부유형

분류기준	유형	특징
가족 구성원 간 거리와 친밀감 조절 시 사용하는 개념: (권력, 의미, 애정, 시간, 공간, 에너지)	폐쇄적 가족 (closed families)	• 한정된 공간과 규칙적인 시간 및 안정된 에너지를 이용하여 가족의 목적에 도달하기 때문에 한정된 집의 공간을 이용하는 데에도 매우 명확한 규칙이 있음(예: 거실에서 공부를 할 수 없다거나, 음식은 식당에서만 먹어야 하며, 아버지가 거실에 있을 때는 자기 방에 가서 공부를 해야 하는 것 등) • 안정된 에너지수준(가족이 어느 일정시기, 예를 들면, 크리스마스 시즌에 에너지가 고갈되는 것이 아니라, 그 시기에는 휴식을 취하고, 다음에 에너지를 다시 충전하는 등 에너지가 균등하게 사용)을 유지하기 때문에 가족은 오랜 시간 계속해서 에너지를 소비할 수 있음
	개방적 가족 (open families)	• 공간, 시간, 에너지를 융통성 있게 이용함 • 폐쇄된 가족보다는 공간과 시간에 대한 규칙이 엄격하지 않음 • 공간은 다용도로 이용될 수 있으며 폐쇄적 가족처럼 공간 사용을 위해 가족의 허가를 받아야 되지는 않으며, 가족 외의 사람들에게도 공간이 개방적임 • 가족행사나 식사시간도 폐쇄적 가족보다는 엄격하지 않으며, 개인적 욕구에 의해 시간계획도 쉽게 바뀔 수 있으며, 에너지도 융통성이 있어 최소한의 에너지를 이용해서 간단한 위기 등을 극복함
	임의적 가족 (random families)	• 공간, 시간과 에너지 이용이 가변적임. 많은 예측할 수 없는 활동이 가족 내에서 항상 일어나기 때문에 정신이 없다고 여겨지기도 함 • 가족이 계획에 따라 행동하지도 않으며, 매일 다른 시간에 식사를 하는 등의 일상생활이 이루어지며, 미래에 대한 계획을 전혀 세우지 않으며, 사건이 일어날 때마다 이에 대해 반응함 • 에너지수준은 항상 변화함

(6) Mark의 삼각이론

Mark(1989)는 Cuber와 Haroff의 유형에 대해 비판하며 체계론적 관점에 기초해 결혼생활에서의 자아가 어디로 향하는가에 따라 배우자코너, 자아코너, 제3자에게로 향하는 자아의 삼각이론(three-corner)을 제시하였다. 자아의 방향에 따라 일곱 가지 유형(그림 4-9 ~ 그림 4-15 참조)이 나타나며, 가족의 가족생활주기에 따라 예측할 수 있는 패턴이 나타난다고 하였다. 이들 유형 중 배우자코너가 서로 향하는 형태인 부부중심연결형은 자녀 출산 전에 주로 나타나며, 자녀 출산 후에 부인은 대부분 가족중심형으로 변화한다. 남편들은 이에 동조하기보다는 일이라는 중요한 제3코너에 집중되는 경향이 있다. 자녀들이 성장하고 독립하면서 부부가 모두 자신의 전문직을 가지게 되면 느슨한 연결형을 선호한다. 부부들은 자녀들이 집을 떠난 뒤 부부중심형으로 다시 귀환하기도 하며,

조부모

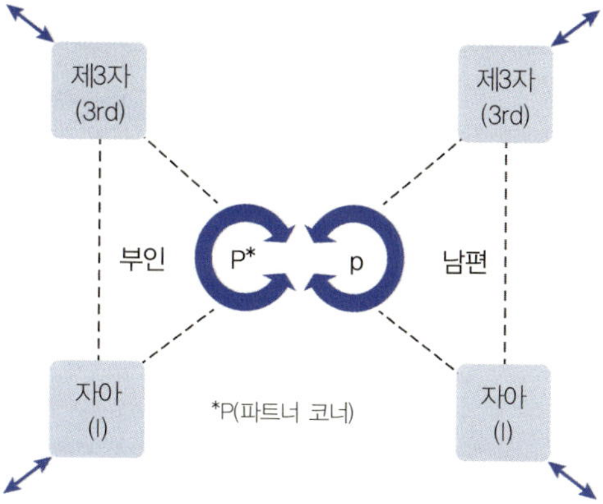

그림 4-9 낭만적인 밀착 유형

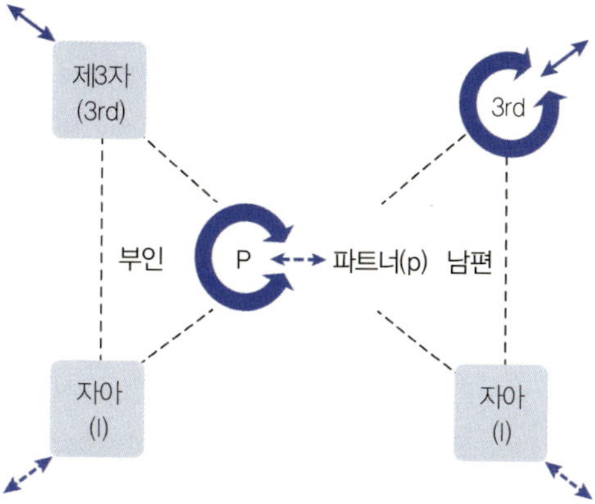

그림 4-10 의존-소원형

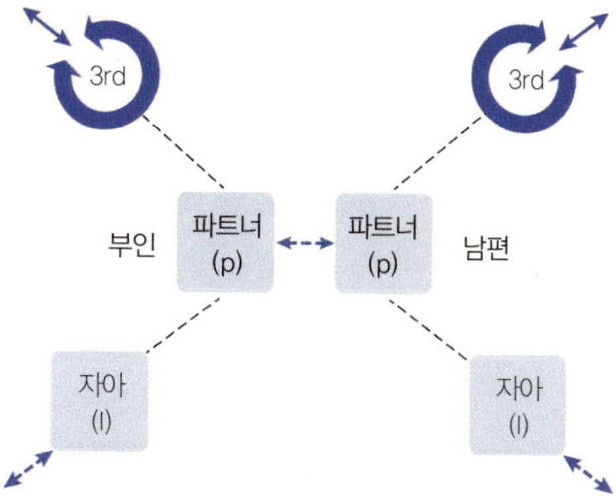

그림 4-11 분리형

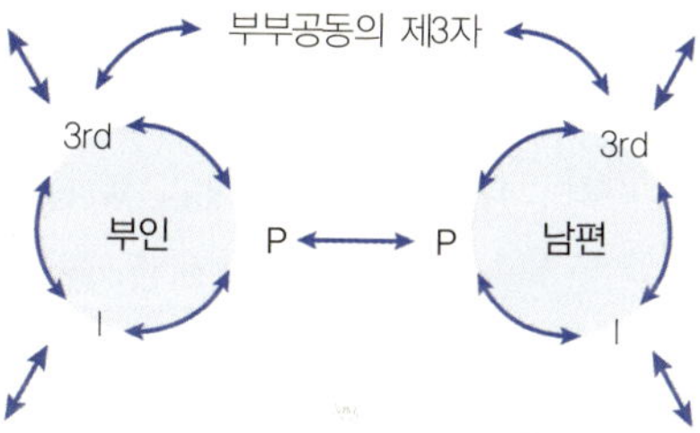

그림 4-12 균형잡힌 연결형

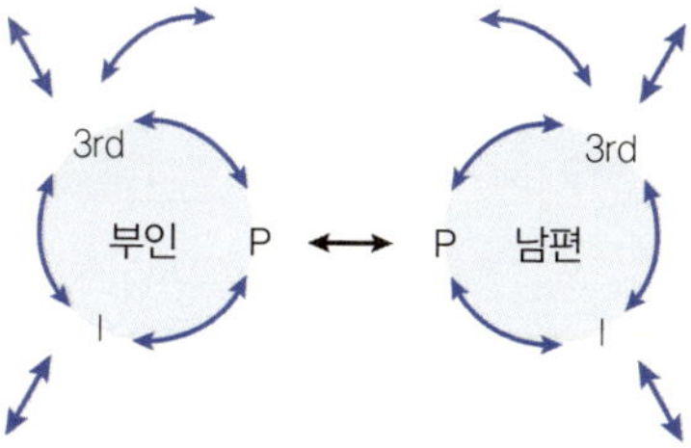

그림 4-13 부부중심연결형

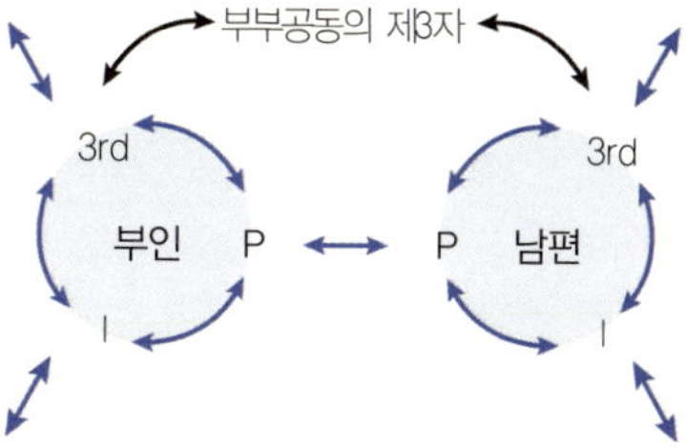

그림 4-14 가족중심연결형

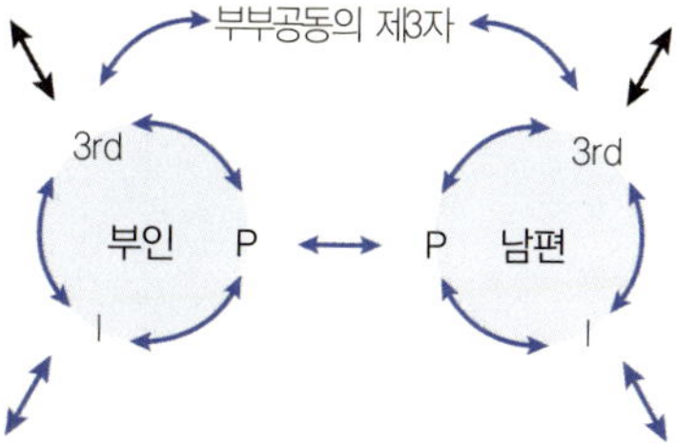

그림 4-15 느슨한 연결형

역할을 통해 가족중심형으로 바뀔 수도 있다. 제3의 코너가 여전히 흥미롭게 많은 자극을 줄 경우는 느슨한 연결을 유지하기도 하며, 자신들의 삶의 모든 부분에 대해 관심이 골고루 퍼져 있는 경우 균형잡힌 연결을 유지하기도 한다.

표 4-18 Mark(1989)의 삼각이론

분류기준	유형	특징
체계론적 관점	자아코너 (inner corner)	• 개인의 총체적인 인생 경험의 기록이 축적된 곳으로 개인의 다양한 노력이나 충동 혹은 에너지가 잠재된 개인의 의지(intentionality)의 집합체 • 개인의 깊이와 내면성 및 개인의 역사를 의미
	배우자 코너	• 배우자에게 향해 있는 자아의 일부분으로서 배우자에게 관심을 가지고 함께 있으려는 자아의 판단양식 • 자신이 안전하다고 느끼는 자신의 경계로 애정어린 돌봄, 배려가 이루어지는 자아의 잠복처
	제3의 코너	• 세 번째 코너는 자아가 배우자 이외의 타인에게 집중되는 것. 사람에 따라서 자녀, 일, 친구, 친척, 혹은 취미생활이나 종교적인 헌신 등 다양한 제3의 코너가 있음 • 자아의 일종의 대안적 정박지로 부부간의 관계의 역동성에 따라 항해해 가는 곳일 수도 있으며 혹은 항해 후에 배를 묶어둘 수 있는 곳

(7) Hawkins, Weisgerg와 Ray(1980)의 유형

Hawkins 등(Hawkins, Weisgerg & Ray, 1980)은 부부간의 의사소통 유형을 언어화 정도와 감정 노출 정도에 따라 통제형(controlling), 형식형(conventional), 숙고형(speculative), 접촉형(contactful)의 네 가지로 구분하였다.

표 4-19 Hawkins, Weisgerg와 Ray(1980)의 부부유형

분류기준	유형	특징
의사소통 방식	통제형	• 언어화 정도는 폐쇄적이나 감정노출 정도는 높음 • 부부간 어떠한 불일치도 차단하기를 원하며, 파트너의 생각이 무엇인지 알려고 하지도 않을 뿐만 아니라 상대의 견해나 결정을 무시하고 저평가하고 상대방의 감정에 공감하지 않음
	형식형	• 언어화 정도가 폐쇄적이고 감정노출이 적음 • 문제의 핵심을 다루지 않은 채 의사소통의 단절을 막기 위한 수단으로 알맹이 없는 피상적인 대화만을 나눔 • 겉으로 보기엔 대화를 많이 하는 부부로 비춰질 수고 있음
	숙고형	• 언어화 정도가 개방적이나 감정노출은 적은 편임 • 새로운 생각에 개방적이고 상대의 견해를 존중하지만, 자신의 감정은 별로 표현하지 않음 • 주로 상대방의 감정에 대한 질문을 함으로써 파트너의 생각과 감정을 이해하는 데 효과적인 스타일
	접촉형	• 가장 바람직한 의사소통 유형 • 언어화 정도가 개방적이고 감정노출도 많으며, 상대방의 견해에 진정으로 관심을 갖고, 서로 생각을 공유하길 바라며, 자신의 감정을 솔직하게 드러내는 것도 기꺼이 감수함

4) 결혼만족도

결혼생활에서 부부관계의 주관적인 질이나 특징을 파악하기 위한 시도로서 결혼의 적응도(adjustment), 행복도(happiness), 만족도(satisfaction) 등 유사한 용어의 개념들이 사용되면서 결혼만족도는 많은 학자들에 의해 다양하게 정의되어 왔다. 결혼만족도는 관계에서 개인의 주관적인 신념이나 생각을 나타내는 개인의 지각에 의해 결혼생활을 평가하는 개념이다(정현숙, 1997, 2001). 실제로 결혼만족도는 부부관계의 질이나 상태를 파악하기 위해 가장 많이 사용되는 개념 중 하나이다.

많은 연구들에 의하면 일반적으로 아내의 결혼만족도가 남편보다 낮다고 보고되고 있다. 그 이유로는 결혼제도 안에서 여성의 과중한 역할이 한 원인이 되기도 하며, 결혼관계 안에서 예민하고 복잡한 여성의 정서적 욕구에 의해 생기는 정서적 기대가 충족되지 못하기 때문이라는 지적도 있다(정현숙, 옥선화, 2016).

(1) 결혼만족도의 측정과 측정도구

결혼생활에 대한 전반적인 평가로서의 단일차원의 결혼만족도는 Schumm 등(1983)의 Kansas Marital Satisfaction Scale(KMSS)와 Norton(1983)의 Quality Marriage Index가 대표적이다. 정현숙(1997)은 KMSS의 기존의 문항에 '당신은 어머니(아버지)로서의 아내(남편)에 대해 얼마나 만족하느냐?'는 한 문항을 첨가함으로써 우리나라 부부들의 결혼생활의 더 많은 변량을 설명할 수 있음을 제시하였다.

표 4-20 정현숙(1997c)의 Revised KMSS 문항

질문	매우 불만 ⟵						⟶ 매우 만족
1. 당신은 당신의 결혼생활에 얼마나 만족하십니까?	1	2	3	4	5	6	7
2. 당신은 배우자로서 아내에 대하여 얼마나 만족하십니까?	1	2	3	4	5	6	7
3. 당신은 아내와의 관계에 대해 얼마나 만족하십니까?	1	2	3	4	5	6	7
4. 당신은 어머니로서 아내에 대해 얼마나 만족하십니까?	1	2	3	4	5	6	7

출처: 정현숙(1997c), Chung, H. (2004).

다차원 결혼만족도척도는 결혼만족과 관련된 부부관계의 다양한 영역에 대한 상세한 정보를 제공해 준다는 장점이 있으며, Spanier(1976)의 Dyadic Adjustment Scale(DAS), Husley와 Pinsent(1995)의 DAS-수정형 등이 개발되어 많이 이용되고 있다.

다양한 척도에 대한 분석과 평가를 통해 정현숙(2001)은 한국형 결혼만족도를 제안하였는데 타당도분석을 통해 하위영역을 교류적 과정(부정적 의사소통, 효율적 의사소통과 갈등해결)과 정서적 과정(존중, 상대방 배려, 성 · 애정표현, 여가 및 시간 함께 보내기) 및 인지적 과정(부모역할, 개인역할, 가사역할, 친인척관계역할, 경제역할, 종교심, 응집성)으로 구분하였다. 한국형 결혼만족도척도는 0-4점의 Likert 척도이며, 총 94문항으로 구성되었다. 구체적인 영역과 측정문항들은 <표 4-21>, <표

4-22>와 같다. 연구결과에 의하면 우리나라 부부들은 배우자가 개인적 역할을 잘할 때 만족도가 높으며, 남편은 아내의 배려와 부모역할, 가사역할에 대해 결혼만족도가 높고, 아내들은 남편들보다 여가와 시간 함께 보내기와 배려, 존중에 대해 만족도가 높다(정현숙, 2001a). 즉, 여성들은 남편들의 정서적인 측면에 대해 만족도 점수가 높으며, 남성들은 여성들의 도구적인 역할에 대한 점수에서 만족도가 높아 남녀 간의 결혼에 대한 기대의 차이를 보여준다. 특히 <그림 4-16>과 같이 부정적 의사소통, 부모역할, 가사역할, 상대방 배려, 응집성 영역에서는 남녀 간 인식의 차이가 크다.

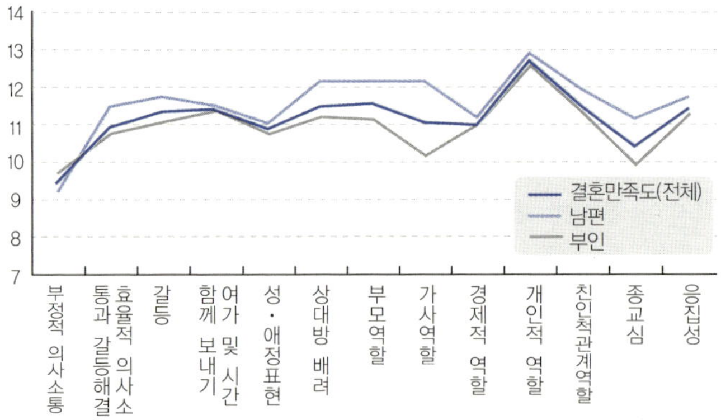

그림 4-16 한국형 결혼만족도척도의 하위영역별 평균점수

출처: 정현숙(2001a). p. 17.

표 4-21 정현숙(2001a)의 한국형 결혼만족도척도의 하위영역과 측정도구

영역	하위개념	구성요소	
교류적 과정 (interactional process)	의사소통과 갈등해결	효율적 의사소통과 갈등해결	
		부정적 의사소통	
정서적 과정 (emotional process)	친밀감	지적영역	존중
		신체영역	성적 관계와 애정표현
			여가 및 시간 함께 보내기
		정서영역	상대방 배려
인지적 과정 (intellectual process)	이데올로기와 규칙	이데올로기	응집성
			종교적 신념*
		규범적 규칙 (역할)	가사수행역할
			친인척관계역할
			부모역할*
			경제적 역할
			개인적 역할(자율성)

주 *: 자녀 있는 가족이나 종교가 있는 가족 등 관련 가족에게만 적용되는 문항

출처: 정현숙(2001a). p. 210.

표 4-22 한국형 결혼만족도척도의 하위문항

구분	문 항
부모 역할	우리 부부는 부모역할을 잘 하도록 서로 도와준다. 우리 부부는 자녀양육을 상의하여 결정한다. 남편은 아버지역할을 잘 한다. 우리는 부모역할의 어려움을 알고 서로의 역할을 격려한다.
개인 역할	남편은 자신의 일에 최선을 다한다. 남편은 열심히 살려는 생활태도를 가졌다. 남편은 자신의 일을 스스로 알아서 한다. 남편은 매사에 적극적인 사고와 행동을 한다.
가사 역할	남편은 가사를 잘 도와준다. 나는 가사역할 수행이 부담스럽다.* 가사역할 책임을 남편과 상의하여 결정한다. 아내는 집안 살림을 열심히 한다.* 남편은 가사의 어려움을 알고 격려해 준다. 아내는 살림을 지혜롭게 잘 한다.* 나는 가사부담관련 갈등을 남편과 대화로 해결한다. 나는 가사관련 요구를 아내에게 자유롭게 말한다.*
경제 역할	우리는 저축 등 장기적인 재정계획을 세운다. 우리는 소비계획을 세워 실행한다. 우리 가족은 경제적으로 안정되었다. 우리는 경제권을 누가 갖는가에 대해 합의한다.
친인척 관계 역할	남편은 처가에 잘한다. 아내와 나의 어머니는 사이가 좋다.* 남편은 친정친척의 화목에 일익을 담당한다. 아내는 시댁친척의 화목에 일익을 담당한다.* 남편은 처가를 도와주는 것에 호의적이다. 아내는 시집을 도와주는 것에 호의적이다.* 남편은 처가문제에 대해 불평한다. 아내와 어머니 둘 다 나에게 문제를 호소한다.*
효율적 의사 소통과 갈등 해결	우리 부부는 대화가 잘 통한다. 우리는 각자 원하거나 느끼는 것을 상대방에게 이야기한다. 남편은 내 말에 귀를 기울인다. 남편은 내 생각이나 의견을 이해한다. 남편은 내가 물어보는 것을 성실히 대답해 준다. 남편과 나는 문제에 대한 해결책이 일치한다. 우리는 가족문제를 해결하기 위해 서로 상의한다. 남편은 나에게 감사의 표시를 한다. 남편에게 내 감정을 자유롭게 표현한다. 우리는 식사시간 등에 대화를 나눈다. 남편은 하루에 있었던 일을 그날그날 이야기한다. 남편은 나에게 자신의 생각과 감정을 잘 드러낸다.
존중	남편은 나의 자존감을 세워준다. 남편은 나의 실수를 너그럽게 받아들인다. 남편은 내 기분을 이해하고 공감해 준다. 남편은 나의 인격을 존중해 준다. 남편은 나의 입장을 존중한다. 남편은 부부간에 예의를 지킨다. 우리 부부는 서로의 영역을 존중해 준다. 남편은 나에게 용기를 준다.
여가 및 시간 함께 보내기	우리는 함께 여행을 간다. 우리는 함께 외식을 한다. 우리는 나들이를 함께 한다. 우리는 여가를 함께 보낸다. 우리는 주말에 함께 시간을 보낸다. 우리는 외부의 모임에 함께 참석한다. 우리 부부는 둘만의 오붓한 시간을 갖는다. 우리는 함께 식사를 한다.
상대방 배려	남편은 내가 어려울 때 도와준다. 남편은 나에게 정신적으로 의지가 된다. 남편은 나의 부족한 부분을 채워준다. 남편은 사소한 일에도 신경을 써준다. 남편은 내가 피곤하거나 아플 때 챙겨준다. 남편은 나와의 약속을 잘 지킨다. 남편은 나의 부탁을 미루지 않고 즉시 해준다. 우리 부부는 서로를 챙겨준다.
성(性)·애정 표현	우리 부부는 '사랑한다'는 말을 한다. 남편은 나에게 애정표현을 한다. 우리 부부는 성에 대해 자유롭게 이야기한다. 남편은 나의 성적 욕구를 충족시켜 준다.
종교심	우리 부부는 신앙을 통해 어려움을 이겨낸다. 우리는 종교적인 가르침에 따라 생활한다. 우리는 종교행사에 함께 참석한다. 우리는 종교문제에 대해 일치한다.
응집성	우리 부부는 공동의 목표를 함께 성취해 나간다. 우리 부부는 일심동체라고 생각한다. 남편과 나는 많은 부분에 대해 서로 이해한다. 우리 부부는 가치관이 같다.
부정적 의사 소통	남편은 나에게 차가운 말을 한다. 남편은 나에게 신경질을 낸다. 남편은 나에게 상처를 주는 말이나 폭언을 한다. 남편은 나에게 잔소리를 한다.

주 *: 남편문항, 출처: 정현숙(2001a). pp. 214-217을 한 표로 정리함.

(2) 결혼만족도에 영향을 미치는 요인

부부관계의 특성을 살피기 위해 가장 많이 연구된 분야가 결혼만족도 분야이다. 많은 연구에 의하면 가족관계의 모든 영역이 결혼만족도에 영향을 미치는 것으로 나타나는데, 특히 결혼기간, 자녀, 일과 직업, 개인의 성격 특성 및 부부관계의 다양한 영역에 영향을 받는 것으로 보고되고 있다. 또한 성역할이나 성격, 부부의 여가활동시간, 관계에 대한 합의 등이 결혼만족도에 영향을 미치며, 부부의 직업 등 가족 외적 요인과 사회적 능력, 성격과 기질, 배우자 간의 지지와 관계에의 몰입에 대한 태도, 성역할, 종교적 지향에 따른 결혼의 질적 차이, 대인관계에서의 신뢰성, 노인부부의 평등성 및 성기능과 성적 만족 등도 결혼만족도에 영향을 미치는 변인으로 연구되고 있다(정현숙, 2001).

결혼만족도는 의사소통 만족도를 높이는 효과가 있는데 이는 행복한 결혼을 한 사람들은 그들의 문제를 해결할 수 있고 서로의 감정을 표현할 수 있기 때문이라고 한다. 그러나 행복한 결혼을 하고 있다는 생각에 동의한 부부도 다른 부부와는 매우 다른 의사소통 유형을 나타내기도 한다(Fitzpatrick & Badzinski, 1985).

결혼만족도가 결혼기간에 따라 U자형의 곡선을 그린다는 사실은 국내의 많은 연구에서 제시되고 있다(정현숙, 서동인, 1994; Rollins & Feldman, 1970). 또한 Burr(1970)는 부부기-학령전기-학령기 아동-청소년기-출가기-부부만의 가족-은퇴기의 7단계 가족생활주기를 통한 횡단적 연구에서도 U자형의 결혼만족도의 궤적을 발견하였다.

부부의 생활주기와 계층을 고려한 317쌍의 부부자료를 분석한 정현숙과 서동인(1994)은 장자의 나이를 기준으로 자녀가 없는 신혼기, 학령전기, 초등학생기, 중 · 고교기와 20대 자녀기의 다섯 단계로 구분하여 결혼만족도의 변화 양상을 측정하였다. 가족생활주기에 따른 결혼만족도는 신혼기에 남편과 부인 모두 가장 높은 수준을 보이고, 남편의 경우 20대 자녀기까지 계속 낮아지고 부인 집단에서는 중 · 고교기까지 점차로 낮아지다가 20대 자녀기에 조금 상승하는 경향을 보인다. 특히 남편의 결혼만족도는 아내의 결혼만족도보다 항상 높게 나타났으며, 아내의 결혼만족도의 변화의 폭이 남편보다 크게 나타나 부인들이 결혼생활에서 상대적으로 낮은 만족도수준을 나타낸다.

결혼만족도 점수의 아내와 남편 간의 변화 폭은 결혼기간과 가족생활주기에 따른 분류에서 더욱 두드러진다. 또한 가족생활주기와 결혼기간에 따른 결혼만족도 점수의 하락폭을 비교해 보면 결혼만족도의 하락은 자녀의 출산으로 인한 가족주기의 영향보다는 결혼기간에 따른 영향이 더 큼을 알 수 있다(정현숙, 1996a).

앞 절에서 설명한 부부유형에 따라서도 결혼만족도는 차이가 나타나 Fitzpatrick과 Best(2009)는 전통적 부부들이 다른 세 유형의 부부들보다 합의, 응집, 관계만족, 애정표현영역 점수가 높으며, 독립형이 관계만족과 합의 및 애정표현이 가장 낮으며, 분리형은 응집성이 가장 낮고, 서로에 대한 애정표현도 낮다고 한다. Noller와 Fitzpatrick(1993)의 연구결과에서도 분리/전통 유형이 관계적 문제에 대해 부부간 합의가 낮으며, 중간 정도의 응집성을 나타냈다. 이들 유형이 다른 복합형 유형보다 부부관계에서의 만족도가 높으며, 외적인 애정표현도 많이 한다고 한다.

5) 부부갈등

결혼관계에서의 갈등은 '배우자 간에 생각, 욕구나 행동의 반목(antagonism)이나 불일치(incompatibility)'로 정의된다(Morgolin, 1988, p. 195). 가깝고 친밀한 관계인 결혼관계에서 갈등은 피할 수 없는 것이며 정상적인 것이다. 이러한 이유로 갈등은 결혼생활을 건강하도록 하는 것이라고 정의하고 있다. 그러나 이러한 갈등이 효과적으로 해결되지 않으면 결혼관계에서 긴장과 문제가 발생된다. 따라서 효과적인 의사소통과 갈등해결은 결혼생활의 기본적인 과업이다. 따라서 부부간 의사소통의 양이 많고, 상대방의 말에 귀를 기울이며, 자유롭게 자신의 의견을 말하며 효과적으로 문제해결을 하는 효율적인 의사소통과 갈등해결은 중요한 결혼만족의 영역이다. 또한 차가운 소리나 잔소리 등 부정적인 의사소통은 결혼생활의 갈등을 일으키는 중요한 하위영역이 된다(정현숙, 2001).

(1) 갈등의 원인과 내용

부부간의 갈등은 다양한 원인에 의해 발생하는데 가부장적 가족문화에서 성평등한 가족관계로의 변화에 대한 사회적 가치관의 변화는 가족관계 전반에서 평등에 대한 인식의 차이와 행동방식으로 인해 잠재적인 갈등의 원인이 되고 있다. 그러나 무엇보다도 부부관계는 친숙한 일상을 공유하기 때문에 개인적 특성이나 성격, 기대수준의 차이에서 오는 갈등이 존재할 수밖에 없으며 이러한 긴장과 갈등이 부부관계를 원활하게 하는 요소로 작용하기도 하지만, 쉽게 조정되지 못하거나 원만한 합의에 이르지 못할 경우에는 심각한 결과를 초래하기도 한다.

한국가정법률상담소에 상담을 신청한 사람들의 부부관계에서의 상담내용을 살펴보면 <그림 4-17>과 같이 1950년부터 현재까지 상담내용의 변화를 살펴볼 수 있다. 즉, 도구적 부부관계에서

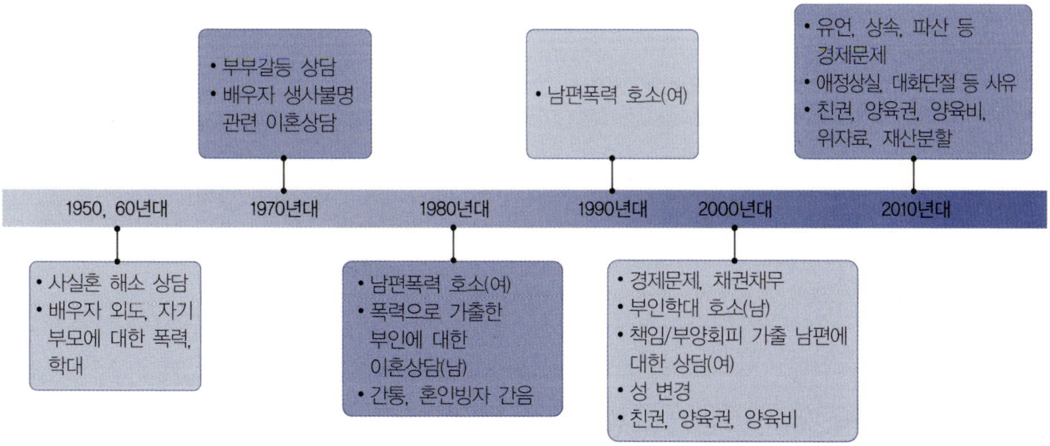

그림 4-17 1950년 이후 60년간 한국가정법률상담소에 의뢰된 상담통계 내용분석
출처: 정현숙(2016). 가족의 과거, 현재 미래. 한국가정법률상담소 창립 60주년기념심포지엄 강연 내용.

동반자적 부부관계로의 변화와 함께 구조적 문제에 대한 갈등에서 법적 문제해결과 관련된 갈등으로의 변화가 나타난다.

또한 여성가족부의 2015년 가족실태조사(2015)에 의하면 <표 4-23>과 같이 남성들은 배우자의 성격이나 사고방식, 경제적 문제, 배우자의 생활방식, 내 부모, 형제자매와의 관계에서의 갈등 순으로 갈등이 빈번하며, 여성들의 경우는 배우자의 성격이나 사고방식, 배우자의 생활방식, 자녀교육문제, 배우자의 부모, 형제자매와의 관계에서 갈등의 순으로 갈등이 일어난다.

표 4-23 2015년 여성가족부의 가족실태조사에서 부부간 갈등영역과 평균점수

구분	내 부모/형제자매와의 관계	배우자 부모/형제자매 관계	배우자의 생활방식	자녀교육 문제	경제적 문제	가사 및 육아분담	성생활	배우자의 성격, 사고방식
남성	2.25	2.10	2.27	2.31	2.51	2.21	2.16	2.49
여성	2.16	2.32	2.52	2.39	2.58	2.28	2.15	2.70
전체	2.21	2.21	2.39	2.35	2.54	2.25	2.15	2.59
t값	4.154***	10.510***	10.190***	−3.631***	−3.236**	−3.344**	.314	−9.471***

주: 1) 점수가 높을수록 갈등경험 빈번함(1점: 전혀 없음-5점: 매우 자주 있음), 2) ***p<.001, **p<.01, *p<.05.
출처: 여성가족부(2015). 2015가족실태조사분석보고서. p. 195.

갈등이 부부관계에서 자연스러운 상황이라면 갈등을 잘 관리하는 것이 중요하다. Warren(1992)은 갈등을 잘 다루는 사람들은 다음과 특성이 있으므로 부부간 노력의 필요성을 강조한다. 우선, ① 두 사람이 조화를 강조하고, ② 개방성과 진실성이 있으며, ③ 모두 자기 자신과 서로를 존중하고, ④ 각자가 그들 사이에 차이가 있다는 것을 받아들이고, ⑤ 그것을 당연한 것으로 받아들이는 특징이 있다. 또한 ⑥ 상대방의 고유성을 높이 평가하고, ⑦ 정확히 듣는 것이 중요함을 잘 이해하고 있으며, ⑧ 두 사람이 관계에서 편안함을 강하게 느낀다고 한다. ⑨ 갈등이 발생했을 때는 갈등을 무시하지 않고 문제를 해결하려는 단호한 의지가 있으며, 그들이 틀렸을 때 그것을 인정할 수 있다. 이 밖에도 ⑩ 방어하고 경쟁심이나 이기려고 하는 마음이 없으며, 차이가 행복하게 해결될 때 서로를 축하해 주려는 열의가 있으며, ⑪ 두 사람의 관계 향상을 위해 갈등과 분노를 해결해야 할 필요성을 깨닫고 기꺼이 시간을 보낼 의지가 있다고 한다.

6) 부부권력

결혼생활에서의 권력(power)은 다양하게 정의되는데, 일반적으로 한 사람이 다른 사람을 거부하는 상황에서도 자신이 원하는 것을 하도록 하는 능력, 혹은 다른 사람에게 영향을 미칠 수 있는 잠재적인 능력으로 정의된다(정현숙, 유계숙, 2001). Cromwell과 Olson(1975)은 가족 내의 권력에 접근하는 체계적 이론을 <표 4-24>와 같이 네 가지로 구분하고 각각의 관점에서 다루는 주제와 방법론을 제시하였다. 연구자들에 따라 여러 관점에서 다양한 권력에 대한 연구가 이루어지고 있다.

표 4-24 Cromwell과 Olson(1975)의 가족 내 권력에 대한 접근방법과 이론

관점	주요 이론 및 장단점
사회심리적 관점	• 집단과 사회권력의 개념에 기초하여 행동의 유인가의 가능성을 주어진 상호작용의 장에서 분석하는 장이론과 두 행위자 간의 비용과 보상의 법칙에 의한 영향력을 강조하는 교환이론, 행위자의 권력이 다른 행위자의 행동을 결정하게 하는 효과를 검증하는 의사결정이론이 있음 • 분석될 수 있는 두 행위자 간의 행동이나 상호작용에만 한정되는 제한점이 있음
가족 사회학적 관점	• 가족 간의 유형화된 상호작용의 관찰을 통해 발전된 이론 • 권력이 영향력, 통제, 우세, 권위 등의 개념으로 이용되며, 개인적인 기여와 소유를 강조하는 자원이론, 누가 권력을 가져야 하는가의 문화적 규범을 강조하는 관념이론, 문화적 맥락 속에서 사회구조의 지위 변인을 의미하는 규범-자원이론이 있음
아동발달적 관점	• 아동의 사회화와 관련된 부모와 자녀관계에 초점을 두어 권력과 양육의 차원이 중점적으로 연구됨
가족과정적 관점	• 가족과정적 관점은 주로 임상가들에 의해 정상 및 비정상 가족의 권력 과정이 다루어지며, 가족체계론이 있음 • 가족의 연합과 기타 체계의 속성을 밝히고, 이론과 실제를 연결시킬 수 있는 방법론적인 면에 기여

우리나라에서 부부권력에 관한 연구들은 다차원적인 권력의 구조를 설명한 Cromwell과 Olson(1975)이 제안한 권력의 기반(power base), 과정(power process)과 결과(power outcome)의 세 영역을 기초로 부부의 권력과 부부의 의사결정에 초점을 맞추어 권력의 결과부분을 다루는 연구들이 대부분이다(정현숙, 유계숙, 2001). 즉, 부부들이 각각 어떠한 권력을 공유하며, 어떤 생활영역의 의사결정권을 가지느냐는 부부 각자의 교육 정도나 나이, 소득, 부인의 직장 유무, 결혼형태, 부부생활의 만족도 등이 영향을 미친다고 하였다. 특히 우리나라 부부의 의사결정방식은 과거 가부장제하의 남편 지배적 의사결정 양식에서 점차 부부가 공동으로 의사결정을 하는 방식으로 변화되고 있으며, 남편과 아내가 결정하는 영역이 나누어져 있는 것이 특징이라고 한다(정현숙, 옥선화, 2016).

7) 부부의 성과 친밀감

부부관계에서의 성은 매우 중요한 의사소통수단이며 친밀감(intimacy)의 표현이다. 따라서 친밀감은 성행위를 포함하는 좀 더 포괄적인 개념이다. Kieffer(1977)는 친밀감을 매우 포괄적으로 정의하면서 친밀감의 결과를 강조하는데 "친밀감은 다른 사람과의 강력한 지적, 신체적, 정서적 의사소통을 통해 자신의 자아의 실체를 경험하는 것"(p. 267)이기 때문에 자신의 선택에 의한 관계이며, 상호관계(mutuality), 호혜주의(reciprocity), 신뢰 및 기쁨 등이 포함되는 개념이라는 점을 강조한다. 즉, 두 사람이 서로 친밀한 관계를 유지하는 것은 두 사람이 선택하는 것이며, 친밀한 관계를 유지하기 위해서는 상호관계를 통해 관계를 발달시켜야 한다는 것이다.

친밀성의 개념은 Giddens(2003)의 '순수한 관계(pure relationship)'라는 개념과도 유사하다. Giddens는 "순수한 관계란 관계 외적인 것에 의존하지 않고 관계 그 자체의 내재적 속성에 따라 유지 · 변화되는 관계"(p. 15)로, 성적 · 감정적으로 평등한 관계이며, 기존의 성차별적 권력 형태에 대해 폭발적인 의미를 지닌다고 한다. 특히 "친밀성을 평등한 두 사람 간의 인격적 관계에 대한

협상으로 본다면, 친밀성은 공적영역에서 민주주의가 실현된 것과 완전히 상응하는 방식으로, 개인 간의 상호작용영역이 전면적으로 민주화되는 것을 함축한다"(p. 27)고 주장한다.

(1) 친밀감의 차원과 영역

친밀감은 고정된 것이 아니라 계속 변화하는 과정이기 때문에 Biddle(1976)은 친밀감은 폭(breadth)과 개방성(openness)과 깊이(depth)의 세 차원을 고려하여야 한다고 하였다. 이러한 차원에 더하여 Kieffer(1977)는 각 차원을 다시 지적, 신체, 정서영역으로 구분하였으며 구체적 내용을 <표 4-25>와 같이 제안하였다.

표 4-25 Kieffer(1977)의 친밀한 세 차원에 따른 친밀감 영역

차원	지적영역	신체영역	정서영역
폭 (공유 활동 정도)	• 매일의 중요한 사건 말하기 • 정치집회 함께 참여하기 • 배우자에 의해 이해됨 • 가사에 대한 의사결정	• 춤추기, 애무, 수영, 빨래, 테니스, 쇼핑, 정원 가꾸기, 성행위, 기타 성적 행위	• 서로 떨어져 있을 때 정서적 지지 위해 전화함 • 가족 비극과 슬픔을 경험함 • 자녀 졸업으로 자존감을 경험함 • 일상적 갈등을 해결함
개방성 (자기 노출)	• 서로의 가치 목표를 말함 • 정치나 윤리 등 논쟁점을 토론 • 친밀한 언어를 사용함 • 거짓말할 필요를 느끼지 않음 • 배우자와 비밀을 공유하며, 배우자 비밀에 대해 행동의 자유를 줌	• 오래된 옷 입는 것 자유로움 • 배우자 앞에서 몸치장하기 • 배우자 앞에서 화장실 일 보기 • 발가벗음 • 서로 신체탐색에 제한이 없음 • 서로의 영역에 대해 제한 없이 물리적 공간/사물을 공유함	• 개인의 꿈이나 백일몽을 설명함 • 함께하자고 하거나 "time out"을 자유롭게 부를 수 있음 • 개방성 유지(다른 친밀한 관계와의 정서적인 관련에 대해서 노출함) • 매일의 기쁨과 좌절을 이야기함 • 분노/원한 등 긍정/부정적 정서 표현함
깊이 (자아 핵심 부분 공유)	• 배우자를 잘 앎 • 파트너의 신뢰/사랑에 대한 믿음을 가짐 • 서로 자아의 합일감을 느끼는 경험을 때때로 함 • 자아나 파트너의 중요 특성 변화를 위해 함께 노력함	• 배우자 앞에서 휴식을 취하거나 만족감과 복지감을 느낌	• 상대의 사랑에 대한 보답을 바라지 않고 관계에 헌신함 • 자신만큼 파트너를 배려함 • 파트너의 다른 친밀한 관계에 대해 질투하지 않고 지지함

출처: 정현숙, 유계숙(2001). p. 142의 내용을 문장 수정함.

이와 유사한 개념으로 Giddens(2003)는 중독적 관계와 대비되는 친밀한 관계에 대한 개념을 <표 4-26>와 같이 제안하고 있다.

표 4-26 Giddens(2003)의 중독적 관계와 친밀한 관계의 특성

중독적 관계	친밀한 관계
'사랑할 그 누군가'를 발견하는 데 사로잡힘	자아의 발전을 최우선으로 함
즉각적 희열에 대한 욕구	장기적 만족에 대한 욕망: 단계적으로 발전하는 관계
섹스나 헌신을 위해 파트너를 압박함	선택의 자유
권력(power)의 불균형	관계 내에서 균형과 상호성
통제를 위해 행사되는 권력을 쥠	타협, 협상 또는 번갈아 주도
말 안하기 규칙(No-talk rule), 특히 사정이 좋지 않을 때	욕구, 감정의 공유, 파트너가 당신에게 갖는 의미 존중
조작(manipulation)	솔직함
신뢰의 결여	적당한 신뢰(즉 파트너의 근본 본성에 비추어 그 사람이 어떻게 행동할 지를 대충 알 수 있는 것)
자신의 욕구충족 위해 파트너를 변화시키려는 시도들	각기 타자의 개인성을 포용
망상과 불쾌 회피에 기초한 관계	현실의 모든 면을 다루는 관계
언제나 똑같은 관계	항상 변화하는 관계
한 파트너가 일들을 주선하고 상대를 구해내 주리라는 기대	파트너 각자에 의한 자기-배려
융합(Fusion, 상대방의 문제와 감정에 사로잡힘)	사랑에서 우러난 초연함(그냥 내버려 두면서 파트너의 안녕과 성장에 쏟는 건강한 관심)
공포와 뒤섞인 열정	우정과 배려에서 비롯한 섹스
문제에 대해 자기나 파트너를 비난	함께 문제를 해결
고통과 절망의 순환	편안함과 만족의 순환

출처: Giddens (2003). 배은경, 황정미 역. pp. 155-156.

(2) 섹스리스(sexless) 부부

친밀감 발달에 성은 중요한 역할을 한다. 그러나 우리나라에서는 성에 대한 언급을 금기시한다거나 강요된 성관계 요구와 성에 대한 이중기준(정현숙, 유계숙, 2001) 등 오랫동안 남녀차별적인 성기준이 지배적이었다. 그러나 최근에는 섹스리스 부부가 증가하고 있다고 한다. 일반적으로 '최근 1년간 성관계 횟수가 월 1회 이하'일 경우를 섹스리스로 구분한다고 한다. 연합뉴스(2016.6.29)의 기사에 의하면 기혼과 미혼을 포함한 전체 성인 남녀의 섹스리스 비율은 38.2%이며, 연령이 올라갈수록 비율이 높아져 50대 이상 기혼자는 43.9%에 달한다고 한다. 결혼기간별로 11-20년차 부부는 30.7%, 21-30년차는 37.2%, 31년차 이상은 53.9% 등으로 결혼기간이 길어질수록 비율은 증가하였다. 이 기사에서는 2014년 일본의 섹스리스 비율은 44.6%, 전 세계의 비율은 20% 수준으로 우리나라는 이 비율이 매우 높은 수준이며, 그 결과 부부들의 결혼생활만족도나 성생활만족도가 낮다고 한다. 이런 결과의 이유 중 하나로 부부의 각방 사용을 지적하였다.

김영애와 박태영(2018)은 부인과의 성관계를 회피하는 남편들을 대상으로 한 가족치료를 통해 섹스리스 문제에 대한 전인식단계(정서적 이혼상태, 남편의 감정억압과 자아상실, 성(性) 의사소통회피)

-인식단계(배우자에게 전이된 감정인식, 가장으로써 권위가 없는 남편, 남편과 시어머니의 밀착된 관계, 원가족에서 전수된 역기능적인 의사소통방식)-준비단계(자녀훈육에 대한 조언, 역기능적인 감정표현 시도, 서툴지만 의사표현 시도)-행동단계(자기문제에 초점두기, 측은하고 안쓰러운 남편, 남편과 새로운 연결 시도, 시모에 대한 이중적 관점, 기능적인 의사소통방식을 통해 부부간의 친밀감 재형성)-유지단계(부부가 서로 배려하면서 핵가족 중심의 새로운 삶을 만들어감)로 변화를 가능하게 하는 상담전략을 제시하였다.

(3) 혼외관계

Time(2001.3.19.)은 혼외관계를 배우자를 배반한 행위(unfaithful)라고 정의한다. 학술분야에서 혼외관계는 결혼한 사람이 배우자 이외의 사람과 성적인 관계를 갖는 것(이영숙 등, 2000; Eshelman, 2000)을 의미하며, 간통은 법적인 용어로 배우자 이외의 사람과 밀접한 관계를 맺는 행위를 의미하는데(정현숙, 유계숙, 2001), 우리나라의 경우 1953년 제정된 간통제가 2015년 헌법재판소의 위헌결정에 따라 폐지되어 배우자와 상대에게 형사처벌은 불가능해졌지만 민사소송을 통해 위자료 등은 받을 수 있게 되었다.

Mark 등(2014)은 관계에서 남녀의 성적 욕망의 목적은 매우 다면적이어서 남성들은 성욕분출, 오르가슴과 상대방을 즐겁게 해주기 위한 목적을 높게 지적하며, 여성들은 정서적 친밀감과 성적으로 남성보다 매력적이라는 느낌이 중요하다고 한다. 이러한 점들이 혼외관계와도 관련된다. 정혜정과 김병수(2009)는 문헌고찰을 통해 성중독증, 남성우월주의에서 나온 가부장적 혼외관계, 모델링에 의해 세대간 전수된 혼외관계, 성격차이로 인한 부부갈등 등이 혼외관계의 원인으로 주장되었으며, 이들의 연구를 통해 원만하지 못한 부부관계와 여성편력도 추가적인 원인이라고 지적하였다. 양다진과 조희선(2005)은 외도하는 여성 74%가 시집과의 갈등, 경제적 이유 등 '결혼생활 불만족'을 외도의 이유로 지적하였으며, 이외에도 성관계에 대한 불만족(73.2%), 여성 본인의 개인적인 도덕성(26.0%), 충동성(25.6%) 등도 제시하였다. 반면 남성들은 뚜렷하게 세분화된 이유가 없었다고 한다. Spring과 Spring(2012)은 미국의 경우에 외도 이유가 남녀 간 차이가 있는데 남성은 성적 파트너를, 여성은 마음의 친구를 찾기 위해 외도를 하며, 여성은 그들의 외도가 사랑이라고 믿으며 괴로워하는 반면, 남성은 사랑이 아니라고 생각하고 즐긴다고 한다(Spring & Spring, 2012). 남성과 여성 모두 성역할고정관념과 개방적 결혼인식 및 혼외관계 수용성이 성적 외도 실행의도(신성자, 2017)에 영향을 미친다.

외도의 원인에 관계없이 일반적으로 외도는 부부관계의 신뢰감에 영향을 주는 중요한 사건으로 이혼의 중요 원인이 되고 있다. 2000년 8.1%, 2010년 8.6%이던 외도로 인한 이혼의 비율은 2017년 전국의 이혼 10만6천 건 중 성격차이(43%), 기타(20%) 다음으로 7천5백건이며 전체 7.1%로 감소하였다(통계청, KOSIS 자료).

그러나 최근에는 관계회복을 위한 상담의 중요성이 대두되고 있다. 미국 사업사업가인 Reynolds (www.affairrecovery.com/newsletter/founder/therapist-mistakes-with-infidelity-recovery)는 다양한 상

담사례를 분석하여 상담가들이 외도를 다룰 때 저지르기 쉬운 7가지 특징을 발견했는데 ① 초기 상담에서 결혼에서의 외도에 초점을 맞추거나, ② 신뢰롭지 못했다고 내담자를 낙담시키면서 외도 사실을 숨기며 진실을 밝히지 말도록 하며, ③ 회복과정에 대한 교육을 소홀히 하며, ④ 외도를 한 배우자에 대해 다른 배우자가 비난하는 것을 허용하거나, ⑤ 용서를 지나치게 빨리하도록 강요하거나, ⑥ 관계를 안정화하는 데 실패하거나, ⑦ 현실적인 기대를 제공하는 데 실패하는 경우들이 외도를 잘못 다루는 방법임을 강조한다. 따라서 구체적인 회복방법으로 문제에 초점을 맞추고, 회복과정에 대해 충분히 교육을 하여야 하고, 외도대상을 지나치게 고립시키거나 정서적으로 공격하기보다는 효율적인 방법으로 회복할 수 있도록 외도의 경험을 부끄러워만 하지 않게 하면서 관계를 안정화하려는 노력을 지지하도록 해야 한다고 한다.

우리나라에서도 외도문제가 발생할 경우 상담적인 노력이 부부관계를 새롭게 정립하는 계기로 작용한다는 연구들이 보고되고 있다. 최연실(2006)은 배우자의 외도 노출 이후 정서적으로는 충격단계(감정적으로 요동을 경험)-유예단계(정서적으로 덜 반응하면서 부정의 의미를 새김)-이동단계-긍정적 결과단계의 변화과정을 지난다고 한다. 또한 배우자 외도로 인해 애착손상을 경험한 아내들에 대한 연구를 통해 서미아(2018)는 남편의 외도를 경험한 여성들이 충격기(땅이 흔들리고 세상이 뒤집히다)-폭풍기(이전의 내가 아닌 딴사람이 되어가다)-냉담기('함께'가 아닌 '혼자' 인생의 길을 걷다)-전환기(깨달음의 순간을 만나다)-자유기('나' 자신이 만족하는 삶을 만들어가다)의 다섯 단계의 과정을 발견하였다. 그러나 이러한 단계들은 배우자의 외도를 경험한 시기와 변화에 소요된 시간에 따라 차이가 있으며, 시간의 흐름에 따른 새로운 사고와 정서, 배우자 및 다른 지지자원, 종교 및 상담프로그램 등의 영향이 있었다고 한다.

3. 생애주기에 따른 부부관계

모든 가족관계는 지속적으로 변화 발전한다. 결혼을 통해 형성된 부부관계도 신혼기를 거쳐 노년기 부부관계로 변화되는데, 이 장에서는 각 단계에서의 중요한 발달과업을 중심으로 설명하고자 한다.

1) 신혼기

신혼기에 대한 명확한 규정은 없으나 일반적으로 자녀를 출산하기 전까지를 신혼기로 명명하며, 우리나라 통계청의 신혼부부 통계는 결혼 5년 미만을 기준으로 한다. 통계청(2018)의 신혼부부 통계에 의하면 <그림 4-18>과 같이 2017년 약 140만 쌍이 혼인을 하였으며, 평균소득은 약 5,300만 원이지만, 26.1%가 연간소득이 3-5천만 원에 속하며, 3년 후 맞벌이 비중은 62.6%에서 43.2%로 감소하며, 69.8%가 출산하여 평균 출생아 수는 0.8명이다.

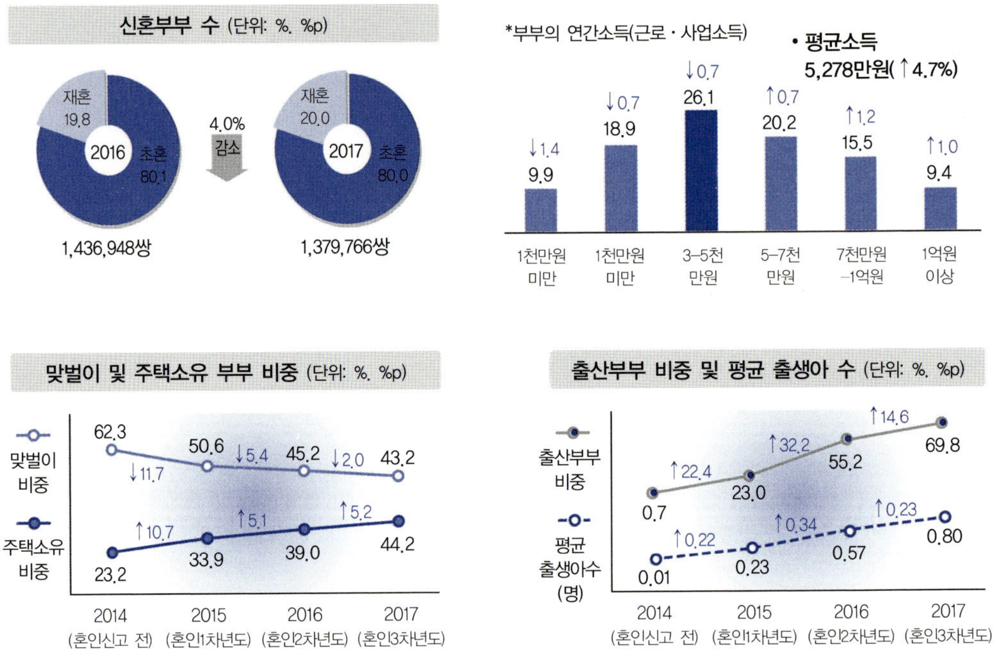

그림 4-18 신혼부부 수, 연간소득 및 혼인 3년차 초혼 신혼부부의 변화상
출처: 통계청(2018). 2017년 신혼부부 통계결과 보도자료. p. 2.

(1) 신혼기의 과업

<그림 4-18>과 같이 높은 맞벌이 비중과 출산율 등을 고려해 볼 때 신혼기는 다른 성장배경을 가진 부부가 함께 생활함으로써 다양한 갈등이 잠재되어 있기 때문에 안정적인 결혼생활을 위한 많은 노력이 필요한 시기로 볼 수 있다.

정현숙과 유계숙(2001)은 부부의 건강한 관계형성을 위해 신혼기에 중요하게 수행해야 하는 과업을 다음과 같이 정리하였다. 구체적으로 ① 자신과 배우자의 역할에 대한 기대와 경계를 명확히 설정하고, 특히 자신의 원가족과의 유대감이 부부간 유대를 방해하지 않도록 적절한 경계 설정도 필요하며, ② 성공적인 부부관계와 갈등해결에 효율적인 의사소통체계를 구축하며, ③ 친밀감을 높이기 위해 성에 대한 적응이 이루어져야 하며, ④ 부모됨을 위해 부모 이미지 형성과 자녀 출산 및 양육에 대한 계획을 세우고, ⑤ 일과 가족을 조화시킬 수 있는 계획을 수립하고, ⑥ 재정계획을 통해 효율적인 재정관리기술을 습득하고, ⑦ 친족과의 관계방법과 지원방법 등을 구체적으로 논의하여야 한다. 이밖에도 가사분담방법이나 여가를 보내는 방법 등 도구적인 과업을 위한 구체적인 논의도 필요하다.

여성취업의 증가로 인한 맞벌이가족의 증가는 평등한 가사분담과 일과 가족을 양립하기 위한 방안에 대한 요구가 증가하고 있다. 직장과 가사분담에 관해 신혼기 동안에는 <표 4-27>의 Schwartz와 Scott(1994)가 제안한 내용을 점검하는 것이 매우 중요하다.

표 4-27 Schwartz와 Scott(1994)의 직장과 가사분담에 관한 신혼기의 계획

문제		점검내용
직업 관련 문제	직업 조화	• 둘 다 취업을 원하는가? • 둘 다 취업을 원한다면, 누구의 직업을 우선적으로 할 것인가? • 만일 직업으로 인하여 이사를 가거나 별거를 해야 한다면, 어떻게 의사결정을 내릴 것인가? 이 문제로 인하여 서로 갈등이 생길 경우 어떻게 해결할 것이며, 그에 대한 의사결정 사항은 앞으로 자녀를 갖는 시기나 가사분담에 어떠한 영향을 미칠 것인가?
	맞벌이	• 맞벌이를 할 필요가 없더라도 두 사람이 다 일을 할 것인가? • 맞벌이를 한다면 자녀양육은 어떻게 해결할 것인가? 둘 중 한 사람이 취업을 하지 않고 집에서 자녀양육을 담당할 수 있는가? 가능하다면(하지 않다면) 그 이유는? • 반드시 맞벌이를 해야 한다면 양질의 탁아를 위해서 어떠한 대안들을 가지고 있는가? • 가족과 일 사이에서의 역할 갈등에서 오는 스트레스는 어떻게 처리할 것인가?
가사분담		• 개인으로, 그리고 배우자로서 어떠한 역할을 기대 받고 있는가? • 가사는 어떻게 분담할 것인가(구체적으로 다음의 각 활동들을 누가 맡을 것인가? 자녀 돌보기, 식사준비, 청소, 세탁, 재정 및 각종 청구서 관리, 장보기, 쓰레기 치우기, 집안보수 및 자동차 관리, 정원 및 애완동물 관리, 여가 및 휴가계획 등) • 가사분담에 대한 의사결정은 각자 개별적으로 할 것인가, 아니면 공동으로 할 것인가? 만일 서로의 의견이 불일치한다면 어떻게 조정할 것인가?

출처: 정현숙, 유계숙(2001). pp. 326-327 내용을 정리함.

(2) 신혼기 부부유형

Arnold와 Pauker(1987)는 다양한 연령과 직업을 가진 신혼기 부부 455명과 75명의 오래 결혼생활을 유지한 부부들을 대상으로 한 종단적 심층인터뷰를 통해 <표 4-28>과 같이 다섯 가지 신혼기 부부유형을 발견하였다. 이들은 사무실과 집에서의 대면 인터뷰와 전화 인터뷰를 함께 이용하여 자료를 수집하였다.

표 4-28 Arnold와 Pauker(1987)의 신혼기 부부유형

유형	특징
찰떡 궁합형	• 오랫동안 열렬히 사랑하고 결혼한 유형으로 결혼 후 변화에 대한 기대가 대단하며 마침내 결혼으로 자신들의 꿈이 이루어진 커플 • 둘만의 관계에 함몰되어 친구관계가 소원해지고, 서로의 삶에 깊숙이 관여되어 자궁 속에 함께 있는 것과 같은 관계 • 부부간이나 개인에게 문제가 있어도 그 원인을 친척이나 이웃 혹은 세상으로 돌리는 경향이 있으나 신혼기 때의 일반적인 패턴임 • 관계적 위험이 따를 수 있으며, 개인의 정체성을 잃을 수도 있음
실망한 몽상가형	• 결혼과 배우자에 대해 이상적인 상을 가지고 있기 때문에 배우자에 대해 잘 모르고 결혼을 하거나, 막연히 잘 될 것이라는 기대를 가지고 결혼하기 때문에 새로운 결혼생활에 많은 기대를 가지고 있어 결혼생활을 통해 상대방 약점, 장점을 알게 되면서 환상이 깨져 실망하게 됨 • 사랑보다는 배우자의 경제력이나 권력을 보고 결혼한 사람들은 그것이 결코 정서적인 만족감을 주지 않는다는 것을 깨닫고 실망하게 됨 • 결혼으로 식어가던 애정이나 문제가 있던 관계가 다시 살아날 수 있기를 기대했던 사람들이기 때문에 결혼이 만병통치약이 아니라는 것을 깨닫고 실망하는 과정을 거치게 됨
두려운 도망자형	• 일부 신혼기 부부는 결혼생활의 친밀감이 두렵고 당황스러워 합법적으로나 혹은 약물이나 술 등을 통해 결혼생활을 벗어나려고 함 • 이전 관계에서 상처를 받았거나, 이전의 관계를 잊지 못하는 경우도 있음 • 자신의 공격성과 분노감을 어떻게 통제해야 하는지 모르기 때문에 현재의 겁나고, 혼돈되고, 화가 난 감정 때문에 배우자에게서나, 혹은 자신이 직면하지 못하여 결혼관계를 도망치는 것이 더 쉬운 결정이라고 생각하기 때문에 이러한 유형을 선택하는 경향이 있음
따분한 부부	• 혼전동거를 했거나 오래 사귀었던 사람들로 결혼 후 어떤 변화가 있는지 잘 인식하지 못하는 유형으로 결혼 후 많은 변화를 기대하지 않기 때문에 결혼 전 개인적인 일상들이 변화하는 것을 원치 않는 부부유형 • 이들은 행복하지만 결혼 전의 관계를 변화시켜야 할 이유가 없다고 생각하며, 결혼이 자신들의 삶에서의 기대와 욕구를 바꿀 수 없다고 생각함. 전형적인 결혼생활을 거부함 • 결혼이 생활에 어떠한 변화를 가져옴을 인정하고 결혼생활 속에서 자신의 개인성과 자율성을 유지할 수 있다고 느끼면 이전의 관계보다 더 깊은 친밀감을 유지하게 됨
현실적 이상 주의자형	• 이념적으로뿐 아니라 실제로도 깊게 사랑하여 결혼한 부부들로 결혼은 많은 적응과정이 필요하며, 결혼생활은 기쁠 때도 슬플 때도 있으며, 많은 문제가 불가피한 것이라고 인식하며 이에 대한 책임감도 인식하는 부부 • 결혼 전 격렬한 문제가 있었으나 커플로서 이 문제를 해결했으며, 관계에 대해 현실적으로 이해하고 있는 가장 이상적인 부부유형 • 결혼이 만병통치약은 아니지만 그들이 만들어 갈 수 있음을 알고 있으며, 관계의 긍정적인 면에 감사하며 갈등과 분노를 다룰 줄도 알고 있음

2) 확대기

확대기는 자녀 출산을 통한 가족의 수와 관계가 확장되는 것이 특징이다. 실제로 낮은 출산율과 자녀 수의 감소는 부모자녀관계의 특성에 많은 변화를 가져왔다. 이전 세대와는 달리 현대사회에서는 부모됨을 선택하는 데 많은 어려움이 있는데, 특히 맞벌이가족의 증가는 여성역할의 어려움을 가중시키고 있다.

(1) 부모기로의 전이시기와 출산 이후 부부의 발달과업

Cowan과 Cowan(1999), Anderson과 Sabatelli(1999)는 부모기로의 전이시기의 부부의 발달과업은 부모역할에 대한 정체감 획득, 결혼관계와 3세대관계 및 가족 밖에서의 새로운 역할과 관계의 변화에 적응해야 됨을 강조한다.

정현숙과 유계숙(2001)은 자녀출생 이후에는 좀 더 현실적인 관점에서 가족의 규칙과 부모의 정체감을 재조명해야 하는데 구체적으로 ① 부모역할 수행을 위해서 아동중심체계로 가족 규칙을 수정하고, 부모 및 자녀에 대한 정체감을 습득해야 하며, ② 가족의 경계 변환을 위해 가족과 친구의 거리를 재조정하고, 신혼기에 설정한 부부경계를 자녀의 욕구도 충족하고 부부관계도 유지하는 방향으로 수정하며, 일과 가족경계가 균형 있게 유지되도록 부부간에 역할과 기대를 조정해야 하며, ③ 가사분담과 가정경제에 대한 관리를 위해 가사분담방식을 재수정하여야 하고, ④ 가족의 수와 관계가 확대됨에 따라 가족의 정서적 분위기를 관리하기 위한 전략도 수립하여야 하는데, 특히 만족스러운 성생활 유지를 포함해 부부관계의 질을 유지하기 위한 노력과 함께 자녀와 함께하는 여가활동에 대한 계획도 수립하고, ⑤ 확대기가족에서 새롭게 나타나는 갈등영역을 관리하는 전략도 필요하다.

그러나 실제로 맞벌이가족의 경우 서울시여성가족재단의 보도에 의하면 가사 및 육아 등에 남성 참여는 매우 저조한 실정으로 맞벌이부부의 하루 평균 가사노동시간은 아내가 총 3시간 27분, 남편은 58분 수준이다(중앙일보, 2019.4.1.). 일 · 가정 양립에 대한 사회적 관심의 증가와 육아휴직에 따른 소득감소를 보전하는 정책 등으로 남성의 육아휴직은 증가하는 추세이지만, <그림 4-19>와 같이 2017년 육아휴직자는 여성 90,123건, 남성 12,043건으로 남성이 여성의 13.4%의 수준이다(고용노동부, 2018). 따라서 평등적 관점의 부모역할과 부부역할을 조화롭게 유지하기 위한 전략이 요구된다.

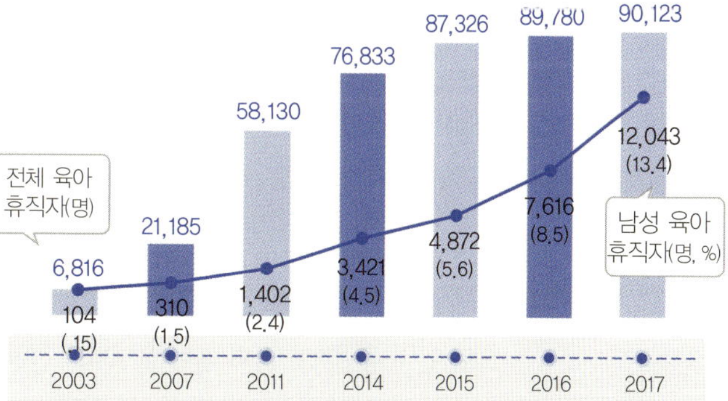

그림 4-19 육아휴직자의 수와 남성 육아휴직자 비율
출처: 서울시여성가족재단(2018.7.12). 젠더브리프, p. 3.

(2) 확대기 동안 부모역할의 변화

부모역할의 발달적 관점에서 Galinsky(김세희 등 역, 1992; 청소년 대화의 광장, 1997)는 태아에서 18세까지 자녀를 둔 부모를 면접하여 부모들도 자녀들의 성장에 따라 다양한 단계를 거친다는 점을 발견하였다. 각 단계마다 부모는 자신이 가진 부모로서의 이미지와 실제 사이에서의 갈등을 해결하려는 과정에서 성장하며 변화하기 때문에 부모역할이 성인으로서의 성장에 중요한 과정이라는 점을 강조한다. 구체적으로는 <표 4-29>와 같이 자녀들의 연령에 따라 역할이 변화하기 때문에 각 단계에서 구체적인 과업을 수행해야 한다고 한다. 이러한 과정에서 부부는 파트너로 함께 성장하도록 노력하여야 한다.

표 4-29 Galinsky의 발달적 관점의 부모역할

단계	연령	특징
이미지형성 단계	임신기	• 임신기 동안 어떤 부모가 될 것인가에 대한 이미지를 형성하는 단계 • 신체적, 물질적 준비를 하며 어떤 부모가 될 것인가를 부부가 함께 논의하며 배우자와의 관계를 정립하는 시기
양육단계	0–2세	• 첫 단계에서 세운 부모의 이미지와 현실을 일치시키는 작업과 부모가 된 현실을 인정하고 애착과 돌봄의 과정을 통해 자녀와 적응하는 단계
권위형성 단계	2–4, 5세	• 부모가 지니는 권위의 범위를 설정하고, 한계와 거리감을 두고 자녀가 따르게 하는 것이 중요한 과제임 • 자녀의 성역할과 자아정체감이 형성되는 시기이므로 이를 조장하고 부모의 권위도 새롭게 조정하며, 특히 자녀와의 분리와 재결합에 대한 경계도 새롭게 설정해야 함
설명단계	학령전기–청소년	• 자녀들에게 부모 자신의 역할과 세상과 사물에 대한 이치를 설명해 주는 시기. 개별화와 분리에 대한 욕구가 충돌하는 시기이므로 건전한 발달을 조장하고 새롭게 생기는 자녀와의 다양한 갈등을 효과적으로 처리하는 기술이 요구됨 • 가족의 역할과 권위를 재조정함으로써 부부의 경계와 자녀의 경계도 재조정하는 시기
상호의존 단계	청소년기 자녀	• 사춘기의 제2차 성징이 나타나는 시기로 자녀를 성적 욕구를 지닌 존재로 받아들이고, 자녀의 변화 수용이 중요함 • 기존의 방식을 탈피하여 의사소통방식을 개선해야 하는 시기
떠나보내는 단계	자녀의 분가	• 심리적, 물리적으로 자녀를 떠나보내는 단계 • 자녀가 떠난 후 부부관계의 적응과 새로운 부부관계 형성 시기

출처: 정현숙, 유계숙(2001). pp. 374-375 내용 재정리.

3) 중년기

일반적으로 중년기는 부부들의 연령을 기준으로 40-60세 미만에 해당하는 시기로 구분한다. 이러한 기준으로 볼 때 2017년 현재 중년기 인구는 약 1,700만 명으로 전체 인구의 33.1%를 차지하고 있다(통계청, 2017). 중년기는 전체 인구 중에서 차지하는 비율도 높을 뿐만 아니라 평균수명의 연장으로 인해 중년기의 삶의 질이 노년기의 전반적인 삶의 질을 결정하는 데 매우 중요한 역할을 할 수 있다(최지영, 곽금주, 전숙영, 민하영, 김경은, 2012)는 점에서 중년기 가족의 질적인 삶에 대한 사회적 관심이 증가하고 있다. 특히 여성의 경제활동 참여율 증가로 인하여 맞벌이가족은 보편적인 가족형태가 되고 있는데, 맞벌이가족 중 중년기가족의 비율은 61.1%를 차지하고 있다(통계청, 2017).

그러나 평균수명의 지속적인 증가로 통계청에서는 40-64세를 중장년층으로 규정하여 다양한 통계치를 제공하고 있다(참고 4-1). 2017년 중장년층은 총 인구의 39.4%이지만 전체 가구의 65.2%를 차지한다. 이들 중 2-3인 가구의 비중이 52.3%로 다수를 차지하며, 53.4%가 아파트에 거주하며 63.3%가 주택을 소유하고 있고, 76.9%가 임금노동자이다. 이러한 통계로 이들 중 많은 수가 핵가족이면서 맞벌이를 하는 중산층임을 추정할 수 있다.

(1) 중년기 부부관계의 중요성

중년기는 신체에 대한 민감한 반응이 일어나는 갱년기와 함께 오며, 인생관과 부부관계에 대한 인식 변화 등 다양한 신체적 · 정신적 변화가 나타나는 시기이다. 신은희와 정현숙(2019)은 중년기 부부관계는 길어진 노후의 삶을 준비하는 매우 중요한 시기로 다음과 같은 이유로 부부간 적응의 중요성을 강조한다. 첫째, 중년기는 남녀 모두 신체적 · 심리적 · 사회적으로 변화가 많은 시기이며, 이로 인하여 신체적 노화, 노후에

참고 4-1 중장년층의 인구통계학적 특성

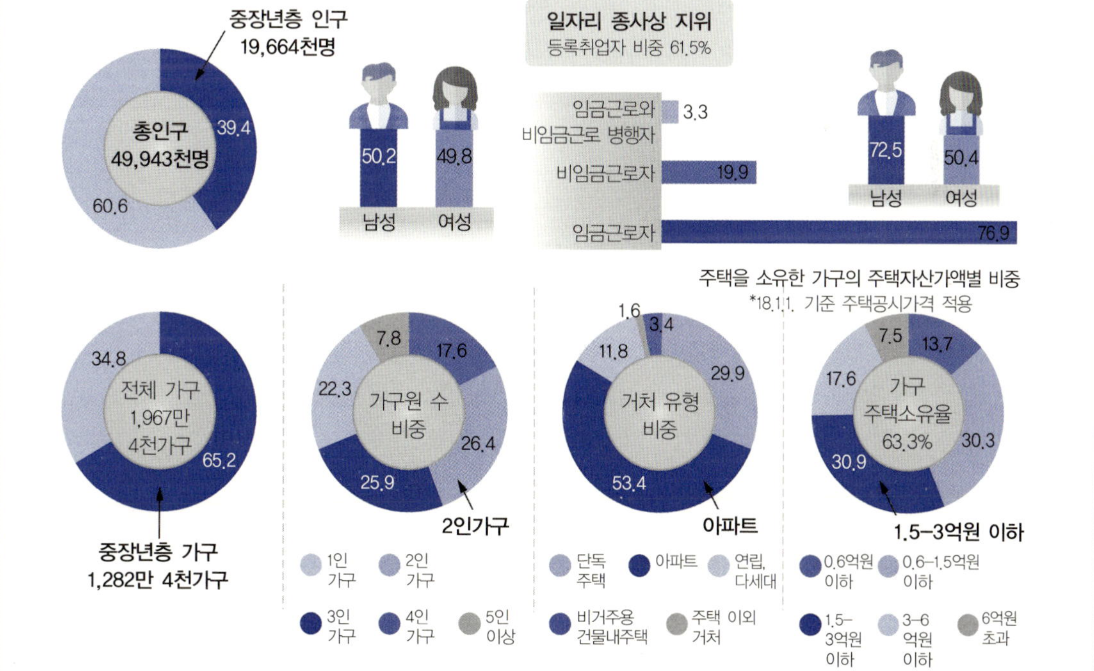

출처: 통계청(2018). 2017년 기준 중장년층 행정 통계 결과.

대한 불안감, 실직과 은퇴와 같은 직장에 대한 스트레스, 자녀양육과 노부모부양의 이중부담에 대한 스트레스가 많아지는 시기이기 때문에 중년기의 변화에 적응하지 못하면 삶의 위기로 인식될 수 있지만 적응하게 되면 새로운 기회가 공존되어 변화하는 세계 속에서 인생의 적응력을 발전시키는 삶의 전환기가 될 수 있으며, 성공적인 노년기를 맞이할 수 있도록 준비하는 매우 중요한 시기라는 점을 강조한다. Levinson(1978)도 중년기를 인생 구조 변화에 따라 생물학적 능력이 감퇴하지만 사회적 책임은 더 커지는 시기이므로 이에 대한 스트레스가 증가하는 시기라고 하였지만, 반대로 중년기를 인생 전반에 있어 개인적 · 가족적 · 사회적으로 깊은 성장을 이루는 시기로 보기도 한다(Bandura, 1997). 따라서 이러한 변화에 부부가 어떻게 적응하는가는 이후의 삶에 매우 중요하다는 것이다. 특히 최정숙(2009)은 중년기는 가족발달주기로 볼 때 자녀청소년기에서 자녀독립기에 해당하는 시기이며 자녀들이 학업이나 군대로 일시적인 분거가족을 경험하기도 한다. 이러한 이유로 이 시기는 자녀의 성장과 학업성취를 격려하면서도 자율성을 허용하는 형태로 부모자녀관계를 변화시켜야 하기 때문에 청소년 자녀와 부모와의 관계에서 친밀감이 형성되지 않으면 갈등을 경험하게 되고 청소년 자녀와의 갈등이 가족건강성을 저해하는 중요한 요소가 된다.

둘째, 중년기는 가족생활주기상 청소년기 자녀를 양육하기도 하고, 자녀의 성장으로 인해 부모로서 역할이 감소되고 다시 부부관계가 중요해지는 등 가족체계에 많은 변화가 있는 시기이며, 길어진 평균수명으로 인해 가족 내 노부모와 성인자녀가 공유하는 생애주기가 확장되면서 가족구조와 세대 간 상호작용이 변화하는 시기라는 점에서 중요한 적응의 시기이다. 즉, 중년기 가족체계에서 중요한 관계인 부모자녀관계에서의 갈등이나 세대관계에서의 상호작용적 특징 등이 가족의 건강한 적응에 중요하며 이후의 건강한 노년을 준비하는 데도 매우 중요하다.

셋째, 여성의 경제참여율 증가로 인하여 맞벌이가족은 보편적인 가족형태가 되었는데, 통계청(2017)의 '일 · 가정 양립지표'에 따르면 맞벌이가구의 비율은 자녀의 나이에 따라 다소 차이를 보였는데, 취학 전 자녀를 둔 맞벌이가구의 비율은 39.7%, 초등학생 자녀가 52.7%, 중고등학생 자녀가 58.3%로 자녀가 청소년기로 갈수록 높았다. 이처럼 청소년기 자녀가 있는 중년기 맞벌이가족의 비율이 증가하고 있는데 이러한 가족구조적 특징이 가족관계에서 긴장을 증가시키는 요인이 되고 있다는 것이다. 특히 맞벌이가족 부부의 일과 가족 갈등은 한 개인이 여러 역할을 수행하면서 각 역할의 요구에 따른 수행 정도가 일치하지 못함으로써 발생하게 된다. 즉, 일과 가족생활에서 느끼는 갈등은 직장영역과 가족영역에서 요구되는 역할이 상충할 때 발생한다(Greenhaus & Bautell, 1985; 김필숙, 이윤석, 2015). 따라서 이러한 가족의 구조적 특징을 고려하고 이후 진행될 은퇴 등을 고려하여 가족생활 전반에 대한 준비와 계획이 요구되는 시기이다. 이러한 이유로 많은 학자들은 가족생활주기에 따라 결혼만족도는 U자 곡선을 나타내며, 청소년 자녀가 있는 부부의 결혼만족도가 가장 낮고 이후 증가하는 패턴을 보인다는 점을 강조한다.

(2) 중년기 부부관계의 영향요인

중년기의 부부관계에 영향을 미치는 요소에 대한 연구들을 정리한 신은희와 정현숙(2019)은 중년기 부부관계에 4가지 요인이 중요하게 영향을 미친다고 하였다. 첫 번째는 성과 교육수준, 월평균 소득 등이 영향을 미치는데 여성보다 남성의 교육수준이 높을수록, 자녀 수가 많을수록, 월평균소득이 높을수록 가족건강성이 높다고 한다.

두 번째는 일과 관련된 가족 및 직장의 환경적 요인으로 가정일로 인해 직장일이 방해받는 갈등 정도와 직업만족도, 일로 인한 가족스트레스, 기혼 중년남성의 직무만족, 맞벌이 기혼남녀의 직업유형, 맞벌이 기혼남녀의 근무시간, 일과 가정의 균형을 위한 휴일 유무 등의 복리후생제도 등이 가족건강성에 영향을 미친다.

세 번째는 부부관계 중 긍정적 부부의사소통과 친밀감 등이 결혼만족도에 영향을 미친다고 한다.

네 번째는 세대관계적 특징으로 이 시기는 청소년 자녀를 양육하면서 노년기부모세대를 부양해야 하는 시기로 이중의 부담이 있는 시기이다. 따라서 중년기 부부의 노부모와의 관계와 청소년 자녀와의 관계는 중요한 영향요인이 된다. 실제로 부모와 청소년 자녀와의 관계가 긍정적일수록 가족건강성이 높게 나타났으며, 청소년 자녀문제로 스트레스가 높을수록 가족건강성이 낮다. 또한, 청소년 자녀와의 갈등은 결혼만족도에 영향을 미친다고 하였다. 그러나 노부모와 성인자녀와의 온정적인 양육 경험이 부모-자녀 친밀감에, 고부갈등과 아내의 결혼만족도, 장서관계의 관계만족도, 중년기 노부모와 성인자녀관계가 부부의 결혼만족도에 영향을 미친다. 이와 같이 자녀세대와 고부

참고 4-2 네이버 카페 '우아한 갱년기', 게시판별 단어 Top 250

출처: women50.net, 중앙일보(2018.12.3, 23면). "자식 다 키우니 내 자리 없어" 50에 찾아온 인생2막.

관계 등 세대관계적 측면도 중년기 부부관계에 중요한 영향요인이다(신은희, 정현숙, 2019).

이러한 연구결과들은 실제 중년기 여성들의 삶에서 잘 나타나 있다. 네이버카페 '우아한 갱년기'의 게시글(중앙일보, 2018.12.3)을 분석해 만든 워드클라우드는 <참고 4-2>와 같다. 갱년기, 남편, 아들, 딸, 증상, 아프다, 몸, 폐경 등 갱년기 증상에 대한 내용과 자녀들에 대한 생각들, 남편과의 관계 등 중년기의 어려운 상황들이 잘 드러나 있다. 따라서 위에서 지적한 다양한 특징과 이러한 갱년기적인 신체 · 심리적 상활들을 고려할 때 동반자적 부부관계를 위한 부부들의 노력이 절실히 요구되는 시기이다.

(3) 중년기 부부의 과제

중년기는 변화와 기회의 시기로 인식된다. 자녀들의 독립은 부부의 관점에서는 새로운 전환점이 되기도 한다. 정문자 등(2016)은 빈둥지와 관련된 위기에 대한 관점이 여성에게는 위안, 성장의 기회, 결혼만족도와 성취의 증가라는 관점으로 변화되었음을 지적한다.

정현숙과 유계숙(2001)은 부부관계의 성장을 위해 상대방의 심리적 상태를 이해하고, 자녀들에게 쏟았던 애정을 부부 서로에게로 향하게 하고, 서로의 변화를 긍정적으로 받아들일 때 부부들은 자신들의 관계의 기반을 다시 찾게 되고, 새로운 역할과 생의 목표를 찾을 수 있게 된다는 점을

표 4-30 중년기의 새로운 부부관계를 위한 제언

과제	구체적 내용
1. 나 자신을 이해하는 것, 나를 알리는 것부터 시작하라.	• 내가 원하는 것, 느끼는 공포, 실망하는 것, 기쁨과 만족을 주는 것이 무엇인가를 인식하고, 부부가 서로 나누자. • 절대 배우자가 내 마음을 알아줬으면 하지 말고, 내가 원하는 것을 요구하자.
2. 이야기하고 들을 수 있는 대화 시간을 갖자.	• 대화를 위한 시간을 남겨두자(단 5분만이라도 집중할 수 있는 시간). • 부부가 서로 번갈아 생각과 느낌을 듣고, 이야기하자. • 판단하거나 평가하지 말고 이해하려고 노력하자. • 서로 지지해 주고 격려해 주자.
3. 감사와 애정을 표시하자.	• 사랑한다거나 가치 있게 받아들여진다고 느끼면 이미 관계가 진전되는 것임을 인식하자. • 중년기는 부부 서로가 매우 중요하며, 자신의 행동에 대한 확신을 바라는 특별한 욕구가 많은 시기임을 깨닫자. • 배우자에게 '~에 대해 고맙게 느낀다' 등을 표현해야 한다. 이러한 표현이 배우자와의 신뢰감을 증가시킨다.
4. 결혼이 성장하게 하라.	• 남는 시간이 아니라, 당신의 가장 소중한 시간을 배우자에게 주어라. • 가족생활교육 프로그램에 함께 참여해서 차를 정비하듯, 결혼을 정비할 기회를 가져라.
5. 함께 즐거움을 느끼는 행동을 발견하라.	• 부부가 함께할 수 있는 프로그램을 생각해 보고 여가를 같이 보낼 방안을 강구하라.
6. 변화를 기꺼이 받아들여라.	• 변화된 목표와 욕구를 이야기함으로써 계속 새롭게 하라. • 당신에게 중요하고 만족스러운 일들을 탐색함으로써 계속 변화하게 하라. • '항상 하고 싶었던 일'이나 '감히 하지 못했던 일'을 해보라. • 새로운 일을 할 계획을 세우고, '이렇게 해보는 것이 어떨지', '우리 둘이 이런 걸 해보면 어떨지' 등을 제안해 본다.

출처: 정현숙, 유계숙(2001). p. 393.

강조한다. 이를 위해서 부부들은 중년기의 변화를 인식하고 이를 자연스러운 현상으로 받아들여 개인적 성장이 이루어지도록 해야 한다. 이러한 개인의 성장이 바탕이 될 때 부부관계는 자연스럽게 성장할 수 있다. 구체적으로는 ACME(The Association for Couples in Marriage Enrichment)에서 제안한 방법은 ① 현실적이고 성숙된 결혼생활을 위해 상대방에 대한 기대를 수정하고, ② 많은 정서적 변화가 일어나는 시기이므로 서로 지속적인 정서적 지지를 하며, ③ 성적인 즐거움을 줄 수 있는 의사소통을 지속적으로 유지하며, ④ 삶의 스타일을 재정비할 수 있도록 우선순위를 정하고 성장할 수 있도록 새로운 방법들을 제안한다(표 4-30 참조).

이 밖에도 결혼생활 20년 이상의 중년기 부부들을 대상으로 인터뷰한 최지원, 유혜원(2018)의 연구에 의하면 공존과 균형, 역지사지, 가치실천을 위한 행동, 대화의 미학, 나의 편이라는 신뢰와 믿음 등의 요인들이 결혼생활과정에서의 위기와 갈등극복요인들이라고 한다. 또한 문상정(2018)은 부부간의 여가 경험이 중년기 부부의 갈등을 완충하여 스트레스를 감소시키는 효과가 있다고 강조한다.

William Sadler(김경숙 역, 2000)는 평균수명의 증가로 경계선, 즉 인생의 한복판에 선 중년을 서드에이지(third age)로 명명하면서 역할 모델 없이 나이 들어가는 중년들을 위해 새로운 성장을 위한 6가지 원칙을 제시하였는데 21세기를 살아가는 중년들에게 많은 시사점이 있다. 이 책에서는 ① 중년의 정체성 확립하기, ② 일과 여가활동의 조화, ③ 자신에 대한 배려와 타인에 대한 배려의 조화, ④ 용감한 현실주의와 낙관주의의 조화, ⑤ 진지한 성찰과 과감한 실행의 조화, ⑥ 개인의 자유와 타인과의 친밀한 관계의 조화 등 6가지 원칙과 실행계획들을 제시하는데, 중년의 부부관계에도 잘 적용될 수 있는 내용들이다. 특히 '일과 여가활동의 조화'를 위해 직업과 경력을 넘어서 재미있는 일, 집안일, 봉사, 배움까지를 포함하는 일의 범위 확대를 강조한다. 또한 4번째 원칙에서는 가족, 친구 지원그룹, 상담자 등 외부의 도움과 격려를 받아들이고 자신감과 유머감각을 키우는 것을 강조한다.

4) 노년기

평균수명의 증가와 남녀의 기대수명의 차이(그림 4-20 참조) 및 혼인연령의 남녀차이 등으로 노년기 부부관계는 매우 다양한 특성을 나타낸다. 통계청(2019)의 2018년 혼인이혼통계에 의하면 혼인한 남성의 6.1%와 여성 1.3%가 60세 이상이다(통계청, 2019). 따라서 노년기 부부관계는 혼인생활을 오랫동안 지속한 부부뿐만 아니라 노년기에 결혼한 부부들까지 포함한 다양한 구조에 대한 관심도 필요하다.

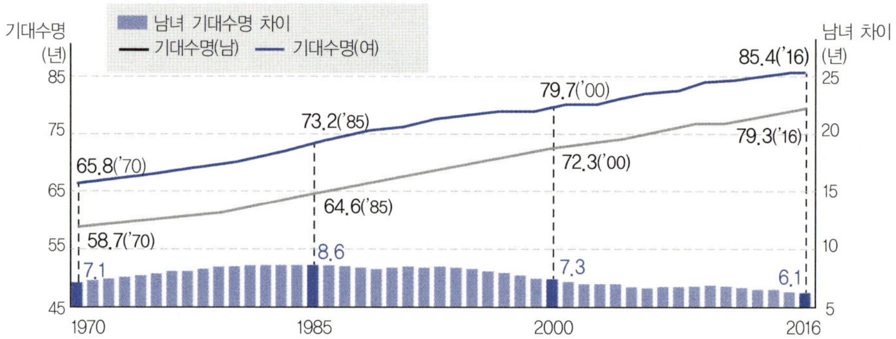

그림 4-20 성별 기대수명 및 남녀 기대수명의 차이(1970–2016년)
출처: 통계청(2017). 2016년 생명표 보도자료. p. 4.

(1) 노년기 부부의 발달과업

<그림 4-21>과 같이 우리나라 65세 이상 고령인구의 비율은 2050년까지 지속적으로 증가할 것으로 예측되며 2067년에는 전체 고령자 중 34.4%가 75-84세, 28%가 85세 이상으로 현재와는 매우 다른 노년기와 부부관계가 예측된다. 또한 <그림 4-22>의 인구피라미드와 같이 현재의 종형 구조의 피라미드가 이동하게 되는 2017년은 노인인구의 비율은 현저하게 증가하게 되면서 노년기의 가족관계에 대한 새로운 대비가 필요할 것이다. 특히 초기 노년기와 중후기 노년기의 발달과업은 매우 다른 양상으로 나타날 것이므로 이에 대한 대비도 요구된다.

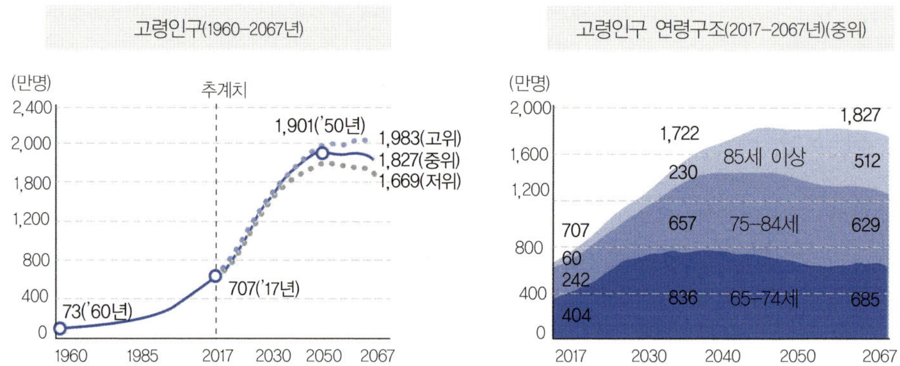

그림 4-21 고령인구(1960–2067년)와 고령인구 연령구조(2017–2067년)
출처: 통계청(2019). 장래인구추계: 2017-2067 보도자료. p. 12.

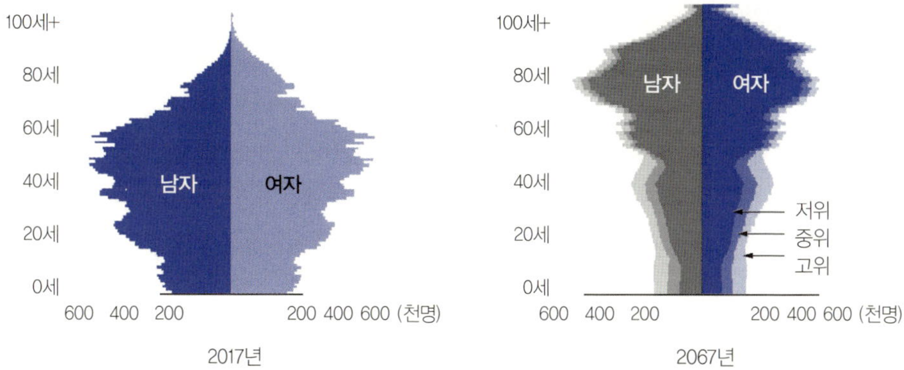

그림 4-22 인구피라미드(2017), 장래인구추계에 따른 인구피라미드(2067)
출처: 통계청(2019). 장래인구추계: 2017-2067 보도자료. p. 18.

일반적으로 초기 노년기 부부의 발달과업은 ① 쇠퇴나 무기력 등의 신체적 노화에 적응하고, ② 신체적 변화에 따른 성적 적응을 포함해 부부체계 내에서의 관계의 질을 높이는 방향으로의 노력이 요구되며, ③ 50세 후반에서 60세 초반에 이루어지는 은퇴를 고려하여 일과 가족생활을 조화롭게 준비하는 등의 노력이 요구된다(정현숙, 유계숙, 2001).

특히 평균수명의 증가는 <그림 4-23>과 같이 '죽음을 속이는' 방식의 과학발달에 기인한다. 이 잡지(Economist, 2016. 8. 13-19호)에 의하면 생화학 혁명을 통해 유전자조작 기술이 더 진화하고 있으며, 반 노화처지를 위한 가능성이 증가하지만 가장 중요한 예측요인이 소득이므로 소득양극화에 따른 노화의 차이도 우려한다. 또한 신체적 변화가 정신적 특성을 변화시킬 것인가에 대한 새로운 연구도 필요하다고 지적한다. 그러나 무엇보다도 우려되는 사항은 연속적 단혼제와 같은 결혼형태의 변화로 부부관계의 복잡성은 더욱 증가하며, 여성의 자유에 대한 인식의 변화에 따라 가부장적 남성의 위기를 노년기 부부관계에서 어떻게 극복할 것인가도 중요한 과제라고 한다.

그림 4-23 죽음을 속이다
출처: Economist (2016). 표지사진

우리나라의 경우 100세 이상의 장수자가 가장 많은 지역은 괴산으로 인구 천 명당 100세 이상 고령자가 42.1명이다. 이들에 대한 음주와 흡연에 대한 연구결과에 의하면 이들 중 평생 음주를 안 한 비율이 76.7%, 흡연을 안 한 비율이 79%로 매우 높다(중앙일보, 2016.7.26, 2면). 그러나 우리나라 100세 이상 3,159명을 분석한 결과에 의하면 장수에는 건강의 절제된 식습관, 규칙적인 생활, 낙천적 성격, 유전적 요인이 중요하다고 한다. 그러나 73.2%가 만성질환자이며, 43.1%가 노인요양원이나 요양시설에 거주하는 특징이 있다(통계청, 2016, 인구주택총조사). 이러한 통계를 볼 때 장수는 얻었으나 젊음을 얻지 못할 경우나 치매 등 장기적인 질병과 함께 살아가야 하는 가족관계에서의 문제점도 노년기 부부관계에서 새롭게 검토해야 하는 과업 중 하나이다.

(2) 노년기의 부부관계에 영향을 미치는 요인과 부부관계 유형

노년기 부부관계에 영향을 미치는 요인은 부부간의 관계적 특성과 부모자녀관계 및 건강 등 다양한 요인이 영향을 미친다. 특히 부부간 친밀한 의사소통과 애정표현은 이들의 심리적 복지감에 긍정적인 영향(조혜숙, 최수일, 2011)을 미친다.

자녀와의 관계도 중요한 영향요인으로 초기 노년기 부부의 자녀세대와의 관계를 중심으로 유형을 분석한 정혜정, 이주연(2012)의 연구에서는 '부부자녀관계 혼미형', '부부자녀관계 갈등형', '부부자녀관계 친밀추구형', '부부자녀관계 친밀형'의 4개 집단 유형이 나타나는데 결혼기간이 긴 부부들이 '부부자녀관계 혼미형'이 많았다. '부부자녀관계 친밀형' 집단은 교육수준이 높고 부부가 함께 하는 활동의 비율이 높으며 다른 집단보다 심리적 부적응수준이 낮다. '부부자녀관계 갈등형'은 부부가 주로 혼자 활동하는 비율이 높으며, 부부 모두 우울, 불안, 신체화 수준이 높은 것이 특징이다. 이러한 연구는 노년기 부부의 부부관계에 자녀세대와의 친밀한 관계가 중요한 영향요인임을 보여준다. 그러나 백옥미(2018)의 연구에서는 자녀와의 동거는 부부가 함께 동거할 때는 삶의 만족도수준이 높았으나 홀로 자녀와 동거하는 가구의 경우 독거를 지속한 가구보다도 삶의 만족도수준이 낮다고 한다. 이러한 연구결과들을 볼 때 노년기 부부의 자녀와의 동거 유무보다는 관계의 질이 중요하며 또한 부부관계가 자녀와 동거하는가 아닌가 보다 더욱 중요함을 알 수 있다. 또한 중년과 노년을 대상으로 한 염지혜와 전미애(2018)의 연구에서는 부부 모두 서로의 건강상태가 배우자의 부부관계 만족도에 정적인 영향을 미치며, 특히 남편의 건강상태가 아내의 부부관계 만족도에 미치는 영향이 반대의 경우보다 더 크다고 한다.

변화순(1999)은 <표 4-31>과 같이 의사소통, 의사결정, 자녀양육과 역할분담 및 정서적 관계를 기준으로 노년기 부부유형을 구분하였다. 그러나 이러한 노년기의 부부유형도 평균수명의 증가와 조손관계의 변화로 인한 조부모역할의 변화 등을 고려할 때 새로운 연구가 요구된다.

표 4-31 변화순(1999)의 노인부부유형

	의사소통	의사결정	자녀양육	역할분담	정서적 관계
가부장적 부부관계	남편중심 일방적	남편〉부인	어머니 담당	남편 바깥일 부인 집안일	남편 완고, 무심, 부인 전적 담당
수정된 가부장적 부부관계	남편 중심적, 그러나 부인 의견존중	대체적으로 남편〉부인 융통성 있음	주로 어머니 양육담당 아버지 협조적이며 훈육담당	주로 남편 바깥일 부인 집안일 수행 그러나 상호교환적	남편 집안 식구에게 관심을 가짐
평등적 부부관계	양방적	유연성 있음	부모공동육아, 공동훈육	공동참여	남편과 부인 서로 전적으로 이해

출처: 변화순(1999). pp. 19-29.

노년기 배우자 간 지원교환에서 수혜를 중심으로 유형을 구분한 남석인, 김세진, 김호정(2018)은 상호교환, 정서교환도구수혜, 도구수발수혜, 도구수혜, 도구수발지원의 5가지 유형을 구분하고 유형에 따라 우울수준이 차이가 나타난다고 한다. 남성은 상호교환에 비해 일방적으로 지원을 할 경우, 여성도 일방적으로 지원을 제공할 때 우울수준이 높다고 한다. 노화로 만성질환을 앓고 있는 배우자의 돌봄경험에 대한 구승신(2016)의 연구에서는 여성노인들은 공동체적 가족의식과 성역할의 고정관념을 가지고 돌봄역할을 당연한 것으로 수용하고 있다고 한다. 또한 부부간 친밀감과 정서적 애착이 깊을수록 동기부여는 강화되며, 돌보는 과정에서 상호 간 소통과 공감대가 형성되면서 이러한 공감대가 돌봄관계를 지속하는 기제로 작용한다고 한다.

4. 부부관계의 대안적 경로

이혼과 재혼, 질병과 남녀의 평균수명의 차이 등으로 인한 부부 중 한 명의 사망 등은 일반적인 부부관계의 경로인 신혼기를 거쳐 노년기로의 과정과는 매우 다른 경로를 보여준다. 이 절에서는 이혼, 재혼과 졸혼 등 대안적 경로에서의 부부관계를 살펴본다. 배우자의 죽음을 포함한 가족구성원의 죽음과 관련한 내용은 이 책의 8장 체계로서의 가족에서 함께 다루고자 한다.

1) 이혼

(1) 이혼관련 통계

이혼은 결혼에 의한 부부관계가 협의 혹은 재판이혼을 통해 법적으로 종결되어 두 사람이 각각 독신으로 돌아가는 상황을 의미하며, 우리나라의 경우 「통계법」과 「가족관계의 등록 등에 관한 법률」에 따라 전국의 시 · 구청 및 읍 · 면사무소에 신고한 이혼신고서의 신고내용을 기초로 통계가 생산된다.

우리나라 조이혼율(인구 천 명당 이혼건수)은 <그림 4-24>와 같이 1970년 0.4%(11,615건)에서 1990년 1.1%(45,694건), 2004년 2.9%(13,8932건)를 최고점으로 2018년에는 2.1%(108,684건)로 감소하였다. 이혼한 부부들의 연령은 2018년의 경우 <그림 4-25>와 같이 남녀 모두 40대가 가장 많은 수를 차지한다. 결혼기간에 따른 이혼율은 1998년 0-4년이 가장 높은 비율인 반면, 2018년에는 고령화와 베이비붐 세대가 노년기로 이동하면서 20년 이상의 이혼이 높은 비율로 증가하고 있다.

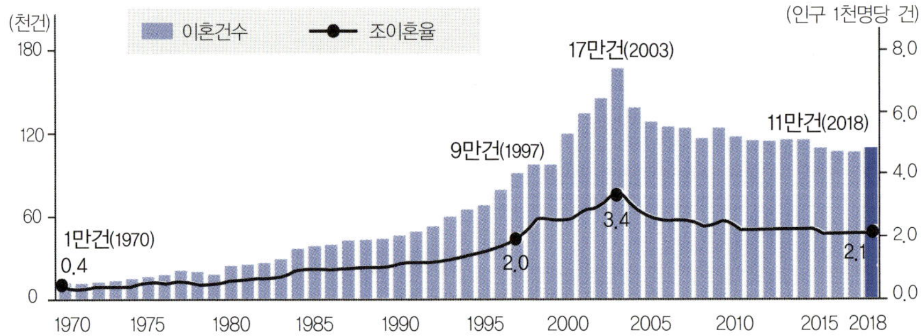

그림 4-24 이혼건수와 조이혼율(1970-2018년)

출처: 통계청(2019). 2018년 혼인이혼통계. p. 2.

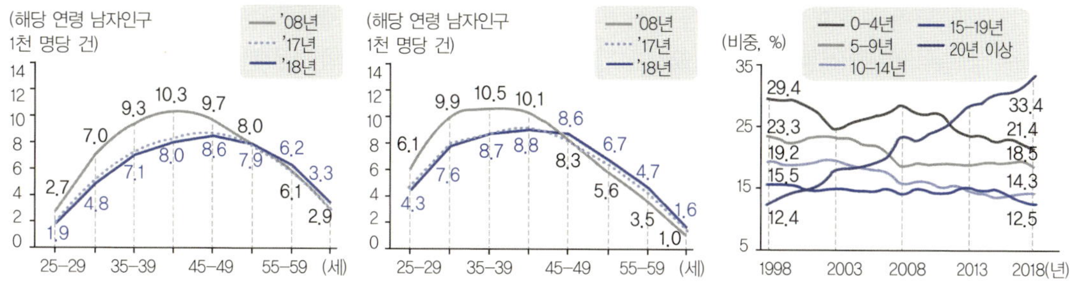

그림 4-25 연령별 남녀의 조이혼율과 결혼기간에 따른 이혼율

출처: 통계청(2019). 2018년 혼인이혼통계. p. 2.

그러나 이혼이란 결혼에 의한 부부관계가 협의나 재판을 통해 법적으로 종결되어 두 사람이 각각 독신으로 돌아가는 상황을 의미한다. 우리나라의 이혼건수는 꾸준히 증가하여, 1970년 한 해 1만 건 수준에서 1980년에 2만 건, 2003년에는 17만 건을 최고점으로 이후 감소하고 있으나 2018년에는 11만 건으로 고원현상을 보이고 있다. 이혼의 원인은 시대에 따라 많은 차이가 있으나 2017년 이혼건수 약 10만 건 중에서 이혼 사유는 성격차이(43.1%), 경제문제(10.1%), 배우자 부정(7.1%), 가족간 불화(7.1%), 정신적 · 육체적 학대(3.1%)의 순서이다(통계청, kosis.kr).

(2) 이혼의 단계와 적응과정

정문자 등(2016)은 이혼은 일련의 단계로 변화가 일어나는 과정이라고 한다. 이혼과정이 잘 이루어지기 위해서는 각각의 단계를 잘 지나야 하는데, ① 배우자들이 그들의 결혼생활에서 무엇이 잘못되었는지를 인지하는 단계에서, ② 관계에서 불만족했던 것이 무엇이었는지 서로 이야기하는 시기를 거쳐, ③ 별거하기로 결정하고, ④ 새로운 가족단위로 재구조화되는 단계를 거칠 때 부부 각자가 잘 적응할 수 있다고 한다. 또한 자녀가 있는 경우 자녀양육과 관련된 문제들을 해결하고, 특히 결혼관계가 어려운 상황에서도 부모로서의 협조적 관계를 유지하는 것이 중요한 과업이라고 한다. 이 과정에서 부부의 적응을 위해서는 결혼이 끝났다는 사실을 받아들이고, 이전 배우자와는 평화로운 관계를 유지하며, 결혼이 깨진 상황에서의 자신의 역할을 받아들이고, 사회적 지원망을 개발하고, 독신으로서의 자신의 능력감을 새롭게 정립하며, 과거보다는 미래를 향하는 등의 행동을 하는 것이 중요하다. 자녀들도 부모의 결혼생활이 끝났다는 사실을 받아들이고, 그들에게 감정을 표현하며, 두 부모로부터 모두 다 사랑받고 있다고 느끼며, 한 부모에 대한 사랑이 다른 부모와의 애정에 해가 되지 않는다는 확신을 받음으로써 이혼 이후 적응이 촉진된다고 한다.

행복하거나 불행한 부부들의 삶을 연구한 Waite 등(2002)은 '이혼이 사람들을 행복하게 만들까요?'라는 제목의 5년 종단연구에서 부부들이 불행하다고 하는 원인은 크게 ① 외부의 스트레스(병, 실직, 우울증, 자녀문제), ② 남편의 문제행동(가부장적, 약물, 알코올), ③ 의사소통문제와 성격특성의 어려움(만성적 갈등, 의사소통문제, 정서적인 유기 등) 등 3가지 유형이지만, 2번 유형인 '남편의 문제행동'으로 이혼이나 별거를 통해 부부관계를 벗어난 사람들을 제외하고는 이혼이 성인들에게 희망적인 심리적 혜택은 주지 않았다고 결론내렸다. 또한 이들 집단의 경우 관계의 회복에 상담이 효과적이라는 사람은 상대적으로 적었지만 남편의 문제행동의 경우 남편의 행동변화에 압력을 넣는 다른 사람들의 지원은 효과적이라고 한다. 이러한 연구결과는 부부관계의 문제 유형에 따라 다른 대처전략의 필요성을 제기하는 결과이다. 이 연구와 관련한 자세한 연구결과는 8장 체계로서의 가족 중 스트레스 부분에서 자세히 다루었다.

2) 재혼

부부 중 한 명이 이혼이나 사별로 다시 결혼하게 되는 경우가 재혼이다. 우리나라의 재혼율은 1998년 이후 지속적으로 증가하여 <그림 4-26>과 같이 전체 결혼에서 남성의 16%, 여성은 18.1%가 재혼이다. 재혼의 경우 <그림 4-27>과 같이 남녀 모두 재혼연령은 증가하고 있다.

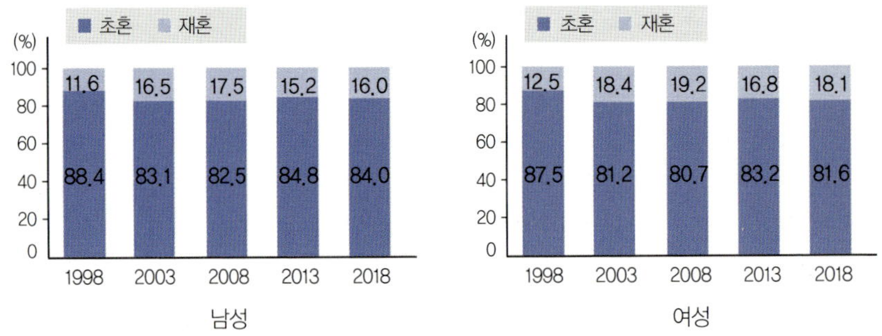

그림 4-26 혼인종류별 구성비(1998-2018년)
출처: 통계청(2019). 혼인이혼통계. p. 5.

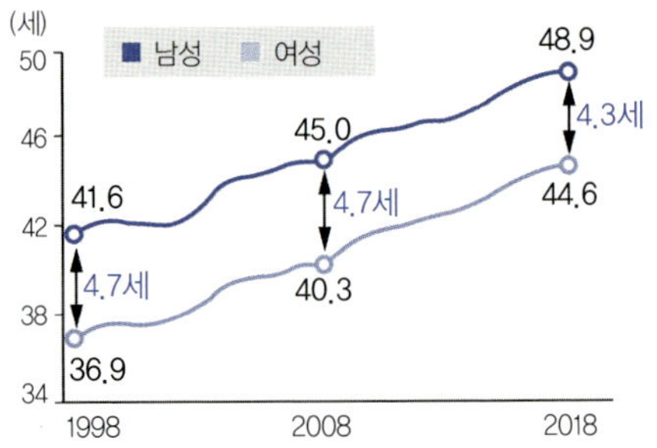

그림 4-27 평균재혼연령과 남녀연령차(2008-2018년)
출처: 통계청(2019). 혼인이혼통계. p. 6.

재혼의 경우 <표 4-32>와 같이 2018년의 경우 남녀 모두 재혼이 11.9%로 가장 높은 비율을 차지하며, 여성 재혼+남성 초혼이 다음으로 6.2%를 차지한다.

표 4-32 혼인종류별 건수(2008-2018년)

구분		2008	2009	2010	2011	2012	2013	2014	2015	2016	2017	2018	구성비
계*		327.7	309.8	326.1	329.1	327.1	322.8	305.5	302.8	281.6	264.5	257.6	100.0
남성	초혼	270.2	255.8	273.0	277.4	275.9	273.8	257.9	256.4	238.1	222.5	216.3	84.0
	재혼	57.2	53.8	53.0	51.6	51.1	48.9	47.5	46.4	43.3	41.7	41.1	16.0
여성	초혼	264.5	250.7	268.5	272.6	270.5	268.4	251.5	250.0	232.4	216.8	210.3	81.6
	재혼	62.8	58.8	57.5	56.4	56.5	54.3	53.9	52.7	48.9	47.4	46.7	18.1
남(초)+여(초)		249.4	236.7	254.6	258.6	257.0	255.6	239.4	238.3	221.1	206.1	200.0	77.6
남(재)+여(초)		15.0	13.9	13.9	13.9	13.5	12.8	12.0	11.7	11.1	10.5	10.2	4.0
남(초)+여(재)		20.6	19.0	18.3	18.7	18.9	18.2	18.4	18.0	16.7	16.2	15.9	6.2
남(재)+여(재)		42.1	39.8	39.1	37.7	37.6	36.1	35.5	34.7	32.1	31.1	30.7	11.9

*미상 포함, 남(초): 남성 초혼, 남(재): 남성 재혼, 여(초): 여성 초혼, 여(재): 여성 재혼.
출처: 통계청(2019). 혼인이혼통계. p. 5.

미국의 경우 재혼은 이전 결혼이 끝나자마자 곧 이루어지며, 이혼 후 1년 이내에 재혼하는 사람의 비율이 약 30%이다. 재혼율은 남성들이 여성들보다 높고, 인종적으로는 백인들이 흑인과 히스패닉 남성들보다 높고, 교육수준이 높고 직업이 있는 여성과 나이가 어린 여성들의 재혼 가능성이 높다고 한다(정문자 등, 2016). 그러나 우리나라의 경우 재혼하는 사람 중 대다수가 두 부부가 모두 재혼을 하는 경우이며, 이혼 후 재혼이 높은 비중을 차지하고 있어 이러한 삶의 다양한 상황에 직면한 자녀들의 경우 부모들보다 더 많은 어려움을 겪게 된다. 특히 이혼 후 이사나 전학, 한부모와의 자발적 · 비자발적 별거 및 부모의 갈등에 노출되는 등 더 많은 가족의 전이를 거치게 되므로 비자발적으로 참여하게 되는 자녀들을 지원하는 것이 부부의 중요한 과업 중 하나이다.

이러한 어려움뿐만 아니라 Visher와 Visher(1990)는 재혼가족이 초혼가족과 달리 ① 모든 재혼가족은 중요한 상실을 경험하고 있고, ② 모든 가족구성원들이 역사를 가지고 관계에 들어오며, ③ 부모-자녀의 유대가 새로운 부부관계보다 먼저 형성되었으며, ④ 친부모가 어딘가에는 존재하여 영향력이 남아 있으며, ⑤ 자녀들이 두 가구의 구성원일 경우가 많아 두 개의 질적으로 다르고 비교되는 가족환경에 노출되어 있으며, ⑥ 계부모들이 법적 권리가 상대적으로 적기 때문에 초혼의 가족과는 매우 다른 경험과 어려움에 직면한다고 한다. 이러한 특징은 우리나라 상황도 비슷하며 재혼가족을 위한 법적, 제도적 장치의 부재와 함께 사회적 편견 등에도 직면해야 한다. 또한 친인척 관계의 중요성이 강조되는 한국문화에서는 특히 경계의 모호성으로 가족관계의 복잡성이 증가한다. 이러한 이유로 McGoldrick과 Carter(2005)는 재혼가족에서의 성공적인 기능화를 위해서는

참고 4-3 재혼가정 자녀 '동거인' 표기 없앤다

2016년 8월 1일부터 주민등록 등 · 초본상 표기되는 재혼한 배우자의 자녀와 세대주의 관계를 민법과 가족관계등록법에 따라 '배우자의 자녀'로 표기하는 방안이 시행되었다. 재혼한 배우자의 자녀는 지금까지 주민등록 등 · 초본의 세대주와의 관계 항목에서 동거인으로 표기됐다. 2008년 1월 이전엔 재혼한 배우자의 자녀는 민법상 가족이 아니었기 때문이다. 민법이 개정되면서 당시 재혼가정의 배우자의 자녀도 가족에 포함됐으나 동거인 표기는 바뀌지 않고 그대로 사용되어 왔다. 재혼 여부가 등 · 초본에 드러나지 않도록 하려는 이유에서였다. 하지만 '동거인'이라는 표기가 오히려 가족이 아니라는 오해를 일으키는 바람에 아이에게 상처를 주고, 다자녀가구 혜택을 신청할 때 별도로 서류를 내야 하는 문제 등이 발생함에 따른 조치다. 이에 따라 현재는 '처'와 '남편'으로 표기하던 것을 가족관계증명서 표기와 일치시켜 '배우자'로 표기하고 아들 · 딸 모두를 '자'로 표기하던 것을 양성평등을 고려하여 '자녀'로 표기한다.
재혼한 배우자의 자녀는 새아버지와의 관계에서 '배우자의 자녀'로 표기되어 '가족'에 해당된다는 사실이 명확해짐으로써 앞으로 다자녀가구 혜택을 신청할 때 불편을 겪지 않게 된다. 또한, 같이 살고 있지 않아도 부양의무를 충실히 이행하고 있는 친아버지와의 관계에서도 가족으로서의 소속감을 가지게 된다. 그러나 행정자치부는 재혼한 배우자의 자녀를 세대주의 자녀와 동일하게 자녀로 표기하자는 의견에 대해 "재혼한 배우자 자녀는 세대주와 혈연관계가 없어 민법상 자녀가 아님에도 등 · 초본에만 자녀로 표기하면 상속 등 법적 지위와 관련해 혼란이 우려된다"고 밝혔다. 이런 경우에는 민법상 입양이나 친양자 입양을 하면 자녀로 표기할 수 있다. '배우자의 자녀'로 표기된 등 · 초본의 경우 민원24와 무인민원발급기는 7월 30일부터, 읍 · 면사무소 또는 동 주민센터에서는 8월 1일부터 발급받을 수 있다.

출처: 부산여성신문(2016.7.27).

부모역할을 할 때 전통적인 성역할 사회화보다는 친부모의 자기 자녀에 대한 역할을 더 우선시하여 부모역할을 하는 것이 필요하며, 각각의 배우자가 자신의 전 배우자와 협력하여 자신의 친자녀를 훈육하고 키우는 데 일차적이고 공동의 부모역할과 책임을 져야 한다는 점을 강조한다.

우리나라의 경우도 가족법의 개정으로 재혼가족과 관련된 법적 문제들이 <참고 4-3>과 같이 변화되고 있으나 여전히 재혼가족은 사회적으로 많은 편견과 불편한 시각에 직면하고 있으며, 이전 결혼에서의 어려움들이 지속되는 등 적응상의 어려움도 겪고 있다.

따라서 새로운 부부의 적응을 위해서는 적응과정에서 중요한 문제들이 잘 다루어지도록 하는 노력이 필요하다고 한다. 정문자 등(2016)에 의하면 재혼과정은 크게 4단계로 진행되는데 각 단계에서 <표 4-33>과 같은 중요한 이슈들이 잘 다루어졌을 때 재혼가족의 적응이 촉진되며 가족체계는 성공적으로 이행기를 거쳐간다고 한다.

표 4-33 재혼가족체계의 발달

발달단계	중요하게 다루어야 하는 문제들
구애와 재혼을 위한 준비단계	• 이전 이혼의 해소 • 한부모가족 구조로의 점진적인 변화 • 재혼에 대한 예상
초기 재혼단계	• 재혼가족으로서의 정체성 과업 규정하기 – 신화와 환상 극복: 이상적 가족, 즉각적 사랑, 사악한 계모 등 – 공동의 기대와 정체감 형성
중간 재혼단계	• 외부의 도움과 개입 활용 • 확대되는 가족경계의 재구성
후기 재혼단계	• 정서적 유대의 강화 • 계부모의 역할 인식

출처: 정문자 등(2016). pp. 471-481의 내용을 정리함.

토론해 봅시다

1. 중앙일보(2018.4.9, C7면, news.joins.com/article/22517613)의 '피임은 완벽한 시기에 임신하기 위한 인생계획의 일부'라는 기사에서 미국 UCLA메디컬센터 산부인과 전문의인 애니타 넬슨 교수와 삼성서울병원 산부인과 최두석 교수의 대담을 게재하고 있다. 이들은 성관계 연령이 낮아지고, 청소년의 피임률은 20-25% 수준이며, 젊은이들도 다양한 피임방법을 인지하지 못하며, 성관련 지식을 성교육보다는 온라인 정보에 의존한다고 한다. 이러한 뉴스에 기초해 볼 때 데이트관계에서 피임은 어떠한 의미이며 어떠한 방식이 있는지 토론해 보자. 또한 부부관계에서 피임에 대한 의사소통방법은 어떠해야 하며, 부부관계에서 피임은 어떠한 방식으로 이루어져야 하는지 토론해 보자.

2. '일본 아키타현, 4년간 4800명 맞선 주선 400쌍 결혼 성공'(중앙일보, 2016.7.26, 4면)과 '전국 첫 결혼팀 만든 달서구, 정부서 예산 지원해야'(중앙일보, 2016.7.26, 5면, news.joins.com/article/20356949) 등 기사를 읽고 결혼이 정부의 예산지원과 정부개입 타당성이 있는 이슈인지 토론해 보자.

3. '비혼동거'도 법적인 보호를 받아야 한다는 사회적 요구가 증가하고 있다. 비혼동거 가족의 어려움은 무엇이며, 이러한 변화에 의해 야기될 가족관계의 특징을 토론해 봅시다.

4. 보건사회연구원(2015)의 '2015년 전국 출산력 및 가족보건복지실태조사'에 의하면 우리나라 젊은이들은 성, 연령과 취업 여부에 따라 비혼 이유를 다음과 같이 제시하고 있다. 이 표를 토대로 젊은이들은 결혼의 의미와 동기를 어떻게 개념화하고 있으며 성, 연령, 취업 여부에 따라 어떠한 차이가 있는지 토론해 봅시다.

비혼 이유	미혼 남성	연령(세)		취업 여부		미혼 여성	연령(세)		취업 여부	
		30–34	35–44	취업	비취업		30–34	35–44	취업	비취업
소득이 적어서	10.9	13.1	8.8	12.2	3.9	3.5	3.5	3.6	2.7	9.1
실업	4.2	4.5	4.0	–	25.0	1.3	1.3	1.2	–	9.1
고용 불안	5.7	7.7	3.5	4.3	11.8	1.6	1.8	1.2	1.5	1.8
주택 마련 곤란	8.3	10.4	6.2	8.9	5.3	0.5	0.4	0.6	0.3	1.8
결혼비용 마련 곤란	4.4	5.4	3.5	5.4	–	2.3	2.7	1.2	2.1	3.6
결혼생활비용 부담 커서	7.9	10.9	4.9	8.1	6.6	2.0	2.2	1.8	1.8	3.6
결혼–직장양립 곤란/사회활동 지장 우려	0.2	0.5	–	–	1.3	7.7	10.2	4.2	8.8	–
이른 나이	1.6	2.7	0.4	1.9	–	1.2	1.8	0.6	1.2	1.8
결혼 시기 놓침	7.1	1.4	12.8	7.8	3.9	6.5	1.8	13.2	6.2	7.3
상대방에 구속되기 싫어서	3.5	3.2	4.0	3.8	2.6	4.4	3.1	6.6	3.5	10.9
나의 일에 더 충실 희망	5.1	6.8	3.5	5.9	1.3	9.2	9.7	8.4	10.3	1.8
결혼제도가 남편 중심	–	–	–	–	–	4.3	4.0	4.8	5.0	–
건강/장애	1.6	1.8	1.3	–	9.2	1.4	0.4	3.0	0.6	5.5
시간 부족	3.3	2.3	4.4	3.8	1.3	1.7	0.9	3.0	2.1	–
결혼 생각 없음	6.8	6.3	7.5	6.8	7.9	11.0	11.5	10.2	10.9	12.7
이성 만날 기회 없어	8.6	6.3	10.6	9.5	3.9	5.0	5.8	3.6	5.6	1.8
기타	3.5	2.7	4.4	2.4	7.9	3.7	4.9	2.4	2.7	10.9

출처: 한국보건사회연구원(2015). 2015년 전국 출산력 및 가족보건복지실태조사.

5. 사회의 변화에 따라 가족에 대한 가치관이 변화하고 부부관계의 속성도 변화해 왔고 변화해야 한다고 하지만 실제로 알랑 드 보통이 제안한 것과 같은 사랑과 성에 대한 인식과 관계의 향상을 위한 파트너들의 노력에 대해서는 그 중요성을 인식하지 못하는 경우가 많다. 알랑 드 보통의 책 『왜 나는 너를 사랑하는가』, 『우리는 사랑일까』, 『낭만적 연애와 그 후의 일상』을 모두 읽거나 혹은 한 권을 선정하여 읽은 후 다른 사람들과 함께 1) 현대적 의미의 파트너십은 어떠해야 하며, 2) 각자의 생식가족이나 파트너십을 통해 이루고 싶은 사랑의 방식은 무엇인지 서로 이야기해 보자. 또한 이러한 방식을 고려할 때, 3) 어떠한 배우자를 선택해야 할 것인가? 혹은 내가 파트너로서 어떤 준비가 되어야 하는지에 대해서도 토론해 보자.

6. 한국보건사회연구원(2015)의 다음과 같은 배우자 조건에 대한 질문지(p. 515)와 이에 따른 결과 및 여성가족부(2016)의 '2015가족실태조사'의 배우자 선택요인에 대한 결과를 바탕으로 결혼에 대한 의미와 배우자의 조건에 대해 토의해 보자. 기타 어떤 조건이 필요하다고 생각하는가?

> 귀하가 생각하는 '배우자'의 조건은 무엇입니까? 아래 보기에서 가장 중요하다고 생각하는 한 가지만 선택해 주십시오.
>
> ① 외모 등 신체적 조건, ② 건강, ③ 직업(직종 및 직위), ④ 경제력(소득, 재산 등), ⑤ 연령, ⑥ 학력, ⑦ 학벌, ⑧ 성격, ⑨ 신뢰와 사랑, ⑩ 종교, ⑪ 궁합, ⑫ 형제순위(장남, 장녀 등), ⑬ 가정환경(부모님, 형제 및 친척관계, 성장배경), ⑭ 출신지역(배우자 집안이 뿌리내리고 있는 지역), ⑮ 조건 없음, ⑯ 기타(무엇 :)
>
> 출처: 한국보건사회연구원(2015). p. 515.

항목	외모 등 신체적 조건	성격	건강	경제력 (소득 재산)	직업 (직종 지위)	학력	나이	종교	궁합	신뢰와 사랑	출신 지역	가정 환경 (성장 배경 등)	출생 순위 (장남 · 장녀 등)	장래 가능성	첫눈에 반함	기타	전체
1순위	2,777	19,724	4,249	4,796	2,878	146	81	852	354	6,457	20	1,735	24	721	327	53	45,193
	(6.1)	(43.6)	(9.4)	(10.6)	(6.4)	(0.3)	(0.2)	(1.9)	(0.8)	(14.3)	(0.0)	(3.8)	(0.1)	(1.6)	(0.7)	(0.1)	(100.0)
2순위	2,667	9,299	6,154	8,340	4,494	328	363	769	677	5,397	75	3,961	70	1,837	326	56	44,814
	(6.0)	(20.8)	(13.7)	(18.6)	(10.0)	(0.7)	(0.8)	(1.7)	(1.5)	(12.0)	(0.2)	(8.8)	(0.2)	(4.1)	(0.7)	(0.1)	(100.0)
전체	5,444	29,023	10,403	13,136	7,372	474	444	1,621	1,031	11,855	95	5,696	94	2,558	653	110	90,007
	(6.0)	(32.2)	(11.6)	(14.6)	(8.2)	(0.5)	(0.5)	(1.8)	(1.1)	(13.2)	(0.1)	(6.3)	(0.1)	(2.8)	(0.7)	(0.1)	(100.0)

출저: 여성가속부(2016). 2015 가족실태조사. p. 154.

Chapter **5**

부모자녀관계

1. 부모기 | 2. 부모자녀관계의 이론적 관점 | 3. 자녀의 생애주기에 따른 부모자녀관계 |
4. 부모자녀관계의 질과 건강성 | 5. 부모자녀관계의 다양성에 영향을 미치는 상황적 맥락

가족의 중요한 기능 중 하나가 자녀의 사회화라는 점에는 이견이 없다. 부모가 자녀의 사회화에 중요한 이유에 대해 Collins 등(2000)은 5가지를 강조하는데 1) 부모와 아동은 생태체계 일부로 부모는 자녀를 보호하는 기능을 하며, 사회생활의 요구를 잘 수행할 수 있는 책임이 있으며, 2) 부모자녀관계는 상호연결에 대한 인간의 욕구에 기초하며, 3) 대부분 사회에서 부모가 사회화의 일차적인 대행자 역할을 공식적으로 부여받으며, 4) 가까이에 있는 부모가 자녀의 행동에 대한 사회화 역할에 사회나 자녀의 동의가 있으며, 5) 부모가 자녀보호를 위한 환경을 조절할 수 있는 지위에 있기 때문이다. 그러나 결혼관계에서 자녀출산은 점차 선택이 되면서 현대사회에서 부모역할 수행에는 많은 어려움이 있다. 이 장에서는 부모가 되는 부모기의 선택과 부모자녀관계의 이론적 관점 및 발달단계에 따른 부모자녀관계의 특성과 발달과정을 살펴보고 아동과 가족의 다양성에 의해 야기되는 부모자녀관계에서의 새로운 이슈들을 살펴보았다. 그러나 성인자녀부모관계를 포함한 가족관계의 특성은 7장 친인척관계에서 함께 다루었다.

1. 부모기

1) 부모기의 선택

부모기(parenthood)는 임신을 선택한 때부터 부모역할을 수행하는 전 기간을 의미하며, 이 시기 동안 수행하는 부모로서의 다양한 역할을 부모역할(parenting)로 정의한다(정현숙, 2016). 사회적 변화와 자녀에 대한 인식의 변화로 많은 국가에서 저출산이 사회적 이슈가 되고 있으며(그림 5-1 참조), 특히 우리나라도 저출산이 고령화와 함께 가장 중요한 가족문제로 인식되고 있다. 우리나라의 조출생률(인구천명당 출생아 수, 7.0명)과 합계출산율(여성 1명이 평생 낳을 것으로 예상되는 평균 출생아 수, 1.17명)은 계속 감소하고 있다(통계청, 2018). 또한 모의 출산 연령도 증가하는 추세이다.

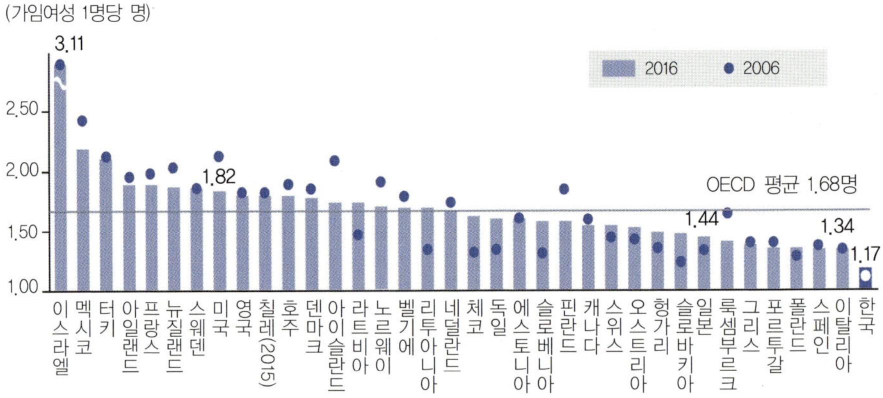

그림 5-1 OECD 회원국의 합계출산율 비교(2006년, 2016년)
출처: 통계청(2018). 2017년 출생통계. p. 16.

전국 출산력 및 가족보건복지실태조사(2015)에 의하면 기혼여성들의 60%가 자녀는 반드시 있어야 한다고 응답하였으며, 없어도 무관하다는 비율도 10.6%에 달한다. 반면, 미혼남성들은 39.9%, 미혼여성들은 41.6%가 자녀가 반드시 있어야 한다고 응답하였다. 미혼남녀 중 '자녀가 필요 없다'는 응답 이유는 '경제적으로 여유롭게 생활하고 싶어서'(40.2%), '부부만의 생활을 즐기고 싶어서'(30.1%), '자녀가 있으면 자유롭지 못하기 때문'(26.9%)의 순서이며, 직장생활 유지를 이유로 지적한 사람은 2.8%이다.

(1) 무자녀 결정시기 및 자발적 무자녀가족

우리 사회에서 결혼생활에서 무자녀를 선택하는 데는 매우 다양한 요인이 작용한다. 여성의 생애 과정에서 무자녀를 선택한다는 것은 매우 어려운 과정인데 그 이유에 대해 김미영과 김미란(2015)은 무자녀 선택이 가족 내 여성에게 부과된 가족 재생산이라는 성역할을 기각함으로써 규범적 생애 과정을 변형하는 중요한 사건이며, '전형적' 부모역할(parenting)과 모성에 대한 문제의식, 개인의 욕구, 가임기 등으로 연계되는 과정적 삶을 거부하는 것이며, 아이를 출산하고 양육하는 사회에 대한 성찰과 노년기의 의미와 친밀감에 대해 새롭게 정립해야 하는 매우 대안적인 삶이기 때문이라고 분석한다.

실제로 자발적으로 자녀를 낳지 않는 가족이 증가하지만 무자녀 결정의 시기는 불임요인의 소지 유무에 따라 다르게 나타난다고 한다. 이수현(2012)에 의하면 결혼 이후 불임요인을 지니지 않은 경우에는 결혼 '전'과 '후'로, 불임요인을 지닌 경우에는 불임치료 '전'과 '후'로 나누어져 무자녀를 결정한다고 한다. 특히 무자녀 결정에는 6개 요인이 작용되는데, ① 타고난 본래적 성향이 자녀나 출산 태도에 영향을 주는 '개인의 내생적 성향', ② 자신과 부부의 삶의 질이 자녀보다 더 중요하다는 가치관과 관련된 '자신에게 충실한 삶의 추구', ③ 배우자의 제의나 주변의 유 · 무자녀가족이 무자녀 결정에 영향을 준 '주위의 영향', ④ 가족이 처한 경제적인 취약성 및 양육 여건의 미비와 관련된 '양육자원의 부족', ⑤ 자신과 자녀가 맺게 될 관계성에 대한 고려나 아이가 살아갈 사회적 환경에 대한 부정적인 인식이 반영된 '높은 부모됨의 책무성', ⑥ 불임요인을 지닌 무자녀가족의 경우에 초기요인으로 지목된 '인위적 임신에 대한 부담감' 등이다. 또한 무자녀가족의 경우 불임요인의 유무와 무자녀 결정의 시기에 따라 차이가 있는데 무자녀 결정은 자신과 배우자의 삶의 질을 자녀보다 우선시하는 가치관과 부모됨의 자기 이해 등이 요인이다.

그러나 자발적 무자녀가족의 증가에도 불구하고 이민아(2013)의 29-45세 기혼남녀에 대한 심층면접 연구에 의하면 자녀를 갖지 않는 자신들에 대해 '이기적'이라고 표현하여 자녀 출산에 대한 사회적 규범에서 완전히 자유롭지 않으며, 책임감 있는 부모, 좋은 부모의 상도 동시에 내면화하고 있다고 한다.

(2) 출산율과 출산의 사회적 의미

일반적으로 우리나라 부부들은 결혼 후 2년 이내에 첫째아를 낳는 비율이 65.8%(통계청, 2018)이지만 이 수치는 점차 감소하고 있으며, 첫째아 출산 시 평균 결혼기간은 1.97년, 둘째아는 4.47년, 셋째아 이상은 7.14년으로 3째 자녀까지 출산할 경우 약 10년간 출산을 위한 시간이 요구된다(그림 5-2 참조). 2017년을 기준으로 볼 때 법적 혼인상태별 출생은 혼인 중 자녀가 98.1%이며 혼인 외의 자녀가 1.9%이다. 2000년 전까지 높았던 셋째 자녀의 출생성비(여아 100명당 남아 수)가 감소하고 전반적으로 출생성비는 안정적인 경향을 보인다(그림 5-3 참조). 이러한 통계들은 자녀에 대한 부모들의 태도 변화, 즉 남아선호사상이나 자녀에 대한 인식 등의 변화를 반영한 결과이다.

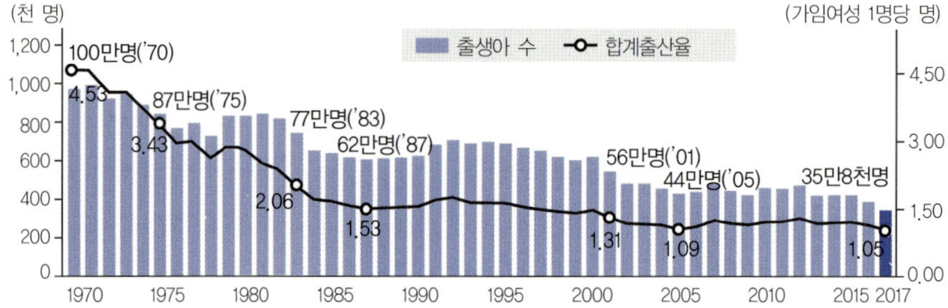

그림 5-2 출생아 수 및 합계출산율 추이(1970–2017년)
출처: 통계청(2018). 2017년 출생통계. p. 2.

그림 5-3 출생성비 추이(1997–2017년)
출처: 통계청(2018). 2017년 출생통계. p. 10.

Veevers(1973)는 부모가 되는 것에 대한 사회적 의미를 도덕적 의무 수행, 사회구성원 충원을 위한 시민의 의무 수행, 부부 성생활의 자연스러운 결과, 출산을 통한 성인의 성정체성 획득, 결혼생활 유지와 결혼만족도 향상, 그리고 결혼한 부부들의 정상적인 행동 등 6가지로 설명한다. 또한 Bigner(1985)는 이러한 동기 이외에도 자녀를 갖는 것이 자신의 존재 이유라고 생각하는 운명론적 이유와 애정과 관심을 표현하기 위한 이타주의적 동기, 자신이 선하며 양육에 적합할 정도로 성숙하다는 것을 보여주기 위한 자기도취적 동기, 자신이 못다 이룬 꿈을 위해서나 부부간 문제나 갈등해소를 위한 출산 등 도구적 동기도 있다고 지적한다. 그러나 부모가 된다는 것은 어느 한 가지 동기에 의하기보다는 매우 다양한 요인들이 영향을 미치며 현대사회에서 부모역할은 이전 부모세대와는 매우 다른 어려움이 있는 것이 사실이다.

특히 Bigner와 Gerhardt(2018)는 부모역할의 특징을 크게 4가지로 설명하는데 ① 부모역할은 사회적인 구성물이며, ② 부모자녀관계는 가족이라는 더 큰 사회체계의 하위체계이며, ③ 부모역할은 양방향적이며, ④ 부모자녀관계는 생애과정 동안 지속되는 발달적인 특징이 있다는 점을 강조한다. 이러한 특징은 20세기 이후 부모역할에 대한 다양한 이론적 관점들이 발달하고, 아버지역할에 대한 강조, 시민권운동과 평등에 대한 인식의 변화, 여성의 사회적 참여 증가와 다양한 사회적 이슈들의 등장(사회교육, 폭력, 중독, 경제적 문제, 출산관련 이슈, 입양, 인터넷, 통신기술 등의 발달)과 가정폭력 및 이혼의 증가와 이혼에 대한 허용성이 증가한 것 등이 부모역할에 영향을 받았다고 한다. 따라서 부모자녀관계의 중요성은 부모역할이 발달적 특징이 있다는 점으로, 구체적으로는 자녀출산을 통해 이루어진 부모자녀관계가 영유아기, 아동기, 청소년기, 성인기를 통해 지속적으로 발전하며 다양한 상호작용의 결과에 따라 관계의 특성이 나타난다는 점이다. 또한 부모자녀관계는 부부관계나 가족 내적인 상호작용의 결과가 아니라 아동의 사회적 관계가 확장됨에 따라 보육기관, 학교 등의 환경에 의해서도 영향을 받으며, 자녀의 취업이나 결혼 등 발달과업에 따라서도 지속적으로 변화한다.

2) 부모됨의 동기와 가치에 대한 인식

가족의 구조적 다양성 증가와 성역할과 가족가치관에 대한 변화, 여성의 교육수준과 사회참여의 증가, 개인주의적 가치관의 변화 및 다양한 가족정책들은 부모역할에 영향을 미치는 중요한 개인적, 가족적, 사회적 변화들이다. 자녀에 대한 가치관의 변화는 문무경, 조숙인과 김정민(2016)의 20-50대의 응답자 중 전체 64.5%만이 자녀가 꼭 있어야 한다고 응답한 것에 잘 나타나 있다. 이러한 태도는 응답자의 혼인 여부에 따라 차이(미혼 46.3%, 기혼 71.7%, 이혼 · 사별 등 31.6%)가 있다. 특히 자녀가 없어도 된다고 생각하는 이유로 지적된 내용은 경제적인 부담 및 준비 부족(43.3%), 부부간 보다 많은 여가 향유(20.4%), 부모가 될 정서 · 심리적 준비 부족(14.6%), 자녀로 인한 사회활동 지장 우려(10.2%), 아이를 싫어함(6.4%)의 순서로 자녀에 대한 인식의 변화를 보여준다. 또한 좋은 부모의 덕목으로 강조되는 내용도 변화하여, 좋은 부모가 되기 위해서는 경제력(21.8%), 자녀와의 소통(18.8%)과 인내심(18.7%)의 순서로 부모됨의 동기나 좋은 부모의 역할을 경제적인 측면을 강조함으로써 도구적인 부모역할을 강조하는 것이 특징이다.

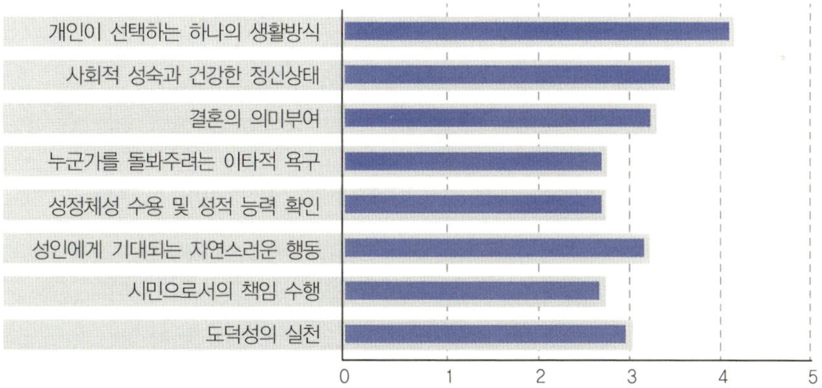

그림 5-4 부모됨의 의미 각 영역별 평균

출처: 유계숙, 정현숙(2002). p. 43의 <표 2>를 그림으로 그림

우리나라 대학생을 대상으로 한 유계숙과 정현숙(2002)의 연구에 의하면 <그림 5-4>와 같이 부모됨을 개인이 선택하는 하나의 생활방식으로 인식하지만 결혼의 의미부여나 성인에게 개대되는 자연스러운 행동이라는 동기도 높게 인식한다. 또한 이들 연구에서 부모됨의 동기 각 영역별 평균점

표 5-1 자녀 가치와 관련한 다양한 견해에 대한 기혼여성(15-49세)의 태도(2000, 2018년)

※15-44세 有配偶婦人의 子女必要性에 대한 態度 (단위: %)

특성	꼭 필요함	있는 것이 나음	없어도 상관 없음	모르겠음	계(수)
전체	58.1	31.5	10.0	0.5	100(6,363)
지역					
동부	57.6	31.6	10.3	0.5	100.0(5,820)
읍·면부	626	30.4	6.8	0.2	100.0(543)
연령					
15-24세	50.0	32.9	17.1	-	100.0(210)
25-29세	28.0	29.2	12.8	0.1	100.0(1,214)
30-34세	57.8	33.1	8.9	0.2	100.0(1,568)
35-39세	58.8	31.4	8.8	1.0	100.0(1,776)
40-44세	58.6	31.6	9.3	0.5	100.0(1,595)
교육수준					
초교 이하	56.6	35.5	6.3	1.5	100.0(332)
중학교	58.2	29.9	11.3	0.6	100.0(806)
고등학교	59.1	31.1	9.6	0.3	100.0(3,419)
대학 이상	56.3	32.3	10.8	0.6	100.0(1,804)
취업 여부					
취업	58.3	30.9	10.2	0.5	100.0(2,705)
미취업	57.9	31.9	9.8	0.4	100.0(3,656)
현존자녀 수					
0명	49.0	34.5	16.3	0.2	100.0(533)
1명	57.6	30.4	11.5	0.5	100.0(1,475)
2명	58.3	32.0	11.5	0.5	100.0(3,662)
3명	66.3	27.2	6.4	0.2	100.0(611)
4명 이상	54.9	41.5	2.4	1.2	100.0(82)

※ 미혼남녀(20-44세)의 자녀 필요성에 대한 태도 (단위: %, 명)

특성	꼭 있어야 함	있는 것이 없는 것보다 나음	없어도 무관함	모르겠음	계	명
미혼남성 전체(2015)	39.9	40.6	17.5	1.9	100.0	1,096
미혼남성 전체(2018)	33.6	34.2	28.9	3.3	100.0	1,140
거주지(x^2=11.7)						
대도시	31.8	36.6	27.4	4.2	100.0	539
중소도시	34.6	30.1	32.7	2.5	100.0	435
농촌	36.7	37.4	23.5	2.4	100.0	166
연령(x^2=24.0)						
20-24세	37.7	33.9	24.6	3.8	100.0	351
25-29세	34.6	34.1	27.5	3.9	100.0	325
30-34세	38.2	29.7	29.5	2.7	100.0	194
35-39세	23.7	35.1	38.0	3.1	100.0	153
40-44세	23.7	42.3	32.5	1.5	100.0	117
교육수준(x^2=9.4)						
고졸 이하	35.0	32.0	29.7	3.3	100.0	312
대학 재학	34.9	35.9	24.0	5.2	100.0	295
대졸 이상	32.1	34.7	31.1	2.2	100.0	533
취업 여부(x^2=9.3)						
취업	34.4	32.3	30.8	2.4	100.0	701
비취업	32.3	37.3	25.7	4.7	100.0	439
결혼 의향(x^2=171.1)						
있음	46.5	34.5	17.8	1.2	100.0	670
없음/모름	15.2	33.8	44.7	6.3	100.0	470
미혼여성 전체(2015)	28.4	40.0	29.5	2.2	100.0	1,287
미혼여성 전체(2018)	19.5	28.8	48.0	3.7	100.0	1,324
거주지(x^2=16.1)						
대도시	17.7	29.7	49.0	3.7	100.0	675
중소도시	19.0	26.7	50.0	4.3	100.0	498
농촌	28.9	32.0	37.1	1.0	100.0	152
연령(x^2=16.6)						
20-24세	16.4	28.9	51.2	3.5	100.0	477
25-29세	23.8	26.7	45.9	3.6	100.0	399
30-34세	23.7	27.3	44.9	4.0	100.0	205
35-59세	16.0	32.3	48.2	3.5	100.0	149
40-44세	12.5	35.1	47.4	5.0	100.0	95

출처: 전국 출산력 및 가족보건실태조사(2000). p. 305; 전국출산력 및 가족보건복지실태조사(2018). p. 333.

수는 이타적 정서적 동기(3.59)-부부결속적 동기(3.40)-혈연적 유대강화 동기(2.98)-전통적 규범적 동기(2.45) 순으로 높아 부부들이 도구적 동기를 강조하는 반면, 대학생들은 정서적 동기를 높게 지각하고 있다. 특히 부모가 된다는 것이 '원만한 부부관계와 결혼만족의 표시'라는 부모됨의 의미는 모든 부모됨의 동기에 영향을 미쳐 자녀를 갖는 것이 부부들의 원만한 결혼생활에 반드시 필요한 부분이라는 인식이 강하다. 2015년 전국 출산력 및 가족보건복지실태조사(2015)에서도 기혼여성들은 가정과 행복과 조화(80.5%), 심리적 만족(17.5%), 가문을 잇기 위해(1.2%)라고 응답하여 우리 사회에서 결혼생활에 자녀가 매우 필수적인 요소라고 인식하는 것을 알 수 있다. 그러나 자녀에 대한 가치와 관련된 다양한 견해(표 5-1 참조)는 2000년과 2018년을 비교하면 변화가 나타나고 있음을 보여준다. 자녀의 필요성은 2010년 58.1%에서 2018년 남성들은 33.6, 여성들은 19.5%로 감소하였으며 여성들의 감소폭이 남성들보다 높다.

3) 부모와 아동의 권리

2절과 같이 많은 학자들이 부모됨의 동기나 부모됨의 의미를 다양한 하위요인을 중심으로 분석하지만, 비가역적이고 생애과정에 걸쳐 이루어지는 부모자녀관계의 특성을 고려할 때 부모와 자녀의 권리와 의무를 살펴보는 것이 중요하다. 따라서 이 절에서는 부모와 자녀의 권리와 의무가 학자들이나 법에서 어떻게 규정되고 있으며 어떠한 문제점이 있는지 살펴보고자 한다.

(1) 부모의 권리

① 부모자녀관계에서 법적인 권리와 의무: 친권

부모의 자녀양육 의무가 인륜적 차원에서 최소한 지켜지도록 하기 위해서 선에 기초하여 부모의 자녀에 대한 의무를 규정한 것(어인의, 1997)이 민법의 친권제도이다. 친권은 법적으로 자녀의 복리를 위해 인정된 부모의 권리로, 자녀양육이 일차적으로 부모에게 있기 때문에 친권제도는 부모의 양육책임을 원만하게 실현할 수 있도록 부모에게 인정된 법률이다(김상용, 2000). 이러한 이유로 자녀에 대한 부모의 친권은 부모의 의무로 규정된다. 1997년 우리나라 개정 민법에서의 중요한 친권관련 내용은 <표 5-2>와 같다.

그러나 민법의 친권에 대해 몇 가지 문제점이 제기되는데 ① 자녀의 입장을 고려한 조항이 없다는 점, ② 부모의 이혼 시 양육권과 친권의 설정에 대한 명확한 구분이 없이 자녀의 이익을 고려하지 않는 점, ③ 친권자 설정 시 자녀의 이익을 최대한 반영할 수 있는 기준이 설정되어 있지 않은 점들이 문제점으로 지적된다(정현숙, 2001).

<표 5-2>에서 친권자의 가장 중요한 의무는 자녀에 대한 보호와 교육의무이다. 헌법 제36조 제1항에서도 가족생활이 국가의 특별한 보호를 받음을 규정하고 있다. 가족생활의 핵심적 내용 중 하나는 바로 자녀의 양육과 교육이다. 따라서 자녀양육과 교육은 부모의 천부적인 권리이자

표 5-2 개정 민법(1997) 중 친권관련 주요 내용

개념	내용
친권자	• 부모 공동으로 친권 행사(제909조) • 미성년자녀의 자녀는 부모의 친권에 복종(1항) • 부모가 혼인 중일 때는 부모 공동으로 친권(2항) • 부모가 의견일치를 이루지 못하는 경우, 당사자 청구에 의해 가정법원이 정하도록 함(2항) • 혼인 외 출생자가 인지된 경우, 부모가 이혼한 경우, 부모가 협의하에 친권 행사자를 정하고, 협의가 이루어지지 않을 경우 당사자의 청구에 의해 가정법원이 결정함(4항) • 양자의 경우 양부모의 친권에 복종(5항)
친권자의 권리와 의무	• 보호 · 교양의 권리와 의무: 친권자는 자녀를 보호하고 교양할 권리와 의무(제913조) • 주거지정권: 자는 친권자가 지정한 장소에 거주(제914조) • 징계권: 친권자는 자녀를 보호하고 교양하기 위하여 필요한 징계를 할 수 있고 법원의 허가를 얻어 감화 또는 교정기관에 위탁할 수 있음(제915조) • 자의 특유재산과 그 관리: 자의 명의로 취득한 재산은 그 특유재산으로 하고 법정대리인인 친권자가 이를 관리함(제916조) • 무상으로 자에게 재산을 수여한 제3자가 친권자의 관리에 반대의사를 표시할 경우 친권자는 그 재산을 관리하지 못함(제918조) • 자의 재산에 대한 친권자의 대리권: 법정대리인인 친권자는 자의 재산에 관한 법률행위를 대리함. 그러나 자의 행위를 목적으로 하는 채무를 부담할 경우 본인의 동의를 얻어야 함(제920조) • 친권자의 주의의무: 친권자가 자의 법률행위의 대리권 또는 재산관리권을 행사할 때는 자기의 재산에 관한 행위와 동일한 주의를 하여야 함(제922조) • 재산관리의 계산: 법정대리인은 친권자의 권한이 소멸할 때 자의 재산에 대한 관리의 계산을 하여야 함
친권의 상실	• 친권 행사 시 자녀의 복리 고려(제921조) • 친권자가 부적절한 관리로 인해 자의 재산을 위태롭게 할 때는 법률행위의 대리권과 재산관리권의 상실을 선고할 수 있음(제925조) • 부모가 친권을 남용하거나 현저한 비행이나 기타 친권을 행사할 수 없는 중대한 사유가 있을 때에는 법원은 제777조의 규정(친족의 범위: 8촌 이내의 혈족, 4촌 이내의 인척, 배우자)에 의한 자의 친족 또는 검사의 청구에 의하여 친권의 상실을 선고할 수 있음(제924조) • 법정대리인 친권자가 부적절한 관리로 자의 재산을 위태하게 한 때에는 법원은 자의 친족(제777조)의 청구에 의하여 법률행위의 대리권과 재산관리권의 상실을 선고할 수 있음

출처: http://www.law.go.kr/lsInfoP.do?lsiSeq=198475&efYd=20180201#0000

의무로 규정되어 있다. 또한 헌법 제31조 제1항은 국민의 교육받을 권리를 보장한다. 국가는 국민이 실질적 평등교육을 받을 수 있도록 적극적인 정책을 펴야 할 의무를 지며, 자녀교육은 헌법이 부모와 국가에 공동으로 부과한 과제이기 때문에 부모의 자녀교육권은 교육의 모든 영역에서 존중되어야 한다는 점이 강조된다. 따라서 국가는 부모의 교육권으로부터 원칙적으로 독립된 독자적인 교육권한으로 학교교육을 담당하며, 학교 밖의 교육영역에서는 원칙적으로 부모의 교육권이 우위를 차지하는 것으로 규정하고 있다(조선일보, 2000.4.27).

② 부모의 기타 권리

부모의 권리가 무엇인가는 많은 논란의 여지가 있다. 부모의 권리는 남녀평등에 기초하며, 부모로서의 독특한 권리와 책임을 보장하는 것으로 정현숙 등(2002)은 ① 자녀 출산에 대한 선택 권리, ② 아동의 행동기준과 생활방식을 결정할 권리, ③ 자녀로부터 부양받을 권리를 제안하였다.

(2) 부모의 의무

부모의 의무에 대해 정현숙(2001)은 크게 두 가지로 사회에 필요한 올바른 인간으로 양육할 의무, 아동의 행동에 대한 부모의 책임을 주장하였다. 부모의 양육의무는 사회에서 기대하는 가장 중요한 부모의 역할이 자녀의 사회화로 자녀를 낳기로 결정한 것은 자녀의 사회화에 책임지겠다는 약속이기 때문에 최적의 아동 발달을 촉진하기 위해서 적절한 자극을 제공하는 교육적 환경을 제공해야 한다는 것이다. 또한 우리나라 현행법은 2001년 11월 확정한 민법 개정시안에서 성년의 나이를 만 20세에서 만 19세로 낮추었으며, 미성년자의 불법행위에 대한 부모의 책임을 강화하였다.

양육권과 관련해서는 김상용(1997)은 자녀의 복지를 위해 양육권 결정 시 몇 가지 점이 보완되어야 하는데, ① 양육의 적합성에 대한 판단으로 제3자에 의한 양육의 위임 가능성, 부모의 기회균등, 유책배우자의 양육적합성, 부모의 건강상태, 자녀의 이익을 위태롭게 할 인격적 요소, 자녀와 비양육친과의 관계 촉진, 부모의 경제상황을 고려하여 판단하여야 하며, ② 부모의 이혼 전까지 자녀의 주위에 형성된 다양한 관계가 최대한 유지되도록 배려해야 하며, ③ 자녀의 연령에 상관없이 자녀의 의사가 반영되어야 하며, ④ 계속성의 원칙으로 이혼 이후 자녀양육의 통일성과 안정성이 지속적으로 보장될 수 있는 점을 고려해야 한다는 점을 강조하였다.

(3) 자녀의 권리

자녀의 권리에 대해 한인섭(1992)은 크게 아동의 복지권, 보호받을 권리, 성인으로서의 권리와 부모에 대한 권리를 강조한다. 또한 안동현(1997)은 국내의 아동의 권리보장을 위한 실질적인 과제로 법적 행정적인 면에서의 아동에 대한 규정의 단일화 문제와 낙태와 관련된 생명존중문제, 아동학대문제, 해외이송 및 입양에 대한 문제, 교육의 문제 등을 지적하였다(안동현, 1997).

① 자녀의 복지권(welfare rights)

자녀의 복지권은 모든 아동은 의식주를 제공받고, 건강하고 위생적인 삶을 누리며, 교육적이고 문화적인 생활을 할 권리를 갖는다는 것을 의미한다. 아동의 복지권은 아동의 생존과 발달에 절대적이기 때문에 매우 중요한 권리 중 하나이다. 이를 위하여 적절한 영양과 쾌적한 주거환경, 의료적 혜택을 사회, 국가 및 부모가 아동에게 제공하여야 한다(한인섭, 1992). 자녀의 복지권과 관련된 중요한 권리로 정현숙(1997)은 아동의 건전한 발달을 위한 '놀권리'를 강조한다. 지금까지 '아동의 놀권리'는 개념 정의도 되지 않았을 뿐 아니라 그 중요성에 비해 논의의 대상조차 되지 못한 실정이었다. 이러한 현실은 우리나라의 지나친 교육열과 가족관계의 변화로 설명할 수 있다(정현숙, 1997). 아동의 놀권리와 관련된 UN의 아동권리협약 조항은 <표 5-3>과 같다. 아동의 정당한 놀권리의 확보를 위해서 정현숙(1997)은 시설의 확보도 중요하지만 부모의 놀이에 대한 인식의 변화가 우선되어야 한다고 강조한다.

② 성인으로서의 권리(adult right)

한인섭(1992)은 성인으로서의 권리는 현행 법제하에서 성인에게만 해당되는 권리를 아동들도 향유할 수 있어야 한다는 것이다. 성인으로서의 권리는 UN이 채택한 아동권리협약에 잘 나타나 있다. 성인으로서의 권리는 자기 자신의 문제뿐만 아니라 사회문제 등에 대한 표현의 자유(UN의 아동권리협약(이하는 협약) 제13조)와 사생활에 대한 권리(협약 제16조) 등이 포함된다. 또한 시민적 권리와 자유를 누릴 권리도 포함되는데, 사상, 양심, 종교의 자유와(협약 제14조), 결사 및 집회의 자유(협약 제15조), 고문 및 비인도적 취급을 받지 않을 권리(제37조 1항) 등이다.

③ 부모에 대한 권리(rights against parents)

부모에 대한 권리는 부모와 자녀가 언제나 조화로운 관계를 유지할 수 없다는 점을 전제로 한다. 아동의 요구와 욕망, 관심사 및 이익이 부모의 것과 반드시 일치하지 않기 때문에 부모와 자녀 간에는 크고 작은 갈등이 항상 존재한다. 따라서 안동현(1997)은 부모에 대한 권리는 부모와 자녀간의 이익이 대립될 때 제3자에게 호소할 수 있는 권리, 즉 자기 결정권을 가질 수 있어야 한다는 점이다.

표 5-3 자녀의 복지권과 관련된 UN의 아동권리협약 조항

조항	내용
13조: 표현의 자유	가. 아동은 표현의 자유를 갖는다.
18조: 부모의 책임	가. 당사국은 부모 쌍방이 아동의 양육과 발전에 공동책임을 진다.
29조: 교육의 목표	1. 당사국은 아동교육이 다음의 목표를 지향하여야 한다는 데 동의한다. 가. 아동의 인격, 재능 및 정신적 능력의 최대한의 개발 나. 인권과 기본적 자유 및 국제연합헌장에 규정된 원칙에 대한 존중의 진전 다. 자신의 부모, 문화적 주체성, 언어 및 가치 그리고 현 거주국과 출신국의 국가적 가치 및 이질문명에 대한 존중의 진전 라. 아동이 인종적, 민족적, 종교적 집단 및 원주민 등 모든 사람과의 관계에 있어서 이해, 관용, 평화, 성의 평등 및 우정의 정신에 입각하여 자유사회에서 책임 있는 삶을 영위하도록 하는 준비
31조: 휴식/여가 문화생활	1. 당사국은 휴식과 여가를 즐기고, 자신의 연령에 적합한 놀이와 오락활동에 참여하며, 문화생활과 예술에 자유롭게 참여할 수 있는 아동의 권리를 인정한다. 2. 당사국은 문화적, 예술적 생활에 완전하게 참여할 수 있는 아동의 권리를 존중하고 촉진하며, 문화, 예술, 오락, 및 여가활동을 위한 적절하고 균등한 기회 제공을 장려해야 한다.

(4) 자녀의 의무

지금까지 자녀들은 가족에서의 권리만이 강조되어왔다. 그러나 현대적 의미의 부모역할에 대한 인식은 자녀들도 자신의 발달을 촉진할 의무가 있으며, 부모와 사회의 욕구를 조절해야 하는 의무도 있다고 인식되고 있음을 강조하면서 정현숙 등(2003)은 자신의 발달을 촉진하고자 하는 시도와 부모 부양의무를 강조한다. Anderson과 Sabatelli(1999)는 자아분화가 잘 이루어지고, 가족체계의 융통성이 유지된 가족은 부모자녀관계가 상호적인 가족으로 세대간의 관계가 존경과 애정이 기반이 되기 때문에, 서로의 욕구에 민감하다고 한다. 이러한 관계는 서로의 자율성이 보장되고 정서적으로도

친밀하기 때문에 갈등을 피하기보다는 개방적이고 긍정적인 방향으로 갈등을 해결한다. 양육행동도 부모와 자녀의 욕구를 모두 수용하는 선에서 이루어지며, 죄책감이나 분노 등의 감정에 휩싸임 없이 양육자로서의 한계를 설정할 수 있다고 한다. 부모들도 자녀들이 그어놓은 한계에 대해 자신에 대한 불효하고 생각하기보다는 필요한 과정이라고 인식하기 때문에 상호관계 유형의 부모와 자녀들은 삶에 대한 만족도가 높게 나타난다. 그러나 정현숙과 유계숙(2001)은 이러한 상호관계 유형이 많지 않으며, 부모의 양육은 효의 개념에 포함되는 의무로 인식하기 때문에 자발적으로 양육을 담당하는 자녀들이 많지 않다고 한다. 또한 많은 가족에서 자녀를 독립적인 자아로 인식하기보다는 의존적으로 사회화시켜온 결과 부모-자녀 간의 독립성과 개별성의 발달이 상대적으로 이루어지지 않은 실정이다. 그러나 노후의 건강한 부모자녀관계를 위해서는 부모자녀관계에 대한 개념을 새롭게 정립하고 개별화를 위한 부모자녀관계 정립을 통한 새로운 형태의 부양의식이 요구된다.

2. 부모자녀관계에 대한 이론적 관점

부모자녀관계에 대한 이론적 관점은 부모의 양육행동이나 부모자녀관계에 영향을 미치는 요인들에 대한 다양한 연구틀을 제공해 준다. 이 절에서는 가족체계이론, 체계적 가족발달이론, 가족생태학이론 및 과정 모델을 중심으로 부모자녀관계에 대한 이론적 관점을 살펴보고자 한다.

1) 가족체계이론

체계론적 관점의 가장 핵심적 개념인 체계는 생물학분야에서 먼저 연구되어 온 개념으로 생물학자인 Bertalanffy의 일반체계이론에 근거한다(정현숙, 2016). 일반체계이론은 체계를 복합적 요소들 간의 상호작용으로 규정하고 생물학분야에서의 체계연구를 통해 모든 체계에 적용될 수 있는 일련의 원칙을 추출해 발전시킨 것으로, 이러한 개념이 여러 사회과학영역으로 확산되어 발전되었다.

가족체계이론은 일반체계이론을 체계로서의 가족에 적용시킨 것이다. 정현숙과 유계숙(2001)에 의하면 가족체계이론은 가족 안에서 각 개인의 역할이 전체 속에서 어떻게 작용하고 있는가를 보여주는데, 전체성(holism)에 기초한 가족체계 원리는 개인의 문제를 고립적이고 개별적인 현상이 아니라 가족구성원의 상호관계와 전체 분석을 통해 이해한다고 한다. 또한 가족은 외부환경에 대한 개방성과 가족 내 성원들 간의 상호작용으로 변화하는 상황이나 요구에 민감하게 반응하며, 안정성과 균형상태를 유지하기 위하여 일련의 상호작용 패턴을 형성하고 가족구성원의 행동을 제한하는 규칙을 형성하게 된다.

가족체계이론에서 부모자녀관계는 더 큰 가족체계 안에 포함된다고 가정한다(Cox & Paley, 1997). 두부모가족에서 부부는 파트너로서 아동양육관계와 부부관계를 수행하지만, 한부모가족에서는 부부관계가 없고 각 관계가 개인의 기능화에 영향을 미치기 때문에 가족체계 맥락에 따라 서로 다른 부모자녀관계를 나타낸다고 가정한다. 따라서 가족구조는 가족 외적인 관계와 경험의 다양성에 영향을 미친다고 가정한다.

2) 체계적 가족발달이론

시간에 따른 가족변화에 주목하는 기존의 가족발달이론은 모든 가족이 동일한 방법으로 발달하고, 모든 가족에게 자녀가 있다는 가정에서 출발하는데, 이러한 관점의 한계를 극복하기 위해 체계적 가족발달이론이 제안되었다(Laszloffy, 2002). 이는 모든 가족은 시간이 지남에 따라 발달적 변화 과정을 거치지만, 특정 가족이 경험하는 변화과정은 스트레스를 일으키는 사건에 따라 다양하며, 스트레스 요인은 가족체계의 적응에 영향을 미치는 현상으로 전이를 일으킨다고 가정한다. 가족의 스트레스 요인은 결혼, 자녀 출생, 질병, 퇴직, 사망과 경제적 문제 등으로 다양하며, 이러한 스트레스 요인으로 전이나 적응이 어려워지면 장애에 부딪히고 가족위기로 발전한다.

3) 가족생태학이론

생태학적 관점은 우리가 성장하고 자라온 환경과 상호 관련된 맥락을 포함하여 분석하는 이론이다. 대표적인 생태학이론가인 Bronfenbrenner(1989)는 부모와 자녀가 가족구조에 따라 다른 경제적 · 사회적 · 지역적 자원에 접근하게 되며, 광범위한 사회문화적 주변환경에서 서로 다른 방식으로 경험하게 된다는 점을 강조한다. 또한 생태학적 이론은 가족이 사회로부터 고립된 체계가 아니라는 점을 강조하면서 가족행동을 이해하기 위하여 문화적 맥락, 시간, 장소, 성, 라이프스타일 등 외적 요인이 미치는 영향을 고려해야 하는데, 그 이유는 가족이 많은 체계의 조직 속의 하나로 존재하는 것이 아니라 다른 체계와의 관계를 통해 영향을 주고받기 때문이라는 것이다(Walcheski & Bredehoft, 2003). 특히 개인이 상호작용하는 최초의 환경구성은 가족, 또래, 학교, 이웃 등 미시체계이며, 그리고 중간체계, 지역사회나 직장을 포함하는 외체계, 문화적 신념과 가치관 등이 포함되는 거시체계에서도 영향을 주고받게 된다는 것이다.

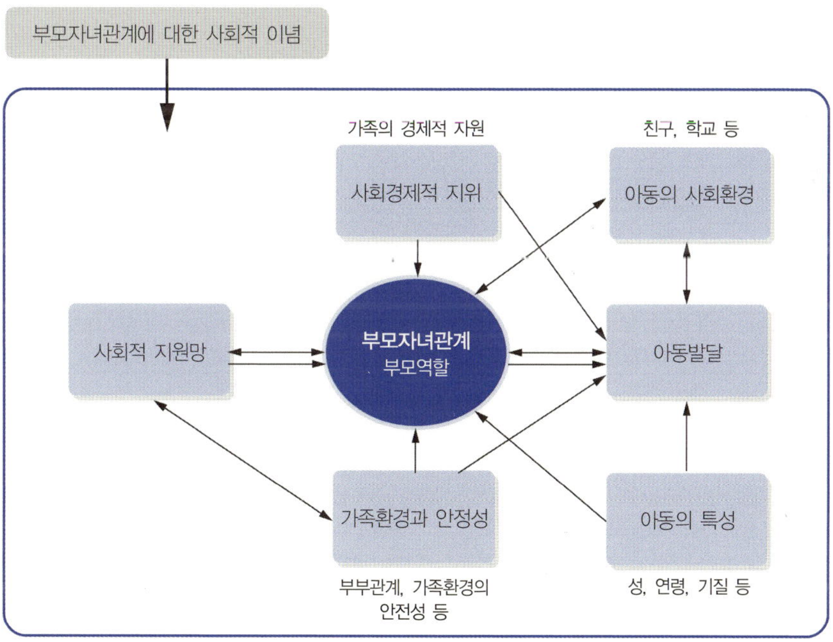

그림 5-5 부모자녀관계에 영향을 미치는 생태환경적인 요인들
출처: 정현숙, 옥선화(2015). p. 113.

정현숙과 옥선화(2015)는 생태학적 관점에서 부모자녀관계가 <그림 5-5>와 같이 다양한 변인에 의해 영향을 주고받는다고 가정한다. 아동의 성과 연령, 발달단계, 기질 및 출생순위와 같은 아동의 구조적 특성과 가족의 사회경제적 지위, 직업지위 및 부모의 교육수준과 연령과 같은 가족의 구조적 환경요인과 가족의 건강성과 안전성 및 부부관계와 같은 가족의 심리적 관계적 환경은 부모자녀관계와 아동발달에 중요한 영향요인이다. 가족의 사회관계망과 지역사회의 특징은 지역사회의 배우자 선택 가능성과 이에 대한 청소년의 지각, 지역사회의 취업률 및 결혼에 대한 태도에도 영향을 미치는데 Jencks와 Mayer(1980)는 <표 5-4>와 같이 전염모델, 집단적 사회화모델과 지역사회의 자원접근 가능성이론, 상대적 박탈감이론 등으로 이러한 영향력을 설명한다.

표 5-4 Jencks와 Mayer(1980)의 지역사회가 아동/청소년 발달에 미치는 영향에 관한 이론적 관점

이론적 관점	강조점
전염모델 (epidemic model)	• 유사한 사고방식을 지닌 개인이 모여 사는 폐쇄된 지역사회가 인간행동을 위한 규범적인 체계라는 점을 강조 • 특정한 지역적 공간에 사는 거주자는 같은 태도와 신념, 행동패턴을 가지고 있으며, 일상생활에 대해 공통적인 방식을 수용하고 받아들이게 됨 • 동료에게서 배운 사회관습이나 규범이 사회적으로 전염됨
집단적 사회화모델 (collective socialization model)	• 부모가 한 아동만의 부모가 아니라 지역사회의 성인으로서 역할을 해 아동의 행동을 조장하게 된다는 점을 강조 • 사회적으로 승인된 행동은 성인이 사용하는 사회통제체제와 역할모델에 의해 강화되며, 대안적인 행동을 못하게 하는데 이러한 과정을 통해 지역사회의 가치가 집단적으로 영향을 미치게 됨. 범죄연구 결과에서 많이 지지됨
지역사회 자원접근 가능성이론 (community influence model)	• 지역사회의 학교나 도서관, 치안 등 경찰의 보호 정도, 지역사회의 지원기관의 수 등 지역사회 서비스의 형태로 제공되는 다양한 제도적 자원이 얼마나 많고, 질적으로 우수한가가 아동발달에 영향을 미친다고 가정함 • 다양한 제도가 지역사회에 있다는 것은 지역사회의 질을 측정하는 잠재적인 자원이 되기 때문에 이러한 자원에의 접근 가능성은 기회를 확대하거나 문제행동을 줄이는 역할도 함
상대적 박탈감이론 (the proximity of well-off neighbors)	• 앞의 3개의 모델이 불리한 환경의 아동도 주변의 동료나 좋은 성인모델 혹은 자원이 있을 때는 긍정적인 영향을 미친다는 점을 강조하는 반면, 이 모델은 가까운 곳에 부유한 이웃이 있는 것이 어느 정도 불리한 환경에 있는 아동에게는 더 많은 문제를 일으키게 된다는 관점 • 친구와 비교하여 상대적으로 박탈되었다고 느끼게 되면 아동의 성취동기가 약해지고 이들의 대안적 문화가 오히려 일탈행동을 수용할 수도 있음

이들의 관점보다 더 확대된 개념으로 Darling(1987)은 가족이 사는 생태학적 환경을 자연환경(natural environment), 인간행동환경(human behavioral environment), 인간이 건설한 환경(human constructed environment)으로 구분한다(3장의 <그림 3-9>와 <표 3-4> 참조). 이들은 음식, 공기, 물 등 시간과 공간 내에서 생존을 위한 기본적인 자원을 제공해 주는 자연환경의 중요성을 강조한다. 또한 자연환경이 인간의 생명유지를 위한 자원을 제공해 준다면, 인간건설환경은 자연과 가족을 중재하는 중요한 역할을 하는 환경으로 도로, 건물, 기계뿐만 아니라 인간의 사회문화적 환경을 변화시키는 가치, 법, 언어 등 물리적 생물학적 환경을 수정하는 모든 것이 포함된다고 한다. 인간의

행동환경을 구성하는 사회적 패턴이나 인간의 정서, 감성이 포함되는 환경은 인간행동환경이며, 이 환경 안에서 가족구성원들이 사회화되며 인간으로 양육되기 때문에 중요하다고 한다. 물론 이러한 자연환경, 인간건설환경과 인간행동환경은 가족과 가족을 둘러싼 사회적 물리적 환경을 연결시키기 위해 고안된 체계인 규제체제에 의해 영향을 받는다. 이들 체계는 서로 상호작용하며 더 큰 사회환경과 연결되며, 이들 요소들은 각기 독특한 기능을 하지만 함께 전 세계 자연의 에너지 공급량에 따라 영향을 주고받기도 한다.

3. 가족의 생애주기에 따른 부모자녀관계

우리나라 가구 유형별 분포에 의하면 2010년 부부와 자녀로 이루어진 가구가 37%에서 2035년에는 20.3%로 감소하고, 모자녀 혹은 부자녀로 이루어진 한부모가구는 9.2%에서 9.7%로 증가할 것으로 예측한다. 또한 상대적으로 1인가구의 증가와 3세대 가구의 감소가 특징이다. 이와 같이 결혼관계에서 부모와 자녀가 함께 동거하는 비율이 감소하고, 출산율도 감소하면서 생애주기에 따른 부모자녀관계에도 많은 변화가 있을 것으로 예측된다. 무자녀가족에 대한 내용은 4장 부부관계에서 다루었으며, 이 절에서는 출산한 부부들의 생애과정에서 자녀의 발달단계에 따른 부모자녀관계를 살펴보고자 한다.

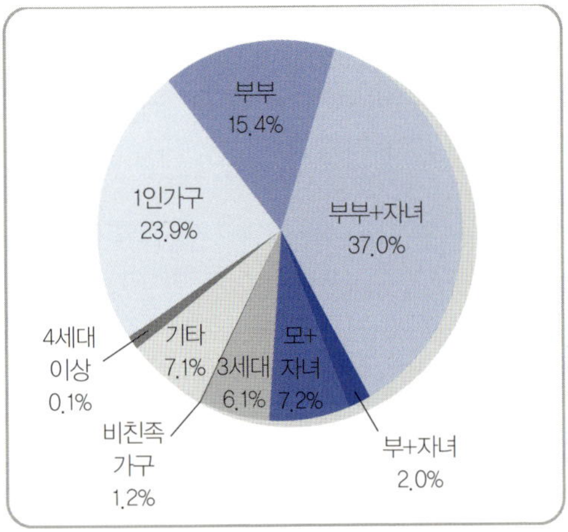

그림 5-6 가구 유형별 가구(2010년)

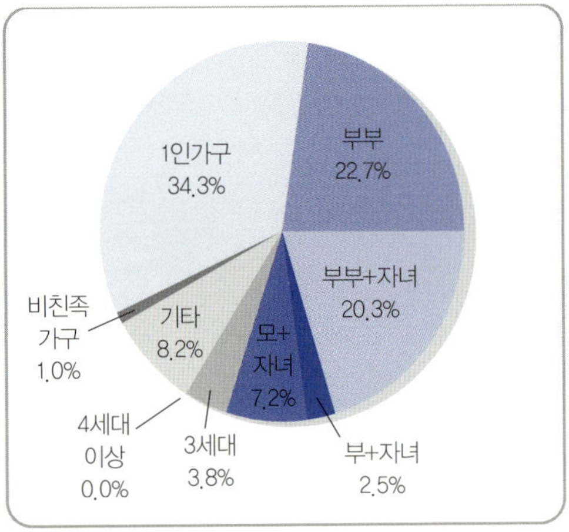

그림 5-7 가구 유형별 가구(2035년)

출처: 통계청(2012). 장래가구추계 2010-2035. p. 10.

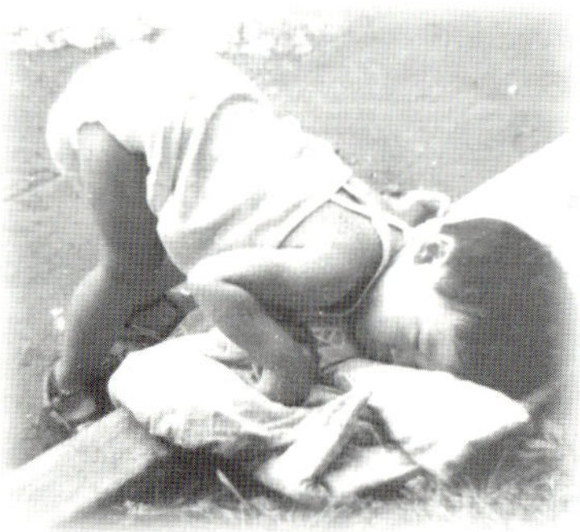

1) 영유아기 자녀기

초기 1년 동안 부모자녀관계에서 중요한 과업은 영아와 부모가 애착을 형성하는 것이다. 애착은 유아와 양육자의 특별한 정서적 관계로 아동의 정서적 발달과 가족 밖에서의 사회적 관계에 영향을 주는 중요한 요인이다. 이러한 애착 유형은 세대간에 전수된다고 한다(Rosen & Rothbaum, 2003). 아동과 양육자(부모)의 애착발달에는 양육자의 반응성, 수용성, 협력성과 유용성 등이 중요한 영향을 미친다. 아동의 기질적 특성과 연령이 애착발달에 영향을 미치지만, 부모와 자녀의 상호작용이 보호자의 반응성에 더 영향을 미치는 것으로 알려져 왔다. 따라서 이 시기에는 신체적 · 물리적 접촉과 유아의 욕구에 대한 민감성을 통해 애착이 형성되도록 하는 것이 중요한 발달과업이다.

유아기의 아버지역할에 대한 연구들은 아버지가 어머니와 함께 중요한 양육자 역할을 하며, 유아도 어머니뿐만 아니라 아버지에게도 애착을 형성한다고 한다. 또 아버지는 어머니와 다른 놀이패턴과 활동을 통해 어머니와는 다른 자극원이 된다. 어머니는 언어적이고 장난감을 이용한 상호작용을 한다면, 아버지는 어머니와 다른 신체적 자극을 주는 놀이를 통한 상호작용으로 유아와 애착을 형성한다(Lamb, 1997). 아버지가 양육에 참여하는 데는 생물학적 · 개인적 · 가족사회적 요인의 영향을 받는데, 이러한 요인 중에서 아버지의 양육참여에 대한 어머니의 지지와 높은 결혼만족도가 긍정적인 영향을 미치며, 어머니의 취업도 아버지의 양육참여에 긍정적인 영향을 미친다(McGuire, 2003).

우리나라에서는 전통적으로 '미운 일곱 살'이라는 개념이 지배적이었지만, 미국에서는 영유아와 부모의 갈등은 주로 '미운 두 살'에 초점을 맞추어 연구가 이루어졌다. 아이가 18개월이 되면서 부모와 갈등이 시작되는데, 주로 훈육과 부모의 지도에 대한 자녀의 복종과 관련된 갈등이 나타난다(Dunn & Munn, 1985). 이 시기는 어머니가 주양육자인 경우 아버지보다는 어머니에게 자녀가 더 반항적이며, 부모와 자녀 모두 시간이 지남에 따라 행동은 변화된다. 2-4세 때는 소유나 올바른 물건사용법 등에 대한 사회적 통제 불일치로 자녀와 갈등이 생기며, 4-6세 때는 다른 사람의 행동을 통제하는 데 관심이 더 증가한다. 이러한 특성을 잘 정리해 놓은 자료가 <그림 5-8>이다.

그림 5-8 1-5세 자녀들의 중요한 발달적 특징
출처: See the world through my eyes
(www.uaex.edu/health-living/personal-family-well-being/docs/see the world cover.pdf)

2) 아동기 자녀기

소아정신분석가인 Erikson의 심리사회적 발달단계에 의하면 유아기(생후 1년, 신뢰 대 불신), 걸음마기(2-3세, 자율성대 수치심과 의심), 유치원시기(3-5세, 주도성 대 죄의식) 동안의 사회적 상호작용을 통한 심리사회적 발달이 이루어짐을 강조한다. 영유아기 동안의 발달에 이어 아동기는 근면성(industry) 대 열등감(inferiority)의 시기로 노력한 만큼의 결과를 얻지 못하면 열등감을 느낀다고 한다. 특히 우리나라에서는 부모들의 교육에 대한 기대수준이 높아 아동의 근면성에 대한 지지와 아동의 발달수준에 따른 적절한 기대수준이 아동의 심리사회적 발달에 매우 중요하다.

학교생활을 시작하는 아동기는 타인에 대한 이해와 사회적 관계의 발달이 중요한데 장휘숙(2006)에 의하면 또래와의 상호작용을 통한 우정의 발달이 중요한데 ① 가족 내에 공격적 모델이 있고 갈등해결하는 수단으로 부모가 공격성을 선호하거나, ② 부모가 높은 수준의 제한을 가하는 처벌적 훈육방법을 사용하거나, ③ 자녀의 바람직하지 못한 행동에 대해 적대적 반응을 나타내거나, ④ 부모와 자녀 간에 안정적 애착이 형성되지 않은 경우 등이 자녀들의 사회적 기술발달을 저해하는 가족환경이라고 한다.

또한 아동이 자신에게 적절한 성역할을 획득하고 성역할 정체감을 확립하는 성유형화도 이 시기에 중요한 발달과업으로 부모들의 성역할 고정관념(사람들이 각 성에 대해 갖는 비교적 안정된 신념이나 이미지로 남성이나 여성에게 속하는 것으로 생각되는 특성과 역할의 총체, 장휘숙, 2006, p. 226)은 아동의 잘못된 성유형화에 영향을 미친다.

김춘경 등(2002)은 아동발달에 영향을 미치는 가족의 특성은 가족 크기, 가족의 사회경제적 지위, 가족형태, 가족의 안전성, 가족규범, 가족의 주거환경 등이 영향요인이며, 아동학대와 부모의 실직 등 다양한 구조와 관계적 특성 또한 아동의 발달에 영향을 미친다고 한다.

그러나 부모역할을 효과적으로 수행하기 위해서는 부모 스스로가 부모역할이라는 긴 여정 동안 어떠한 준비를 하고 지속적으로 부모가 성장할 것인지에 대한 계획을 수립하는 것이 중요하다. 특히 부모는 부부관계를 공고히 하면서 부모자녀관계에 대한 중요한 모델이 되어야 하며, 부부가 함께 부모로서 파트너로서 함께 일관성을 유지하는 것이 중요하다. 미국의 Arkansas 대학의 연구자들이 제안한 <표 5-5>의 '부모역할의 여정(A parenting Journey)'은 많은 도전이 앞에 놓인 다른 여행과는 차별되는 긴 부모역할의 여정 동안 부모가 어떠한 역량을 강화해야 하는가에 대한 제안들로 학동기부모들에게 많은 시사점이 있다.

표 5-5 부모역할의 각 여정 동안 부모자녀관계의 삶의 질 향상을 위한 중요 전략들

단계	중요 학습 전략
1단계: Be healthy	자신을 신체적으로 건강하게 유지하는 등 자신을 잘 돌보고, 자신이 좋아하는 일을 할 수 있는 시간을 갖는 것 등
2단계: keep learning and growing	자신의 삶을 더욱 향상시키기 위해 배우고 탐험하면서 자녀들에서 전 생애 동안 평생학습의 가치를 자녀들에게 보여기 위해 새로운 것을 배우려는 자세를 갖는 것
3단계: Build strong relationships	친구와 가족을 통해 더 건강해지는 것이 중요한데 이를 통해 자녀들은 관계의 중요성에 대한 교훈을 얻게 됨
4단계: Show love effectively	아동에게 가장 중요한 것은 사랑이며, 자녀들이 사랑받고 있다는 것을 알게 해야 함. 자녀들은 다양한 방식(말, 행동, 놀이 등)으로 자신이 사랑받고 있다는 것을 알고 싶어함. 자녀들은 자신이 받은 사랑의 방식으로 사랑하게 됨
5단계: Listen with your heart	사랑을 표현하는 중요한 방식 중 하나가 잘 듣기로, 자녀들은 자신들의 말을 잘 듣고 자신의 감정을 이해하기 위해 노력하는 것을 좋아함. 자녀들이 어려운 상황에 처했을 때 첫 번째 구급약은 잘 듣는 것이며, 조언이나 충고는 분노와 좌절감을 초래함
6단계: Show kindness	친절함은 관계를 만들고 세상을 밝게 하며 관계의 질을 향상시킴. 자녀들이 부모들의 친절한 모습을 통해 타인에게 친절함을 배우게 됨
7단계: Understand development	성장하는 데는 오랜 시간이 걸리는데, 어떤 부모들은 성장을 지나치게 몰아세우기도 함. 자녀들에 대한 현실적인 기대를 학습하고 자녀들에게 인내심을 가져야 함
8단계: Understand your child	모든 아이들은 독특하며, 각자의 장점과 선호가 있기 때문에 부모들은 각각의 아이들이 잘하는 것을 알아서 그들의 강점에 초점을 맞추고 그것을 잘 활용하고 발달시킬 수 있도록 기회를 주어야 함
9단계: Understand children's circumstances	경우에 따라 자녀들은 심심하거나, 지치거나 좌절하여 문제를 일으키기 때문에 그 일들에 흥미를 갖도록 도와주어야 함. 자녀들이 일을 엉망으로 만들 경우 진정시키고 그들이 하는 말에 귀 기울여 줌으로써 도전이 가득한 세상에서도 안전함을 느끼도록 도와야 함
10단계: Teach good way to act	아이들에게 소리를 치면 자녀들은 화가 나거나 두려움을 느끼며 부모가 하는 말을 이해하지 못함. 부드럽지만 단호한 요구를 하여야 함. 어려운 과업에 직면했을 때는 시작할 수 있도록 돕고, 혼란스러워할 때는 조용히 말하고 진정할 기회를 주어야 함
11단계: Make sensible rules	규칙이 없으면 혼란을 가져오지만 지키기 어려운 규칙이나 지나치게 많은 규칙은 도리어 문제를 야기함. 좋은 규칙은 자녀들이 다른 사람과 상호작용을 잘할 수 있도록 하는 역할을 하기 때문에 단순한 몇 개의 규칙을 일관성 있게 지키도록 하는 것이 중요함
12단계: Establish consequences	자녀에게 실망했을 때 매를 들 수 있는데 이는 자녀와 부모 모두에게 해가 되는 행동임. 아이들에게 좋은 행동에 대한 의견을 제시하거나 알아채게 하는 등의 결과를 인식하도록 함으로써 반복적인 행동으로 나타날 수 있도록 지도하는 것이 중요하며 특권을 빼앗는 등의 부정적인 결과를 유도하는 것도 나쁜 행실을 피하게 하는 방법임
13단계: Establish routines	지속적인 활동(routines)은 자녀들에게 기대되는 것이 무엇이고 무엇을 해야 하는지를 알게 하므로, 편안하고 안정하다고 느끼도록 돕기 위해서 routines를 만들 수 있도록 자녀를 돕는 것이 필요함
14단계: Give choices	자녀들은 선택을 함으로써 배우기 때문에 자녀가 준비가 되면 선택의 기회(무엇을 입을지, 가사일을 어떤 것을 도울지 등)를 주고, 부모들은 자녀들이 안전하고 현명한 방법의 여러 대안들 중에서 선택할 수 있도록 함
15단계: Learn from mistakes	삶의 과정에서 실수가 있을 수 있으며, 자녀들은 자신이 최선을 다하지만 실수할 수도 있음. 자녀들이 실수하면 그 실수를 통해 무엇을 배웠는지 생각하도록 도울 수 있음. 인내심과 이해심을 가지고 안전한 학습환경을 제공할 수 있음
16단계: Encourage love of learning	학습의 가치를 이해하도록 돕고자 할 때는 함께 책을 읽거나 흥미로운 사람이나 장소를 방문하거나 우리가 배운 것들을 서로 이야기함으로써 가능함
17단계: Show our values	가족의 중요성에 대해 자녀들과 이야기하면서 가족에 대해 이야기하고 가족의 가치를 공유하고 이야기하며 중요하다고 생각하는 것을 이야기함으로써 부모들의 가치를 보여주어 우리의 이웃을 아름답게 하거나 타인을 돕거나 좋은 것을 공유할 수 있음. 자녀들과 가족을 배려하고 이웃을 더 좋은 세상으로 만들 수 있도록 시간을 투자하는 프로젝트를 찾아야 함
18단계: Make your community child-friendly	자녀들을 지원하는 다른 사람에게 감사를 표현하고 교사를 도울 수 있음. 이웃과 지역사회의 교회나 학교 등 자녀들에게 좋은 경험을 제공하는 사람들이나 기관과 함께 해야 함
19단계: Enjoy time together	어려운 상황이나 난관이 있을 때조차도 자녀들이 하는 좋은 일들을 인정해 주고, 함께 배우고 말하고, 웃고 함께 즐겨야 함. 부모역할 같은 여행은 없음

출처: www.uaex.edu/health-living/personal-family-well-being/parenting, 2019.5.20 retrieved.

3) 청소년기 자녀기

(1) 청소년기 자녀기의 발달과업

청소년기는 신체적으로 2차 성징이 나타나고 정신적 · 사회적으로는 부모에게 의존했던 아동기에서 독립된 성인으로 성장하기 위한 준비단계이자 과도기이다. 그리고 이전과는 다른 역할에 대한 사회적 요구에 적응해야 하는 어려움과 함께 확대된 교우관계, 이성, 진로, 가치관 등 새로운 문제에 직면해야 하는 시기이기도 하다(장휘숙, 2004). 일반적으로 부부의 결혼만족도는 전 생애 동안 U자 곡선을 이루며, 청소년 자녀가 있는 시기 동안의 결혼만족도가 가장 낮다. 이는 청소년 자녀를 둔 부모도 중년기의 신체적 · 사회적 · 직업적 적응의 과도기적 단계를 지나면서 자녀의 발달과정에도 함께 적응해야 하는 데서 비롯된다고 볼 수 있다.

정문자 등(2016)은 이 시기 부모-청소년 자녀관계에서 중요한 발달과업은 자녀가 가족의 안과 밖을 넘나들 수 있도록 가족경계선의 융통성을 증가시키는 것으로 청소년 자녀가 부모와 타 가족원들로부터 분리되어 정체성을 탐색하고 개성을 발전시킬 필요성을 강조한다. 이를 통해 사회적 관계와 친밀감 능력을 발전시키고, 과업수행을 통해 삶에 대한 자율성과 통제감을 더 발전시킬 수 있다고 본다. 또 하나의 중요한 과업은 청소년기 자녀와의 갈등을 관리하는 것이다.

(2) 청소년 자녀와 부모의 세대차이와 갈등

부모와 자녀는 성장과정과 역사적 경험의 차이뿐만 아니라 연령과 지위의 차이로 다양한 면에서 차이가 존재한다. 그러나 우리 사회에서 차이는 차별을, 차별은 갈등으로 이어진다고 생각하는 신념이 있다. 실제로 청소년과 부모세대의 갈등 원인에 대한 인식은 청소년들의 발달적 특징과 2019년 현재 우리나라 청년일자리문제 등으로 점차 갈등이 부각되고 있다. 다양한 학자들이 분석하는 세대간 갈등의 원인과 해결방안은 <표 5-6>과 같다.

가족이 기타 사회적 제도와 다른 가장 큰 차이점은 세대관계를 포함하며 그 관계가 영속적이라는 특징이 있으며, 가족 자체가 갈등과 차이가 공존하는 연속적 체계라는 점이다. 그렇다면 가족 내에 내재하는 이러한 갈등을 해결하는 방안이 무엇인가? 바로 가족관계를 통한 신뢰구축과 배려 등 세대간의 이해를 통한 대화일 수 있다. 8장의 가족체계적 특성에서도 다루겠지만 건강한 가족의 특징은 개방된 의사소통과 응집성과 적응성이 있는 가족이다. 따라서 부모-자녀 간의 상호 신뢰적인 관계 형성을 기반으로 의사소통 훈련을 통한 개방된 의사소통은 청소년과 부모의 갈등적 상황을 예방하는 가장 좋은 방법이다. 다음 절에서 설명할 청소년 자녀기 동안의 권위적인 부모역할 또한 중요한 자원이 된다.

표 5-6 청소년과 부모세대의 갈등의 원인과 결과, 방안

연구자	세대	원인	결과/방안
Attias-Donfut & Arber (2000)	복지 세대	• 1960년대 젊은 세대와 성인 세대 간의 정치적 · 문화적 영역에서의 가치관이나 의식과 행동 차이 • 갈등은 젊은 세대, 성인 세대, 은퇴자 세대 등 3세대 간의 경제적 문제	• 복지와 혜택의 합리적 분배
박영균 (2009)	청소년-부모	• 정보 격차(디지털 분리현상)로 인한 갈등 • 사회문화(정치, 경제, 계층, 대중매체 등)의 변화로 인한 세대간 경험과 이념의 차이로 인한 갈등 • 가족구조의 변화로 인한 부양의식 등의 변화로 인한 갈등 • 연령별 발달단계상의 차이로 인한 갈등	• 결과: 신뢰의식, 가족의식과 정치의식에서의 차이
이창호 (2002)	청소년-성인 세대	• 사회문화적 조건과 경험의 차이 • 인간발달단계상 특성, 변화 수용능력 차이, • 일상적 행동과 세대갈등에 대한 대처방식 및 가치관 차이 • 자기효능감 차이	
조성남 · 최유정 (2003)	부모-자녀	• 부모와 자녀 간 상호적인 권위 인정 • 집단주의에서 개인주의로 변화(부모와 자녀의 분절된 하루 주기, 자녀들 요구 중심의 의식주 생활방식으로 변화, 개별적인 여가양식, 개인주의적 가치관으로의 변화) • 부모-자녀 간 권위주의에서 평등주의로 변화 • 의사소통 기술 부족과 빈번한 감정적 표출	• 애정에 기반한 부모의 양보/합의 • 자녀세대의 부모세대 이해 • 양계제적 친족관계 정착으로 자녀와 부모세대 통합 • 종교, 의례 등 이벤트적 활동으로 가족공동체 형성

출처: 정현숙(2013).

(3) 청소년 자녀기의 양육행동

이상과 같이 자녀의 자율성과 통제감을 발달시키고, 청소년 자녀와 부모가 적응하기 위해서는 장휘숙(2004)이 Maccobby와 Martin(1983)의 부모역할양식을 기초로 분류한 부모역할방식 중 권위적인 부모역할이 중요하다고 한다. 각각의 유형의 부모역할 특징과 청소년 자녀의 특성은 <표 5-7>과 같다.

급격한 현대사회의 가치관의 변화가 일어나는 사회적 환경과 학업과 직업적 준비에 몰입해야 하는 청소년기 가족에서 부모가 자녀들에게 어떠한 가치와 신념을 부모-자녀 간에 공유하며 양육을 할 것인가는 특히 이 시기의 부모역할에서 중요하다. 투자의 귀재이자 두 딸의 아버지인 Jim Rogers(2013)는 『딸들에게 주는 선물(A gift to my children)』이라는 책('백만장자 아빠가 딸에게 보내는 편지'로 번역되어 출간됨)에서 자녀들의 삶의 지침을 제시하였는데 특히 청소년기 부모자녀관계에서 많은 시사점이 있다. 그는 ① 인생의 주인은 자신으로 다른 사람이 자신의 생각을 대신하게 하지 말고, ② 좋은 습관이 성공을 낳기 때문에 아주 좋은 습관을 일상화하고 이를 통한 성취감을 느끼고 꿈을 키워 나가며, ③ 상식이 다 상식이 아니기 때문에 삶의 과정에서 언제나 다른 대안과 해석을 고려하고, ④ 철학에서 생각하는 법을 배워 생각의 틀을 넓히고, 연역법과 귀납법 두 가지 방법을 다 적용하여 균형 잡힌 사고를 하도록 하며, ⑤ 역사를 알면 미래가 보이므로 승자와 패자의 역사를 함께 아는 것의 중요성을 강조하였다. 특히 해외여행을 할 때는 반드시 여행지의 역사에

대해 공부할 것도 강조하였다. 이러한 그의 철학은 우리의 청소년들과 청년들에게 21세기를 살아가는 데 좋은 지침이 될 수 있을 것이다.

표 5-7 Maccoby와 Martin(1983)에 기반한 장휘숙(2004)의 청소년의 부모역할 양식

	부모역할 특성	청소년 자녀의 특징
권위 있는 부모	• 따뜻하고 애정적이며, 자녀행동에 대해 확고한 표준을 설정하고, 자녀의 발달단계에 적절한 요구와 기대를 함 • 자발성과 자율성을 강조하고 자녀행동에 대한 최종적 책임은 부모가 지며, 존중, 감사, 온정적 가족분위기 유지	• 책임감과 자신감이 있고, 적응적이며 창의성이 있어 학교와 사회에서 성공적이고 유능함
독재적 부모	• 처벌적이고 강압적 훈육을 하며, 자녀의 독립성과 자율성을 제한	• 자신감과 지적호기심이 부족하고, 부모의 물리적 처벌과 정서적 박탈로 공격성과 적대감 수준과 비행 가능성이 높음 • 자녀는 의존적이고 수동적임
허용적 부모	• 자녀에게 요구하는 것 없이 자녀 스스로 행동하도록 자유를 허용	• 미성숙하고 책임감이 없음
방임적 부모	• 부부중심으로 생활하며, 자녀와 상호작용을 최소화하며, 자녀의 일상생활과 학교생활에 관심이 없음	• 성적 접촉을 이른 시기에 하며 약물오남용의 가능성도 높음

4. 부모자녀관계의 질과 건강성

사회화의 대행자로서의 부모의 역할과 부모자녀관계를 바라보는 시각은 사회적 변화와 다양한 연구결과에 의해 변화하고 있다. 현대적인 관점에서 Bigner와 Gerhardt(2014)는 부모자녀관계의 중요한 특성이 발달적(developmental), 양방향적(bidirectional), 그리고 생애과정(life span)에 걸친 부모역할(parenting)로 변화되었다는 점을 강조한다. 우선 '발달적 부모역할'은 부모와 자녀 모두 시간에 따라 성장과 발달을 경험하면서 부모자녀관계 내에서 다양한 역동적 상호작용이 이루어진다는 것이다. '양방향적 부모역할'은 자녀가 부모에게 영향을 미치며 피드백을 통해 부모에게도 영향을 미친다는 것이다. 또한 '전생애과정'의 발달과정에서 부모역할의 상호작용을 통해 자녀의 성격과 행동과 능력 등이 형성된다고 한다. 특히 평균수명의 증가로 인한 고령화 등은 부모자녀관계의 기간을 이전과는 비교가 될 수 없을 정도로 변화시켰으며 성인자녀부모관계와 조손관계로 확대되고 있다. 이 절에서는 이러한 발달적 과정에서 부모자녀관계의 질에 영향을 미치는 다양한 요인들을 살펴보고자 한다.

1) 부모양육행동

부모자녀관계에서 부모양육행동은 가장 많이 연구되는 주제이면서 다양한 가족행동에 영향을 주고받는 중요한 개념으로 인식된다. 부모양육행동(parenting)은 훈육을 포함한 자녀에 대한 관심과 신념 및 가치 등을 포함하는 포괄적인 개념이며 많은 학자들은 아동의 능력과 발달에 직접적으로 영향을 미치는 요인이라고 한다. 부모양육행동에 대한 이론적 관점은 양육에서의 중요한 가치가 무엇인가에 따라 다양하게 구분된다.

2) 유형화 이론

바람직한 부모역할에 대한 유형화 이론은 중요한 부모역할행동을 중심으로 유형이 구분된다. Baldwin(1948)은 정서적 관여와 분리를 중심으로 Baumrind(1989)는 요구성과 반응성을 중심으로 LeMasters와 DeFrain(1980)은 부모의 양육신념을 중심으로 <표 5-8>과 같이 구분하였다.

표 5-8 부모의 양육행동에 대한 유형화 이론

학자	분류기준	부모역할	특징
Boldwin (1948)	정서적 관여와 분리	민주적 (democratic)	• 의사결정과정에 자녀 참여 및 존중 • 자녀들은 사교성과 자기표현성 높음
		독재적 (autocratic)	• 규칙 강요 • 불안정한 정서상태를 보이며 적응력과 자주성이 낮음
Baumrind (1989)	요구성과 반응성	권위 있는 (authoritative)	• 요구와 반응이 모두 높음 • 발달능력에 맞는 일관된 자세와 행동방식에 대한 명확한 기준 세워 양육
		권위적(authoritarian)	• 부모규칙에 대한 자녀 복종 강조와 자녀 욕구 고려하지 않음
		허용적(permissive)	• 자녀에 대한 부모의 반응수준은 높으나 자녀에 대한 요구도 낮음
		거부-방임적 (rejecting-neglecting)	• 부모가 자녀에게 관심 없어 요구를 많이 하지 않음
LeMasters와 DeFrain (1980)	양육신념	순교자형	• 자녀를 위해서 무슨 일이든 한다는 신념에 기초 • 습관적으로 아이를 기다리고 뒤를 따라다니면서 돌보기 등 부모가 다 해주는 유형 • 부모의 기준이 너무 높아 실행 불가능하여 부모가 아이에게 죄책감 느낌
		친구형	• 자녀에게 친구 같은 존재여야 한다는 신념에 기초 • 자녀에게 지도도 하지 않고 규칙과 허용범위를 자녀 스스로 정하도록 허용함 • 방임적 양육행동이 자녀의 약물 사용/비행을 야기하기도 함 • 형식적 권위주의 양육행동을 나타내기도 함
		경찰관형	• 규율과 복종의 중요성을 강조하는 신념 • 친구 같은 양육행동과 정반대되는 행동 • 자녀의 규율 복종을 강요하고, 자녀의 작은 반항에도 벌을 줌 • 방임적 양육행동처럼 비행과 가출을 야기함
		교사-양육자형	• 부모가 자녀발달에 전지전능자라는 신념에 기초 • 발달적 모델을 따르지만 부모 욕구보다 자녀 욕구를 우선시하고, 부모의 힘을 과장하고 자녀를 매우 소극적인 유기체로 여김
		운동코치형	• 자녀 능력과 수준에 맞는 기대와 부모와 자녀의 욕구의 모두가 중요하다는 인식 • 코치(부모)는 경기(삶)에 대해 충분한 능력/지식이 있고 준비되어 있는 사람임 • 자녀들의 재능 개발 노력을 격려하지만, 부모들이 대신 해줄 수 없음을 인식함

3) 부모양육행동에 영향을 미치는 요소

부모의 양육행동에 영향을 미치는 요소는 부모자녀관계에서 가장 많은 연구가 이루어지는 분야이다. Bigner와 Peterson(2014)은 사회적 영향, 시기(developmental time), 원가족의 영향, 자녀의 영향, 훈육방식과 가족의 생태학적인 요소 및 아동에 대한 태도가 영향을 미치는 요인이라고 한다.

Belsky(1984)는 부모역할 결정에 대한 과정모델(process model)에서 부모의 개인적·심리적 자원, 아동의 특성, 긴장과 지지의 기반이 되는 상황적 자원 등 3가지의 요인에 의해 유능한 부모로 기능을 수행한다는 점을 강조하며 <그림 5-9>의 모델을 제시하였다.

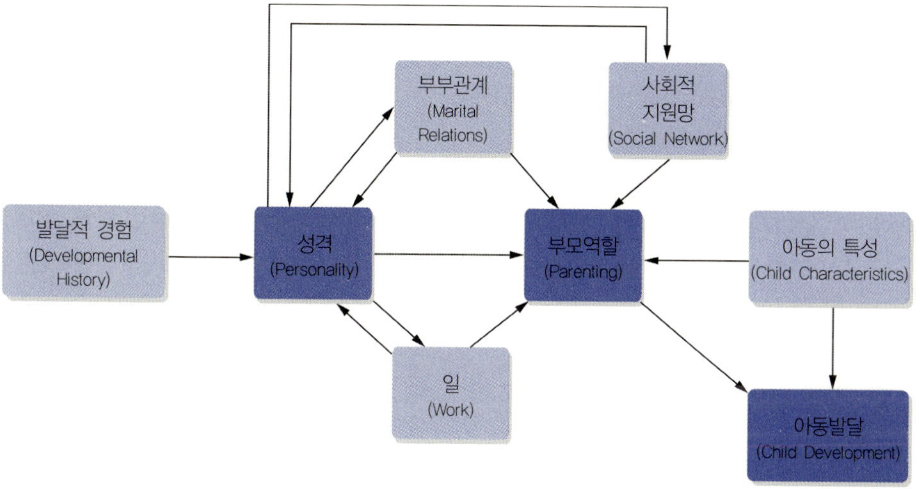

그림 5-9 부모역할을 결정하는 과정모델
출처: Belsky (1984). p. 84.

5. 부모자녀관계의 다양성에 영향을 미치는 상황적 맥락

1) 가족의 다양한 구조적 환경

아동발달에 영향을 미치는 가족의 중요성은 심리학, 아동학, 가족학 등 여러 학문분야에서 강조된다. 가족은 자녀들이 접하는 최초의 사회화 장소로서 자녀들에게 사회생활에 필요한 기본적인 가치를 가르치는 장소이며, 가족구성원들에게는 정서적 유대감을 제공하는 인간조직의 가장 기본적인 단위이다. 특히 가족은 친밀한 인간관계를 통해 타인과 관계를 맺고자 하는 인간의 기본적인 욕구, 소속감에 대한 욕구 및 친밀감에 대한 욕구를 충족시켜 준다는 점에서 그 중요성이 강조된다. 인간의 친밀감에 대한 욕구는 가족구성원들이 서로 감정을 공유하고, 걱정과 근심을 함께 나눔으로써 충족되며, 이를 통해 사회적 통합을 향한 욕구도 충족될 수 있다. 가족은 도움을 필요로 하거나 자신의 중요성을 인정해 주는 가족구성원을 통해 안도감의 욕구가 충족되는 장소이기도 하다. 이러한 가족의 기능이 바로 아동의 사회화를 위한 기초적 자원이 된다(정현숙, 2002a).

가족은 사회의 변화에 따라 다양한 구조적 형태를 취함으로써 가족기능이 충족되도록 하는 유연성이 있다. 따라서 같은 문화권에서도 하위문화권, 즉 사회계층이나 지역 등에 따라 가족들 나름대로의 독특성이 있으며, 다양한 가족 유형으로 존재한다(정현숙, 유계숙, 2001). 가족은 또한 가족구성원들이 인간관계에서 경험하는 다양한 정신적 · 신체적 스트레스에 대해 완충작용을 하기 때문에 현대와 같이 사회의 안정성이 약해지면서 개인이 고립되고 인간관계가 소원해지는 사회에서 중요한 지지기반이 되고 있다.

(1) 가족 크기

아동의 가족 내 상호작용 패턴은 가족의 크기에 의해 영향을 받는다. 가족의 크기는 가족 내의 부모와 자녀, 노부모 등 가족구성원의 수와 종류에 따라 다양하다. 가족의 크기는 인구학자들의 가장 중요한 관심사이다. 인구학자들은 아동의 복지와 가족의 크기가 관련성이 있다고 주장하였다. 예를 들면, 형제의 수가 아동의 인지발달과 사회성 발달(특히 교육적인 성취)에 부정적인 영향을 미치는데 이러한 현상을 '희석이론(dilution model)'으로 설명하였다. 즉, 한정된 자원을 가진 부모는 자녀가 많을수록 각 아동에게 투자할 수 있는 자원 유입이 제한되어 낮은 성취 결과를 낳을 수밖에 없다는 것이다(정현숙, 2002a).

가족의 크기는 부모의 자녀양육방식과 부모-자녀 상호작용에 영향을 미치는데, 가족의 크기가 커지면 자원이 제한되기 때문에 가족 내의 갈등 양이 많아지고 부모들도 더 권위적인 양육방식을 나타내게 된다. 또한 규칙을 제정하는 방식이나 행동수정방식, 애정표현방식에서도 차이를 나타난다. 가족의 크기가 커질수록 부모역할에서의 긴장이 커지며, 이러한 긴장은 부모의 복지와 결혼만족도에 영향을 미치고 이는 자녀에게도 부정적인 영향을 미친다(정현숙, 2002a).

(2) 가족의 사회경제적 지위

가족의 사회경제적 지위는 가족의 경제적, 사회적 자원이다. 가족의 경제적 자원은 가족의 모든 활동에 필수적이며 생활의 질적 향상과 직접적으로 관련되며 때로는 가족 내에 긴장과 갈등을 일으키는 요인이 되기도 한다. 가족의 사회경제적 지위는 또한 부모의 자원으로 사회관계망에서의 접근 가능한 자원의 양을 의미하며, 이러한 자원은 자녀양육행동에 직접적인 영향을 미친다.

가족의 사회경제적 지위를 측정하는 방법은 주관적 방법과 객관적 방법이 있다. 주관적 방법은 인구센서스나 언론분야에서 많이 이용하는 방법으로 계층에 대한 정의를 기초로 자신이 어느 계층에 속하는지를 스스로 측정하는 방법이다. 중산층에 대한 경제적인 정의는 '임금 노동자와 달리 자산을 보유한 자본가계급, 현대사회에서 경제력을 지탱해 주는 기업을 소유하거나 그 지분을 갖고 있는 부류'를 의미한다(정현숙, 2002a).

학문분야에서는 사회경제적 지위를 양적으로 측정하는 객관적인 방법을 많이 이용하며 주로 부모의 교육수준, 수입, 직업 등을 기초로 구분한다. 아동학 분야에서는 가족의 환경으로서 부모의 교육수준과 수입, 직업이 각각 아동발달에 미치는 영향이 연구되며, 이 세 가지 요소를 사회경제적 지위로 합하여 영향력을 분석하기도 한다. 사회경제적 지위에 따른 아동의 성격, 학업성취, 성역할의 발달, 스포츠 참여 유형, 비행 정도 등 사회경제적 지위가 아동발달에 미치는 영향이 다양하게 연구되며, 또 한편으로는 부모의 직업과 교육수준 및 소득이 각각 아동발달에 어떠한 영향을 미치는지가 분석되었다(정현숙, 2002a). 예를 들면, 방하남과 김기헌(2001)은 부모의 교육수준과 지위, 소득이 높을수록 자녀의 대학 진학률이 높고, 이 경우 소득과 같은 경제적 요인보다는 부모의 학력과 지위 등 문화적 요인이 자녀의 대학 진학에 미치는 영향이 크다고 한다. 따라서 아동발달에 미치는 가족의 사회경제적 지위는 이러한 지위에 따른 부모의 자녀에 대한 가치관과 양육행동의 차이에서 비롯된다.

2) 가족 유형의 다양성

사람들의 결혼과 가족에 대한 태도가 변화하고, 이혼 · 재혼 및 여성의 취업이 증가하면서 가족구조와 형태가 점차 다양해지고 있다. 가족구조의 다양성은 아동발달의 장으로서의 가족환경의 변화를 의미한다. 학자들은 가족형태에 따라 가족환경이 차이가 나며, 이러한 점이 아동발달에 다른 영향을 미친다고 가정한다. 다양한 가족의 현황과 가족원들의 상호작용 특성 및 아동발달에 미치는 영향력은 다음과 같다.

(1) 맞벌이가족

1999년 여성 경제활동인구는 약 874만 명이며(통계청, 2000), 경제활동인구 중 기혼여성은 약 670만 명으로 기혼여성의 경제활동 참가율은 47.9%이다. 그러나 이러한 현상은 2018년 통계청 경제활동인구조사에 따르면 여성 경제활동인구는 약 1,200만 명이며, 2018년 여성의 연령별 경제활동 참가율은 20-29세가 65.7%, 30-39세가 62.7%, 40-49세가 67.4%, 50-59세가 65.6%, 60세 이상이 33.2%로 변화하였다(그림 5-10 참조). 이는 20대 후반부터 30대 초반의 맞벌이 여성들이 육아문제로 취업현장을 떠나는 것을 의미하며, 맞벌이가족에서, 특히 어머니들이 일과 부모역할을 병행하는 데 현실적으로 어려움이 많다는 것을 보여준다.

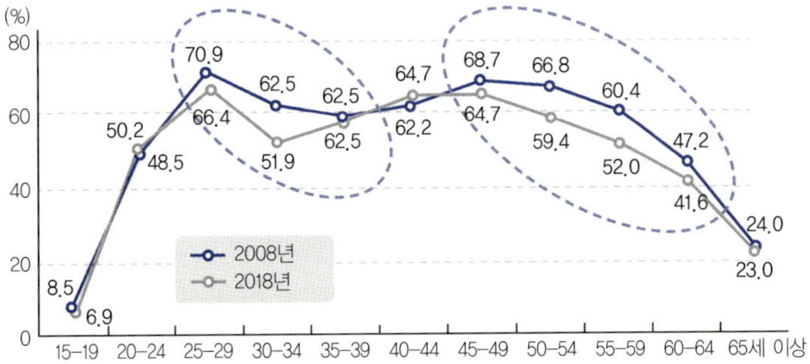

그림 5-10 연령대별 여성고용률

출처: 통계청(2019). 통계로 보는 여성의 삶 보도자료. p. 27.

맞벌이가족 상황이 부모역할과 아동발달에 부정적인 영향을 미칠 수 있다는 점은 가족긴장이론(family stress theory)과 역할이론(role theory)으로 설명된다. 가족긴장이론은 가족의 사회적 체계를 분열시키는 긴장원에 초점을 두고 있다(정현숙, 1997b). 이 이론에 의하면 가족이 경험하는 긴장원 중 가족생활주기상에서 나타나는 긴장은 크게 3가지이다. 첫째는 자녀의 탄생, 첫 자녀의 결혼, 은퇴 등 규범적인 사건에서의 긴장이며, 또 하나는 자녀의 죽음과 자연재해 등과 같이 예측할 수 없는 비규범적인 사건에 의한 긴장이다. 또 다른 긴장원은 계속되는 역할긴장과 가족구성원 간의 문제로 인한 긴장으로서 가족들이 극복해야만 하는 요구가 축적되어 나타나는 것이다(McCubbin & Patterson, 1983). 이러한 긴장들은 일정한 시간에 나타나는 사건이 아니라 매일의 일상생활 경험에서 계속 누적해서 나타나는 역할문제로서 맞벌이 상황이 이러한 역할긴장을 일으켜 스트레스 상황을 만든다는 것이다.

역할이론에 의하면 개인은 직업인, 배우자, 부모 등과 같은 다양한 사회적 역할을 수행해야 할 뿐만 아니라, 사회적 지위에 따라 사회는 일련의 행동(역할)을 요구하고 이에 대한 행동을 기대하기 때문에 역할기대와 역할수행과의 차이에 의해 갈등이 일어난다고 가정한다. 사회적 역할에 따른 역할 수행은 사회의 기대에 얼마나 부합하느냐에 따라 개인에게 긍정적 혹은 부정적인 정서적 · 물질적 결과를 초래하는데, 우리나라에서 여성은 전통적으로 가사와 아동양육 역할이 강조되므로 맞벌이가족에서 일과 가사를 병행해야 하는 여성의 역할갈등은 매우 심각한 실정이며, 이러한 갈등이 가족관계에 영향을 미치게 된다. 특히 우리나라는 자녀의 가치가 부부관계의 가치보다 중요시되므로 여성이 직업을 가짐으로써 갖게 되는 부모역할갈등은 가족관계의 전반에 중요한 영향을 미치게 된다(정현숙, 1997b).

맞벌이가족이 증가하고 사회의 변화에 따라 가족구성원들이 가사와 양육을 분담하는 경향이 늘어나고는 있으나 '어린 자녀를 둔 기혼여성의 취업'에 대한 사회적 편견이 여전히 남아 있고, 부모가 아동의 행동에 가장 큰 영향을 미치는 사회적 대행자라는 인식이 팽배하기 때문에 맞벌이가족 내의 여성들이 느끼는 긴장원은 매우 다양하고 그 긴장수준도 매우 높다(정현숙, 1997b). 따라서 맞벌이가족에서는 자녀양육과 교육문제, 가사노동 및 가사관리의 문제, 사회적인 편견으로 인한 규범적인 갈등, 정체감의 문제(모순된 감정, 우려와 죄책감), 사회관계망의 어려움이 있다. 그러나 맞벌이가족에서 여성들이 자녀의 탁아를 만족스럽게 해결하고, 배우자가 지지해 주며, 자신의 일에 만족을 느낄 때, 삶에 대해 만족하며 부모의 역할도 더 잘 수행하는 것으로 나타나(정현숙, 1997a, 1997b; Hoffman, 1988), 맞벌이 상황 자체가 부모역할 수행에 직접적인 영향을 미친다기보다는 맞벌이가족에 대한 가족의 지원과 지지가 아동발달에 더 중요한 변인임을 알 수 있다.

(2) 한부모가족

한부모가족은 부모 중 한쪽의 사망, 이혼, 유기, 별거로 인하여 한부 혹은 한모와 18세 미만의 자녀(취학 후에는 20세 미만)로 구성된 가족이다. 통계청(2018)의 한부모가구는 세대구성상 부+미혼자녀, 모+미혼자녀, 부+미혼자녀+기타 가구원, 모+미혼자녀+기타 가구원으로 구분된다. <그림 5-11>과 같이 한부모가구는 지속적으로 증가하고 있다. 인구추계에 의한 가구 유형별 분석에서는 2035년 전체 가구 중 모-자녀가족은 7.2%, 부-자녀가족은 2.5%에 이를 것으로 추정된다(통계청, 2017, 장래가구추계). 미혼부모에 대한 통계는 2015년부터 인구주택총조사를 통해 제공되는데 미혼

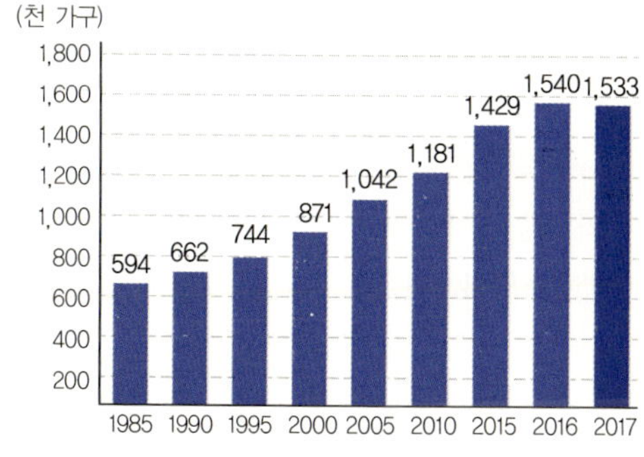

그림 5-11 한부모가구의 변화(1985-2017년)

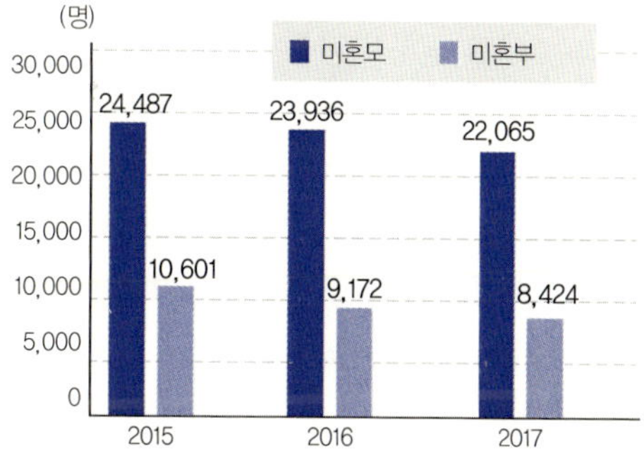

그림 5-12 미혼모 · 미혼부의 변화(2015-2017년)

출처: 통계청(2018.10.1). KOSTAT 통계플러스 2018년 가을호. p. iv.

표 5-9 세대별 가구구성 및 증감률(2010년, 2018년) (단위: 가구, %)

구분	2010년		2018년		증감(2010-2008년)	
					증감	증감률
계	17,494,884	100.0	19,751,807	100.0	2,256,923	0.0%
부부	2,629,660	15.0	3,219,483	16.3	589,823	1.3%
가구주+미혼형제자매 (기타 친인척)	270,450	1.5	222,826	1.1	−47,624	−0.4%
1세대 기타	98,704	0.6	140,236	0.7	41,532	0.1%
부부+미혼자녀	6,544,401	37.4	5,825,489	29.5	−718,912	−7.9%
부+미혼자녀	350,681	2.0	585,265	3.0	234,584	1.0%
모+미혼자녀	1,263,825	7.2	1,573,031	8.0	309,206	0.7%
부부+부(모)	157,776	0.9	144,027	0.7	−13,749	−0.2%
부부+미혼자녀 +형제자매	57,695	0.3	75,719	0.4	18,024	0.1%
조부(모)+미혼손자녀	113,449	0.6	115,720	0.6	2,271	−0.1%
2세대 기타	545,526	3.1	895,445	4.5	349,919	1.4%
부부+미혼자녀+부(모)	657,051	3.8	521,313	2.6	−135,738	−1.1%
3세대 이상 기타	419,621	2.4	460,560	2.3	40,939	−0.1%
1인 가구	4,174,073	23.9	5,738,931	29.1	1,564,858	5.2%
비친족가구	211,972	1.2	233,762	1.2	21,790	0.0%

출처: 통계청(2015). 장래가구추계.

부보다 미혼모의 비율이 높지만, 두 가지 유형 모두 3년간 감소하는 패턴을 보인다. 우리나라의 경우 한부모가족은 대부분이 한모가족이다. 2000년도의 한부모가족은 전체 가구의 9.4%로 1995년에 비해 17% 증가하였다(통계청, 2001). 이후 2010년은 한부모가족은 9.2%, 2018년은 11%로 증가하였다(표 5-9 참조).

한부모가족이 증가하고 점차 보편적인 가족형태가 되고 있지만 가족의 다양성에 대한 허용성이 낮고, 병리적 관점에서 이혼과 사별, 미혼모 등을 바라보는 사회적인 시각 때문에 여전히 이들이 경험하는 어려움은 종류도 많고 그 내용도 다양하다(표 5-10 참조).

한부모가족에 대한 여성가족부의 실태조사(2015)에 의하면 이들은 심리정서적인 어려움, 소득, 주거 등 경제적 어려움, 역할혼란과 역할과중, 사회적인 관계망 축소와 사회적 고립, 혼자 사는 여성에 대한 편견, 성희롱, 부적절한 양육문제 등 다양한 어려움에 직면하고 있다고 한다(그림 5-13 참조). 특히 청소년양육 미혼모는 가장 취약한 소외계층이지만, 현행 정책이 시설 중심으로 자녀 출산에 필요한 도움만을 일시적으로 제공하는 실정(홍순혜 등, 2007, p. 17; 변귀연 등, 2009)이어서 이들을 성인 미혼모와 동질집단으로 간주하기보다는 청소년양육 미혼모의 욕구와 당면 문제에 맞는 차별화된 정책이 필요함을 강조하였다(홍봉선, 남미애, 2011).

표 5-10 한부모가족의 어려움

어려움	내용
사회의 부정적인 편견	• 아버지와 남편(혹은 어머니와 아내)의 부재라는 구조적인 차이로 인해 결손가족, 비정상가족, 불완전한 가족일 것이라는 부정적인 관점이 지배적임 • 한부모가족의 자녀들은 다른 가족 유형의 자녀들과 달리 부모의 이혼과 사별로 인해 한 부모의 상실을 경험하였기 때문에, 양육부모와 새로운 심리적 적응과정을 거쳐야 하며 그 과정에서 많은 어려움을 경험함
경제적 문제	• 아버지의 부재로 인한 소득감소와 여성의 재취업 기회의 제한으로 인해 경제적 문제가 심각한 수준임 • 직업의 불안정과 자녀의 교육비 증가로 인한 경제적인 스트레스, 구직 스트레스와 이와 연결된 건강문제 등이 어려움을 증가시킴
사회적 지원의 부족	• 사회단체, 외가, 친구들의 도움이 있으나 낮은 수준이며, 특히 시설 모자가정인 경우에는 지원체계가 매우 부족하고, 그 결과 사회적 관계망이 축소됨
과중한 역할	• 과중한 역할에 따른 만성적인 긴장은 부모역할 수행에 대한 죄책감과 스트레스로 이어짐 • 주 부양자가 일과 가족을 동시에 운영하는 데서 오는 역할과중으로 자녀들과의 정서적인 친밀감을 형성할 시간이 절대적으로 부족하며, 의사소통의 시간이 부족함

출처: 김미숙 등(2000), 박영란(1998), 안명자(1995), 유경아(1998) 내용 추가함.

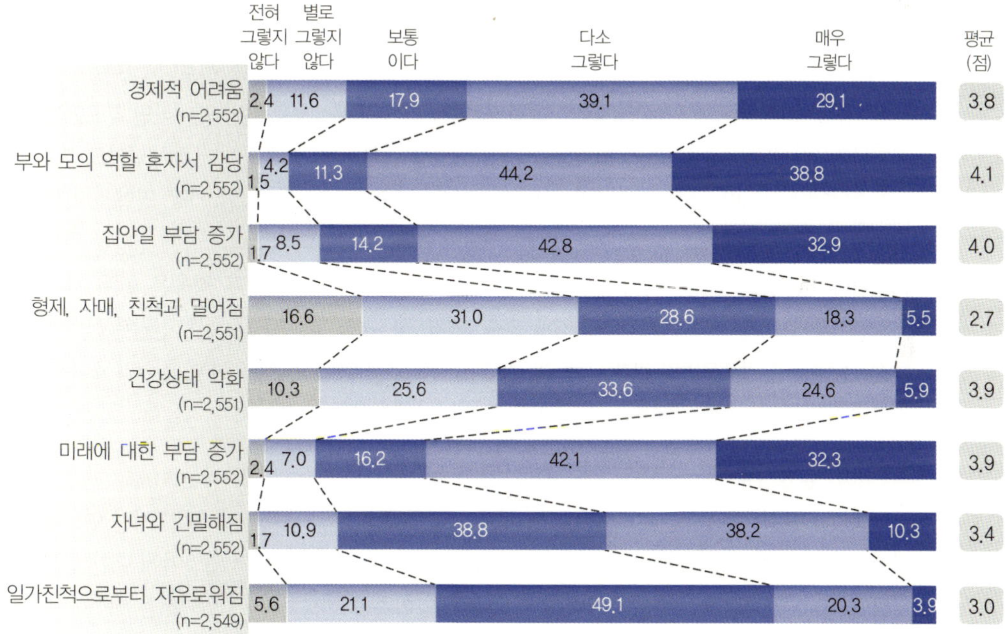

그림 5-13 한부모가 된 후 달라진 점
출처: 여성가족부(2015). 여성가족부 한부모가족 실태조사.

정문자 등(2016)은 한부모가족의 경우 다양한 어려움을 경험하는데 ① 가족 스트레스 수준이 변화하고, ② 개인 혹은 가족의 정체감을 수정해야 할 뿐만 아니라, ③ 가구를 어떻게 관리할 것인가에 대한 결정을 하는 등 중요 변화과정이 동반된다고 한다. 특히 가정관리방법의 변화나 경제적 자원의 감소, 부모의 고용지위 변화와 가족의 거주지 변화와 같은 것에 가족이 심각하게 영향을 받으면서 가족의 경계와 정서적 환경에서 추가적인 변화가 일어날 수 있다는 점을 강조한다. 이를 위해서는 다양한 전략이 요구되는데 ① 부모역할을 위한 전략, 특히 양육권과 관련된 문제들이 수정되어야 하며, ② 사회적 관계와 지원망(가족, 친구)이 변화되고, ③ 부모가 새롭게 데이트 관계가 시작될 수도 있어 이에 대한 전략도 요구된다고 한다. 많은 연구들에서 이러한 변화과정에서 스트레스가 남성과 여성에게 미치는 영향이 다르지만 가족체계에 더 강력하게 영향을 미치기 때문에 다양한 요구가 축적되어 체계가 이용 가능한 대처자원보다 요구가 커지면, 위기와 부조화 등의 가족의 취약성이 드러난다고 한다. 따라서 성공적인 적응은 가족이 기존의 전략들을 변화시키고, 새로운 사회적 지원망을 확대해 나갈 수 있는 역량에 달려 있다고 한다. 또한 노영희와 김상인(2016)은 한부모가족에서 한모와 한부의 우울수준이 차이가 나는데, 여성이 남성보다 높은 수준의 어려움을 경험한다고 한다. 여성들은 자녀양육의 어려움 중에서 학업 관련 지도에 대한 어려움이 크며, 고용지위도 임시/일용직의 비율이 높다. 그러나 사회적 지지수준은 여성이 남성보다 크다.

이혼으로 한부모가 되는 경우 자녀들이 경험하는 어려움은 매우 크다. 왜냐하면 부모에게는 이혼이 하나의 선택일 수 있지만, 자녀들의 경우는 그렇지 못하며, 부부관계가 해체되어도 부모역할은 계속되어야 하지만 상당 부분 중단되므로 이혼은 자녀의 발달에 심각한 가장 영향을 미치는 환경 중의 하나이다. 이러한 이유로 아동의 복지적인 측면에서 이혼 후 아동의 적응에 영향을 주는 변인을 발견하려는 노력이 많은 연구자들에 의해 시도되었다. 아동의 이혼 후 적응은 한두 가지 변인의 영향이라기보다는 이혼 전 부모의 갈등 정도, 연령, 성, 기질 등 아동의 특성, 친권부모의 이혼 이후 적응상태, 비친권부모와의 관계, 사회적 지지망의 정도, 친권부모의 재혼 여부, 친권의 소유자, 친권부모의 양육방식 등에 영향을 받는다(정현숙, 1993).

(3) 입양가족

<그림 5-14>와 같이 전반적으로 해외입양과 국내입양 모두 감소하는 추세이지만 여전히 입양은 아동발달에 매우 중요한 환경적 요인이다. 입양가족의 수는 일반인들의 입양아에 대한 편견이 개선됨에 따라 국내입양이 계속 증가하고 있으나, 입양아동을 선정하는 데 있어서는 여전히 장애아를 기피하거나 까다로운 기준을 제시하는 경우가 많아 문제점으로 지적되고 있다. 특히 '버려진 장애아'가 국내에 입양되는 경우는 극히 적어 광복 이후부터 1999년 6월까지 국내외에 입양된 장애아는 모두 3만2,814명인데, 이 중 국내입양은 0.5%(168명)에 불과하고 나머지 99.5%(3만2,646명)가 해외로 입양되었다. 1999년 입양된 아동 중 장애아 입양 비율은 해외가정이 34.2%나 된 반면, 국내가정은 8.1%에 그쳤다(정현숙 등, 2002).

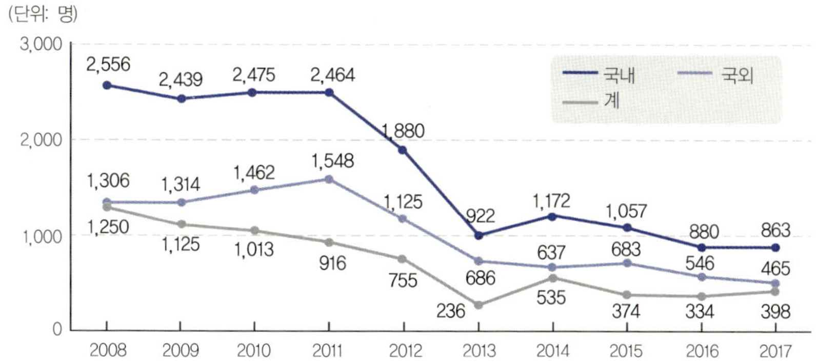

그림 5-14 해외입양 추이(2008-2017년)
출처: 보건복지부. 가정위탁국내입양소년소녀가정현황.

입양가족은 입양아동의 문제뿐만 아니라 입양부모의 대부분이 청소년기의 미혼모라는 점에서 특수한 가족환경이면서 위험요소를 포함하고 있는 가족환경이다. 입양가족에서는 양부모가 입양자녀에게 입양 사실을 이야기해 주기 전에 먼저 부모 자신의 감정을 이해하는 것이 중요하며, 입양아동의 발달단계에 따라 입양에 대한 아동의 인식을 이해하고 이에 대한 적절한 부모역할이 요구된다. 입양에 대한 아동의 인식은 크게 4단계로 구분된다. 1단계인 6세 이전의 학령전기에는 양부모가 입양에 대해 설명해 주고 자신의 입양 사실을 말해 주어도 잊어버리거나 이해하지 못하고 입양과 출산을 혼동하는 경향이 있다. 2단계인 6-7세경에는 대부분의 어린이들이 자녀를 갖는 방법으로 입양과 출산의 두 가지가 있으며, 입양이 되면 영원히 그 가족의 성원이 됨을 이해한다. 3단계인 8-11세에는 입양에 대한 이해의 폭이 넓어져서 어린이들은 입양이 자녀를 갖는 보편적인 방법이 아님을 알게 되고, 자신을 낳아준 부모가 어딘가에 있음을 의식하게 되며, 많은 아동들이 친부모가 나타나 자신을 데려갈 것을 염려한다. 4단계가 시작되는 12세 무렵에는 입양에 의하여 영원히 그 가족의 성원이 됨을 다시 믿게 되며, 사춘기 초기나 중기 이후에는 입양이 합법적인 과정임을 이해하게 된다(정현숙 등, 2002).

모든 입양아동들이 이러한 단계를 거치는 것이 아니며 입양부모는 <그림 5-15>와 같이 양육하는 데 다양한 어려움을 경험한다. 그러나 혼인외자녀에 대한 차별적인 법과 제도가 입양의 장애요인인 동시에 한부모가족과 입양가족 모두에게 사회적 차별의 원인이 되고 있어 이에 대한 개선 정책이 요구된다(정현숙, 2018).

그림 5-15 입양자녀를 양육하며 겪는 어려움 (단위: %)
출처: 한국일보. "입양했대" 주변 수군거림에 3년에 한 번 꼴로 이사
(http://news.naver.com/main/read.nhn?mode=LSD&mid=sec&sid1=102&oid=469&aid=0000290328)

(4) 다문화가족

다문화가족이란 한 가족 내에 다양한 문화가 공존하고 있는 가족으로 그 형태로는 한국인 남성과 결혼한 이주여성가족, 한국인 여성과 결혼한 이주남성가족, 노동자와 유학생 등의 이주민가족이 있다(여성가족부, 2012). 2011년 개정된 다문화가족지원법에서는 국제결혼을 통해 형성된 가족과 기타 사유 국적취득자(인지, 귀화)가 다문화가족에 포함된다(제2조 1항). 재한외국인처우기본법 제2조 규정에 의하면 결혼이민자는 '대한민국 국민(남성)과 혼인한 적이 있거나 혼인관계에 있는 재한외국인'(통계청, kosis.kr/metadata/main.jsp?word_id=126312&word_kind=josa)으로, 이들이 속한 가족을 '결혼이민자가족'으로 규정한다.

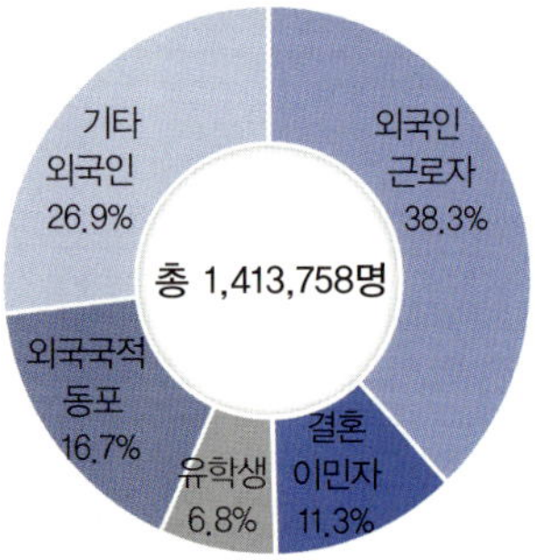

그림 5-16 한국 국적 가지지 않은 자 유형별 현황
출처: 행정안전부(2017). 외국인주민 현황 조사결과. p. 5.

행정안전부의 외국인주민 현황(2017)에 의하면 외국인주민 중 외국인근로자(30.7%) 및 외국국적동포(13.4%)를 제외하고 가장 높은 비중을 자치하는 집단이 결혼이민자(9%)와 외국인자녀(10.8%)집단이다. 2017년 기준 외국인주민 수는 176만 명을 넘어, 총 인구 대비 3.4%에 이르렀으며, 이들 중 결혼이민자는 159,501명(9%), 특히 한국 국적을 가지지 않은 외국인 중 결혼이민자는 11.3%로 높게 나타났다(그림 5-16). 특히 외국인주민 중 가장 많은 관심을 받는 집단은 결혼이민자들로 이 집단의 자녀 수 증가 및 이들 가족의 문제가 점차 사회적 문제로 발전되면서 사회적 통합에 대한 요구가 증가하고 있다. 여성가족부(2016)가 실시한 전국다문화가족실태조사 결과에 따르면 전국다문화가족은 278,036가구

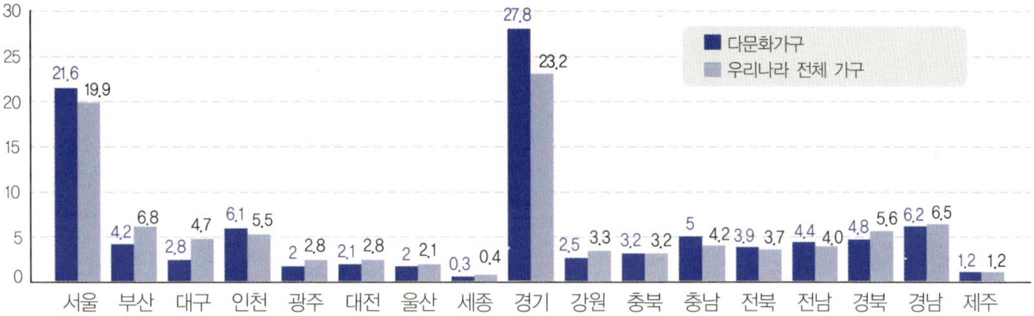

그림 5-17 2015 다문화가구의 지역별 분포
여성가족부(2016). 2015년 전국다문화가족실태조사, 별첨. p. 1.

로 추정되며, 이들 중 결혼이민자가구는 63.1%로 매우 높은 수준이었으며, 특히 거주지역은 서울(21.6%), 경기도(27.8%) 및 인천(6.1%) 등 수도권에 집중되어 있다(그림 5-17).

이들은 국제결혼을 통해 가족을 이루게 되는데 국제결혼가족은 2050년에 81만 명으로, 2010년 12만 명 수준인 자녀들의 수는 2020년에 17만 명에 이를 것으로 추정되고 있다(이종복 등, 2012). 이러한 국제결혼을 통한 결혼이민자 중 86%가 여성이다(통계청, 2012). 외국 여성들의 우리나라로의 결혼 이주는 1980년대 통일교에 의한 국제결혼과 1990년대 농촌총각의 신붓감 부족현상으로 인한 중국 여성들과의 결혼이 증가하면서 활성화되기 시작하였다. 다문화가족 중 결혼이주자의 국적은 한국계를 포함한 중국인이 53.2%, 베트남 출신이 20.8%, 필리핀 출신이 6%, 일본 출신이 4.5%를 차지한다(여성가족부, 2016). 그러나 결혼이민자가족의 여성들은 혼인과정에서 인권침해, 한국생활 정착과정에서의 언어소통문제, 문화적 차이로 어려움을 겪고 있으며, 가정폭력, 빈곤, 이혼과 같은 문제에도 직면하고 자녀교육에도 어려움을 겪고 있어, 이들을 위한 가족적, 사회적, 국가적 지원이 요구되는 상황이다(정현숙, 2010).

또한 결혼이민자들의 결혼기간이 길어지면서 자연스럽게 자녀들의 수도 증가하게 되었으며 자녀들에 대한 사회적인 관심도 증가하게 되었다. 이들 결혼이주가정 자녀들은 발달적 환경의 특수성으로 인해 많은 어려움을 겪고 있다고 보고된다. 이들은 결정적 시기에 언어적 자극이 결핍되어 언어지연을 경험할 확률이 높고(박미경, 엄정애, 2007), 이러한 초기의 언어지연이 이후 학습부진, 사회성과 자신감 부족, 편견 등으로 이어진다(이래혁, 장혜림, 2017). 또한 언어적 문제뿐만 아니라 아동의 사회화가 일어나는 1차적 기제인 부모와의 관계에서도 많은 어려움이 있다고 보고되고 있다. 예를 들어 전은애(2008)는 결혼이주 어머니는 우리나라 어머니에 비해 수동적이고 무관심한 태도를 보였으며, 주어진 과제에 대해 적절한 지도와 자극을 제공하는 수준이 낮다고 한다. 이와 같이 다문화가족은 가족체계 자체에 많은 어려움이 있으며, 자녀들도 건강한 발달을 위한 환경이 매우 제한되어 있다.

다문화가족의 경우 <표 5-11>과 같이 만 7-12세까지 학동기가 가장 많은 수를 차지하고 있어

표 5-11 다문화가족 자녀 연령별 현황

연도	연령별 현황				
	계	만 6세 이하	만 7–12세	만 13–15세	만 16–18세
2016	201,333	113,506	56,768	17,453	13,606
2015	197,550	116,068	61,625	12,567	7,290
2014	204,204	121,310	49,929	19,499	13,466
2013	191,328	116,696	45,156	18,395	11,081
2012	168,583	104,694	40,235	15,038	8,616
2011	151,154	93,537	37,590	12,392	7,635
2010	121,935	75,776	30,587	8,688	6,884
2009	107,689	64,040	28,922	8,082	6,645
2008	58,007	33,140	18,691	3,672	2,504
2007	44,258	26,445	14,392	2,080	1,341

출처: 행정안전부(2017). 외국인주민현황조사. 2016.11월 기준임.

결혼이민자가족의 자녀들을 위한 지원책 마련 등 예방을 위한 개입계획과 이를 위한 실천적 연구가 요구되는 시점이다.

다문화가족 청소년의 자아정체감 수준이 높을수록 진로성숙도 수준이 높으며(최윤희, 김순자, 2011), 자아정체감 수준과 밀접한 관련성이 있는 민족정체감 수준이 높을수록 삶의 만족도 수준과 자아존중감도 높다(Ward, 2006). 또한 자아정체감 혼란의 문제는 문제행동이나 심리적 부적응 유발요인으로 작용하게 되며(최운선, 2012), 개인적 부적응문제가 가족, 학교, 지역사회로 확대될 수 있기 때문에 이들의 삶의 질을 향상하고 국가의 중요 인적자원으로 성장 가능성을 확대함으로써 궁극적으로는 사회통합에도 기여하게 하기 위해서(김예랑, 2012)는 이들이 청소년이 되기 전에 자아정체감을 포함한 사회정서적으로 성숙할 수 있는 역량강화를 위한 지원 프로그램 개발을 통한 개입이 요구된다.

(5) 재혼가족

재혼(remarriage)은 이혼이나 사별로 전혼 관계가 해체된 후 또 다른 혼인관계를 맺는 것이며, 재혼에 의하여 새롭게 형성되는 가족을 재혼가족이라 한다. 재혼가족은 자녀의 유무에 관계없이 최소한 한쪽 배우자가 재혼인 경우로, 부부 중 어느 쪽이든 전혼에서 얻은 자녀가 최소한 한 명 이상 있는 경우를 자녀와 동거 여부에 관계없이 계부모가족(stepfamily)이라고도 한다. 따라서 계부모가족은 재혼가족의 하위 유형이다(정현숙, 유계숙, 어주경, 전혜정, 박주희, 2002).

많은 이혼 부모들이 재혼과정에 들어감으로 재혼가족에서의 부모역할의 특징을 이해하는 것도 중요하다. 재혼과 관련된 통계는 4장 부부관계의 다양한 경로 중 재혼에서 다루었으므로 여기서는 생략하기로 한다. 그러나 재혼가족에서 부모자녀관계는 아동의 발달에서 매우 중요한 요인 중 하나이다. Papernow(1993, 정문자 등, 2016에서 재인용)는 ① 계부모의 역할이 동성의 친부모와 경쟁하지 않거나 친부모역할을 침해하지 않으며, ② 계부모의 역할은 계부모와 계자녀 간의 세대간의 경계를 포함한다는 인식을 하며, ③ 재혼부모의 역할에 대해 나머지 재혼가족, 특히 배우자와 동의가 이루어졌다고 평가하고, ④ 계부모역할이 계부모가 이 가족에 가져오는 특별한 재능으로 여겨지는 등과 같이 계부모의 역할이 무엇인지에 대한 명확한 규정이 부부간에 동의될 때 재혼가족에서 부모자녀관계는 긍정적인 변화를 가져올 수 있다는 점을 강조한다.

그러나 우리나라의 친권관련 문제점으로 인해 재혼 후 양육하던 부나 모가 사망하면 다른 일방이 자녀에 대한 친권을 행사하여 자녀를 양육할 권리가 있기 때문에, 친생부모가 양육하고자 한다면 계부모-계자녀의 유대에도 불구하고 계부모의 계자녀 양육은 현실적으로 어려움이 있다고 한다(김은아, 2010). 이러한 이유로 재혼가족의 삶의 질을 높이고 안정적 부모자녀관계를 위한 법적 지원의 필요성이 강조되고 있다.

(6) 미아행불자가족

미아행불자의 발생건수는 <표 5-12>와 같이 지속적으로 증가하고 있으며, 유형도 다양하다고 한다. 김경응 등(2005)의 연구에 의하면 미아행불자 발생가족은 가족을 찾는 과정에서 경제적, 신체적, 정신적 질병을 갖게 되며, 실종아동의 경우 부모들이 실종된 자녀 찾기에 몰두하다 남아 있는 자녀들은 방치 혹은 과보호하는 등 안정된 가족환경이 확보되지 못해서 성장과정에 다양한 어려움을 경험하게 된다고 한다. 또한 자녀실종 이후 기간이 길어질수록 실종아동 가족의 부부관계에서의 어려움이 증가하고, 남아 있는 자녀양육에서의 실수와 후회, 가족해체 등으로 연결되어 조기발견 및 후속적인 치료시스템이 필요하다고 한다.

표 5-12 실종아동 등 발생현황(2013-2016년) (단위: 명)

구분	실종아동 등							가출인(18세 이상)		
	계	18세 미만 아동		지적장애인		치매질환자		계	접수	미발견
		접수	미발견	접수	미발견	접수	미발견			
2013	38,695	23,089	1	7,623	10	7,983	10	57,751	57,751	490
2014	37,522	21,591	3	7,724	6	8,207	7	59,202	59,202	572
2015	36,785	19,428	6	8,311	8	9,046	4	63,471	63,471	701
2016	38,281	19,870	36	8,542	29	9,869	7	67,907	67,907	1,395

출처: 경찰청(2016). 2016년 경찰통계연보.

3) 아동의 발달적 · 상황적 특성의 다양성

(1) 영재아와 재능아

Gagne(2000)에 의하면 영재아는 아직 그들의 최상의 능력이 발현되지 않은 경우에도, 인간 능력의 어떤 영역에서 타고난 능력(innate ability)이 높은 수준을 지닌 아동으로 정의되며, 동년배의 약 10% 이내에 포함된다고 한다. 재능아(talented children)는 현재 그들이 가진 능력이 실제로 발현되어 동년배의 10% 이내의 수준인 아동을 의미한다. 즉, 영재는 타고난 특성이라면 재능은 체계적으로 발달된 기술을 의미한다(Gross, 1995). 따라서 영재성이 자동적으로 성공을 담보하는 것은 아니며 다양한 요인에 의해 영향을 받는다. 일반적으로는 부모의 격려, 가족관계와 학교에서의 지원 등이 영향을 미치는데, 특히 가족과 학교의 격려와 지원이 가장 중요한 요인이라고 한다.

영재영역은 다양하며 문화에 따라 강조되는 영역은 차이가 있는데 우리나라에서는 지적인 능력에 높은 가치를 부여하고 있지만, K-Pop의 발전 등으로 음악과 춤 같은 영역의 재능도 일찍부터 개발해야 하는 영역으로 인식되고 있다. 특히 학술지에서는 과학, 미술, 무용영재 등에 대한 연구들이 많이 발표되었으며, 선발도구(이신동, 이경숙, 2017), 프로그램 효과(강충렬, 신문승, 윤수미, 2015) 등에 대한 연구도 발표되고 있다.

그러나 영재아나 재능아를 발견하는 것은 IQ와 같은 표준화된 측정도구를 통한 진단과 결과에 대한 전문가의 정확한 진단과 해석이 요구된다. Gross(2003)는 재능발달을 촉진하는 가족의 역할에 대한 다양한 문헌고찰을 통해 몇 가지 중요한 점을 발견했는데, 우선 ① 부모의 학력수준이 높지 않은 경우에도 부모들이 교육과 학습에 높은 가치를 부여하고 있으며, ② 부모들은 자신의 능력과 즐거움을 높이기 위해 다른 사람들의 방법들을 학습하고, 연습과 학습이 필요한 취미나 흥미를 줄 수 있는 것을 선택하는 경향이 있었으며, ③ 적어도 한 부모나 친척 중의 누군가가 아동의 재능영역에 대한 관심이 있으며, ④ 교사나 멘토 등의 집밖의 자원을 찾는 동시에 가정에서 자녀의 재능이 발달하는 것을 격려하고 보상을 해주는 등의 특성이 있다고 한다.

우리나라의 경우 김선옥과 유미현(2012)에 의하면 과학영재학생이 인식한 부모양육태도는 성별에 따라 차이가 있는데, 여학생은 남학생에 비해 아버지가 자율적, 합리적으로 대해주고, 어머니도 자율적으로 대해주는 경향이 있다고 느꼈다고 한다. 이신동(2002)도 영재와 평재부모의 양육 특성 비교연구에서 영재부모가 창조, 통제, 좌절, 놀이, 교수-학습에서 평균점수가 높았다고 한다.

(2) 장애아

우리나라의 장애인 인구는 2016년 기준 약 250만 명이며, 전체 인구 중 1%(25,800명)가 9세 이하이며, 2.5%(63,676명)가 10-19세이다(그림 5-18 참조). 특히 19세 미만의 경우 지적장애가 가장 많고 다음이 뇌병변장애의 순이다(한국장애인고용공단 고용개발원, 2017). 비록 보건복지부의 장애아 가족양육지원사업은 만 18세 미만 장애아동을 양육하는 가족의 경우 기준중위소득 120% 이하인 1-3급 장애아동이 있는 경우 연 600시간의 돌봄서비스와 휴식지원프로그램이 제공(www.bokjiro.go.kr)되지만 청년장애인(15-29세)의 경우 고용률은 30.5%로 낮은 수준이며, 장애인가족들은 소득, 의료, 주거보장 등의 서비스에 대해 높은 욕구수준을 나타내고 있다.

우리나라의 경우 2016년 기준 0-19세 아동의 경우는 장애 유형 중 지적장애가 22.7%로 높은 수준을 나타낸다(그림 5-18). 박종영(2017)은 지적장애 학생 · 학부모의 재택 · 순회교육이 자녀들을 집에서 돌봄으로써 안심할 수 있으며 양육에 효과적이라고 인식하므로 재택 · 순회교육에 대한 교육체계와 관련한 서비스를 보완하여 지속적인 지원이 이루어질 수 있는 정책의 필요성을 강조한다.

그러나 전제일, 정영숙과 유수기(2000)에 의하면 장애아가족은 소득 정도와 장애자녀를 위한 추가비용으로 인한 경제적 어려움으로 인해 상대적 빈곤감이 높으며 이러한 상황으로 인해 전반적인 삶의 질에 부정적으로 영향을 미친다고 한다. 또한 이지수(2008)의 연구에서도 사교육비의 과도한 증가

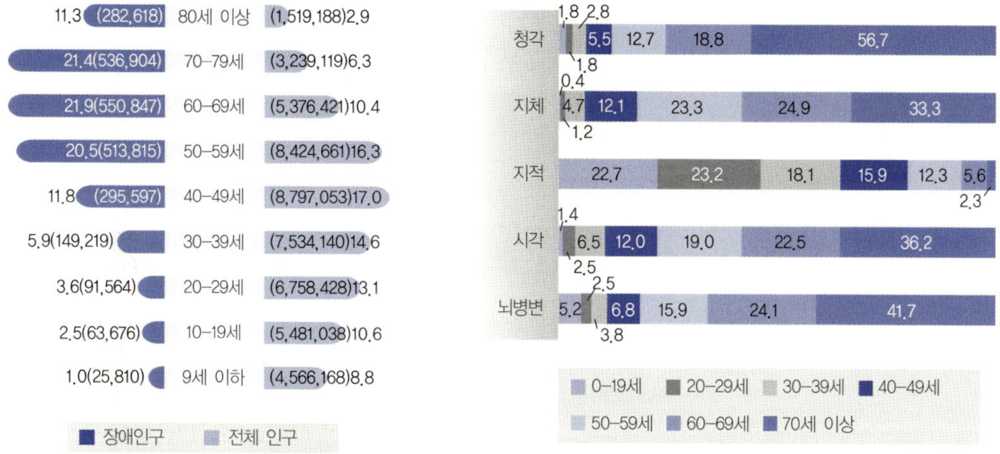

그림 5-18 등록장애인 연령대별 비중과 장애 유형별 연령대 비중(2016년) (단위: %)

출처: 한국장애인고용공단 고용개발원(2018). 한눈에 보는 2017 장애인통계. p. 5, 7.

등으로 장애아동 가족의 경제적 부담이 높고, 장애아동의 특수한 욕구가 학교교육을 통해 적절히 충족되지 못하고 있다고 한다. 또한 초등학교 과정은 특수학교에 대해서, 중학교 과정은 일반학교에 대해서 만족도가 낮아 이들에 대한 지원체계의 확대를 강조하고 있다. 특히 뇌병변장애와 발달장애아동의 양육부담이 높아 학교적응 지원과 부모의 사회적 지지망 확장도 시급한 실정이다.

4) 부모의 상황적 특성

(1) 부모의 실직

2017년 맞벌이가구 비율은 유배우가구 중 44.6%이며, 연령별로는 40-49%가 52.1%로 가장 높다(통계청, 2018, 일가정양립지표, p. 7). 또한 6세 이하 자녀가 있는 가구의 41.6%, 7-12세 자녀가구의 51.3%, 13-17세 자녀가구의 58.1%가 맞벌이가구이다. 이들 중 유배우가구의 남녀의 실업률은 각각 1.9, 1.8% 수준이다.

실업문제는 개개인의 생존권을 근본적으로 위협할 뿐만 아니라 가족구성원 모두에게도 치명적인 영향을 미친다. 맞벌이가구의 증가로 가계경제가 향상되었으나 사회적 안정망이 부족한 우리 사회에서 가구원의 실직은 매우 심각한 가족문제로 연결된다. 한 가구의 수입이 주로 가장 한 사람에게 집중되어 있는 홑벌이가구의 경우 가장의 실직에 의한 경제적 어려움은 가족의 위기를 초래하는 외부적 위협요인이 되고 있다. 경제력 상실이 가족에 미치는 영향은 가족이 속한 계층이나 가족이 갖고 있는 경제적 자원, 사회적 지원, 가족의 결속력과 적응성, 대처전략 등에 따라 달라진다(Elder, Conger, Foster, & Ardelt, 1992). 또한 가장의 실직은 실직자 자신의 문제만이 아니라 부부관계와

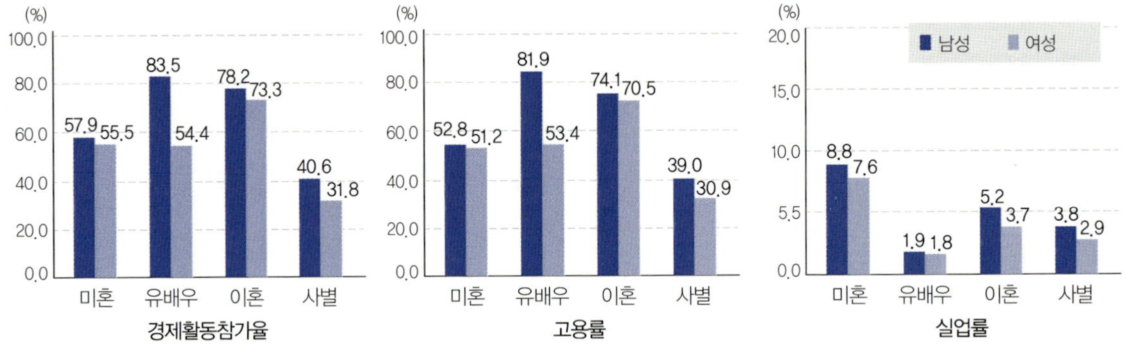

그림 5-19 혼인상태별 · 성별 고용동향(2017년)
출처: 통계청(2018). 일가정양립지표. p. 9.

부모자녀관계를 포함하는 가족 내 인간관계, 그리고 남편의 경제적 기여에 기반을 둔 전반적인 가족의 삶에 여러 변화를 요구하게 된다. 김양희 등(1999)은 남편 실직 후 부부관련 변화나 어려움이 가장 많고, 친척관련 문제, 자녀관련 문제 등도 나타난다고 한다. 남편의 실직 전 직업을 유형별로 분석하면 생산/단순노무직 실직자 가정이 사무관리직 실직자 가정에 비해 자녀관련 문제와 가족관련 문제가 더 많이 발생한다.

실직가족의 정서적 어려움은 부부관계에서는 역할정체감 혼돈으로 나타나는데 우리와 같은 가부장제의 사회에서는 가장이 실직 후 느끼는 좌절감과 절망감 등으로 아내에게 열등의식을 표출하여 심리적 고통을 주는 경우가 많으며 가정폭력 사례도 증가한다고 한다. 실제로 IMF와 같은 사회적 문제로 실직이 증가하면서 실직가족에서는 실직가장의 분풀이식 폭력행위와 가계경제 파산에 따른 책임추궁, 실직배우자에 대한 폭언 등이 많이 증가하였다(심영희, 1998). 실업으로 인한 가정폭력은 결국 이혼으로 이어지기도 하지만, 경제적 어려움이 가족의 결속력을 증가시켜 위기가 기회가 되기도 하는데 이 과정에서 가족의 응집성과 적응성이 중요하다(김양희 등, 1999).

그러나 부모의 실직은 곧 가족자원의 제한을 야기하기 때문에 자녀들에게 부모의 실직은 자녀의 교육환경에 영향을 줄 수도 있다. 부모의 실직으로 진학을 못하거나 학생자녀들이 아르바이트 활동으로 학업에 장애가 되기도 하며, 이사 등으로 잦은 전학을 하게 되기도 한다. 또한 어린 자녀로 하여금 불안감을 갖게 하며, 특히 감수성이 예민한 청소년 자녀의 정서에 심각한 문제를 발생시킨다(조흥식, 1998)고 한다.

(2) 부모의 이혼과 재혼

이혼이 점차 증가함에 따라 아동의 발달에 영향을 미치는 가족의 안정성에 대한 중요성이 더욱 강조되고 있다. 특히 재혼이 증가하고 있지만, 재혼의 이혼율이 초혼의 이혼율보다 높은 현실에서 자녀들의 사회화 장소로서의 가족의 안정성은 위협을 받고 있다. 통계청의 인구동태 통계에 따르면 우리나라의 조이혼율(crude divorce rate)은 해방 이후 점진적으로 증가하다가 1980년에 한 차례의 폭발적 증가를 보이고, 1995년에 또 한 번의 급격한 증가를 기록하면서 이후 계속적으로 증가하는 추세이다. 그러나 2000년 이후에는 조이혼율이 2.1-2.4%에서 고원현상을 보이고 있다.

이혼에 포함되는 자녀 수는 1998년 이후 지속적으로 감소하고 있으며 2014년 이후 자녀 없는 가족이 있는 가족보다 많은 역전현상이 이루어지고 있다. 그러나 여전히 부모가 이혼하면서 양측 모두가 양육권을 포기하는 사례와 양육비를 지급하지 않는 문제점은 급증하고 있다. 자녀들이 대부분 부모의 이혼에 비자발적으로 노출되는 미성년자라는 점과 부모의 이혼이 자녀의 성장에 미치는 영향이 장기적이라는 점에서 자신의 의지와 관계없이 부모의 이혼에 관계되는 자녀들의 복지 대책은 매우 시급한 실정이다.

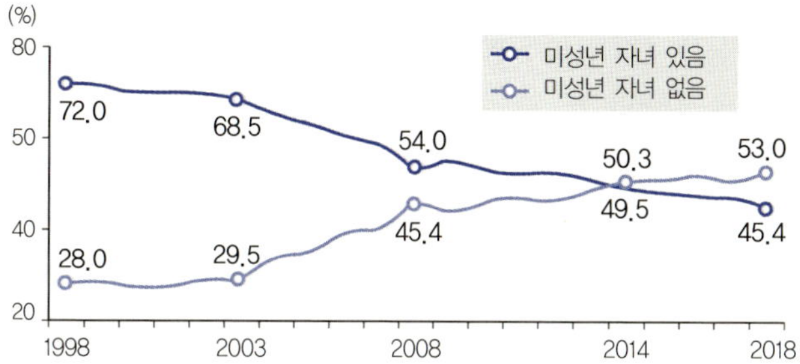

그림 5-20 이혼 시 20세 미만 자녀가 있는 가구구성비(1998-2018년)(단위: %)
출처: 통계청(2019). 2018 혼인이혼 통계. p. 24.

이혼은 아동발달에 매우 다양한 영향을 미친다고 한다. 정현숙(1993)에 의하면 부모의 이혼이 자녀에게 미치는 영향에 대하여 지금까지는 자녀가 8세 이하에서 부모의 이혼을 겪을 때 영향을 훨씬 적게 받고, 이혼 후 2-3년 지나면서부터 고통에서 벗어나기 시작하여 10년 후엔 정상적으로 회복된다는 것이 학자들의 지배적인 의견이었다고 한다. 또 일부 학자들은 자녀 때문에 새로운 삶을 출발하려는 부모들의 의지가 좌절되는 것도 또 다른 사회문제이며, 자녀가 자라면서 나타내는 심리적 장애는 실제로 이혼가정이나 정상가정 모두 비슷한 비율로 발생한다고 주장하기도 하였다. 그러나 우리나라보다도 이혼이 더 보편적이고 사회적 편견이 적은 미국이나 영국에서조차 이혼은 아동발달에 장기적으로 부정적 영향을 미친다고 한다. Wallerstein 등의 20년 종단연구와 케임브리지 대학의 Richard(1995)의 37년간의 종단연구(조선일보, 1995.5.5.) 결과는 이혼의 영향이 우리가 인식한 것보다 더 심각하다는 것을 보여준다. 이혼가족의 자녀들은 성인이 된 후 만성적인 무기력, 우울증, 자신감 결여 등의 심리적인 문제를 나타낼 뿐만 아니라 조기결혼, 낮은 진학률 등 다양한 측면에서 장기적으로 영향을 미치는 것으로 보고되었다. Wallerstein 등은 1971년부터 131명의 이혼 자녀(2.5-18세)를 대상으로 5, 10, 20년의 종단적 연구를 실시한 결과, 자녀들이 부모 이혼

후 10년까지, 때로는 그 이후에도 심각한 심리장애를 겪으며, 2-8세의 어린 연령층에서 부모의 이혼을 경험한 자녀들도 9-18세에 부모의 이혼을 경험한 나이든 자녀들처럼 타격이 예상 외로 심했다고 주장하였다(Wallerstein, Lewis, & Blakeslee, 2000).

(3) 기타 가족 환경

이밖에도 가정폭력이나 중독과 같은 가족의 다양한 환경도 부모자녀관계에 영향을 미친다. 박영수(2016)는 가정폭력과 아동학대 등은 아동의 발달에 매우 부정적인 영향을 미친다고 한다. 가정폭력은 폭력의 주체와 대상이 가족이라는 이유 때문에 일반 사회폭력보다 계속적, 반복적, 상습적, 은폐적이어서 피해자의 고통은 일반 사회폭력 피해자에 비해 고통수준이 높다. 쉼터 이용 여성의 경우 더 심각한 폭력을 경험하였으며, 가정폭력은 시간이 갈수록 그 정도가 점점 심해지며 지속적인 폭력으로 신체적 손상, 외상 후 스트레스 장애 등 정신질환을 앓게 된다고 한다. 또한 폭력적인 가정에서 성장한 아이들은 폭력을 쉽게 받아들이게 되어 가정폭력은 사회폭력을 조장하는 큰 원인 중 하나가 된다는 점을 강조한다.

2016년 전국 59개 아동보호전문기관에 접수된 아동학대 신고건수 2만 9,674건 중 연령별로는 13-15세가 23%, 10-12세가 20.6%, 7-9세가 19.2%이며, 동거하는 친부모가 가장 많이 학대하고, 학대가 발생한 장소는 80%가 집안이라고 한다. 피해아동의 가족형태는 친부모가족이 53.1%, 부자가정 14.0%, 모자가정 11.8%, 재혼가정 7.3% 순서이고, 학대행위자와 피해아동과의 관계도 친부모관계가 76.1%로 78.6%가 아동과 학대행위자가 동거하는 상태(중앙일보, 2018.1.14, 통계로 본 아동학대)라고 한다.

이밖에도 부모의 다양한 중독도 자녀들에게 부정적인 영향을 미친다. 알코올중독자의 자녀는 성인이 된 후에 알코올중독자가 되는 고위험집단으로 알려져 있으며(김혜련 등, 2004), 도박중독자 가족들은 경제적인 부담감과 함께 분노, 불신 등 혼란을 경험하고 도박중독자 아내의 경우 불안과 수치심, 분노 등의 감정을 느끼며, 도박중독자의 가정에서 자란 아이들은 정서적인 위협과 두려움을 경험한다고 한다(박상도, 2009; 박희종, 2014).

토론해 봅시다.

1. 문무경, 조숙인과 김정민(2016)의 '한국인의 부모됨 인식과 자녀양육관 연구'에서 우리나라 부모들이 자녀에게 가르치고 싶은 중요한 5가지 가치(개인적으로 행복한 생활의 추구, 자기 자신에 대한 사랑과 존중감, 자기 일에 대한 성취, 가족을 위한 개인의 희생, 타인에 대한 봉사정신) 중에서 가장 높게 나온 가치는 무엇이며 그 이유는 무엇이라고 생각하는가? 부모로서 나는 이 5가지 중에서 자녀에게 중요하게 가르쳐야 한다고 생각하는 가치는 무엇이며 그 이유가 무엇인지 토론해 보자. 이들의 연구에서 제안된 5가지 가치 이외에 현대사회에서 부모들이 자녀들에게 중요하게 다루어야 하는 가치들이 무엇인지도 함께 토론해 보자.

2. 중앙일보(2015.1.30, news.joins.com/article/17036422)의 '아버지는 말하고 싶다'라는 제목의 기사에 의하면 SNS에 올라온 7억 건의 문서 분석결과 '엄마(어머니)'와 '무섭다'는 말이 연관단어 순위 1위를 차지했다. '아빠(아버지)'는 '친구', '오빠', '언니' 등에 이어 11위에 올랐다. 이 결과를 통해 우리나라 부모자녀관계에서 어머니와 아버지역할의 차이점을 토론해 보자. 이러한 차이의 원인은 무엇이고 이러한 인식이 다시 부모자녀관계에 미치는 영향에 대해 토론해 보자.

3. 가족형태에 따라 부모자녀관계는 어떠한 특징이 있는가? 맞벌이가족, 한부모가족, 재혼가족, 입양가족 중 한 가족 유형을 선택하여 1) 이 가족 유형의 인구학적 특징은 어떠하며, 2) 이 가족 유형이 다른 가족 유형과 비교하여 부모자녀관계에서 어떠한 차이가 있는지 토론해 보자.

4. 세이브더칠드런 100주년 사업인 '그리다 100가지 말상처'에는 부모들이 아이들에게 상처주는 말 100가지를 선정(100words.sc.or.kr)하여 발표하였다. 이 프로젝트는 그 말을 들을 때 아이들이 느끼는 감정을 그림으로 표현한 것이다. 각각의 그림을 보고 어떤 말인지 토론해 보자. 이 그림들을 통해 부모와 자녀관계에서의 효율적인 의사소통방법과 부모들의 자녀에 대한 인식이 어떻게 변화되어야 하는지 토론해 보자.

5. 일본의 영화감독 '고레에다 히로카즈'의 2013년 영화 '그렇게 아버지가 된다'(そして父になる, Like Father, Like Son)를 보고 아버지 됨의 의미에 대해 토론해 보자. 1) 이 영화에서 주인공인 두 아버지의 자녀에 대한 태도와 양육행동은 어떤 차이가 있는가? 2) 영화에서와 같은 두 가족의 선택에 대해서 어떻게 생각하는가? 3) 부모자녀관계에 대한 고전적인 논쟁인 '낳은 정-기른 정' 중 어느 것이 중요한가? 특히 부모의 관점과 자녀의 관점에서 어떠한 결정이 중요하며, 그 중요성을 판단하는 기준이 무엇이 되어야 하는지 토론해 보자. 4) 영화에서와 같이 우리나라에서도 주변 사람들의 인식과 태도는 가족행동에 많은 영향을 미친다. 부모자녀관계에 대한 신화는 어떠한 것이 있으며 이러한 신화를 극복하는 방법도 토론해 보자.

6. 2019년 민법상 '친권자 징계권' 범위에서 체벌을 제외하는 민법 개정이 추진되고 있다. 개정 추진 취지에 대해 어떻게 생각하는가? '사랑의 매'가 '부모의 학대'로 발전되는 현상에 대해서도 토론해 보자.

7. 정현숙 등(2002)은 부모의 다양한 권리 중 1) 자녀 출산에 대한 선택권리, 2) 아동의 행동기준과 생활방식을 결정할 권리, 3) 자녀로부터 부양받을 권리를 제안하였다. 각각이 부모의 권리로 인정될 수 있는지 자녀들의 입장에서 토론해 보자. 특히 '자녀로부터 부양받을 권리'에 대해 부모와 자녀의 입장으로 나누어 찬반토론을 해보자.

Chapter **6**

형제자매관계

길어진 생애과정에서 형제자매관계는 매우 다양한 방법으로 영향을 주는 네트워크 중 하나이다. 비록 출산율이 줄어들고 개인주의적 성향이 증가함에도 불구하고 형제자매관계는 생애주기 동안 동반자로서 기능한다. 생애 초기과정 동안 형제자매관계는 친구로, 경쟁자로 또는 사회화의 대행자로서 역할을 하며, 성장해서는 중요한 사회적 네트워크로나 혹은 갈등의 대상자로 영향을 주고받는다. 이 장에서는 원가족에서 함께 성장한 형제자매관계의 중요성과 특성 및 이러한 관계를 연구하는 이론적 관점들을 살펴보고, 평균수명의 연장으로 새롭게 인식되고 있는 자매애 등 성인자녀들의 형제자매관계도 살펴보고자 한다.

1. 형제자매관련 인구학적 특징

출산율 감소로 인한 자녀 수의 감소는 아동들의 동료애에 대한 경험의 제한을 의미하는 중요한 사건 중의 하나이다. 왜냐하면 정현숙(2010)은 형제는 연령, 욕구, 활동이 가장 비슷한 가족성원이면서 가족원 중 가족자원의 가장 큰 경쟁자이며 또한 가장 중요한 동료라는 점에서 가장 중요한 '의미 있는 타자'이기 때문이라는 것이다. 돌봄과 친밀한 동료애는 형제, 자매들과의 경험을 통해 얻을 수 있다. 그러나 가족 수의 감소, 특히 자녀 수 감소는 아동기에서 성인기에 이르기까지 가능한 잠재적 동료애의 절대적인 감소를 의미한다. 또한 가족 수의 감소는 자녀들에게는 교육과 직업 및 경제적 성취에 더 많은 기회를 제공한다. 이러한 경험은 결국 이 장의 2절에서 설명한 Cherlin(2009)이 분류한 개별화된 결혼 이념에 영향을 줄 것이다.

현대사회의 인구통계학적 특성은 형제자매관계의 변화를 보여주는 대표적인 지표이다. 여기에서는 형제자매의 인구학적 특성을 통해 변화된 형제자매관계의 환경을 살펴보고 형제자매의 중요성과 이들의 상호작용에 영향을 미치는 요인들을 정리하였다. 가장 가까운 근접환경에서 비슷한 연령대의 또래관계와 사회적 네트워크로서 기능할 수 있는 환경이 제한된다는 점에서 출산율의 감소는 형제자매관계에 많은 영향을 미치는 구조적 특징 중 하나이다. 통계청의 2015년 인구총조사 자료에 의하면 기혼여성의 혼인코호트별 출생아 수는 <표 6-1>과 <그림 6-1>과 같이 지속적으로 감소하는 추세이지만 1950년대 코호트는 4명대, 1960년대는 3명대에서, 1970년대에서 1980년대 초반까지는 2명대에서 이후는 1명대로 지속적으로 감소하고 있다.

또한 1980년 혼인코호트의 무자녀 비중은 2.6%이며, 2005년 혼인코호트는 9.2%로 증가하였다(통계청 2017). 그러나 2000년 초반까지 자녀가 두 명인 비율은 56.2-64.7% 수준을 유지하였지만 이후부터는 한자녀가족이 지속적으로 증가하고 있어 가족관계 내에서는 형제자매관계가 줄어들고 있다(그림 6-2 참조). 그러나 현재의 중노년기의 성인자녀들의 경우는 3-4명의 형제자매들과 원가족에서 성장하였으며, 이들의 삶에서 자신들의 형제자매관계는 중요한 네트워크로 기능하고 있다. 따라서 이 장에서는 성장기 동안의 형제자매관계와 성인기의 형제자매관계로 나누어 특징을 살펴보고자 한다.

표 6-1 기혼여성의 혼인코호트별 초혼연령, 출생아 수(추가계획 자녀 수), 기대자녀 수 (단위: 세, 명)

연도	50–54	55–59	60–64	65–69	70–74	75–79	80–84	85–89	90–94	95–99	00–04	05–09	10–15
초혼연령	19.1	20.1	21.0	21.9	21.9	22.4	22.9	24.1	24.7	25.6	26.8	28.1	29.4
출생아 수	4.49	4.14	3.68	3.09	2.64	2.26	2.00	1.99	2.00	1.93	1.88	1.77	1.32
(추가자녀계획)	–	–	–	–	–	–	–	–	–	(0.01)	(0.03)	(0.14)	(0.76)
기대자녀 수	4.49	4.14	3.68	3.09	2.64	2.26	2.00	1.99	2.00	1.94	1.92	1.91	2.07

출처: 통계청(2017). 생애주기별 주요 특성분석. p. i.

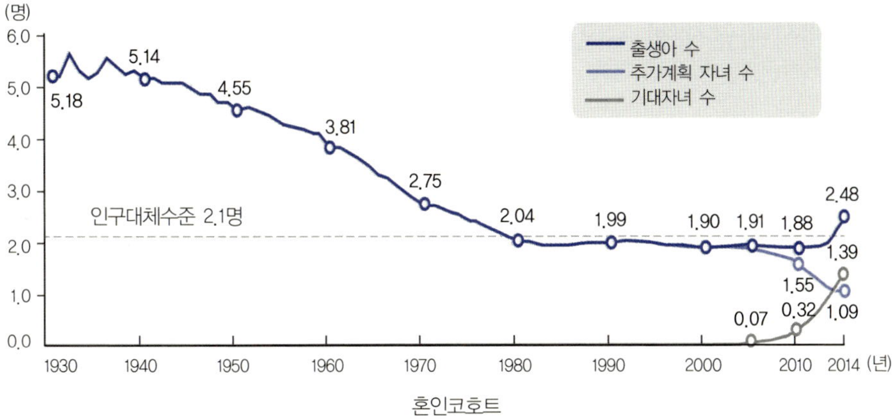

그림 6-1 기혼여성의 혼인코호트별 초혼연령, 출생아 수(추가계획 자녀 수), 기대자녀 수(단위: 세, 명)

주: 1. 혼인코호트는 혼인년도, 기혼여성 대상
2. 기대자녀 수=출생아 수+추가계획 자녀 수
3. 2015년 인구주택총조사 20% 표본

출처: 통계청(2017). 생애주기별 주요 특성 분석: 출산, 아동보육, 청년층, 경력단절. p. i.

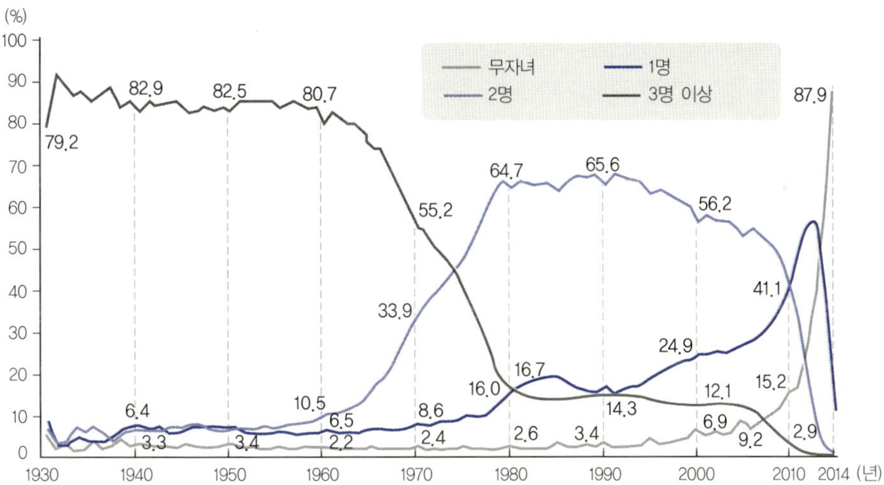

그림 6-2 출생코호트별 출생아 수 비교

출처: 통계청(2017). 생애주기별 주요 특성 분석: 출산, 아동보육, 청년층, 경력단절. p. i.

2. 형제자매관계에 대한 이론적 관점

1) 형제자녀관계의 중요성

형제자매관계의 독특성은 다양한 측면에서 강조되는데, 배매리와 이규미(2006)는 비슷한 유전자를 가지고 태어나며 일반적으로는 공통된 환경에서 시간적으로 함께하는 일이 많고 자원을 공유한다는 특징이 있으며, 학습과 놀이 및 생활을 함께하는 경쟁자이면서도 동반자이며, 비교적 수평적 관계를 형성하는 특징이 있다고 한다. 또한 인간관계의 기초가 되는 협동, 방어, 갈등 등 상호작용 기술 등을 습득할 수 있는 중요한 관계라는 점을 강조하다. 이러한 특징은 자녀가 부모에게 어떠한 가치가 있는가에 대한 Hoffman과 Manis(1979)의 주장과도 일맥상통하는데 이들은 부모에게 자녀의 가치는 ① 집단 간 유대와 애정(완전한 가족을 형성하고 결혼에 혜택을 줌), ② 자극과 즐거움(활동성과 성장하는 것을 보면서 즐거움을 느낌), ③ 자아의 확장(삶의 목표, 학습의 경험, 자아성취, 삶의 경험 등), ④ 성인으로서의 지위와 정체감(성숙, 유용감, 사회적 기대의 충족, 성적 정체감), ⑤ 성취와 생산성(삶을 창조하고 좋은 일, 교육), ⑥ 경제적 유용성(가사일, 노년의 대비)과 ⑦ 도덕성(더 나은 사람이 되는 것)을 얻게 하는 장점이 있다고 하였다. 이러한 자녀에 대한 가치는 부모에게 뿐만 아니라 형제자매관계에도 많은 부분 공통적으로 적용할 수 있을 것이다.

아동이 처음으로 접하는 사회적 환경인 가족이 아동의 지적능력, 자아개념, 정서적 발달뿐만 아니라 대인관계 등의 발달에 영향을 미친다는 점은 많은 학자들이 강조한다(표 6-2 참조). 특히 형제자매의 상호작용은 부모자녀관계와는 다른 독특한 형태의 경험을 제공해 주는데 현대의 가족의 구조와

표 6-2 다양한 학자들이 지적한 형제자매관계의 중요성

학자	중요성
Cicirell (1972)	• 형제자매간의 상호작용을 통해 학습의 기회를 제공받고, 지적능력뿐만 아니라 가족의 규범과 성격을 형성해 나가는 데 영향을 미침
Schvaneveldt & Ihinger (1979)	• 서로의 사회화에 상호영향을 미치며, 상호고무자의 역할을 하는 중요한 관계임 • 초기 결정적 시기 동안만 영향이 제한적이 아니라 계속적 발달적 과정을 지니는 독특한 관계임
Hurlock (1978)	• 아동이 가족에서 즐길 수 있는 가장 고차원적인 만족을 줄 뿐만 아니라 아동의 미래의 삶에 질에 영향을 주며, 다른 가족의 대인관계에도 영향을 주는 관계
Mussen 등(1979)	• 아동의 사회화와 정서발달에 중요한 영향
Aldous (1978)	• 아동의 권력과 성역할의 학습에 영향
Smart & Smart (1976)	• 자아개념과 가족의 규범 학습에 영향
박진희, 박지선(2016)	• 대부분의 사람이 한 명 이상 형제자매가 있으며, 평생 지속되는 관계로 생애과정에서 가장 많은 시간을 함께하며 서로의 심리사회적 기능과 다른 가족관계에 영향을 미침
전귀영, 임지영(2007)	• 생물학적 혈연관계를 통한 상호 호혜적이며, 상호의존적인 관계일 뿐만 아니라 친구, 동료, 상담자로 서로 감정을 공유하고 사회적 상호작용을 하면서 개인의 전반적인 발달에 중요한 역할을 담당함 • 놀이친구와 공부친구, 교사와 학습자, 보호자와 양육자, 경쟁자의 역할을 서로 수행함

출처: 외국학자는 정현숙(1983). pp. 1-6의 내용 정리. 국내학자는 전귀영, 임지영(2007), 박진희, 박지선(2016)의 내용 추가함.

가치관의 변화로 그 중요성은 더욱 강조되고 있다. 형제관계가 이전과는 달리 그 중요성이 강조되는 이유는 몇 가지로 정리할 수 있다. 첫째는 핵가족화로 자녀의 수가 줄어들면서 가족에서 형제자매관계 관계망의 강도가 이전보다는 강화되었으며 형제자매관계를 통해 독특한 규범과 상호작용 유형을 형성해 나가기 때문이다. 이러한 형제자매간의 상호작용을 통해 Cicirelli(1972)는 지적능력뿐만 아니라 가족의 규범과 성격을 형성해 나간다고 한다.

둘째, 비록 형제자매의 수는 감소하지만 부모의 직업 지위의 변화와 주거지 및 전학, 부모들의 이혼 등으로 인해 가족에서의 안정성이 약화되는 상황에서도 형제자매관계는 일정하게 유지되는 관계망이기 때문이다(정현숙, 1983).

셋째, 평균수명이 증가하면서 생애 전과정이 늘어나면서 생애 전과정을 함께하는 형제자매가 중요한 네트워크로 기능하기 때문이다. 특히 2020년 현재 장년기 이후 중년기와 노년기가족의 경우 평균 3-5명의 형제자매 수가 일반적이며 이들의 형제자매는 성인기의 중요한 네트워크가 되고 있다.

넷째, 현대사회의 지리적 이동으로 인한 사회적 관계망이 단절되고, 맞벌이가족이 증가하면서 형제자매들의 가족 내에서의 상호의존성이 증가되는 것이 이들 관계의 중요성이 강조되는 이유이다(전귀연, 임주영, 2007).

2) 형제자매관계에 대한 이론적 관점

형제자매관계를 설명하는 이론적 관점은 매우 다양한 학문분야에서 제시되는데 정현숙과 옥선화(2016)는 McHale, Updegraff와 Whiteman이 제안한 관점을 소개하였다. 이러한 이론들은 다음

표 6-3 형제자매 연구를 위한 다학제적 관점

학자	중요성
사회심리적 관점	• 형제자매 구조 변수(출생순위, 성별구조, 형제자매의 수 등)의 중유성 강주 • 출생순위는 가족 내에서의 형제자매 지위를 규정하며, 형제자매의 성별구조는 모델로서의 역할과 부모의 양육행동의 차이를 야기하며, 형제자매 수는 이용 가능한 자원에 영향을 미친다고 가정함
발달적 관점	• 형제자매의 역동성이 가족의 삶과 성격발달에 가장 큰 영향력을 미치는데, 특히 가족의 자원에 대한 경쟁이 성격발달에 영향을 미침 • 형제자매관계를 통한 초기경험의 중요성과 빈번하게 일어나는 정서적, 사회적 교환이 사회정서 발달의 자극제로 작용하여 사회행동의 적응기능도 하게 됨
사회학습관점	• 형제자매관계에서 강화와 관찰학습 등 롤모델로 작용함
유전환경적 관점	• 같은 가족에서 성장한 형제자매가 왜 다른가를 설명하는 관점으로 가족 내에서의 형제자매간의 위치나 부모가 출생순위에 따라 다르게 양육행동을 하는 것, 형제자매 서로간 비대칭적 상호작용 등 유전과 환경의 상호관계를 강조함
비교문화적 관점	• 문화에 따른 형제자매관계의 차이를 1) 형제자매의 구조적 특징, 2) 형제자매가 성장하면서 공유한 가족의 역사, 3) 성장과정에서의 형제자매가 함께 생활하는 영장류들의 특징, 4) 문화가 부여하는 형제자매의 역할과 관계에 대한 의미 등이 형제자매간 역동과 다양성을 야기함

출처: 정현숙, 옥선화(2016). pp. 152-156의 내용 중 일부를 요약 정리함.

절의 외동아와 형제자매가 있는 아동을 비교하는 다양한 이론적 관점과 유사점이 있으나 다양한 학문분야에서의 학제적 관점들은 형제자매관계 분석을 위한 기준과 형제자매관계가 서로의 이들의 발달에 어떠한 영향을 미치는가를 설명하는 이론들이다.

3) 외동아와 형제자매관계를 비교하는 이론적 틀

형제자매관계를 설명하는 이론적 틀은 결핍모델과 자원희석이론이 가장 많이 활용되는 이론적 관점이지만, 외동아와 형제자매관계를 비교하여 설명하는 이론적 틀도 다수 존재한다. 외동아와 형제자매관계를 비교하는 관점은 매우 상대적인 관점으로 외동아는 형제자매관계의 부재를, 형제

표 6-4 외동아와 형제자매관계를 설명하는 이론적 틀

이론	특성
Adler(1928)이론	• 가족구성, 형제서열, 가족분위기 등이 개인의 성격발달에 중요함 • 출생순위보다는 가족구조 내에서의 심리적 위치(자신을 가족 내에서 자리매김하고 인식하는 방법)와 부모의 양육방식에 따라 차이가 나타남 • 외동아는 부모의 과잉보호로 응석받이로 성장할 가능성이 있음
대상관계이론 (Klein, 1932)	• 형제자매는 개인의 정서발달과 부모로부터의 분리를 도와줌 • 외동아도 아직 태어나지 않은 형제자매에 대해 시기심이 있음 • 형제간에는 경쟁심과 질투, 즉 오이디프스 갈등이 존재하는데 함께 존재하는 사랑이 이를 중재함 • 외동아는 부모의 사랑이 집중될 수 있으나 형제자매가 없어 놀이친구와 창의적 놀이 기회, 사회적 기술 습득 기회가 제한되며 부모로부터 독립이 어려움
가족치료적 관점 (Minuchin, 1974)	• 다양한 가족 내 하위체계 중 형제 하위체계는 서로 어울리고 경쟁하면서 사회적 기술과 문제해결능력을 습득하는 중요한 통로임. 특히 동일시와 분화기능의 기회 제공 • 외동아는 타인과의 관계형성에 어려움을 경험함 • Feldman(1981)은 갈등이 심한 부부가 자녀를 끌어들임으로서 갈등을 해결하려는 연합의 개념과 유사한 가족로맨스 개념을 통해 외동아의 부모에 대한 의존성과 분리의 어려움을 강조함
결핍이론(Zajonc & Markus, 1975)	• 형제자매 경험의 결핍 자체가 아동의 발달에 부정적 영향을 미침
진화론적 관점 (Sulloway, 1996)	• 자녀들이 한정된 자원을 가진 부모하에서 경쟁을 함으로써 자신의 지위를 찾게 되는데 부모가 형제자매간 경쟁력을 극대화시키기 때문에 형제자매간의 차이가 가족 이외의 타인보다 더 크게 나타남 • 형제자매간 성격차이는 경쟁심의 표현이며 부모의 관심을 받기 위한 수단임 • 출생순위보다 기능적 출생순위의 중요성 강조(예, 조손가족에서 양육된 아동)
자원희석이론 (Blake & Downey, 2001)	• 부모의 한정된 자원은 자녀의 교육적 성취에 영향을 미치는데 자녀 수가 많은 경우 자원분배가 제한됨 • 첫째아와 차자들의 다른 특성은 부모들의 형제 지위에 대한 인식과 자원배분에 영향을 받음 • 외동아는 부모의 자원을 독차지하지만, 사회적 훈련의 기회가 제한되어 첫째보다는 덜 외향적이고 부모와 더 많은 갈등을 보임
Falbo & Polin (1986)	• 외동아 연구에 대한 메타분석을 통해 외동아는 사회적 유능성 차원에서 형제아와 차이가 없으며, 오히려 형제 유무보다는 부모자녀관계의 질이 더 중요함 • 연구들에서 형제아에 비해 외동아의 불안정애착 비율이 높은 것은 외동아의 부정적인 발달특성이 형제 유무가 아니라 부모와의 관계를 통해 매개되는 특성임을 보여주는 것임

출처: 정순화(2011)의 논문 전체에서 이론과 메타분석 결과에서 제시된 내용들을 재정리하였음.

자매관계는 외동아와 어떤 차이가 있는가를 중심으로 서로의 장단점을 비교한다. 따라서 여기서는 <표 6-4>와 같이 외동아와 형제자매관계를 설명하는 이론들과 이론으로 확대되지는 않았지만 중요한 차이를 나타내는 변수에 대한 관점 및 메타분석을 통해 나온 결론들도 이론적 틀에 함께 정리하였다. 그러나 정확한 이론적 관점이 제시되지 않은 경우는 학자만을 제시하였다. 이 이론과 관점들은 외동아에 대한 국내외 문헌을 고찰한 정순화(2011)의 연구에서 설명된 이론들을 종합적으로 정리하였다.

그러나 배매리와 이규미(2006)의 연구결과에 의하면 이러한 이론적 틀에서 다루지 않았던 중요한 변수들의 고려를 강조하였는데 청소년 외동아와 형제아 간의 부모또래애착과 자기애를 비교한 연구에서, 외동아와 형제아라는 구조적인 특징보다는 부모의 직업, 사회경제적 지위, 양육방식이나 양육환경과 같은 심리사회적 요인이 미치는 중요성을 강조하였다.

4) 형제자매관계에 대한 유형화이론

형제자매의 유형을 구분하는 연구들은 다양한 방법으로 이루어지는데 성조합(sex combinarion) 같은 구조적인 특징을 기준으로 남-남, 남-녀, 여-남, 남-여 등 4가지 유형으로 나누어 이들의 상호작용의 차이를 분석하는 것이다. 정현숙(1983)은 이러한 성조합에 따라 권력의 기반과 상호작용이 차이가 있다고 주장하면서 윗형제자매들의 행동은 형제관계의 본질에 의한 것이지 성차에 의한 것이 아니라는 점을 강조하였다.

이러한 구조적 특징 이외에 양가적인 감정, 즉 온정 · 애정 · 친밀감 같은 긍정적인 정서와 갈등과 경쟁 · 질투와 같은 부정적인 감정으로 유형을 구분하기도 한다. McGuire 등 학자의 분류를 기초로 박진희와 박지선(2016)은 청소년에게 형제자매관계에서 온정과 갈등을 중심으로 네 개 유형을 제안하였다. 고등학생을 대상으로 한 이들의 연구에서는 형제자매관계의 성조합은 고려하지 않고 고등학교 재학생 중 한 명 이상의 형제자매가 있는 대상을 표집한 결과 남학생은 조화로운 관계(30.7%)가, 여학생은 정서표현이 강한 관계(40.7%)가 많았다고 한다(표 6-5).

표 6-5 양가적 감정(온정과 갈등)으로 분류한 형제자매 유형

	무관심한 관계	적대적 관계	조화로운 관계	정서표현이 강한 관계
온정	하	하	상	상
갈등	하	상	하	상

이러한 연구 결과들은 출산율이 점차 감소하고 자녀들의 성별에 대한 부모들의 선호도도 약화되는 현대사회의 특징에 비추어 볼 때 형제자매관계에 미치는 부모들의 특성과 함께 형제자매관계에 영향을 미치는 다양한 구조적, 관계적 특성을 함께 고려해야 된다는 점을 보여주는 것이다. 이러한 점에서 우선 형제자매관계의 질에 영향을 미치는 구조적, 관계적 특성에 대한 연구결과들을 살펴보자.

5) 형제자매관계의 질에 영향을 미치는 구조적, 관계적 특성

형제자매관계 영향을 미치는 변인으로는 성, 연령, 형제의 성별, 출생순위, 가족의 수, 연령차 및 성구조(sex-combination) 등 다양한 요인들이 영향을 미친다. 이러한 특성들이 형제자매의 상호작용에 영향을 미치는 방식을 구체적으로 살펴보고자 한다.

(1) 성, 연령, 출생순위, 성조합

가족에서 형제자매관계에 영향을 미치는 자녀들의 구조적 특징은 성, 연령, 출생순위, 성조합(sex-combination)과 같은 특성이 대표적이다. 2015년 인구주택총조사 결과 우리나라 기혼여성의 평균 출생아 수는 2.19명이며, 가임기혼여성(15-49세)의 평균 기대자녀 수는 1.83명으로 감소추세에 있다. 특히 15-49세 여성의 평균 출생아 수는 1.63이다. 2018년 우리나라 출생성비(여아 백 명당 남아 수)는 105.4명으로 <그림 6-3>과 같이 지속적으로 감소하고 있으며, 출생순위별 성비도 2008년 셋째아의 경우 116.6에서 2018년에는 105.8로 부모들의 성별에 따른 선호도는 변화하는 양상을 보인다. 또한 성역할에 대한 태도도 변화하여 성별에 따른 부모의 양육태도나 이에 따른 아동의 성취 등의 차이는 과거와는 달리 그 영향력은 감소하고 있다. 또한 출산율의 지속적인 감소로 1981년 867만 명, 2008년 47만 명에서 2018년 약 33만 명으로 출생아 수는 감소하였으며,

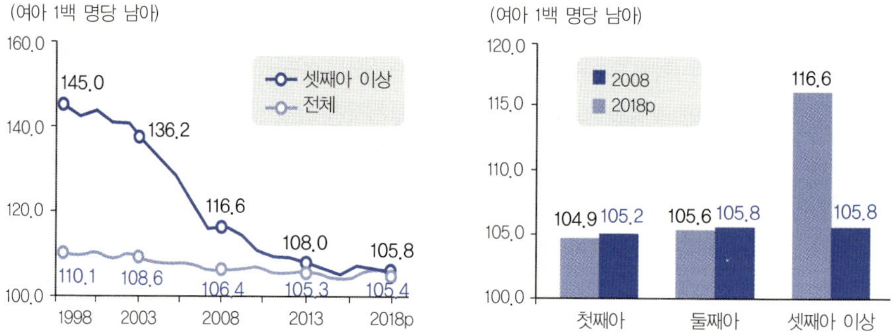

그림 6-3 출생성비와 출산순위별 성비(2008-2018년)
출처: 통계청(2018). 2018년 출생 사망통계잠정결과. p. 7.

표 6-6 출산 순위별 출생아 수와 구성비(2008-2018년)

구분	1981/비율		2008/비율		2009	2010	2011	2012	2013	2014	2015	2016	2017	2018/비율	
전체	867.4	100	465.9	100.0	444.8	470.2	471.3	484.6	436.5	435.4	438.4	406.2	357.8	326.9	100.0
첫째아	356.1	41.0	242.0	52.3	230.2	235.3	239.6	248.9	224.8	225.4	228.6	212.9	187.9	176.7	54.1
둘째아	290.5	33.5	176.1	38.1	170.1	181.9	179.0	184.0	165.7	165.3	166.1	152.7	133.9	119.8	36.6
셋째아 이상	220.8	25.5	44.3	9.6	41.9	49.9	51.6	50.6	45.2	43.7	42.5	39.6	35.0	28.3	8.7

출처: 통계청(2019). 2018년 출생, 사망통계 잠정결과. p. 6, p. 28의 내용을 정리함.

출생아들의 54.1%가 첫째이며, 36.6%가 둘째이며, 셋째의 비율은 급속히 감소하였다. 따라서 이러한 요인들이 발달에 미치는 영향력은 1980년대 이후 지속적으로 감소하고 있다(표 6-6 참조).

이러한 자녀 수의 감소는 잠재적인 형제자매관계의 감소를 의미하며, 외동자녀도 증가하고 있는 실정이다. 우리나라의 합계출산율(현재의 출산율이 지속된다고 가정할 때, 한 여성이 가임기간(15-49세)에 낳을 것으로 기대되는 평균 출생아 수)은 혼인율 감소와 함께 2019년 1분기의 합계 출산율은 1.01을

표 6-7 2015년 기혼여성의 연령급간별 출생자녀 수와 비율 (단위: 명, %)

	계	0명	1명	2명	3명	4명	5명 이상
합계	15,929,044	1,044,288	2,939,787	7,477,163	2,512,825	989,822	965,159
	100	6.6	18.5	46.9	15.8	6.2	6.1
15–19세	4,660	2,532	1,600	366	117	45	
	100	54.3	34.3	7.9	2.5	1.0	
20–24세	71,183	27,866	32,952	9,510	767	72	16
	100	39.1	46.3	13.4	1.1	0.1	0.0
25–29세	362,964	147,961	140,941	65,674	7,807	515	66
	100	40.8	38.8	18.1	2.2	0.1	0.0
30–34세	1,123,743	257,671	435,638	369,071	56,420	4,378	565
	100	22.9	38.8	32.8	5.0	0.4	0.1
35–39세	1,515,974	148,625	432,559	771,991	148,373	12,611	1,815
	100	9.8	28.5	50.9	9.8	0.8	0.1
40–44세	1,848,081	108,902	417,988	1,091,782	208,510	18,150	2,749
	100	5.9	22.6	59.1	11.3	1.0	0.1
45–49세	1,993,686	84,281	358,139	1,277,016	247,923	22,475	3,852
	100	4.2	18.0	64.1	12.4	1.1	0.2
50–54세	1,983,063	66,297	344,937	1,297,284	241,243	27,643	5,659
	100	3.3	17.4	65.4	12.2	1.4	0.3
55–59세	1,890,346	58,285	315,047	1,177,414	278,603	49,127	11,870
	100	3.1	16.7	62.3	14.7	2.6	0.6
60–64세	1,383,467	37,863	166,819	700,483	355,842	93,825	28,635
	100	2.7	12.1	50.6	25.7	6.8	2.1
65–69세	1,083,467	26,702	95,945	369,994	366,279	156,113	68,434
	100	2.5	8.9	34.1	33.8	14.4	6.3
70–74세	959,010	23,394	69,447	180,235	299,210	221,878	164,846
	100	2.4	7.2	18.8	31.2	23.1	17.2
75세 이상	1,709,400	53,909	127,775	166,343	301,731	382,990	676,652
	100	3.2	7.5	9.7	17.7	22.4	39.6

출처: 통계청(KOSIS)의 2015년 인구주택총조사 결과를 재분석하여 비율을 계산함.

기록하고 있다. 그러나 <표 6-7>과 같이 기혼여성의 연령별 출생자녀 수는 세대에 따라 극명한 차이를 보여준다. 각 세대별 무자녀 비율은 2-6% 정도이며, 30-40대는 1-2명의 자녀, 50-60대는 2-3명, 이후는 3-5명까지 자녀 수를 나타내 집단별 차이를 보인다. 이러한 결과는 2020년 시점에서의 형제자매관계는 세대별로 연령과 성별 그리고 성의 배합 및 출생순위에 따라 매우 다양하다고 예측할 수 있다.

또한 이러한 인구학적 특성은 외동자녀의 증가를 의미하는데 이 장이 형제자매관계이지만 형제자매관계가 없는 외동자녀와 관련된 특성도 여기서 간단히 소개하고자 한다. 외동자녀가 성격적으로 문제가 있다거나 혹은 형제자매가 많은 가족의 자녀들보다 자원을 독점함으로써 더 높은 성취를 이룬다는 연구 등 매우 다양한 견해가 존재한다. 국내외연구를 분석한 배매리와 이규미(2006)는 형제자매간 상호작용이 없는 외동자녀의 경우 사회적으로 민감하고, 성숙하며, 부모와 친밀하면서 성인과 접촉이 많고, 형제자매간 경쟁으로 인한 성격 왜곡의 가능성이 없어 긍정적이라는 입장이 있다고 한다. 반면 같은 이유, 즉 형제와 함께 지내는 경험이 없어 친구들과의 상호작용기술이 부족하여 동료들과 관계 맺기 등 사회성이 부족하여 학교적응에 어려움을 겪는다는 부정적인 견해도 있다고 한다. 또한 우리나라의 외동아 관련 연구를 분석한 정순화(2011)는 외동아 관련 논문은 2000년대에 들어와 증가하였는데 유아를 대상으로 한 연구가 가장 많았다고 한다. 외동아와 형제아집단 간의 비교연구들은 외동아와 형제아집단 간에 차이가 없다는 결과가 가장 많았으며, 개인 내 변인(예, 신체발달, 인지발달, 정서발달, 자아개념, 성격특성, 적응능력 등), 개인 간 변인, 개인 외 변인(부모양육태도, 부모특성, 가족특성)이 발달에 미치는 영향에서 개인 간 변인(사회성 발달, 부모자녀관계, 또래관계, 교사관계 등)에서만 외동아의 부정적 발달특성이 우세한 것으로 나타나, 결핍모델과 자원희석모델을 적용하여 설명하였다. 즉, 형제자매관계는 사회성 발달과 또래관계와 부모자녀관계 등 관계적 특성에 긍정적인 영향을 미친다고 볼 수 있다.

형제자매의 성조합에 따른 권력의 차이를 분석한 정현숙(1983)은 형제들이 지각한 권력기반은 형제구성에 따라 각기 차이를 보였다고 한다. 윗형제 모두가 동생들로부터 전문적 지식을 많이 알고 있고 숙련되었다고 지각되고 있으며, 부모나 문화가 부여하는 책임이나 권위에 의한 합법적 권력은 남동생이 있는 윗형제가 높게 가지고 있다고 한다. 또한 동일시하고 하나됨을 느끼는 관계권력은 남동생이 누나에게만 높게 인지하며, 남동생이 있는 집단에서만 형제들이 바람직한 자원을 많이 지니고 보상을 제공하였는데 보상의 방향은 성에 따라 차이가 있었다. 강제권력은 남동생이 형에게 가장 많이 행사하며, 누나-남동생 집단이 다른 형제집단들보다 전문성 권력을 서로 높게 지각하였다. 그러므로 여-남 형제집단의 남동생이 다른 형제집단의 동생보다 보상 · 지시권력을 많이 가지며, 남-남 형제집단의 동생이 다른 형제집단의 동생보다 형에게 더 많은 강제권력을 행사함을 알 수 있다. 또한 권력의 상호작용을 비교한 결과 통제시도와 영향력은 남-남 형제집단과 남-여 형제집단에서 동생보다 윗형제가 많이 행사하며, 윗형제가 사용하는 통제시도와 영향력은 성조합에 따라 차이가 없었다고 한다. 이러한 결과를 통해 볼 때 남동생은 누나에게 다른 형제구조의 동생보다 좀 더 동등하게 행동하려는 경향이 있어 누나나 남동생들이 다른 형제집단보다 동등한 권력을 갖는다고 볼 수 있다. 긍정적 행동은 다른 형제집단보다 남-여 형제집단의 오빠가 여동생에게 많이 나타냈다. 이러한 연구결과를 통해 정현숙(1983)은 윗형제의 행동은 형제관계의 본질에 의한 것이지 성차에 의한 것이 아니라는 점을 강조하였다.

(2) 출생순위

가부장적 가족에서 출생순위는 가족 내에서의 지위와 역할뿐만 아니라 이에 따른 부모들의 기대와 양육방식 등 매우 다양한 영역에 영향을 미치는 중요한 요인 중 하나이다. 특히 조선 중기 이후 성리학의 영향으로 한국인의 이상적인 가족 유형은 직계가족이었으며, 이 가족에는 가구주부부와 가구주의 직계비속 중 장남, 특히 장손 등의 가계계승자와 이들의 배우자가 포함된다(박혜인, 1993). 이러한 전통은 남아선호사상과 이로 인한 출산순위별 비균형적인 높은 성비로 연결된다.

출생순위에 따른 부모들의 선호도가 많이 희석되었다고는 하지만 여전히 출생순위는 다양한 행동특성에 영향을 미친다. 장남이라는 지위는 배우자 선택 시 제한적인 요소로 작용하여 <표 6-8>과 같이 출생순위는 중요도에서 가장 낮은 위치를 차지한다.

표 6-8 배우자 선택조건

항목		외모 등 신체적 조건	성격	건강	경제력 (소득 재산)	직업 (직종 지위)	학력	나이	종교	궁합	신뢰와 사랑	출신 지역	가정 환경 (성장배경 등)	출생 순위 (장남 · 장녀 등)	장래 가능성	첫눈에 반함	기타	전체
1순위		2,777	19,724	4,249	4,796	2,878	146	81	852	354	6,457	20	1,735	24	721	327	53	45,193
		(6.1)	(43.6)	(9.4)	(10.6)	(6.4)	(0.3)	(0.2)	(1.9)	(0.8)	(14.3)	(0.0)	(3.8)	(0.1)	(1.6)	(0.7)	(0.1)	(100.0)
2순위		2,667	9,299	6,154	8,340	4,494	328	363	769	677	5,397	75	3,961	70	1,837	326	56	44,814
		(6.0)	(20.8)	(13.7)	(18.6)	(10.0)	(0.7)	(0.8)	(1.7)	(1.5)	(12.0)	(0.2)	(8.8)	(0.2)	(4.1)	(0.7)	(0.1)	(100.0)
전체		5,444	29,023	10,403	13,136	7,372	474	444	1,621	1,031	11,855	95	5,696	94	2,558	653	110	90,007
		(6.0)	(32.2)	(11.6)	(14.6)	(8.2)	(0.5)	(0.5)	(1.8)	(1.1)	(13.2)	(0.1)	(6.3)	(0.1)	(2.8)	(0.7)	(0.1)	(100.0)

출처: 여성가족부(2016). 2015가족실태조사. p. 154.

또한 가부장적인 사회에서 사회적인 지위에 따른 성역할습득으로 인해 출생순위에 따라 행동방식이 영향을 받기도 한다. 정현숙, 최연실, 유계숙(2003)은 성역할습득의 결과는 의사소통의 유형과 자아개념, 성에 대한 태도와 행동(sexuality), 정신건강 등과 밀접히 연관되어 있음을 강조하면서 자연스럽게 습득된 전통적 성역할은 사회의 변화된 가치와 부딪치면서 다양한 형태의 콤플렉스로 나타나 행동의 전반에 영향을 미친다고 하였다. 이들에 의하면 콤플렉스란 전체 성격 속에서 어떤 것에 강하게 집착하는 성격을 말하는데, 이러한 집착이 행동에 영향을 미치게 된다는 것이다. 여성모임 사랑(1994)에서 펴낸 『남성 연구』라는 책에 의하면 남성의 콤플렉스를 일곱 가지로 구분하고 있다. 이 중 출생순위 관련 콤플렉스는 유교적 전통이 많이 남아 있는 우리 사회에서 가장과 장남에 대한 기대와 역할이 상당히 크고, 예로부터 가장은 한 집안의 기둥으로서 그 가정의 경제를 책임지고 꾸려가야 할 역할을 강제받아오면서 자연스럽게 습득된 가장 콤플렉스가 있다(표 6-8 참조). 이들은 가족의 생계를 책임져야 한다는 의무감으로 자신의 꿈과 적성을 뒤로 한 채 안정적인 직장과 현실 순응적인 성향을 가지게 되고 변화나 위험부담이 따르는 일은 기피하는 모습을 보여준다. 게다가 예전의 무조건적인 존경의 대상이던 가장이 현재에는 그렇지 못해 더욱 이들을 위축되게 한다.

점검해 봅시다 - 가장 콤플렉스 척도

이 질문지에는 여러 가지 의견이 적혀 있습니다. 아래의 의견에 대해 여러분의 생각을 1(전혀 그렇지 않다)에서 4(매우 그렇다)까지의 척도에 답해 주시기 바랍니다.

1. 나는 일에서 성공하는 것을 생의 목표로 삼고 있다.	1——2——3——4
2. 나는 가족을 위해 돈을 벌어야 한다.	1——2——3——4
3. 나는 과중한 일도 서슴없이 한다.	1——2——3——4
4. 남자는 가족의 존경을 받아야 한다.	1——2——3——4
5. 남자는 주장을 굽혀서는 안 된다.	1——2——3——4
6. 나는 감정적이라기보다는 이성적이다.	1——2——3——4
7. 남자는 항상 자부심이 강해야 한다.	1——2——3——4
8. 남자는 사소한 일에 불평하지 않아야 한다.	1——2——3——4
9. 나는 고통스러워도 내색하지 않는다.	1——2——3——4
10. 나는 남 앞에서 걱정거리를 늘어놓지 않는다.	1——2——3——4
11. 거칠어 보이는 남자가 좋다.	1——2——3——4
12. 남자는 경우에 따라서는 주먹을 쓸 수 있다.	1——2——3——4
13. 나는 약해 보이는 것이 싫다.	1——2——3——4
14. 남자는 육체적으로 강해야 한다.	1——2——3——4
15. 남자는 모험을 즐길 줄 알아야 한다.	1——2——3——4
16. 나는 "여자 같다"라는 말을 들으면 기분 나쁘다.	1——2——3——4
17. 요리나 바느질하는 남자는 매력 없다.	1——2——3——4
18. 남자는 간호사, 보모 일을 해서는 안 된다.	1——2——3——4
19. 파마, 액세서리 등 치장하는 남자는 보기 흉하다.	1——2——3——4
20. 남자가 남 앞에서 우는 것은 부끄러운 일이다.	1——2——3——4

* 60점 이상: 사내대장부에 속해 있으며, 자신이 콤플렉스에 빠진 사실도 모른다. 주변에서 늠름하고 남자답다는 말을 자주 듣고, 남성우월주위를 내세워 여성이 저자세로 나오지 않거나 대등한 입장에 서면 긴장하고 공격적인 태도를 보인다. 자기 마음대로 다룰 수 있는 의존적인 여성에게만 관심을 보인다.
* 41-59점: 갈등형으로 사회에서 요구하는 이상적인 남성형을 알고 있으나 속으로는 남성으로서 짊어져야 하는 갖가지 부담을 내려놓고 편안하게 안주하고 싶어 한다. 상황에 따라서는 사내대장부형을 따르지만 갈등을 피할 수 없으며, 자신의 개성을 죽이고 주어진 역할만 무난히 쫓아가지만 자신을 살릴 수 없는 현실에 불만을 느낀 채 자기 속마음을 감추고 갈등한다.
* 40점 이하: 수용형으로 감정을 솔직히 표현하고 여성에 대해 열린 마음으로 협력하는 삶을 추구한다.

출처: 여성을 위한 모임(1994). 일곱 가지 남성 콤플렉스. pp. 59-60.

여성의 경우도 일곱 가지 콤플렉스를 나타내는데(여성을 위한 모임, 1992) 출생순위와 관련된 것으로는 맏딸 콤플렉스가 있다. 이들은 첫딸은 살림 밑천이라는 말이 가부장적 사회에서 장녀의 역할을 잘 설명하는 말이라고 한다. 그 이면에는 아들이었으면 하는 보상심리가 담겨 있고 이를 보상하기 위해 일찍부터 엄마의 일손이 되어 동생들을 돌본다는 것이다. 이러한 의식을 내면화한 맏딸은 원만한 사회생활이 힘들고 모범적인, 즉 책임감이 강하고 의무감이 있으며 일부는 희생양의 역할을 맡게 된다. 현대사회에서도 이러한 점들은 형제자매관계에서 맏딸이 동생들의 양육을 담당하거나 노부모 부양에 대한 책임의식을 갖는 형태로 나타나고 있다. 실제로 정현숙(1983)의 성조합에 따른 형제자매의 권력의 기반과 상호작용을 분석한 결과에 의하면 남동생은 누나에게 다른 형제구조의 동생보다 좀 더 동등하게 행동하려는 경향을 나타낸다고 한다.

엄미혜와 지연경(2016)은 형제자매의 온정성과 갈등에 대한 연구에서 전 성인기 동안 자매간의 온정성이 다른 성조합의 형제자매보다 높으며, 형제자매의 출생순위에서는 중간자가 막내보다 온정성을 높게 인지하며, 중간자가 첫째보다 갈등수준을 낮게 지각한다고 한다. 이와 같이 성별구성과 출생순위는 성인기 형제자매관계에도 영향을 미치는 중요한 요인이다.

(3) 가족 유형

형제자매관계에 영향을 미치는 구조적 요인 중 하나는 친형제자매 혹은 부모의 재혼으로 인한 계형제자매, 입양 등을 통한 형제자매인가 하는 가족 유형의 다양성이다. 정문자 등(2016)은 재혼가족에서 두 부부가 자녀를 데리고 재혼을 하는 경우 나타날 수 있는 삼각화 중 하나가 두 명의 형제하위체계와(부부가 아니라) 한 부모만이 포함되는 삼각화가 일어날 수 있다고 한다. 이러한 삼각화에 대해 부모들은 표면적으로는 두 '반대 집단'의 자녀들 간의 싸움으로 단순한 가구 내의 갈등으로 생각하지만, 초기 재혼단계에서 매우 일반적인 형태이며 이러한 삼각화는 더 응집력이 있고, 통합되고, 그리고 유연한 가족단위로 구조가 변화되는 데 체계가 실패했다는 것을 보여주는 것이라고 한다. 따라서 두 부모가 각자 자신의 자녀 및 상대방의 자녀 간의 형제자매관계를 명확히 설정하려는 적극적인 노력과 개방적인 의사소통이 필요하며 자녀들의 다른 친부모와 부모역할을 공유하는 것이 이러한 삼각화로 인한 갈등을 해소하는 방안이다.

또한 한부모가족에서 어머니가 자신의 능력에 대한 부족함을 느낄 경우 자녀들에게 도움을 요청하게 되고 주로 장자(주로 딸)가 형제자매관계에서 부모역할을 하는 자녀(parental child)의 역할을 수행(정문자 등, 2016)하게 되는데 Amato(2000)는 이러한 요구가 점차 커지면 자녀의 독립성과 능력감이 증가한다고 한다. 그러나 Sabatelli와 Anderson(1991)은 부모역할을 하는 자녀에게 동생들에 대한 권위가 부여되지만, 동생들이 새로 향상된 언니(누나)의 지위를 받아들일 수 없을 때 형제간 갈등이 생기게 되며, 어머니 역시 딸을 막역한 친구로 인식하고 다양한 개인적인 정보를 공유하게 되면서 긍정적인 측면도 있지만 딸의 성장과 발달을 방해하게 되기도 한다는 점을 강조한다. 이와 같이 가족 유형은 형제자매관계의 관계를 맺는 맥락에 다양하게 영향을 미친다.

(4) 형제자매의 신체적, 발달적 특징: 기질, 장애 등

형제자매의 발달적 특징인 기질이나 연령차 및 장애 유무 등은 이들의 상호작용에 영향을 미치는 요인이다. 개인의 정서적, 행동적 반응양식인 기질은 타인과의 상호작용에 영향을 미치는 요소이기 때문에 같은 가족환경에서 성장하는 형제자매관계에서는 매우 중요한 영향요인 중 하나이다. 초등학교와 중학교 남녀 청소년들에 대한 장휘숙(2008)의 연구에서는 기질적 특성 중 정서성이 높을 때 형제자매관계에서 갈등이 커지고, 활동성과 사교성이 높을 경우 더 온정적인 관계를 나타낸다고 한다.

일반적으로 형제자매관계는 발달에 영향을 주고받는 중요한 역할을 하며 그 관계는 평생 지속되지만 장애를 가진 형제자매가 있는 경우 부모님뿐만 아니라 형제자매들에게도 삶의 과정에 다양한 영향을 미친다. 자폐성 장애인과 함께 살아가는 성인 형제자매들에 대한 연구에서 노민희와 김은경(2018)은 장애형제와 함께 하는 조금 다른 삶의 경험에서의 어려움과 돌보는 것이 '떼어 놓을 수 없는 멍에'이기도 하지만 '같이 보듬어 함께 나눌 수 있길 바라는 미래'로 인식하는 등 돌봄에 대한 이중적인 인식을 발견하였다.

장애인 형제자매와 관련된 국내외 문헌연구를 통해 김유리(2015)는 형제자매관계, 심리적 적응, 삶의 선택, 부양계획이라는 주제들이 많이 연구되었다고 한다. 그러나 심리적 적응과 관련된 초기연구들에서는 비장애형제자매가 겪는 정서적 어려움이나 피해가 주로 연구되었으나 잘 적응한다는 연구들이 많으며, 중장년기의 경우는 심리적 안녕감과 우울감이 일반집단과 차이가 없다는 연구들이 다수라고 한다. 반면 이러한 경험은 개인적 성숙과 책임감 향상 등 성장의 기회로도 작용하다고 한다. 그러나 성인기에 들어서면 부양책임감을 느끼는데 거주지역의 근접성과 성별 등이 영향을 미치며 형제자매관계가 친밀할수록 부양을 미리 준비한다고 한다.

(5) 부모자녀관계 특성과 양육행동

형제자매관계의 질에 가장 많은 영향을 미칠 수 있는 요인 중 하나는 부모의 양육행동이다. 부모가 출생순위나 성별, 그리고 연령차 등에 대해 가지는 가치관의 차이와 차별은 형제자매들에게 다른 양육행동을 하게 되며 이러한 행동은 형제자매들의 발달에도 영향을 미치게 된다. 실제로 지연경과 임미혜(2018)는 초등학생 집단에서 부모자녀관계가 긍정적일 때 형제자매간 온정성은 높고 갈등성은 낮으며 일상 스트레스 수준은 낮다고 한다. 고등학생 집단에서도 비슷한 결과가 나타났는데 부모자녀관계가 형제자매와의 온정성을 높이고 스트레스를 낮춘다고 한다.

청소년들의 형제자매관계에서 부모와의 관계에 대한 박진희와 박지선(2016)의 연구에서도 고등학생 형제자매관계를 온정과 갈등수준을 중심으로 분석한 결과 형제 수가 많을수록, 그리고 여학생이 남학생보다 형제자매관계에서 온정을 더 높이 지각했다고 한다. 또한 형제자매관계가 온정적인 청소년은 부모와의 관계도 긍정적이며 형제자매간 갈등이 높은 청소년은 부모와의 관계도 부정적이다. 이러한 결과를 토대로 이들은 한국 청소년의 형제자매관계는 청소년의 개인적 변인보다는 청소년이 경험하고 있는 관계적 변인의 영향을 더 많이 받고 있다고 결론을 내렸다.

장휘숙(2008)의 연구에서도 부모와 높은 애착을 형성한 경우 온정적이고 갈등이 적은 형제자매관계를 보인다고 한다. 이러한 형제관계는 친구관계에도 영향을 미친다. 그러나 더 중요한 점은 형제자매관계는 기질보다는 부모에 대한 애착에 더 많은 영향을 받고, 친구관계는 부모에 대한 애착보다는 기질이 더 영향을 미친다고 한다. 이와 같이 많은 연구들이 관계적 변인 중 부모자녀관계의 특성, 애착이나 부모의 양육행동 등이 형제자매관계에 영향을 미치는 중요한 요인이라는 점을 강조한다.

3. 발달단계에 따른 형제자매관계의 특성

1) 성장과정 원가족에서의 형제자매 경험

전귀연과 임주영(2007)은 형제자매관계의 특성을 7가지로 정리하였는데 ① 인간의 다양한 삶 중에서 그 영향력이 가장 오래 지속되는 관계이며, ② 대부분의 형제자매들이 쌍둥이를 제외하고는 항상 한 명이 다른 한 명보다 나이가 많으며, ③ 자발적으로 획득되기보다는 귀속적인 지위이며, ④ 특히 아동기와 청소년시기 동안의 형제간 상호작용이 중요하며, ⑤ 비교적 평등적인 관계이며, ⑥ 형제자매는 한가족에서 성장하므로 가족환경뿐 아니라 성장하면서 경험하게 되는 공통의 환경을 오랜 기간 공유하는 역사를 경험하며, ⑦ 긴 생애 동안 질적으로 양적으로 성장하고 변화하는 관계라는 것이다. 이러한 형제자매의 특성이 이들의 성장하는 원가족에서의 관계에 영향을 미치게 된다.

특히 아동기와 청소년기의 형제자매들은 도움을 주는 역할, 돌봄, 교사의 역할과 사회화의 모델로서 역할을 수행하게 된다(전귀연, 임주영, 2007). 그러나 초등학생이 지각한 형제자매관계에서의 괴롭힘 경험은 형제자매관계뿐만 아니라 또래관계에도 영향을 미친다. 초등학생들을 대상으로 형제관계에 대한 괴롭힘을 연구한 김진구와 김은하(2017)의 연구에 의하면 형제자매관계에서의 괴롭힘은 내면화되어 친구관계의 질에 부정적인 영향을 미친다고 한다. 즉, 형제자매를 괴롭힌 경험이 있으면 또래를 괴롭힐 가능성이 높아 내면화 문제에 취약하지만, 친구관계의 질이 높은 아동은 형제자매를 괴롭힌 경험이 있어도 또래를 괴롭힐 가능성이 낮아 내면화 문제에 덜 취약하다고 한다. 또한 형제자매에게 괴롭힘을 당한 경우 친구관계 질이 높아도 또래에게 괴롭힘을 당할 가능성이 높다고 한다.

또한 청소년기의 형제자매 유무는 삶의 만족도에 영향을 미치는 중요한 요인이다. 안지혜, 임희석, 윤유동(2016)은 자아존중감, 우울, 전체 성적 만족도, 지역사회 인식, 진로 정체감, 연간 비행 피해 경험 유무, 형제자매 유무, 신뢰, 행동통제, 주의집중 등이 중학생들의 삶의 만족도에 영향을 미치는 요인으로 중학생의 삶의 만족도는 개인의 정서문제, 자아인식, 또래애착, 학습습관, 가정환경요인 등이 복합적으로 영향을 미친다는 점을 강조하였다.

2) 성인 형제자매관계 특성

정현숙과 옥선화(2016)는 성인 형제자매는 결혼 이후에도 공동관심사를 형성함으로써 지속적 유대를 갖는다고 한다. 특히 가까운 거리에 살거나 노부모에 대한 책임의식이 있을 때와 부모를 중심으로 가족행사에 참여함으로써 유대가 지속되는 특징이 있으며, 부모와의 관계를 축으로 원가족 상호지원체계를 유지한다. 이러한 관계는 중노년기 형제자매간에도 지속되는 경향이 있으며,

평균수명 증가에 따라 고령의 부모가 증가하면서 돌봄뿐만 아니라 경제적, 정서적 지원 등의 상호교류가 이루어진다. 이러한 형제자매관계는 중년기의 성인 형제자매에게도 긍정적으로 작용하며 부모의 노년기 삶의 질에도 영향을 준다고 한다.

성인기 형제자매 애착모델을 기반으로 20세에서 90세까지의 성인 형제자매관계의 질을 분석한 임미혜와 지원경(2016)은 발달단계(성인진입기, 초기, 중기, 후기)에 따라 형제자매관계의 질은 차이가 나타났는데, 성인진입기의 온정성과 갈등은 모두 다른 시기보다 높으며, 특히 전 성인기에서 자매 간의 온정성이 가장 높은 수준이라고 한다. 또한 성인진입기와 초기에 자매가 남매나 형제보다 높은 갈등수준을 나타내지만 성인초기와 중기 사이에 자매 간 갈등은 급감하고, 성인후기에서는 형제보다 갈등이 낮다고 한다.

평균수명의 증가로 노년기의 형제자매관계의 중요성은 증가하는데 노년기 형제자매관계는 중요한 사회적 지지망이기 때문이다. 어느 정도 소원했던 형제자매관계도 자녀들의 출가 등을 통해 다시 지지적인 관계로 발전하는데, 특히 조황숙과 조병은(2000)은 홀로 된 여성 노인들의 경우 자매 간 공평한 상호작용이 둘 간의 관계의 질을 높이며 고독감을 감소시키는 데 영향을 준다고 한다.

토론해 봅시다.

1. 가족 유형에 따라 형제자매관계는 어떤 차이가 있는지 토론해 보자. 맞벌이가족, 한부모가족, 재혼가족, 장애아가족 등 다양한 가족 유형에 따라 형제자매관계는 차이가 있는가? 또한 형제자매관계에서 연령차와 성과 성조합과 같은 구조적 특성이 이러한 차이에 영향을 미치는지 혹은 부모의 양육행동이나 형제자매들의 기질이나 성격과 친구관계 등 개인적 특성과 관계적 특성이 미치는 영향력이 더 큰지 토론해 보자.

2. 형제자매관계가 서로의 발달에 중요한 영향을 미치는 관계라는 점은 많은 학자들이 강조하지만, 만혼현상과 출산율의 감소 등으로 외동아의 비율은 증가하고 있다. 외동아와 아닌 경우 이러한 구조적 차이가 이들의 학업성취와 직업적 성취 등 다양한 발달적 영역에서 차이가 있는지 찬반으로 나누어 토론해 보자.

3. 일본 영화감독 '고레에다 히로카즈'의 2015년 작품 '바닷마을 다이어리'(海街 diary, Our Little Sister)를 보고 자매애와 가족의 의미에 대해 토론해 보자. 1) 이 영화에서 부모의 역할과 맏딸의 역할이 무엇인지 토론해 보자. 현재에도 우리 사회에서 '맏딸 콤플렉스'는 일반적인 현상인가? 2) 또한 이 영화에서 말하는 '가족'의 의미가 무엇인가도 생각해 보자. 3) 세 자매의 삶을 통해 삶의 과정에서 자매애가 갖는 의미는 무엇이며, 우리나라 영화 '태극기 휘날리며' 등에서 보이는 '장남 콤플렉스'와 형제애와는 어떤 차이가 있으며 이러한 차이를 야기하는 요인은 무엇인가도 토론해 보자.

4. 평균수명이 길어지면서 영유아기나 청소년기와 다른 성인자녀들 간의 형제자매관계에 대한 관심이 증가하고 있다. 특히 중노년기 성인 형제자매관계가 사회적 지원망으로 작용한다는 긍정적인 측면도 있지만, 개인주의적인 특성이 증가하고 경제에 대한 관심이 증가하면서 부모님 사후 재산상속과 관련된 분쟁도 증가하고 있다. 중노년기 이후 상호호혜적인 성인 형제자매관계를 형성하고 지원망으로 상호작용할 수 있는 방안이 무엇인지 토론해 보자.

5. 동아일보(2019.5.10)의 '대중화된 상속분쟁, 불효자 몫도 인정, 유언장이 효력을 가지려면'(news.v.daum.net/v/20190510160708914?f=m)이라는 기사에서는 부모의 죽음 이후 형제자매간의 분쟁이 점차 대중화되고 있으며, 상속 분쟁인 '유류분 반환청구소송'이 10년 동안 4.6배나 늘었으며, 천만 원 이하의 소액 사례도 전체의 10%를 차지한다고 한다. 이러한 결과를 볼 때 가족체계 전반의 분열과 갈등을 줄이기 위해 부모의 죽음과 관련하여 부모들과 자녀들은 어떠한 준비가 필요하다고 생각하는가? 또한 현재의 균분상속제도에 대해 어떻게 생각하는가? 부모의 재산에 대한 형제자매들의 권리가 어디까지인가에 대해서도 토론해 보자.

Chapter **7**

친인척관계와 세대관계

친족관계는 혈연에 기초한 혈족과 혼인관계로 맺은 인척으로 형성된다. 친족과의 관계가 20세기보다 약화되고, 남편을 중심으로 한 친인척 가족관계의 빈도와 강도가 감소하고, 아내 중심의 친인척관계의 빈도가 증가하면서 결혼한 딸과 원가족과의 유대관계는 점차 긴밀해지고 있다. 비록 전반적인 친인척관계의 특성은 변화하고 있지만 세대관계를 포함한 친인척관계는 여전히 핵가족 삶의 중요한 네트워크로 기능하고 있다. 특히 조부모관계를 포함한 세대관계는 중요한 친인척관계이며 가족학분야에서는 세대관계가 '세대간(between generation)'을 의미하기 때문에 부모자녀관계도 세대관계 연구에서 중요하게 다뤄진다(Hanks & Ponzetti, 2004). 이 책에서는 청소년 자녀기까지의 부모자녀관계는 5장에서 다루고 이 장에서는 친인척관계에 세대관계를 포함해서 부모자녀관계 중 성인자녀부모관계와 조손관계 및 고부관계, 장서관계 등을 다루었다.

1. 친인척관계와 세대관계

1) 친인척관계의 정의

일반적으로 출산을 통한 혈연관계와 혼인이나 동거를 통해 구성된 인간관계를 포괄하여 친족관계라고 한다. 민법 제4편이 친족에 대한 내용으로 제767조(친족의 정의)는 배우자, 혈족 및 인척을 친족으로 규정한다. 혈족(제768조, 혈족의 정의)은 자기의 직계존속과 직계비속을 직계혈족으로 하고 자기의 형제자매와 형제자매의 직계비속, 직계존속의 형제자매 및 그 형제자매의 직계비속을 방계혈족이라고 한다. 인척(제769조)은 혈족의 배우자, 배우자의 혈족과 배우자의 혈족의 배우자를 의미하지만 인척 중 8촌 이내의 혈족과 4촌 이내의 인척, 배우자만을 친족으로 규정한다(제777조). 이를 정리하면 <표 7-1>과 같다. 이와 같이 친인척관계는 매우 다양한 관계를 포함하고 있지만 현대사회에서 친인척관계의 약화로 관계의 강도는 약화되고 있다. 따라서 여기서는 가족관계에서 많은 영향을 주고받는 직계혈족을 중심으로 살펴보고자 한다.

표 7-1 민법(제767-769조)의 친족 정의에 따른 하위 단위와 관련 지위

친족의 종류		하위 단위	지위
배우자			나의 배우자(남편, 아내)
혈족	직계 혈족	직계존속	나의 아버지/어머니, 할아버지/할머니, 직계 조상
		직계비속	나의 아들, 딸, 손자, 손녀
	방계 혈족	나의 형제, 자매	나의 형제자매: 오빠/누나, 동생
		나의 형제자매의 직계비속	조카
		직계존속의 형제자매	나의 큰/작은아버지, 고모, 이모, 외삼촌
		그 형제자매의 직계비속	나의 4촌
인척		혈족의 배우자	나의 큰/작은어머니, 외숙모, 고모/이모부
		배우자의 혈족	나의 장인, 장모, 처남, 처제
		배우자의 혈족의 배우자	나의 처남의 배우자, 나의 처제의 배우자

2) 가족 내의 다양한 세대관계

세대(generation)의 어원은 '성립', '출현'이라는 의미를 갖는 희랍어 'genos'에서 유래하였으며, 새로운 아이의 탄생, 새로운 또래집단의 등장, 일정한 생애단계로의 도달 등 다양한 의미로 사용된다(박재흥, 2001). 이러한 세대 개념은 시간, 노화, 연령집단, 사회구조 등을 반영하는 사회현상들을 조직적으로 이해하려는 시도 속에서 다양하게 사용되어 왔으며(Bengtson, 1975), 어떤 집단이 공통

으로 소유하는 사회적, 역사적인 특성으로써 동시대의 다른 구별을 위한 특성의 의미로도 사용되어 왔다(유진이, 2002). 세대를 구분하는 가장 중요한 이유는 집단 간 공통점과 차이점을 기술하기 위한 것으로 출생시기의 차이, 특정 사건 경험의 차이, 집단 내 위치의 차이 등 일련의 차이를 전제하기 때문이다(최원기, 2006). 이러한 이유로 Kertzer(1983)는 세대간에 세대차이(generational differences)가 있으며, 세대차이는 일반적, 포괄적 개념으로 역사적, 문화적 경험 차이로 인한 세대간 인식과 행위양식의 차이가 나타난다고 하였다.

이러한 세대차이는 세대격차(generational gap)로 설명되는데, 세대격차는 생애주기단계와 관련하여 '주로 청소년층과 기성세대 간의 차이'를 지칭할 때 사용하는 개념으로 두 세대 간에 존재하는 차이를 의미한다. 세대를 분류하는 기준에서 보듯이 출생시기의 차이, 특정사건 경험의 차이, 집단 내 위치의 차이 등으로 인한 세대차이로 인해 세대격차는 인류 역사의 발전과정상 항상 존재해왔으며 앞으로도 존재할 수밖에 없는 매우 자연스러운 사회발전의 긍정적 원동력으로 진단하기도 한다(조성남, 박숙미, 2003; 최원기, 2006). 세대관련 이론들에 의하면 세대간 차이는 매우 다양한 외현적 요인에 의해 발생되며, 세대차이는 세대격차를 그리고 심리적이거나 외현화된 모습의 세대갈등을 야기시킨다는 것이다. 이러한 이유로 세대 간 상호작용과 세대관계에 대한 연구들은 인간의 생애과정의 양 끝에 있는 세대, 젊은이들과 노인세대 간의 상호작용을 포함하는 경험에 초점을 맞추어, 두 세대의 상호작용에 관심을 갖는다(Newman, 2003). 따라서 세대갈등에 대한 연구들에서는 비친족관계와 세대를 뛰어넘는 관계에 주로 초점을 맞추어 세대갈등의 문제를 다루고 있다(정현숙, 최연실, 이금룡, 황혜신, 2011).

그러나 가족연구에서의 세대관계는 '세대간'을 의미하기 때문에 부모자녀관계도 세대관계 연구에서 중요하게 다뤄진다(Hanks & Ponzetti, 2004). 가족은 성과 세대와 가족생활주기 및 사회경제적 지위 등의 구조적 특징(틀)과 가족구성원들 간의 인지적 · 교류적 · 정서적 상호작용(과정)을 통해 관계가 이루어지는 다른 사회적 제도와 구분되는 독특한 특징이 있다(정현숙, 유계숙, 2002). 이러한 가족에서의 관계는 조부모-부모-자녀의 세대로 이루어지는 구조를 통해 이루어지기 때문에 가족학자들은 다른 사회과학분야의 세대관계연구에서 받아들이는 개념보다 더 확대하여 세대관계를 정의한다. 즉, 부모자녀관계뿐만 아니라 다른 친족과의 관계 등도 세대관계에 포함한다. 이러한 관점에서 세대관계 연구에서는 부모자녀관계뿐만 아니라 조부모, 삼촌고모 등의 세대와 자녀와 손자녀, 사촌조카 등의 젊은 세대와의 관계도 대상이 되며(Martin-Matthews & Kobayashi, 2009), 아동(청소년, 혹은 성인)자녀와 부모관계, 고부관계 등도 중요한 세대관계로 다룬다(정현숙 등, 2011).

2. 성인자녀부모관계

2010년 이후 65세 이상 고령자의 가구구조를 살펴보면 <그림 7-1, 7-2>와 같이 1인가구, 부부가구가 높은 비중을 차지하고 3세대가족은 고령화에도 불구하고 높은 비율의 가구구조는 아니다. 그러나 우리나라의 가족관계는 수정확대가족으로 부모세대와 자녀세대가 핵가족을 형성하고 근거리에 거주하면서 확대가족에서와 같은 상호작용을 하는 특징이 있다.

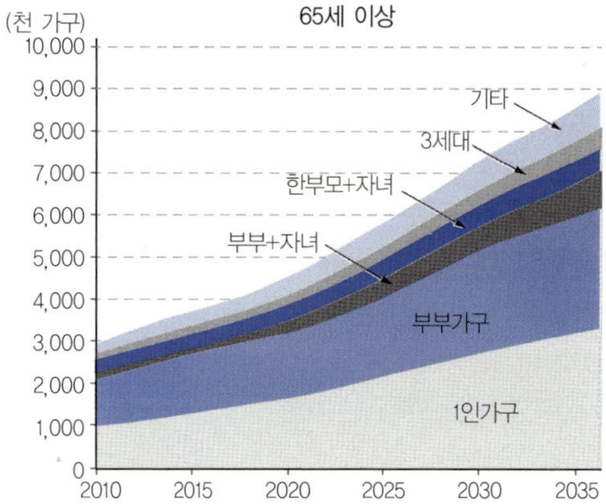

그림 7-1 65세 이상 가구주 가구 유형(2010-2035년)

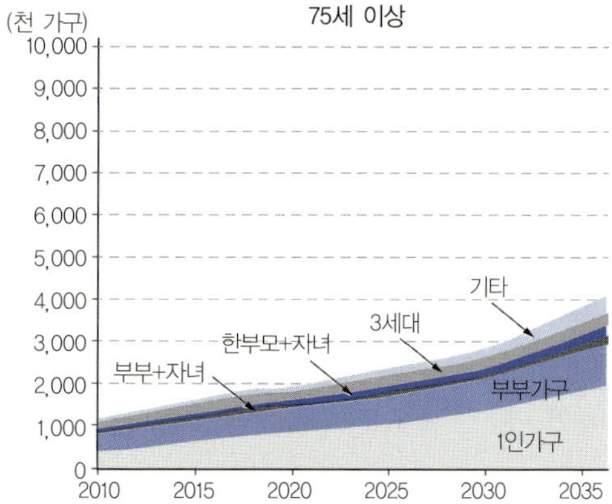

그림 7-2 75세 이상 가구주 가구 유형(2010-2035년)

출처: 통계청(2012). 장래가구추계(2010-2035). p. 34.

또한 합계출산율이 감소하고, 딸과 아들에 대한 차별이 점차 줄어들며, 자녀들의 결혼 후 직계가족적인 특성들이 감소하고, 결혼한 딸들이 친정 근처에서 거주하는 수정확대가족이 증가하는 등 일련의 가족의 구조적 · 관계적 변화는 가족 내의 성인자녀와 부모관계의 변화로 이어진다. 실제로 가족 내의 성인자녀와 부모관계는 <그림 7-3>과 같이 가족에서의 지위와 자녀들의 성별에 따라 본가의 부모와 자녀관계, 며느리와 시어머니관계, 며느리와 시아버지관계, 사위장인관계, 사위장모관계 등 매우 다양한 관계 유형이 존재하며 이들의 관계적 특성도 매우 다양한 요인에 의해 영향을 받는다.

정현숙 등(2011)은 성인자녀와 부모의 관계는 가족에서의 역할과 지위, 동거 유무와 동거 이유, 가족생활주기와 부모와 자녀의 연령과 생식가족에서 남편의 출생순위와 부모세대의 성별 등이 중요한 영향변인이라고 한다. 비록 성인자녀부모관계에서 가부장적인 특성은 여전히 존재하지만 결혼한 딸의 가족과 부모와의 상호작용이 더욱 빈번해지고 있으며, 세대관계에 대한 다양한 연구에서는 부모와 성인자녀의 관계를 설명하는 부양과 양육관계에 대한 이론적 관점들이 고부관계와 장서관계에도 확대 적용되고 있다. 이 절에서는 이러한 특성에 따라 이들에게 적용되는 이론적 관점을 우선 살펴보고, 성인자녀기 원가족에서의 부모와의 관계와, 세대관계적 관점에서 점차 중요성이 강조되는 고부관계와 장서관계를 구분하여 이들 관계의 특성을 살펴보고자 한다.

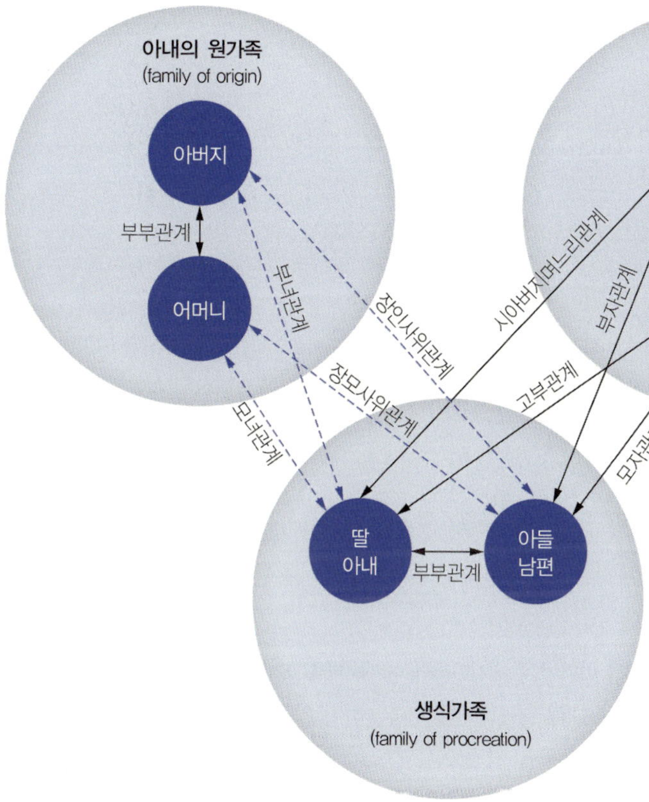

그림 7-3 성과 지위에 따른 다양한 성인자녀와 노부모관계
출처: 정현숙 등(2011). p. 242.

1) 성인자녀부모관계에 대한 이론적 관점

1980년대 이후 성인자녀부모관계를 설명하는 중요 이론적 관점은 두 가지로, 세대간 유대이론(intergenerational solidarity)과 이 이론이 가족관계에서 규범과 조화를 지나치게 강조한다는 비판에서 Lüscher와 Pillemer(1998) 등에 의해 제안된 세대간 양가성이론이 있다. 이 절에서는 이 이론들의 특징을 살펴보고 이러한 이론에 근거한 유형이론을 정리하였다.

(1) 유대이론

Bengtson과 Roberts(1991) 등에 의해 제안된 유대이론은 부모자녀관계를 비롯한 가족관계에서의 세대관계를 정서, 행동, 태도 등 복합적인 개념으로 설명하는 이론이다. 이들은 세대간 유대는 복합적이고, 다차원적인 개념으로 부모자녀관계의 상호관계를 <표 7-2>와 같이 6개 영역으로 설명하였다.

표 7-2 Bengtson 등의 유대이론에서 세대관계의 하위 유형과 측정지표

유대의 하위 유형	정의 및 측정지표
관계적 유대 (associational solidarity)	가족구성원 간 공유된 행동과 일반적 활동과 관련된 영역으로, 대면 · 전화 · 편지(문자) 등의 상호작용의 빈도와 여가나 가족행사와 같은 일상활동의 공유 정도
애정적 유대 (affectual solidarity)	가족구성원에 대한 애정, 온정, 친밀감, 이해, 신뢰, 존경 등의 긍정적 정서의 유형과 정도, 이러한 정서의 상호작용 정도
합의적 유대 (consensual solidarity)	가족구성원 간의 가치, 태도, 신념에 대한 가족 내 일치 혹은 유사 정도
기능적 유대 (functional solidarity)	도움과 지원을 의미하는 것으로 재정과 신체적 지원을 나타내는 도구적 지원과 정서적 지원을 포함한 세대간 지원의 상호교환 정도
규범적 유대 (normative solidarity)	가족의무, 가족역할을 수행하기 위한 책임의 정도와 관련되며, 세대간 역할의 중요성 정도, 자식의 의무 정도
구조적 유대 (structural solidarity)	가족구성원의 구성원 수, 유형과 지리적 근접성에 반영되는 것으로 세대간 상호작용의 기회

출처: Bengtson & Roberts (1991). p. 857.

이들 관점에 대해서는 몇 가지 비판점이 제기되는데 첫째, 가족관계의 긍정적인 측면만 강조하고 있고 가족구성원 간의 권력관계에 대해 설명하기에는 충분하지 않고 가족관계에서 규범과 조화를 지나치게 강조한다는 점과, 둘째, 구성원들 간 합의를 강조하고, 갈등은 당연하지 않다거나 갈등적인 세대관계의 특성을 포함하지 못하고 관계를 이상화한다는 것이다(류민영, 2017).

(2) 양가성이론

유대이론에 대한 비판으로 유대갈등모델(solidarity-conflict model)이 제안되어 유대와 갈등이나 불일치 등의 개념을 포함하여 7개 차원의 모델이 제시되었다. 유대와 갈등은 세대관계의 독특한 측면을 포함하는 것으로 양가성은 이 두 요소가 상호작용한 개념이다. Giarrusso, Silverstein, Gans와 Bengtson(2005)은 친밀성(closeness), 잘 어울림(getting along), 의사소통(communication), 긴장(tension), 비판(criticalness), 논쟁(arguing) 등 6개 문항을 이용한 잠재요인 분석을 통해 유대갈등모델을 검증하였다. 그 결과 부모자녀관계에서 4개의 차원, 갈등과 친밀감이 모두 높은 '양가적인'(ambivalent), 갈등이 높은 '부조화'(disharmonious), 친밀감 영역이 높은 '우호적'(amicable), 두

영역이 모두 낮은 '정중한'(civil)을 발견하였으며, 부모자녀관계에서 이러한 차원은 부모의 나이에 따라 다르게 나타난다고 한다. 즉, 중년부모와 젊은 자녀들에게서는 우호적 관계가 많으며 부모의 나이가 많아질수록 양가적인 형태가 많이 나타나지만, 미국 부모-자녀들에게서는 가장 많은 수가 양가적인 차원에 속하는 것으로 보고되었다(정현숙 등, 2011).

Lüscher와 Pillemer(1998)에 의해 소개된 세대관계의 양가성(intergenerational ambivalence) 개념은 가족관계의 모순적 측면을 나타내기 위한 개념이다. 양가성 'ambivalent'의 라틴 어원인 'ambi'는 '모두(both)', 'valence'의 valentia는 '강점(strength)'을 의미한다. 일반적으로 사용되는 어원과 달리 모든 강점이라는 의미를 가진 양가감정은 서로 긴장된 상태에서 감정, 태도, 신념을 가지는 것을 의미한다(Carolan, 2010). 양가성은 <표 7-3>과 같이 매우 다양한 관점의 이론이 제안되었다. 세대간 양가성은 부모와 성인자녀관계를 설명하는 중요한 개념으로, 세대관계에서 나타나는 긍정적이고 부정적인 요소의 복합성을 특징으로 한다고 한다(류민영, 2017).

표 7-3 양가성 개념에 대한 다양한 이론적 관점

관점	개념과 발생원인
사회학적 관점	• 개념: 역할 혹은 지위에 대한 규범적 기대를 형성할 때 영향을 미치는 거시적 수준(macro level)에서의 사회적 구조와 관련된 개념으로 태도, 신념과 행동에 대한 양립될 수 없는 규범적 기대를 하는 것임 • 발생원인: 개인의 규범이 모순되는 태도와 행동을 요구할 때 발생함. 그러나 이러한 모순된 경험은 매우 자연스러운 것으로 모든 사회적 관계는 합리적이고 양가적인 측면을 모두 가지고 있음
심리학적 관점	• 개념: 인지, 감정과 동기와 관련된 미시적 수준(micro level)의 주관적 경험과 관련된 것으로 긍정적이고 부정적인 감정 혹은 동시적인 태도 • 발생원인: 관계에서 조화와 갈등의 감정을 동시에 경험하기 때문에 부모와 성인자녀가 관계에서 모순을 경험함. 따라서 특정한 행복을 추구할 때 애정과 미움을 동시에 가지게 됨
포스트모던 관점	• 발생원인: 변화하는 사회에서 사회적 관계에서의 확실성이 줄어들고, 다양성이 증가하면서 더 복잡해지기 때문에 발생. 고정된 관계는 약해지고, 관계 수행방법에 대한 사회적 지침은 거의 없기 때문에 삶에 대한 모순된 경험이 증가함
여성학적 관점	• 발생원인: 역할기대와 역할수행에서 오는 갈등에서 양가감정을 경험하게 됨. 특히 현대 가족관계에서 역할기대에 대한 동시적 갈등과 모순을 발생함

출처: 류민영(2017). pp. 13-16 자료 중 일부를 정리함.

(3) 성인자녀부모관계에 대한 세대관계 유형

성인자녀부모관계의 특징을 분석하기 위해 학자들은 양가성이론, 유대이론, 교환이론 등을 포함한 다양한 이론적 관점을 통해 성인자녀부모관계를 몇 개의 유형으로 나누어 각각의 특징을 설명하고 이러한 유형에 영향을 미치는 요인에 대한 연구들이 이루어지고 있다. 다양한 학자들이 분류한 관계 유형은 <표 7-4>와 같이 정리할 수 있다.

표 7-4 다양한 연구에서의 세대관계 유형 분류기준 및 세대관계 유형

연구	연구대상/관점	이론적 관점 및 분류기준	세대관계 유형
박경숙 (2003)	성인자녀/교환이론	• 지리적 근접성 • 지원관계 • 가족부양관	1. 호혜성에 기초한 강한 지원관계 2. 비호혜적 강한 지원관계 3. 중간수준의 상황적 지원관계 4. 중간수준의 규범적 지원관계 5. 고립형
김영범, 박준식 (2004)	성인자녀/교환이론	• 가족관계망 • 자녀접촉빈도 • 정서적 원조 • 질병 시 도움 • 경제적 지원	1. 무관계형 2. 배우자중심형 3. 자녀중심형
한경혜, 한민아 (2004)	성인자녀/교환이론	• 경제적 지원 • 정서적 지원 • 도구적 지원	1. 쌍방형, 2. 자녀 수혜형 3. 자녀지원형, 4. 무교환형
유희정 (2011a, 2011b)	노부모/사회적 호위대이론, 교환이론 사회정서적 선택이론	• 거주형태 • 접촉 • 지원교환	1. 밀착형, 2. 부모제공형, 3. 부모수혜형 4. 별거친밀형, 5. 소원형
이주연, 정혜정 (2012)	남편 퇴직한 중노년기 부부	• 부부관계: 결혼만족도, 부부친밀감, • 부모자녀관계: 삼각관계, 관계분화	1. 부부자녀관계 혼미형 2. 부부자녀관계 갈등형 3. 부부자녀관계 친밀추구형 4. 부부자녀관계 친밀형
정진경, 김고은 (2012)	노부모/교환이론	• 경제적 지원 • 정서적 지원 • 도구적 지원	1. 높은 상호지원형, 2. 부모수혜형 3. 부모제공형, 4. 낮은 상호지원형
류민영 (2017)	서울, 경기, 대구, 대전 거주 중년기 부부/양가감정	• 긍정영역: 친밀감, 사랑, 지원, 애정적 유대, 행복 • 부정영역: 상호 간 스트레스, 갈등, 긴장, 불일치, 비난, 과도한 요구, 다툼, 화	1. 친밀형: 긍정이 높고, 부정이 낮음 2. 갈등형: 긍정은 낮고 부정이 높음 3. 양가형: 긍정, 부정이 다 높음 4. 소원형: 긍정, 부정이 다 낮음
Silverstein & Bengtson (1997)	미국: 성인자녀/ 유대이론	• 응집성: 친화 • 기회구조: 지리적 근접성, 접촉빈도 • 기능적 교환: 지원 교환정도	1. 긴밀한 유형(tight-knit), 2. 사교적(sociable) 3. 친밀하지만 거리가 있는(intimate but distant) 4. 의무적(obligatory), 5. 분리된(detached)
van Gaalen & Dykstra (2006)	네덜란드: 성인자녀/ 유대와 갈등이론, 양가감정이론	• 유대: 접촉빈도, 경제적 교환, 일상적 도움, 정서적 지원 • 갈등	1. 조화로운, 2. 양가적인 3. 의무, 4. 애정(affective) 5. 불일치하는(discordant)
Steinbach (2008)	독일: 성인자녀/세대간 유대이론, 양가감정이론	• 친밀감 • 갈등	1. 우호적, 원만한, 2. 정중한 3. 부조화, 4. 양가성(ambivalent)
Ferring 등 (2009)	독일: 중년기 성인자녀/양가감정이론	• 긍정적 측정(유대) • 부정적 측정(갈등)	1. 우호적, 원만한(amicable) 2. 정중한(civil) 3. 부조화(disharmonious) 4. 양가성(ambivalent)
Silverstein 등 (2010)	영국, 독일, 이스라엘, 노르웨이, 스페인, 미국: 노년기 부모/세대간 유대-갈등, 양가감정	• 애정: 친밀감, 화목, 의사소통 • 갈등: 갈등, 비판, 논쟁	1. 우호적, 원만한(amicable) 2. 정서적으로 분리된(emotionally detached) 3. 부조화된(disharmonious) 4. 양면적 관계(ambivalent relations)

출처: 류민영(2017). pp. 20-21; 류민영, 정현숙(2018, 2019); 이주연, 정혜정(2012); 김영범, 박준식(2004) 내용 추가함.

이 중에서 특징적인 몇몇 연구들을 살펴보면, 류민영, 정현숙(2018, 2019)은 양가성이론에 기인하여 부정적 정서(상호스트레스, 갈등 · 긴장, 불일치, 과도한 요구, 다툼, 화)와 애정적 유대(친밀감, 사랑, 지원, 애정적 유대, 행복)를 기초로 친밀형, 갈등형, 양가형, 소원형의 4개의 유형을 발견하였으며 고부관계와 모녀, 부자관계 모두에서 같은 유형을 발견하였다. 이들은 긍정적 영역이 높고, 부정적 영역이 낮은 집단을 '친밀형', 긍정적 영역은 낮고, 부정적 영역이 높은 집단을 '부조화형', 두 영역 모두 높은 집단을 '양가형', 두 영역 모두 낮은 집단을 '소원형'으로 구분하였다. 유형별 분포를 살펴보면, 모녀관계에서는 친밀형과 부조화형이 각각 전체의 33.7%, 양가형과 소원형이 각각 16.4%, 고부관계는 친밀형과 부조화형이 각각 33.5%, 소원형이 16.8%, 양가형 16.2%으로 나타났다. 이처럼, 모든 세대관계에서 전반적으로 친밀형과 부조화형의 비율이 가장 높고, 양가형과 소원형의 비율은 상대적으로 낮은 경향을 보인다. 반면 이주연, 정혜정(2012)은 부부관계(친밀감, 결혼비교수준), 부모자녀관계(삼각관계, 분화)를 중심으로 부부자녀관계 혼미형, 부부자녀관계 갈등형, 부부자녀관계 친밀추구형, 부부부모자녀관계 친밀형으로 구분하였으며 친밀형은 부부간 친밀감과 결혼만족도가 높고 자녀와의 정서적 유대가 높은 집단이다. 이들은 부부의 학력이 다른 집단보다 높고 부부간 함께하는 활동비율도 높은 것이 특징이라고 한다.

Giarrusso 등(2005)의 유대갈등이론과 Luscher와 Pillemer(1998)의 모호성이론을 독일 가족에 적용한 Steinbach(2008)는 친밀감과 갈등을 기준으로 분석틀을 제시하였다. 독일 가족에서는 미국 가족과 달리 양가적인 집단의 수가 가장 적었으며, 정중한 집단의 비율이 가장 높았다. 특히 Steinbach(2008)는 부모자녀관계에서 부모의 성에 따라 자녀들과의 세대관계 패턴은 차이가 있었으며 또한 4개의 영역에 영향을 미치는 유대의 영역도 부모의 성에 따라 차이가 있었다. 예를 들면, 딸의 경우 정서적 차원의 점수가 높을 때는 아버지와 어머니와 우호적 관계를 유지하였으며, 가족가치에 동의 정도가 어머니와의 우호적 관계에 정적으로 영향을 받았다. 미국 가족과의 차이에 대해 저자들은 이차자료를 분석하는 과정에서 친밀감과 갈등을 측정하는 양가성의 측정도구가 불충분했기 때문에, 즉 자료와 분석의 한계 때문으로 해석하며 추후 연구가 필요하다는 점을 제한점으로 제시하였다(정현숙 등, 2011). 그러나 류민영과 정현숙(2018)은 한국 가족에서의 양가성을 측정할 수 있는 측정도구를 개발하여 신뢰성과 타당도를 검증하여 성인 부모와 자녀들의 관계특성을 분석하였다.

표 7-5 Giarrusso 등(2005)의 세대간 유대의 분석틀

		친밀감	
		높음	낮음
갈등	높음	양가적인(ambivalent)	부조화(disharmonious)
	낮음	우호적(amicable)	정중한(civil)

출처: Steinbach (2008). p. 120.

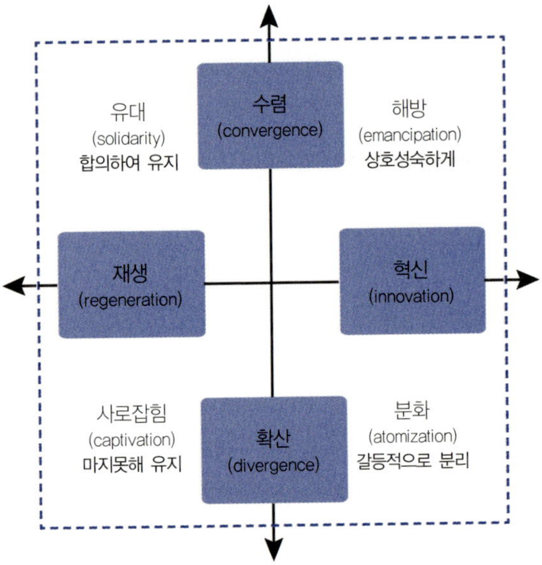

그림 7-4 세대간 양가감정에 대한 연구모형
출처: Luscher (2002). p. 590.

또한 Bengston 등(2002)의 양가감정이론은 유대갈등 관점과 경쟁하는 이론이라기보다는 유대와 갈등의 상호작용으로부터 심리적으로나 구조적으로 양가감정이 생기기 때문에 자신들의 이론에 대한 보완적인 이론이며, 개념적으로는 혼재된 감정을 설명하는 데 더 적합하다고 주장하였다. 이에 Luscher(2004)는 양가감정은 사회 구조에 의해 강화될 수 있고 또한 개인 내에 존재하는 행동, 인지, 정서모드의 해석에 의한 귀인에 근거하는 것이라고 주장하면서 <그림 7-4>와 같은 개인과 제도의 이차원적 모델에 기초하여 유대(solidarity), 해방(emancipation), 분화(automization) 사로잡힘(captivation)의 연구모델을 제시하였다. 이러한 모형을 이용한 우리나라의 연구는 상대적으로 부족하여 앞으로 성인 부모-자녀 간의 관계를 정확히 이해하기 위한 다양한 연구가 요구된다.

2) 노부모-성인자녀관계의 특성

(1) 성인자녀기 부모자녀관계

① 관계 특성의 변화 원인: 평균수명의 증가로 인한 부모자녀관계의 변화

2018년 통계청이 발표한 <그림 7-5>, <그림 7-6>의 기대수명 추이에 의하면 우리나라 평균수명은 1970년대 이후 지속적으로 증가하여 2017년 남성은 79.7세, 여성은 85.7년에 이르며, 남녀의 차이도 2017년 6년으로 이 수치도 지속적으로 감소하고 있다. 이러한 평균수명의 증가는 가족관계

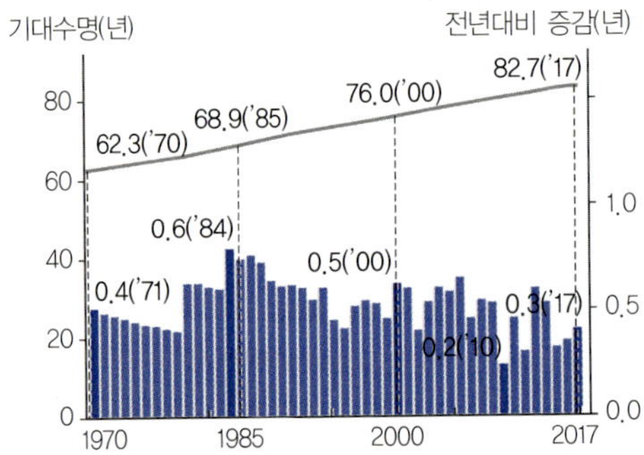

그림 7-5 기대수명 증감 추이(1970-2017년)

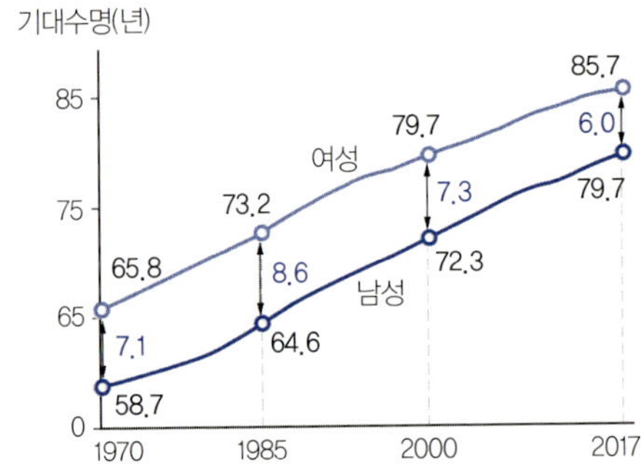

그림 7-6 성별 기대수명 및 남녀차이 추이(1970-2017년)

출처: 통계청(2018). 2017년 생명표(전국 및 시도). pp. 2-3.

의 다양한 영역에 영향을 미치는데, 특히 성인자녀와 부모관계가 길어진 생애과정으로 인해 새롭게 조명받고 있다.

자녀들의 독립이나 혼인 이전까지의 부모자녀관계는 자녀의 부모에 대한 의존과 상호작용에 초점이 맞추어졌다. 성인자녀부모관계는 각자 체계의 자율성과 독립성뿐만 아니라 연로한 부모부양이 중요한 발달과업이다. 부모 부양의무는 성인자녀가 느끼는 노년의 부모에 대한 보호와 지원을 의미한다. 의료기술발달로 평균수명이 길어졌으나, 여전히 많은 노인은 신체적인 노화로 어려움을 겪고 있다(Hamon & Whitney, 2003). 도움이 필요한 노인인구 증가는 노년부모 부양의 필요성을 강조한다. 그러나 경제체제 변화, 일하는 여성 증가에 따른 여성역할 변화, 가족의 라이프스타일의 변화 등은 가족이 노인돌봄역할을 제대로 할 수 없어 노인 부양이 노년기 부모자녀관계의 중요한 긴장원이 되고 있다. 이러한 긴장감은 늙은 부모에 대한 걱정과 부담뿐만 아니라 앞으로 예견되는 부양욕구를 어떻게 맞추어야 하는지에 대한 걱정으로 발전하였다. 이러한 긴장과 걱정을 부양부담(filial anxiety)으로 정의한다(Cicirelli, 1993). 그러나 이러한 부담이 실제 부양행위로 이어지는지 여부는 자녀의 부양부담, 부양책임에 대한 동기에 따라 다양하다.

성인자녀부모관계에서 중요한 특성은 자녀들의 부양에 대한 책임과 이로 인한 관계적 특성이다. 부양책임에 대한 동기가 어떻게 형성되는가에 대해 Hamon과 Whitney(2003)는 다양한 이론적 관점들을 다섯 가지로 정리하였는데 각 관점의 중요 특성은 <표 7-6>과 같다.

특히 가부장적인 가족관계에서 효의식이 강한 우리나라에서는 장남이 부양책임을 강하게 인식하고, 며느리 역할이 강조되지만 이러한 부양의식은 과거와 많은 차이를 보인다. 통계청의 사회조사(통계청, 2000, 2005)에서 만 60세 이상 가구원을 대상으로 '향후 자녀와 같이 살고 싶은가'라는 질문을 한 결과 '같이 살고 싶다'가 각각 53.0%, 47.5%, '같이 살고 싶지 않다'가 45.8%, 47.5%로 나타나 비록 5년 전에 비해 같이 살고 싶다는 비율은 감소하였으나, 여전히 많은 노인은 자녀와 함께 살고 싶은 것으로 나타났다. 그러나 이러한 태도에 대한 노인들의 인식은 이후 통계에서는 급격한 변화를 보인다. 통계청의 2015, 2017년 사회조사에서 같은 질문에 대해 '같이 살고 싶다'가 각각 24.9%, 22.2%, '같이 살고 싶지 않다'가 75.1%, 77.8%로 감소하였다. 같이 살고 싶지 않은 이유에 대해 2017년의 경우 '따로 사는 것이 편해서(32.5%), 자녀에게 부담이 될까봐(18.7%) 등이 높은 비율로 나타나 노인세대의 자녀에 대한 태도 변화를 볼 수 있다.

그러나 통계청(2018)의 사회조사 결과는 부양에 대한 동기가 부양행동으로 직접 연결되지 않는다는 것을 보여준다. 우리나라 전체 가구 중 부모가 생존한 경우는 <표 7-8>과 같이 2016년에는 55.6%이다. 생존한 부모가 자녀와 함께 사는 가구는 2016년에는 8.7%이며, 2018년에는 8.0%이다. 특히 동거율은 읍 · 면 · 동 지역 거주자가 도시지역 거주자보다 높고, 연령이 높고 학력이 낮을수록 높으며, 가족소득이 낮을수록 상대적으로 높다. 이와 같이 우리나라의 성인자녀와 부모의 동거율은 지역 · 연령 · 학력 등 다양한 요인에 영향을 받는다. 자녀와 함께 사는 경우 장남 · 장남 외의 아들의 순서로 여전히 장남의 부양책임의식과 부모의 장남에 대한 의존도가 높다(표 7-9 참조).

표 7-6 Hamon과 Whitney(2003)의 부양책임에 대한 동기

부양의 동기	특징
부모양육에 대한 성숙된 인식 (Blenkner, 1965)	• 40-50대 성인자녀에게 일정기간 중요한 지지기반이던 부모가 자녀가 경제적 · 정서적으로 어려운 시기가 닥쳤을 때, 지지적인 역할을 더 이상 하지 못한다는 것을 느낀 자녀는 자신이 부모의 지지적인 자원이 되어야 함을 깨달으면서 부모양육에 대한 위기감 인식 • 부모양육에 대한 이러한 인식의 성숙이 중년기 자녀의 중요한 발달적 과업임
부모자녀관계 관계특성의 변화 (Nydegger, 1991)	• 양육위기 경험보다는 부모자녀관계에서의 점진적인 변화의 결과가 주요한 동기라는 관점 • 양육에 대한 자녀의 성숙도는 오랫동안 개인적 발달과 성숙과정을 겪는 부모와 자녀의 상호작용 결과로 나타나는 복잡한 과정임
교환론적 동기 (Nye, 1979)	• 사회교환이론관점에서 볼 때 최소비용으로 최대효과를 얻고자 하는 관계에서의 상호호혜성에 기초하여 발생하는 양육동기 • 부모가 자녀에게 음식, 돌봄, 사회화 등 필요한 것을 제공해 주었기 때문에 자녀도 부모가 아프거나 쇠약해졌을 때 그들의 정서적 · 물질적 욕구를 제공해 주고 보호와 양육을 제공해야 한다는 인식이 작용하는 것
양육규범의 내면화 (Cicirelli, 1993)	• 애착이론관점에서 자녀의 양육규범에 대한 내면화가 양육동기임 • 애착이 형성되는 내적과정에서 부모에 대한 자녀의 정서적 · 애정적 유대가 부모와 의사소통과 접촉을 유지하게 하며, 어려울 때 돕는 행동을 하게 하는 원인이 됨 • 부모양육에 대한 책임감이 의무감이나 부모에 대한 빚 때문이라기보다는 부모와의 우정, 상호성과 긍정적인 느낌에 기초하는 동기임
부양에 대한 사회화 (Johnson, 1996)	• 부모부양에 대한 사회화로 자녀가 책임감을 가지게 되었다는 관점 • 성인자녀가 부모에게 지원할 수 있는 적절한 수준의 부양이 어느 정도인지는 사회적으로 합의된 기준은 없으나, 성인자녀는 부양에 대한 사회적인 규범을 인지하게 됨 • 이러한 사회적 규범은 문화, 인종, 가족구조, 사회경제적 자원, 사회적 관계망에 가족이 포함된 정도, 전통주의적 가치습득의 정도, 지역적인 차이와 자신의 연로한 부모에 대한 책임감 등에 따라 다양함

표 7-7 현재 자녀와 동거 여부 및 이유(60세 이상) (단위: %)

연도	동거	현재 자녀와 같이 살고 있는 이유						
		소계	본인의 독립생활 불가능	자녀 독립생활 불가능	손자녀 양육 및 자녀 가사 돕기	모두 독립생활이 가능하지만 같이 살고 싶어서	자녀가 학생 또는 미성년자	기타
2015	31.6	100	29.3	34.2	12.1	22.3	0.3	1.8
2017	30.6	100	26.3	31.0	10.3	28.9	1.1	2.4
연도	비동거	현재 자녀와 같이 살고 있지 않은 이유						
		소계	독립생활 가능	자녀에게 부담이 될까봐	따로 사는 것이 편해서	자녀의 직장, 학업 때문에	자녀와의 관계가 불편	기타
2015	68.4	100	26.6	19.9	32.5	15.5	2.4	3.0
2017	69.4	100	31.4	18.7	29.4	17.9	2.1	0.5

출처: 통계청. 2015, 2017 사회조사 결과.

표 7-8 부모 생존 여부 및 동거자(가구주)

(단위: %)

특성별		2016 계	2016 부모님 계심	2016 같이 살고 있음	2016 장남/맏며느리	2016 장남 외 아들/며느리	2016 딸/사위	2016 부모님만 따로 거주	2016 기타 친척	2016 기타	2018 계	2018 부모님 계심	2018 같이 살고 있음	2018 장남/맏며느리	2018 장남 외 아들/며느리	2018 딸/사위	2018 부모님만 따로 거주	2018 기타 친척	2018 기타
전체	계	100	55.6	8.7	12.1	10.0	7.1	68.2	0.4	2.3	100	58.2	8.0	12.0	8.1	7.0	69.5	0.5	2.9
동, 읍면부	동부	100	58.8	7.7	11.4	9.7	7.2	69.2	0.4	2.1	100	61.6	7.0	11.4	7.7	7.1	70.6	0.5	2.7
	읍면	100	40.4	15.0	17.2	12.1	6.2	60.9	0.4	3.2	100	42.1	14.7	16.1	10.6	6.3	62.4	0.5	4.2
성별	남성	100	58.9	9.0	13.1	10.3	5.1	68.9	0.4	2.2	100	61.0	8.2	12.6	8.6	5.2	70.2	0.4	3.0
	여성	100	46.6	7.4	8.7	8.8	14.0	65.5	0.3	2.7	100	49.9	6.9	10.1	6.2	13.2	67.4	0.6	2.6
연령	13-29세	100	97.6	4.6	5.9	9.9	9.5	74.0	0.4	0.3	100	97.6	3.7	8.4	5.9	10.0	74.4	1.2	0.0
	30-39세	100	95.5	6.8	7.3	6.7	7.0	78.2	0.4	0.5	100	95.8	6.3	6.8	6.5	6.9	79.4	0.2	0.2
	40-49세	100	83.7	9.0	11.7	9.2	6.8	70.8	0.2	1.3	100	87.1	8.4	12.0	7.3	6.0	72.8	0.2	1.8
	50-59세	100	53.5	9.8	16.5	13.1	6.4	59.1	0.6	4.4	100	56.7	9.9	17.1	10.4	6.3	61.2	0.5	4.5
	60세 이상	100	11.5	16.2	26.1	15.7	7.6	39.7	1.0	9.8	100	13.7	11.5	18.3	13.0	8.9	43.4	1.2	15.1
교육 정도	초졸 이하	100	10.0	13.1	19.3	14.5	6.6	49.8	1.4	8.3	100	10.1	13.7	20.5	17.5	7.7	38.2	0.4	15.7
	중졸	100	27.4	13.1	18.6	18.6	8.0	48.4	0.2	6.3	100	28.2	12.7	18.1	12.3	7.9	53.6	1.0	7.2
	고졸	100	60.6	9.9	13.0	11.4	6.8	65.8	0.5	2.6	100	62.4	9.1	13.3	9.1	6.5	67.4	0.6	3.1
	대졸 이상	100	78.5	7.0	10.4	7.8	7.2	73.0	0.3	1.3	100	79.1	6.4	10.2	6.6	7.2	74.0	0.3	1.7

주: 1) 부모 중 한 사람이라도 생존해 있는 경우임, 2) '기타 친척' 포함
출처: 통계청. 2016, 2018 사회조사.

표 7-9 부모 부양에 대한 견해

(단위 : %)

구분	계	부모 스스로 해결	가족	가족과 정부 사회	정부 사회	기타	가족 중 부모 부양자					
							소계	장남 (맏며느리)	아들 (며느리)	딸 (사위)	모든 자녀	능력 있는 자식
2016년	100.0	18.6	30.8	45.5	5.1	0.0	100.0	5.6	4.5	1.0	71.1	17.7
2018년	100.0	19.4	26.7	48.3	5.7	0.0	100.0	5.0	3.7	1.0	72.0	18.3
남성	100.0	19.1	28.7	47.0	5.1	0.0	100.0	5.9	4.9	0.4	70.2	18.6
여성	100.0	19.7	24.6	49.5	6.2	0.0	100.0	4.1	2.6	1.6	73.7	18.0
1인가구	100.0	22.0	31.5	39.0	7.5	0.0	100.0	7.6	4.4	1.2	67.6	19.2
1세대가구	100.0	23.7	25.3	44.6	6.3	0.0	100.0	7.4	3.9	1.0	67.3	20.3
2세대가구	100.0	17.7	25.7	51.6	4.9	0.0	100.0	3.5	3.4	1.0	74.7	17.3
3세대이상가구	100.0	14.2	29.2	50.9	5.8	-	100.0	6.4	4.6	1.1	68.9	19.0

주: 1) 부모의 노후 생계를 '가족', '가족과 정부 · 사회'가 돌보아야 한다고 응답한 자임
출처: 통계청. 2016, 2018 사회조사.

부양과 관련하여 치매의 증가는 성인자녀관계에서 중요한 과제가 될 것으로 예측된다. 알츠하이머협회에 의하면, 2050년 세계 치매환자는 1억 명이 넘을 것으로 예상되고 한국은 세계에서 치매환자가 가장 빨리 늘어나는 국가가 되며, 2013년 57만, 2030년 127만, 2015년에는 271만 명으로 예측된다(중앙일보, 2015.1.27). 특히 치매는 현재까지 완치약이 없고, 치매환자보호센터와 같은 시설과 인력이 부족하기 때문에 가족의 부양 범위를 넘어서는 치매와 같은 문제는 성인자녀부모관계에서 또 다른 갈등요인이 될 수 있을 것이다.

실제로 치매환자의 주수발자에 대한 전북연구원의 연구에 의하면 수발자 중 여성이 73%를 차지하며, 구체적으로는 배우자(36.7%), 딸(28.4%), 며느리(17.2%)의 순서라고 한다(중앙일보, 2019.5.9, 2면, news.joins.com/article/23462149). 이러한 결과는 딸과 며느리가 여전히 가족에서 부양의 역할을 하며, 평균수명이 남성보다 긴 여성들이 또다시 남편이 쓰러지면 수발을 해야 하는 갈등적 상황에 놓여 있어 이들을 위한 지원책이 필요한 실정이다.

② 성인기 부모와 자녀의 권위와 양육/부양관계

자녀들의 성인기 동안 부모들은 노화과정을 거치면서 부모자녀관계에서 부모의 권위와 양육부양관계는 권위를 재조정하는 방향으로 진행된다. Anderson과 Sabatelli(1999)는 자녀의 성인기 동안 부모자녀관계에서의 권위의 특성과 부양의 유형을 <표 7-10>과 같이 세 가지로 설명한다. 그러나 정현숙, 유계숙(2001)은 우리나라의 경우 상호관계적인 유형은 많지 않기 때문에, 노후의 건강한 부모자녀관계를 위해서 부모-자녀 간 독립성과 개별성의 개념을 새롭게 정립하고 발달시킬 필요성을 강조한다.

③ 성인자녀–부모와의 세대간 교류내용[1)]

세대간 교류에 대한 우리나라의 연구를 분석한 정현숙(2013)은 세대간 교류가 6가지 특성이 있다고 정리하였다. 첫째, 세대관계에서 부계와 모계를 비교하면, 모계와의 친밀감이 더 높으며 친밀감의 요인도 부계와 모계와는 차이가 있다는 것이다. 최슬기와 최새은(2012)은 대학생들의 경우 손자녀들이 부계 조부모에 비해 모계 조부모에게 더 친밀감을 느낀다고 한다. 또한 부계에서는 경제적 지원관계가 애정적 결속을 높이는 주요한 요인이지만, 모계에서는 경제적 지원, 도구적, 정서적 지원도 주요한 요인으로 작용하여 모계와 부계에 대한 태도에서 많은 차이가 있다. 이러한 원인은 여러 가지로 분석할 수 있는데, 가부장적인 가족제도와 특히 고부관계 등이 가장 큰 이유 중의 하나일 것이다. 실제로 고부관계의 갈등 내용에 대한 연구결과에 의하면 다음 절의 고부관계의 <그림 7-8>과 같이 세대차이를 포함해서 애정구조, 역할구조, 생활구조, 권력구조와 사회적 구조에 이르기까지 그 원인은 거의 무한하다. 이러한 갈등으로 인해 배우자 부모와의 관계는 26.7%가 1년에 명절, 경조사 등 특별한 날에만 접촉한다. 그러나 아이러니하게도, 중년여성들의 자원봉사활동의 주요 대상은 노인이 45.4%로 가장 높고, 장애인(29.2%), 아동(12.9%)의 순이다(이순자, 2011).

1) 이 절에서 인용한 참고문헌들은 정현숙(2013)을 참조할 것.

표 7-10 Anderson과 Sabatelli(1999)의 부양 유형

유형 / 특성	상호관계 유형	위계적-수동적 유형	위계적-반항적 유형
관계의 특성	• 자아분화가 잘 이루어지고, 가족체계의 융통성이 유지된 가족	• 부모의 위계적 태도에 의해 자녀들은 수동적인 역할, 즉, 착한 아들/딸 역할을 수용함	• 세대가 서로를 존중하지 않고 비난하며 방어적임
부모-자녀 간 권위	• 세대관계가 존경과 애정에 기반하여 서로의 욕구에 민감함 • 부모와 자녀는 개인의 권위관계를 새롭게 정립할 수 있으며, 상호 존경과 신뢰가 바탕이 됨 • 노인의 성실성과 개별화가 존중되며, 세대간 친밀감이 증가하며, 서로의 자율성이 보장되고 정서적으로도 친밀	• 부모들은 가족체계 내에서 권위를 즐기며, 성인자녀들은 어린이와 같은 지위를 수용함 • 부모들은 자녀들의 변화시도를 거부하여 식사 거부 등의 행동으로 자신의 의견을 관철시킴 • 부모들은 자신이 권위를 잃게 되면 자녀들이 자신을 부양하지 않을까 하는 두려움이 있음	• 부모와 자녀가 권위에 대한 변화에 합의를 보지 못한 경우 자녀들이 긴장을 줄이기 위해 자신의 욕구를 희생하기보다는 화를 내거나 부모와 관계를 끊는 등의 행동을 나타냄 • 자녀들의 지위는 위계적-수동적 유형과 비슷함
갈등에 대한 태도	• 갈등을 피하기보다는 개방적이고 긍정적인 방향으로 해결함 • 서로의 관점이 다름을 수용하고, 자녀들은 부모의 거부를 자신에 대한 거부가 아니라 다른 의견을 가진 성인으로 인식함	• 자녀들이 관계 내에서 갈등과 걱정을 줄이기 위해 자신의 자율성을 희생함으로써 감정적 문제를 그대로 받아들임 • 자녀들은 부모가 자신의 행동을 승인하지 않으면 실망을 시켜드린 것 같아 죄책감을 갖고 갈등을 회피함	• 갈등을 피하기보다는 부모와 권력 다툼을 하게 됨 • 서로를 존중하지 않으며 비난하고 방어적이 되며, 단순한 거절도 의견의 차이라기보다는 서로에 대한 거부로 받아들이기 때문에 갈등이 극대화됨
부모-자녀 간 양육행동	• 부모와 자녀의 욕구를 모두 수용하는 선에서 양육행동이 이루어지며, 죄책감이나 분노 등의 감정 없이 양육자로서의 한계를 설정할 수 있음 • 부모들도 자녀들의 제안과 한계에 대해 필요 과정으로 인식함	• 자녀들이 부모를 어린아이 취급하여 부모의 자녀에 대한 의존성을 더욱 발달시키기도 함 • 이런 관계가 지속되면서 부모의 능력은 줄어들게 되고 신체 및 정신건강까지 위협받게 됨	• 자녀들은 부모가 자신들을 성인으로 취급해 주길 기대하지만 부모가 받아들이지 않아 갈등이 내재됨 • 부모양육을 받아들이지 않고 형제/다른 가족구성원의 압력에 의해 부모양육을 떠맡은 경우가 많음
관계의 결과	• 부모와 자녀들의 삶에 대한 만족도가 높음 • 자녀들이 부모에 압도되지 않으면서 자신의 감정통제가 가능함	• 자녀들은 죄의식/초조감을 느끼며 자신의 욕구를 포기하고 부모님이 원하는 대로 해드림 • 부모들이 신체적으로 어려워지면 관계의 변화도 가능해짐	• 갈등이 극대화되어 부모-자녀 간 심리적 혹은 신체적 학대로 이어지기도 함 • 마지못해 양육을 맡게 된 자녀의 경우 높은 분노감을 나타냄

둘째, 부모조부모관계는 손자녀조부모관계에 영향을 미친다. 중 · 고등학생의 경우(민미정, 2009) 부모-자녀 간 긍정적 관계와 부모조부관계의 질이 청소년기 자녀와 조부모와의 유대관계에 긍정적 영향을 미치며, 대학생의 경우(최슬기, 최새은, 2012)도 부모-조부모의 친밀감이 높을수록 경제적, 정서적, 서비스 부양의식이 높게 나타났다. 또한 중 · 고등학생들(정동하, 2009)의 노부모 부양의식에 가장 영향을 미치는 요인이 부모-조부모 간의 친밀감이다.

셋째, 현재의 중년층은 다른 세대에 비해 이중적인 부담을 안고 있는 세대이다. 3세대 간 경제적 흐름은 아랫세대에서 윗세대로 가는 방향이며(고선강, 2012), 이중부양 부담은 60대보다 40-50대에 더 가중된다. 한국노동패널 1-9차 분석결과(김지경, 송은경, 2004) 결혼으로 분가한 자녀 중 부모의 소득이전이 있는 비율은 58.4%로 매우 높은데, 특히 아들이고 손자녀가 있는 경우 사적소득이전의

표 7-11 기혼부부의 자녀양육 책임한계에 대한 견해

구분	고등학교 졸업까지	대학을 졸업할 때까지	취업할 때까지	혼인할 때까지	언제(까지)라도	기타	생각해 보지 않음/모르겠음
2006	8.6	46.3	11.9	27.0	5.5	0.1	0.5
2009	9.6	49.6	12.2	23.1	5.0	0.1	0.4
2012	8.9	49.6	15.7	20.4	4.6	0.0	0.8
2015	10.4	62.4	17.2	8.8	1.2	0	0
2018	14.7	59.2	17.4	7.1	1.6	0	0

출처: 보건복지부(각 년도). 전국 출산력 및 가족보건복지실태조사.

가능성은 더욱 높다. 반면, 자녀가 부모에게 이전하는 소득금액은 자녀의 성별(남성), 자녀와 부모와의 왕래 정도(자주), 자녀와 부모의 동일지역 거주 여부(동일)가 영향을 미친다.

넷째, 세대간 심리적, 경제적 자원이전에 영향을 미치는 요소는 매우 다양하다. 경제적 자원이전의 경우는 부모-자녀 간의 동거(이윤정, 고선강, 2011), 성별(아들), 손자녀가 있는 경우(김지경, 송은경, 2004), 자녀들의 경제적 능력(자가유무, 거주지, 총소득 등)(김순미, 박미려, 2008) 등이 영향을 미친다. 우리나라 자녀들의 노부모 부양은 이타적 동기와 교환적 동기(고선강, 2012; 김지경, 송은경, 2004)가 함께 공존한다.

다섯째, 노인들과 자녀들의 삶의 질에는 노인들의 자녀에 대한 태도가 매우 중요하다. 노부모의 특성 중 자녀에 대한 밀착과 의존성은 노인의 삶의 질에도 긍정적 영향을 미치지 않으며(장수지, 2010), 노부모의 의존성과 비지지적 행동(박인아, 2012)은 자녀들의 노부모와의 관계에 부적인 영향을 미친다. 그러나 부모-성인자녀 간의 지원 유형은 부모제공형이 가장 많지만 '높은 상호지원형' 노인들의 삶의 질이 가장 높다. 주거형태에서는 혼자 사는 노인과 자녀 없이 다른 사람과 사는 노인이 부부만 사는 노인이나 자녀와 함께 사는 노인에 비해 삶의 질 만족도가 낮다. 따라서 노인들과 자녀들의 새로운 관계 정립을 통한 공존 노력이 필요하다.

여섯째, 우리나라의 부모-자녀 간 경제적 자원의 이전은 생애과정에서 매우 광범위하게 이루어진다는 점이다. 우리나라 부모들은 2006년 이후 증감을 반복하지만, 2018년을 기준으로 볼 때 이전보다 대학졸업까지 지원해야 한다는 비율은 증가하고 '혼인까지'와 '언제까지라도'의 비율은 감소하였지만 여전히 교육은 부모의 책임으로 인식하여, 다른 나라 부모들과는 달리 매우 긴 기간 동안 경제적 정서적 양육을 제공하는 특징이 있다.

그러나 법학자인 박종렬(2018)은 ① 급속한 고령화 등과 관련된 사회적인 문제와, ② 높은 노인 빈곤율, ③ 노부모 부양의식 저하, ④ 노부모 의료비 상승 등의 원인들로 인해 범정부적 차원의 정책과 합리적인 대안 마련의 중요성을 강조한다. 특히 OECD(2018. 2)의 '불평등한 고령화 방지 보고서'에서 66-75세 한국 노인들의 빈곤율이 42.7%, 76세 이상 빈곤율은 60.2%로 분석대상 38개국 중에서 1위이며, 한국의 노년부양비(생산가능 인구(15-64세) 대비 65세 이상 고령자 비율)는 중국에 이어 가장 급격히 상승한 국가라고 한다.

(2) 고부관계

우리나라에서 고부관계만큼 다양한 신화를 양산하는 가족관계는 없을 것이다. 절대적 권력의 시어머니에서부터 사악한 시어머니에 대한 농담과 조롱까지 고부관계의 특성은 급격하게 변화하고 있다. 전통사회에서 삼종지도와 부덕으로 상징되는 공식적 차원에서의 가부장제는 비공식적인 차원의 가부장제인 '자궁가족'으로 이념화되었다. 박혜인(1993)은 남편의 집에 시집온 젊은 여성이 자기가 낳은 자식들이 집안에 더해지면서 점차 여성 자신의 세력권을 구축해 나가는 것을 '자궁가족'으로 설명하였다. 여성들이 시집살이의 어려움을 극복할 수 있는 기반이며, 여성이 노후의 보상인 자궁가족을 통해 억압을 자발적으로 받아들인다는 것이다.

성인자녀와 부모에 대한 연구에서 가장 많이 다루어지는 주제는 고부관계에 대한 연구로 1970년과 1980년대에는 고부관계의 규범, 고부관계의 변화와 농촌가족과 도시여성의 고부관계 등 주로 개념적인 관점에서 고부관계 연구가 이루어졌으나 1990년대 이후에는 주제가 다양해졌으며 관계에

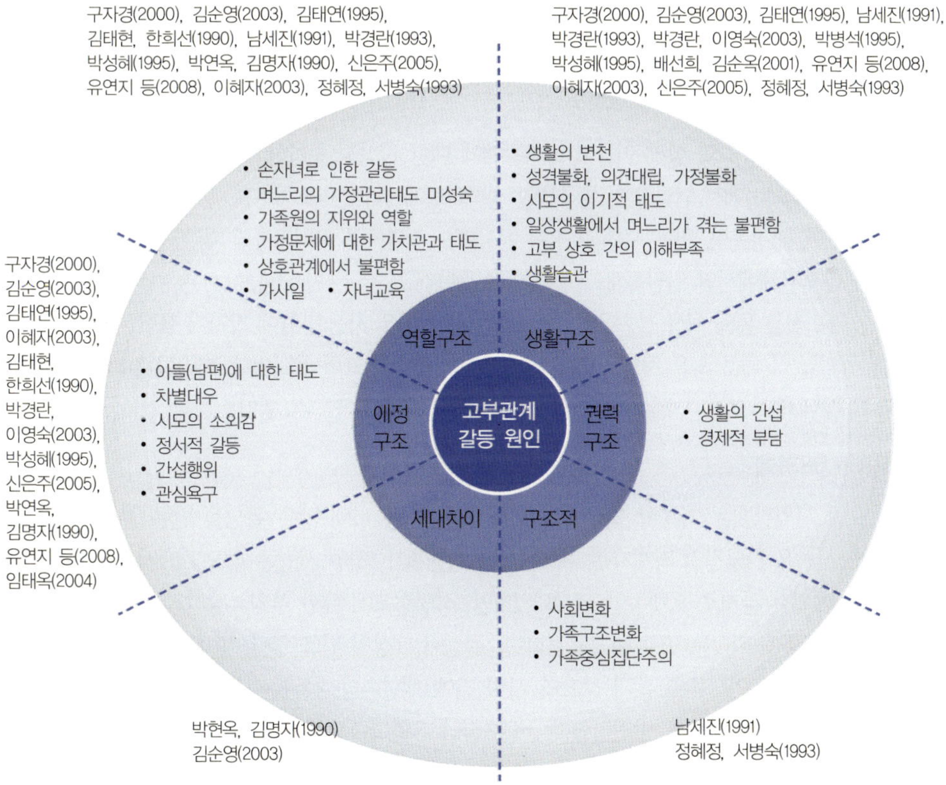

그림 7-7 고부관계의 갈등내용에 대한 연구결과
출처: 정현숙 등(2011). p. 253.

서의 갈등과 유대에 대한 영역으로 크게 대별된다(정현숙 등, 2011).

정현숙 등(2011)은 고부관계에 대한 문헌고찰을 통해 갈등의 원인과 갈등 영향요인, 고부관계 프로그램 개발, 고부관계가 가족관계에 미치는 영향 등에 대한 연구들이 있으며, 이들 연구에서는 고부갈등의 원인을 정신분석학, 체계론, 행동적 접근법에 근거해 권력, 역할, 애정구조의 차이에서 비롯된다고 정리하였다. 고부관계 연구들은 <그림 7-7>과 같이 역할구조, 생활구조, 권력구조, 애정구조, 세대차이 및 사회구조적 요인에 이르기까지 인간생의 모든 영역에서의 상호작용이 고부갈등의 원인으로 지적한다. 이러한 연구결과는 고부관계가 여전히 '갈등'과 '거부'라는 개념으로 설명되는 것처럼 보인다.

고부관계에 대한 최근의 연구들도 이러한 경향을 그대로 보여주고 있다. 손자녀를 양육하는 조모와 성인자녀 간 관계를 분석한 정미라와 최혜정(2017)의 연구에 의하면 성인자녀는 고부관계보다 모녀관계에서 결속도를 더 좋게 인식한다고 한다. 또한 고부관계와 모녀관계에서 상호긍정, 성인자녀만 긍정, 조모만 긍정, 상호부정의 4개의 결속도 유형이 분류되었는데, 상호긍정 유형에서 성인자녀-조모의 갈등이 낮고, 조모의 역할만족도와 손자녀와의 친밀도가 높다고 한다. 그러나 불일치 유형이 50%가 넘어 손자녀를 양육하면서도 자녀세대와는 갈등수준이 매우 높음을 알 수 있다. 즉, 양육을 제공하면서도 이들의 노력에 대한 평가는 제대로 이루어지지 않고 있다는 의미로도 확대해석할 수 있다.

결혼이민자의 증가와 함께 이들의 고부관계에 대한 관심도 증가하고 있는데, 결혼이민자가족의 여성들은 혼인과정에서 인권침해, 한국생활 정착과정에서의 언어소통문제, 문화적 차이로 어려움을 겪고 있으며, 가정폭력, 빈곤, 이혼과 같은 문제에도 직면하고 자녀교육의 어려움(정현숙, 2010)뿐만 아니라 고부관계에서의 인권침해도 심각한 수준이라고 한다. 박소영(2015)은 여성 결혼이민자에 대한 심층면접을 통해 여성 결혼이민자의 고부관계 경험은 자신의 삶에 갑자기 들어온 예상치 못한 낯선 '친밀함'이 배려 혹은 차별로 경험되는 차이의 역설로 표현하고 있다. 이러한 결과는 결혼이민자들의 삶에서도 고부관계는 지원망으로 기능하지 못함을 알 수 있다.

(3) 장서관계

장모와 사위관계는 가족학 학문분야에서 고부관계에 비해 많은 관심을 받은 분야는 아니다. 박소영(2015)은 가부장적 직계가족 구조에서 장서관계가 '사위 사랑은 장모'나 '사위는 백년손님'과 같은 호의적 관계로 오랫동안 묘사되었지만, 장인장모에 대한 부양부담감과 장모와의 갈등이 결혼만족도 등에 미치는 연구 등으로 새로운 관심이 대상이 되고 있다. 박소영(2016)은 사위들을 대상으로 한 심층인터뷰를 통해 장모와 사위 간에 백년손님, 사위는 내 아들, 마당쇠, 초대받지 않은 손님의 4가지 유형을 발견하였다. '백년손님 유형'은 장모와 서로 예의를 지키고 호의적인 관계를 유지하며, 상호작용도 많지 않고 서로 거리를 두고 개입하지 않는 분명한 경계선이 있는 유형이다. '사위는 내 아들 유형'은 장모와 경제적 도움을 주거나 받기도 하고, 맞벌이하는 상황에서 양육 도움을 받기도 하며 장모와 한가족이 되었다는 의식이 강한 특성이 있다. 또 사위와 장모가 서로 편안히 생각하고 딸과 집안을 보살펴 주는 존재로 여긴다고 한다. '마당쇠 유형'은 양계사회에서 생긴 유형으로 결혼 후 장모와 관계가 불편하고 어렵다는 것을 깨닫고, 상호작용이 증가하면서 간섭이 증가하는 유형이다. '초대받지 않은 손님 유형'은 장모와 관계가 가장 부정적인 유형으로 장모의 간섭과 다른 사위와의 비교 등으로 경계를 차단하거나 상호작용이 거의 없는 유형이다.

류민영과 정현숙(2019)의 중년기 기혼부부의 세대관계에서 양가성 유형을 분석한 결과 고부관계와 같이 친밀형과 갈등형 비율이 높고 양가형과 소원형이 낮아 고부관계와 비슷한 패턴을 보여준다고 한다. 그러나 의견일치 유사성과 신체적 지원수혜(손자녀돌봄 등)가 고부관계 유형의 중요한 판별요인이지만 장서관계는 의견일치 유사성, 여가상호작용과 결혼만족도가 중요한 판별요인으로 장서관계는 사위의 부부관계가 장모와의 관계에 영향을 미치는 것을 알 수 있다.

(4) 노부모-자녀 간의 갈등과 노인학대

유영주(2004)에 의하면 노인학대는 신체적, 심리적, 언어적, 성적학대와 의료적 부적절한 처우, 방임 및 재정적 착취, 정서적 학대, 경제적 착취 등의 거부, 방치, 감금, 폭언, 모욕, 노인재산의 유용뿐만 아니라 부양 거부와 유기 등 매우 다양한 영역을 모두 포함하는 광범위한 개념이라고 한다. 우리나라 노인복지법에서는 노인학대의 유형을 신체적, 정신적, 정서적, 성적 폭력 및 경제적 착취, 가혹행위, 유기, 방임으로 구분하고 있으며, 각 유형을 구분하여 학대를 예방하고 대응하는 방식을 취하고 있기보다는 포괄적이고 종합적인 방향에서 노인학대에 대응하는 접근방식을 취하고 있다고 한다(황신정, 2018). 국가인권위원회(2002)의 노인학대의 실태를 살펴보면 전체 노인의 37.8%가 학대받은 경험이 있으며 이는 1999년에 비해 4배가량 증가한 수치이다. 그러나 학대가해자가 장남(42.9%)이나 며느리(39.9%), 딸 등 가족 내에서 발생한다는 점이 문제점으로 지적된다. 또한, 노인자살 이유 중 1위가 빈곤으로 인한 생활고이며, 노인의 34.7%만이 본인 스스로 생활비를 부담하고(정경희 등, 2012; 정현숙, 2013에서 재인용) 있는 현실은 노인부양에 대한 가족의 불편한 진실을 읽을 수 있다. 물론 이러한 것을 가족의 문제만으로 볼 수는 없다. 사회적 지원의 중요성도 무시할 수 없으나 노인요양원의 실태에 대한 보도들(한겨레신문, 2013.4.22(체념한 할머니의 푸념 "자식 일곱 있어도 안 오는데…"), 2013.4.25(노인들한테 진 빚 많은 국가는 뭘 했나), 2013.4.25(요양업 사정도 이해해야…개선점 찾겠다), 2013.4.25(요양시설 인권침해 막을 '정부 감독기구' 만들어야, 값싼 노동, 싸구려 복지)를 살펴보면 가족과 사회에서의 노인부양에 대한 현실을 엿볼 수 있다(정현숙, 2013).

노인학대뿐만 아니라 가족 내의 폭력도 매우 심각한 수준이다. 여성가족부(2016)의 '가정폭력실태조사'에 의하면, 65세 이상 노인 응답자 중 7.3%가 노인학대를 경험하였으며, 정서적 학대(6.5%), 경제적 학대(1.5%), 방임(1.4%), 신체적 학대(0.4%) 순이었다. 특히 여성(6.2%)이 남성(8.6%)보다 학대 경험률이 낮다. 그러나 심각한 것은 주가해자의 69.5%가 아들 · 딸이며, 다음으로 사위 · 며느리(20.2%), 손자 · 손녀(7%)의 순서라는 점이다. 이러한 폭력의 원인에 대해서 다양한 이론들이 있으나 부부관계, 부모자녀관계의 본질에 대한 이해 부족이 가장 큰 이유라고 볼 수 있다.

그러나 이러한 학대가 줄어들지 않는 이유에 대해 황신정(2018)은 노인학대문제가 노인복지법과 형법 외에 민법, 금융/경제 관련법, 사회보장법 등 다양한 법의 영역이 적용되고 있어 현행법에 의존할 경우 사안에 따라 학대에 효과적으로 대응하기 어려운 구조적 문제가 있다는 점을 강조한다. 특히 현 노인복지법상 경제적 학대에 대한 형량과 형법상 관련 규정의 형량이 달라 동일한 행위에 대해 노인복지법만을 적용할 때 오히려 감형이 가능한 경우도 발생하고 있으며, 다른 학대 유형과 달리 단순히 가해자를 처벌하는 사후대응책보다는 피해를 당한 노인이 민사소송이라는 사법절차를 거쳐 문제를 해결해야 하는 경우가 발생하는 등 노인이 대응해야 할 절차와 범위가 더 넓어질 수 있어 관련 시스템 구축의 필요성을 강조하고 있다. 또한 강동욱과 문영희(2018)는 2007년 「노인장기요양보험법」이 제정 · 시행되면서 치매노인을 비롯하여 노인성 질병을 가진 노인을 위한 시설에서 요양을 받는 노인의 수가 대폭적으로 증가하면서 노인복지시설에서의 노인학대도 문제가 되고 있음을 지적하면서 시설에서의 노인학대를 방지할 수 있는 법제도적 · 정책적 개선방안이 절실하다고 한다.

3. 조손관계

평균수명의 증가로 <그림 7-8>과 같이 고령층의 기대수명은 1970년대 이후 지속적으로 증가 추세이다. 이러한 평균수명의 증가는 가족관계에서 부모와 자녀 간의 전생애기간이 증가하고 부모자녀관계에서 부모의 역할수행기간의 증가를 의미한다. 또한 조부모들이 손자녀세대와 동거하는 비율은 감소하지만, 조부모들의 역할에 변화를 야기한다. 따라서 이 절에서는 평균수명의 증가로 변화하는 조손관계의 특징을 살펴보았다.

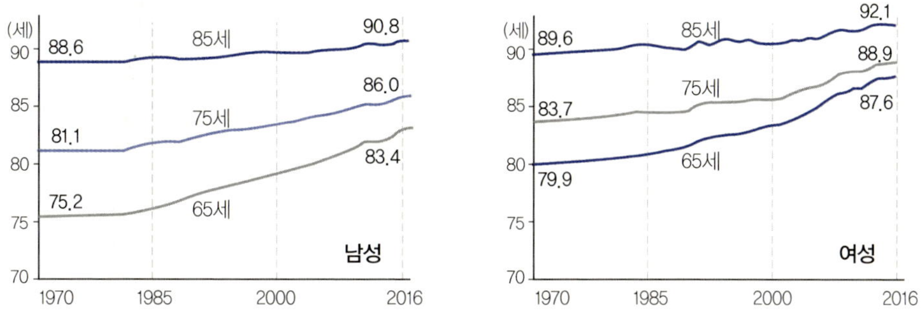

그림 7-8 고령층(65세, 75세, 85세) 기대수명 추이(1970-2016년)
출처: 통계청(2017). 2016년 생명표 보도자료. p. 2.

조부모손자녀관계는 아동의 성장발달에 중요한 영향을 미치는 관계이면서 또한 손자녀는 조부모의 삶에도 중요한 대행자로서의 역할을 한다. 정신심리학자인 Kornhaber(1996)는 다양한 연령의 가족구성원과의 공식, 비공식적인 인터뷰를 통한 연구를 통해 조부모손자녀관계의 특성을 발견하였다. 연구결과 조부모손자녀관계는 ① 부모-자녀의 유대에 이어 두 번째로 중요한 정서적인 관계이며, ② 서로의 삶에 깊게 영향을 받으며, ③ 많은 조부모들이 손자녀들에게는 자기가 자녀에게 행했던 실수를 다시 반복하지 않으려고 노력하며, 손자녀의 부모들도 조부모가 자신들보다 더 잘한다고 인식하고 있으며, ④ 조부모역할이 노인들의 삶에도 의미와 기쁨을 제공하며, ⑤ 헌신적이고 친밀한 조부모가 있는 아이들은 더 긍정적으로 성장하며, ⑥ 조부모들이 손자녀의 가족에 적극적으로 참여할 때 부모들도 많은 혜택을 받는다고 한다. 이러한 조부모손자녀관계는 평균수명의 연장으로 관계가 더욱 더 연장되고 있으며 그 관계의 속성도 변화하고 있다. 여기서는 조부모역할 유형과 이들 관계에 영향을 미치는 가족, 사회적 환경을 살펴보고자 한다.

1) 조부모역할

2017년 기준 65세 이상 고령자 중 72.4%는 자녀와 같이 살고 있지 않으며 이러한 비동거 추세는 증가하고 있다(그림 7-9 참조). 그러나 함께 동거하는 경우 약 12% 정도가 '손자녀의 양육과 가사 도움'을 이유로 동거하고 있다.

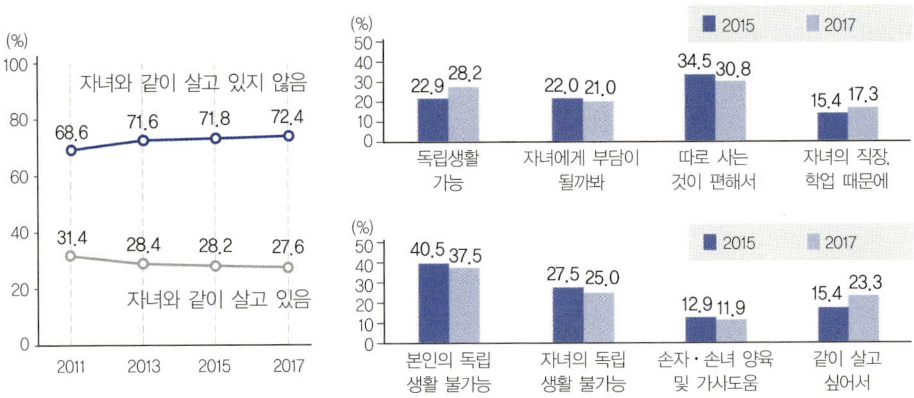

그림 7-9 자녀와의 동거 유무 및 동거 이유

출처: 통계청(2018). 2018 고령자통계. p. 26.

(1) 조부모역할 유형

조부모와 손자녀의 애정 깊은 관계는 손자녀와 조부모 모두에게 전인생주기에 걸쳐 중요한 심리적 발달을 도모해 주고, 손자녀에게는 조부모의 인생을 통한 경험과 지혜를 제공해 줌으로써 노년기의 통합이라는 발달과업에 도움이 된다고 한다(서동인, 1996). 1980년대 미국을 중심으로 조부모의 역할에 대한 인식과 가치관의 변화가 나타나면서 Neugarten을 비롯한 다양한 학자들에 의해 <표 7-12>와 같이 조부모에 대한 다양한 연구들이 증가하였다. 이들은 조부모가 어떠한 역할을 수행하는지를 중심으로 조부모역할 유형을 구분하였으며, 이러한 역할 수행에 영향을 미치는 요인들이 무엇인지를 파악하는 연구들을 수행하였다. 실제로 노인들은 조부모역할에 대한 책임감 및 영향력에 대해 강한 신념을 가지고 있으며, 훈계자의 역할, 물질적 제공자의 역할, 대리모 역할, 가계역사전수자의 역할, 손자녀 지지자 역할, 생활간섭자 역할 등 다양한 역할을 수행하고 있는데, 서동인(1996)은 친조부모들은 훈계자의 역할을, 외조모들은 대리모역할을 가장 많이 수행한다고 한다.

이러한 다양한 역할 유형 중 Cherlin과 Furstenberg(1986)와 Gratton과 Harber(1996)의 유형의 구체적 특징은 <표 7-13>과 같으며 우리나라에서는 이러한 분류를 이용한 연구가 다수 이루어지고

표 7-12 조부모역할 유형

학자	유형 구분
Neugarten & Weinstein (1968)	• 형식적 조부모형(formal): 주어진 조부모역할만 수행 • 기쁨추구형(fun-seeker): 여가시간에 놀아 주는걸 즐기는 형 • 대리부모형(surrogate parents): 부모대신 양육제공 • 지혜원천형(reservoir of family wisdom): 가족 내 최고 권위와 지혜를 가짐 • 원거리형(distant): 공식적 가족모임 외에는 자주 참여하지 않음
Cherlin & Furstenberg (1985)	• 분리된 유형(detached) • 소극적 유형(passive) • 지원적 유형(supportive) • 권위적 유형(authoritative) • 영향력 있는 유형(influential)
Robertson (1997)	• 원거리형(remote type): 손자녀에 크게 친근감을 느끼지 않는 유형 • 조화형(apportioned type): 사회적 규범을 따르며 긴밀히 상호작용 • 상징형(symbolic type): 역할규범 중시하나 손자녀에게 애착 보이지 않음 • 개인적 유형(individualized type): 사회적 규범을 크게 인식하지 않으나 개인적으로 손자녀와 만족스러운 관계를 갖는 유형
Benokraitis (1999)	• 원거리형 • 친구형 • 참여형 • 조언형 • 대리부모형
김현정 (2015)	• 손자녀중심형: 손자녀에 대한 애정기반. 개인적 삶 희생하는 이타성 기반 • 개인적 삶 중심형: 자신을 위한 자유로운 삶을 살고자 함
양진희 (2014)	• 유능한 조부모 • 건강한 조부모 • 친구 같은 조부모 • 덕망 높은 조부모
이영숙, 박영란 (2013)	–발달 및 생애주기이론과 역할이론 • 전통가족가치 의미부여형 • 웃어른역할 의미부여형 • 전통가족가치와 개인적 가치의 갈등형

출처: 신용주(2015). pp. 38-39; 김현정(2015). pp. 214-215 내용을 표로 정리함.

표 7-13 Cherlin과 Furstenberg(1986), Gratton과 Harber(1996)의 조부모 유형

조부모의 역할	특징
소원한 역할 (remote grandparent)	• 조부모가 전통적 가치를 중시하고, 경제적으로 부유하여 자녀들의 존경을 받으며 가부장적인 권위를 지님. 반면, 재산이 없거나 가문을 이어가지 못할 때 좌절감을 느낌
적극적인 역할 (involved grandparent)	• 조부모가 손자녀 일상에 적극적으로 개입. 주로 손자녀의 집근처에서 거주하며 빈번한 교류를 함 • 노후의 외로움 등을 손자녀를 통해 해소하는데 대부분 문화권에서 가장 보편적인 유형임
동료적 역할 (companionate grandparent)	• 일반적으로 부모와 자녀세대가 핵가족을 유지하며, 부모세대의 독립성과 자율성을 유지 • 상호협의를 통한 의사결정을 하지만 직접적으로 손자녀들을 훈육하지는 않음 • 지리적으로 떨어져 사는 경우도 많아 동거하는 가족만큼 친밀하지는 않지만 자녀양육에 대한 조부모들의 제언이 관계에 부정적인 영향을 미치게 된다는 것을 인식하기 때문에 서로 간섭을 하지 않고 조화를 유지 • 현대의 조부모들이 선호하는 유형
대리부모역할 (surrogate grandparent)	• 맞벌이가족, 질병이나 이혼 등으로 조부모가 대리부모역할을 수행함 • 이혼 등으로 인해 조부모들이 주거 제공, 경제/정서적 지원과 함께 양육하는 사례 증가 추세

출처: Cherlin & Furstenberg (1986); Gratton & Harber (1996)의 내용을 정리함.

있다. 맞벌이가족이 증가하고, 평균수명이 증가하면서 우리나라에서는 대리부모역할을 수행하는 조부모들이 증가하고 있다. <그림 7-10>에 의하면 취업모의 경우 자녀가 0-3세까지는 부모, 조부모, 어린이집 순으로 양육이 이루어지고 있으며(0-5세 취업모의 약 21.5%는 조부모가 돌봄) 자녀의 연령이 증가할수록 조부모 양육은 감소하고 어린이집과 유치원을 다니며, 초등학교 입학 후에는 학원이 가장 높은 비중을 차지한다. 비취업모(0-5세의 5% 조부모 돌봄)의 경우도 취업모만큼 높은 수준은 아니지만 0-3세까지는 조부모가 중요한 양육지원을 하고 있다.

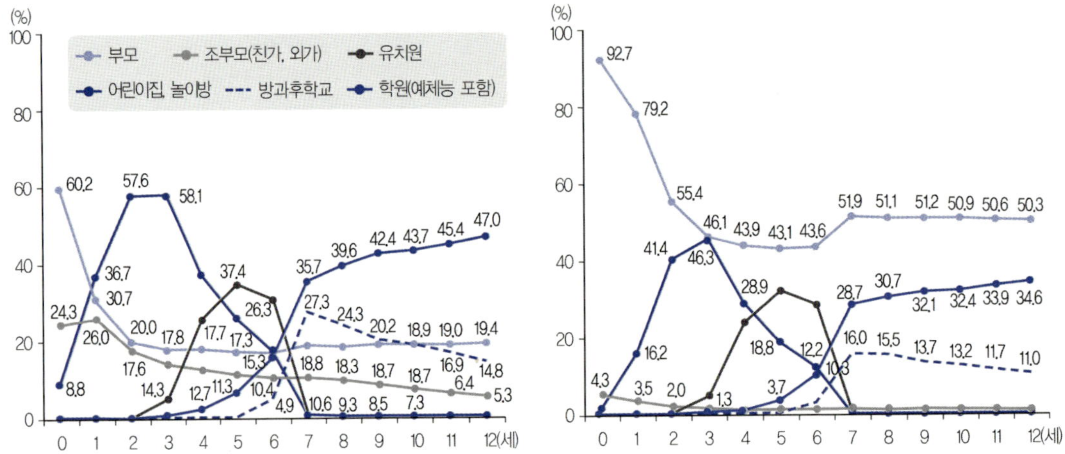

그림 7-10 부모의 취업 유무에 따른 자녀의 돌봄서비스 이용현황(단위: %)
출처: 통계청(2017). 생애주기별 주요특성 분석- 출산, 아동보육, 청년층, 경력단절, p. 9.

이러한 돌봄을 지원하는 조부모의 특성과 역할에 대한 많은 연구들이 이루어지고 있다. 백지은(2018)의 맞벌이 성인자녀의 만 3-5세의 취학 전 아동을 돌보는 조부모에 대한 연구에서 조모가 조부에 비해 돌봄 경험이 있기 때문에 기본적 욕구충족 역할, 적극적 부모역할, 교육적 역할을 더 많이 수행하고 조부의 경우 심리적 안녕감과 생산감을 더 많이 느낀다고 한다. 특히 조부와 조모 모두 사회적 정서지원 역할과 교육적 역할을 많이 수행할수록 생산감이 높다.

지금까지 조모가 양육을 담당하는 비율이 높았으나 점차 조부도 양육을 함께 지원하는 가족도 증가하고 있다. 이해숙, 신효균(2013)은 남성 노인들의 손자녀 양육 참여는 사회경제적 요인이 복합적으로 작용해 현실적으로 피할 수 없는 사회현상이 되었으며, 그 형태도 다양하다고 진단하면서 인터뷰를 통해 남성 노인의 손자녀 양육동기와 양육과정에서 느끼는 어려움, 스트레스, 유리한 점, 조부 차별대우 의식 등의 중심 의미를 파악하였다.

그러나 실제 연구에서는 맞벌이가구의 조부모 육아비율은 63.5%로 아이돌보미보다 매우 높은 수준으로 통계청의 결과와는 차이가 있다. 2018 미래에셋 은퇴라이프트렌드 조사보고서(세계일보, 2019.2.19)에 의하면 현재 손자녀를 양육하는 조부모의 황혼육아 계기는 자녀의 직장생활을 돕기 위해(48%), 자녀가 안쓰러워서(16.7%), 손주가 예뻐서(15.3), 부탁을 거절하지 못해서(9.8%) 등 비자발적인 이유들이 대부분이다. 그러나 더 큰 문제는 이들은 황혼육아의 어려움으로 체력적 한계(55.6%), 내 시간을 빼앗김(49.8%), 당연시하는 자녀 태도(21.5%), 자녀와 양육방식 갈등(17.8%), 다른 가족원과의 갈등(8.7%) 및 손주와의 갈등(2.9%) 등 다양한 어려움을 경험하고 있으며, 별다른 어려움이 없다는 비율은 19.6%였다.

그러나 이러한 황혼육아를 하는 조부모들의 경우 일과가 육아에 묶여 사회활동이 제한되어 고립감과 외로움을 느끼며, 신체적으로 힘들어 더욱 쉽게 우울증에 걸릴 수 있다고 한다(아시아경제, 2019.5.19, news.v.daum.net/v/20190519181721353?f=m). 따라서 자식들은 조부모들의 양육 스트레스를 해소할 수 있도록 배려하고, 노부모들의 만성질환과 건강관리를 신경 써야 한다고 한다.

(2) 조부모-손자녀 세대프로그램

세대프로그램(intergenerational program)을 다른 세대들이 함께 모여 상호 모두에게 혜택이 되고 긍정적인 장기적 관계를 촉진하는 경험과 지식과 기술을 나누는 기회를 제공하는 사회적 서비스 프로그램(social service program)이다(Newman, 1989). 이러한 프로그램은 학교를 포함한 다양한 환경에서 이루어지며, 궁극적으로는 세대 간 협동, 상호작용 및 교환을 증진하고 개인, 가족 및 지역사회 전반에 긍정적 결과가 있다고 한다(정현숙 등, 2011).

평균수명이 점차 증가하면서 삼세대의 상호작용 기회는 지금보다 급증할 것으로 예상되며, 출산율의 감소는 형제자매간의 가족에서의 상호작용 경험을 감소시킨다. 또한 노부모와 성인자녀들의 관계가 손자녀관계에도 영향을 미친다는 연구결과들을 볼 때 세대프로그램은 저출산과 고령화 사회에서 매우 중요한 과제가 된다. 실제로 <표 7-14>와 같이 세대간 접촉은 다양한 영역에 긍정적인 효과를 나타내고 있다. 10장에서 다루게 될 가족을 지원하는 영역 중 하나인 가족생활교육은 가족의 삶의 질을 향상시키는 모든 프로그램을 지칭한다. 조부모손자녀관계는 미래의 가족관계에서 핵심적인 영역으로 이들의 관계의 질을 높일 수 있는 다양한 프로그램의 개발이 필요하다.

2) 조손가족

2010년과 2018년 조부모와 미혼 손자녀가 같이 사는 비율은 모두 0.6%로 매우 낮은 수준이지만, 실제로는 115,720가구에 이른다(통계청, 2018). 조손가족에서는 조부모가 주양육자로의 역할을 하지만 이들은 다양한 어려움을 경험하고 있다. <표 7-15>와 같이 2017년 전체 가구 중 7.9%가 조손가족을 포함함 다양한 친족가구이며, 이러한 가구는 계속 증가하여 2045년에는 12.3%로 증가할 것으로 추정된다.

표 7-14 세대간 접촉의 효과에 대한 연구결과들

연구자	연구결과
Newman (2003)	• 세대간 프로그램에 참여한 유아들은 과제에 머무는 능력이 증가하고 분노, 울음이 감소, 웃음과 행복감, 협동적 행동이 증가함. 또한 가족 내에서 어린 아이는 윗형제들과 더 안전한 관계를 보이고, 새로운 사람과 환경에 덜 두려움을 느끼는데 이는 자신의 욕구가 충족된다는 자신감을 더 가지기 때문임 • 세대간 서비스활동 참가(노인방문) 학생들은 사회활동이나 지역사회 프로젝트 참여 등으로 사회적 관심을 넓히는 경향이 있음. 또한 가족문제를 해결하고 다른 개인 · 학업 문제를 가진 형제자매들을 지원하는 등 지도적 기술도 발달하고, 특히 사회에서의 차이와 불평등을 이해하고 이러한 것을 통해 가족의 차이에 대한 수용이 증가
김윤옥, 임재택 (1996)	• 미국 워싱턴 시에 있는 '가정 · 학교연구소'에서 실시하고 있는 '노인법인: 학교와 가정 잇기 프로그램'은 노인들을 교육시켜 자녀의 학교교육에 대해 잘 모르는 부모들을 대신하여 일주일에 4~8시간 정도 정기적으로 아동을 지도하는 자원봉사활동을 함 • 직장에 다니는 어머니와 그들의 자녀들이 노인들과의 관계를 통해 상호작용하면서 연계를 맺는 이점이 있고, 노인들은 지역사회에 통합되어 활동함으로써 유익한 생활을 누리게 하는 효과가 있음
박명숙 (2002)	• 노인들과의 질 높은 애착형성은 아동들에게 또래나 낯선 어른과의 사회적 관계에서 자신감을 발휘하는 데 긍정적 영향
원영희 등 (2002)	• 노인의 자원봉사활동은 청소년의 노인에 대한 태도(활동성 및 지식영역)에 긍정적 영향
이가옥 등 (2008)	• 노인에게 휴대전화 사용법을 알려주는 교육프로그램에 참여한 대학생들의 노인에 대한 인식이 긍정적으로 변화하였으며, 노인들의 장점을 발견하고 노인들의 어려움까지 새롭게 인식하게 됨 • 대학생의 노인에 대한 이해수준이 증가하였으며, 대학생들에게 삶의 다양한 차원에서 성찰 기회를 제공하여 자기발전의 계기가 됨
이신숙 (2007)	• 조모와 자주 접하는 손자녀일수록 조모를 통해 심리적 발달과 문화적 지식 및 가족의 역사를 전달받으며 정서적 안정감을 갖고 성장하게 되며, 가족 역시 친밀한 조모-손자녀관계를 통하여 결속력이 높아지고 역사성을 갖게 됨
이영숙, 박경란 (2002)	• 노년학 교육 이후 대학생의 노인에 대한 태도가 긍정적으로 변화
임재택 (2001)	• 유아교육기관의 노인 · 아동 상호작용 프로그램의 적용 후 유아나 아동들은 할머니나 할아버지와 지내는 것을 즐거워했고 노인에 대한 태도가 긍정적으로 변화하고, 하루 종일 노인과 같이 활동하기를 희망하고, 지속적인 노인의 기관 참여를 희망함
전혜정 (2007)	• 노인 멘토링 프로그램에 참여한 청소년들은 참여하지 않은 청소년들보다 폭력적 비행행동 빈도가 줄고, 부모와 조부모와 기꺼이 대화에 참여하는 경향이 증가하며, 노인세대의 어려움을 이해하고 인정함
정은미(2010)	• 조부모 자신과 손자녀에 대한 이해(발달적 특성)와 기술발달(손자녀와의 적절한 의사소통방법, 갈등해결방법 등)
한정란 (1994)	• 노인 및 여대생을 대상으로 세대프로그램을 실시한 이후 노인에 대한 이해가 확대되고, 노인에 대한 긍정적 태도 변화
한정란, 최상민 (2004)	• 세대공동체 봉사학습 후 청소년들의 노인에 대한 태도가 더 긍정적으로 변화함
홍달아기, 하근영(2002)	• 가족관계에서 조부모와 접촉적 유대와 애정적 유대가 좋을수록 노인부양 의식이 높음
홍숙자 (2004)	• 조모는 손자녀를 통하여 생의 연속감을 느끼고 손자녀에게 인생을 통한 경험과 지혜를 제공함으로써 생산감을 가진 노년기 통합을 이루게 됨

주: 노인학, 가족학, 아동학, 사회복지 등의 분야에서 개발된 세대프로그램의 현황은 정현숙 등(2011)을 참조할 것.

출처: 정현숙 등(2013.5.25). 가족의 세대간 통합과 사회통합: 사회통합의 장으로서의 "가족" 재발견. 2013년 한국가정관리학회, 한국가족관계학회, 한국가족복지학회, 한국가족자원경영학회, 한국부모교육학회 공동학술대회 기조강연 자료 중 발췌.

표 7-15 주요 가구 유형별 가구(2015-2045년) (단위: 만 가구, %)

구분		가구						구성비				
		2015	2017	2025	2035	2045	연평균 변화	2015	2017	2025	2035	2045
계		1,901.3	1,952.4	2,101.4	2,206.7	2,231.8	11.0	100.0	100.0	100.0	100.0	100.0
친족가구	계	1,362.0	1,373.4	1,403.9	1,416.5	1,392.8	1.0	71.6	70.3	66.8	64.2	62.4
	부부	295.2	313.0	384.9	456.0	474.2	6.0	15.5	16.0	18.3	20.7	21.2
	부부+자녀	613.2	593.3	507.5	424.8	354.1	−8.6	32.3	30.4	24.2	19.3	15.9
	부+자녀	53.5	57.0	67.2	73.8	75.1	0.7	2.8	2.9	3.2	3.3	3.4
	모+자녀	151.7	155.7	163.1	160.5	150.6	0.0	8.0	8.0	7.8	7.3	6.7
	3세대 이상[1)]	103.4	100.0	85.9	74.6	64.5	−1.3	5.4	5.1	4.1	3.4	2.9
	기타[2)]	145.0	154.5	195.3	226.7	274.3	4.3	7.6	7.9	9.3	10.3	12.3
1인가구		518.0	556.2	670.1	763.5	809.8	9.7	27.2	28.5	31.9	34.6	36.3
비친족가구		21.4	22.7	27.4	26.8	29.1	0.3	1.1	1.2	1.3	1.2	1.3

주: 1) 부부+미혼자녀+부(모), 3세대 이상 기타,
2) 가구주+형제자매(기타 친인척), 1세대 기타, 부부+부(모), 부부+자녀+부부형제자매, 조부(모)+손자녀, 2세대 기타
출처: 통계청(2017). 장래가구추계 2015-2045. p. 5.

오경석(2010)은 저소득층 조손가족 손자녀 양육경험에 대한 연구에서 저소득층 조손가족 조부모의 아동기의 경험으로는 '시작부터 불행한 인생', '교육기회 박탈의 차별적 경험'이 특징이며, 청/중년기 동안의 자신의 무능력, 노년기에는 경제적 어려움이 크다고 한다. 또한 비자발적 양육책임과 고난의 대물림 및 가족지지의 부재 등의 어려움을 경험하지만, 가족중심적 가치관과 지역사회의 사회적 지지, 그리고 희생을 통한 자기 확인을 바탕으로 손자녀 양육에 적응한다고 한다.

김오남(2007)은 손자녀 양육을 경험한 조부모들이 건강, 경제문제, 가족관계의 악화, 양육의 어려움, 심리적 문제, 사회적 지지의 부족 등 다양한 어려움을 경험하고 있지만, 손자녀를 돌봄으로써 신체적, 경제적 및 사회적 차원에서의 다양한 보상감도 함께 존재한다고 한다. 실제로 조손가족을 위한 생계급여, 주거급여, 교육급여, 의료급여, 위기가정서비스, 빈곤가정위기지원사업과 결식아동 급식지원사업 등의 사회복지서비스가 제공되고 있으나, 지원의 내용은 충분치 않다고 한다.

특히 보건복지부에서 실시 중인 드림스타트 프로그램(www.dreamstart.go.kr)은 '취약계층 아동에게 맞춤형 통합서비스를 제공하여 아동의 건강한 성장과 발달을 도모하고 공평한 출발 기회를 보장함으로써 건강하고 행복한 사회구성원으로 성장할 수 있도록 지원하는 사업'으로 조손가정을 포함한 한부모가족 등이 중요 대상이다. 사례관리를 통해 조손가족을 위한 조부모의 건강증진과 양육스트레스 감소를 위한 프로그램 등이 제공되지만 여전히 이들을 위한 지원체계는 부족한 실정이다.

토론해 봅시다

1. 시어머니가 며느리에게 집안대소사를 잘 챙기고, 어린 손주를 자주 보여주고, 어린 도련님에게 존대를 쓰게 하면서 손주 재롱만 보면 된다고 하자 며느리가 반기를 들고 시댁에 발을 끊은 지 2년이 지난 며느리 이야기를 다룬 다큐멘터리가 'B급 며느리'(선호빈 감독)이다. 이 영화를 통해 며느리와 시어머니의 관계에 대해 토론해 보자. 이들의 갈등 원인은 무엇이며, 관계의 향상을 위한 대안은 무엇인지, 혹은 가능한지 토론해 보자.

2. 다문화가족의 고부관계에 대한 신문기사들을 검색해 보자. 우리나라 고부관계와 어떠한 차이점과 유사점이 있는가? 시어머니와 며느리관계에 대한 관계증진 프로그램들에 대한 연구들을 통해 관계 향상의 가능성과 방향을 토론해 보자.

3. 주간동아(2008.5.13)의 '밀고 당기는 며느리 리더십 시어머니 춤추게 한다'(weekly.donga.com/List/3/all/11/85027/1) 기사에서 제안하고 있는 며느리 리더십의 내용은 무엇이며, 이러한 내용이 현실성이 있는 방안인지 토론해 보자. 또한 고부갈등의 원인이 무엇인지, 각자 가족에서 부모와 인터뷰를 통해 원인과 해결책이 무엇인지 토론해 보자.

4. '병든 부모 보살피는 건 딸, 며느리. 남편 쓰러지면 또 수발'(중앙일보, 2019.5.9, 2면, news.joins.com/article/23462149)이라는 기사에서 여성들이 치매환자를 돌보는 주수발자이며, 2019년 어버이날 효행상 수상자로 대통령과 장관의 훈장, 포장, 표창 등을 받는 사람 중 며느리가 23명(62%), 딸이 7명(19%), 아들이 6명(16%), 사위가 1명이라고 한다. 이러한 현상에 대해 토론해 보자. 평균수명의 증가로 질병을 안고 살아가야 하는 노인인구도 지속적으로 증가하고 있다. 가족의 돌봄기능과 국가 역할의 균형점은 있는가? 부모 부양에 대한 젊은 세대와 노인세대의 인식의 차이를 극복하는 방안은 무엇인가?

5. 조남주(2017)의 '82년생 김지영'을 읽고 2020년을 기준으로 세대를 구분해 보자. 우선 토론을 위해 어머니세대와 할머니 세대를 인터뷰해 보자. 1) 2000년대 이후 태어난 현재 대학생 세대, 2) 이들의 부모세대(대략 베이비붐 세대), 3) 그리고 소설의 세대인 1982년 김지영 세대, 4) 그리고 대학생의 할머니 세대까지 4세대로 나누어 삶의 과정에서 역사적 경험과 교육, 결혼, 부부관계와 자녀양육 등 가족관계 전반을 살펴보고, 이러한 것에 대한 사회적 인식에서의 유사성과 차이가 있는지 토론해 보자. 가족지원제도의 문제점은 무엇이며 해결방안이 무엇인지도 함께 논의해 보자.

6. 가부장적인 가족관계에서 효의식이 강한 우리나라에서는 장남의 부양책임과 며느리 역할이 강조되어 왔다. 그러나 통계청의 사회조사(통계청, 2016)에 의하면 부모와 자녀의 동거비율은 지속적으로 감소하며 부모만 따로 사는 비율도 증가하고 있다. 또한 부모부양도 가족과 정부・사회가 함께 책임져야 한다는 비율이 45.5%이며, 가족이 돌보아야 하거나(30.8%) 부모 스스로 해결해야 한다는 비율(18.6%)도 증가추세이다. 이러한 결과를 볼 때 성인자녀부모관계에서 부양의식은 어떻게 변화되고 있으며, 향후 어떠한 정책적 방향이 필요하다고 생각하는지 토론해 보자. 또한 자녀들의 역할은 무엇인지도 토론해 보자.

7. 중앙일보(2019.4.26, 8면, news.joins.com/article/23451376)의 '일할 생각 없는 한국 니트족 청년 18%, 일본・독일의 2배'라는 기사에 의하면 청년세대의 18%가 NEET(Not in education, Employment, Training)이며, 이 중 대졸 이상이 43%라고 한다. 이러한 원인 중 하나로 '질 좋은 일자리가 늘지 않는 것'을 지적하면서, 청년 구직자들을 위한 청년수당이 니트족을 양산하는 부작용으로 작용되는 점을 우려하기도 한다. 이러한 평가의 적절성에 대해 토론해 보자. 또한 성인자녀기 부모자녀관계에서 부모들이 경제적인 지원을 어디까지 하여야 하는지 토론해 보자(예를 들면, 교육, 혹은 결혼할 때까지 등). 또한 성인자녀가 부모와 동거할 경우 부모자녀관계의 규칙은 어떻게 변화되어야 하는지도 토론해 보자.

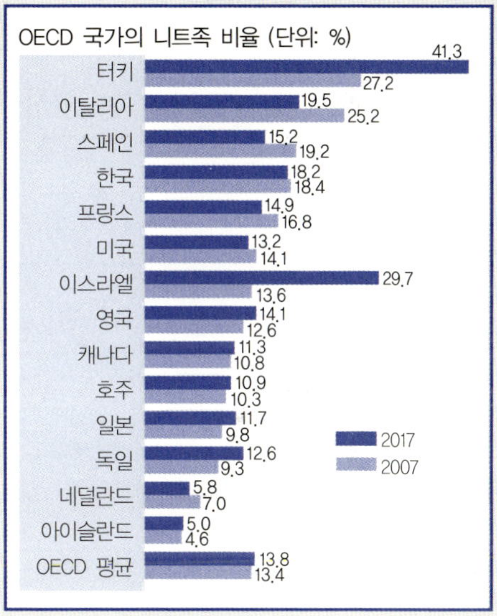

03

Part

가족체계와 가족의 미래

"변화의 힘은 여러 사람으로부터 오는 것이지만
그 여러 사람은 한 사람으로부터 시작된다."

영화, 〈파워 오브 원(Power of One)〉

"끝까지 살아남은 생물은 강한 것도,
영리한 것도 아니고 오직 변화에 적응한 것이다."

찰스 다윈, 〈종의 기원〉

chapter 8 체계로서의 가족

chapter 9 가족의 미래와 가족관계의 전망

chapter 10 가족관계를 지원하는 다양한 사회적 지원망

Chapter **8**

체계로서의 가족

1. 가족건강성 | 2. 가족스트레스와 분노조절 | 3. 가족의례와 여가 | 4. 가족구성원의 죽음

가족은 상호작용하는 개인들의 연합으로 동거, 혼인, 출산과 입양을 통해 지속적으로 관계가 확대되며 상호작용의 내용과 방식도 다양해지고 복잡해진다. 가족관계는 부부관계, 부모자녀관계, 형제관계와 친인척관계 등 관계적 체계로서도 기능하지만, 가족 전체가 하나의 체계로 상호작용해 나간다. 여기서는 가족체계를 진단할 수 있는 중요한 특성인 가족건강성과 스트레스를 살펴보고, 가족의 생애과정에서 가족건강성과 스트레스에 중요한 영향을 미치는 가족의례와 여가 및 가족구성원의 죽음에 대해 살펴보고자 한다.

1. 가족건강성

2005년 제정된 「건강가족기본법」에서 강조하는 가족에 대한 관점인 건강가족적 관점(Family Strengths Framework)은 가족의 병리적 측면보다는 긍정적이고 건강한 가족의 특성을 파악하는 데 초점을 두는 관점으로 가족문제의 예방을 위한 가족생활교육분야에서 강조하는 관점이다. 이 관점에서 가장 중요한 개념 중 하나는 가족의 체계적 특성을 측정하는 가족건강성이다.

가족건강성은 가족체계의 정서적 건강과 삶의 질에 기여하는 관계적 특성으로 가족관계의 다양한 특성들에 의해 영향을 받는 결과변인으로 학술분야에서 가장 많이 연구되는 개념 중의 하나이다. 실제로 2019년 4월 한국학술지인용색인(www.kci.go.kr)에서 '가족건강성'을 검색하면 총 338건의 논문이 검색되며, 인문학(22), 사회과학(197), 자연과학(59), 공학(5), 의약학(10), 농수해양(10), 복합학(31건) 등 대부분의 학문분야에서 중요한 결과변수로 활용되고 있다. 여기서는 가족건강성의 개념과 측정도구 및 관련 변수들을 정리하였다.

1) 개념 정의와 측정

가족건강성은 강한 가족(strong families), 정서적으로 건강한 가족(emotionally healthy families), 균형 잡힌 가족(balanced families), 행복한 가족(happy families), 강점을 지닌 가족(families with strengths), 성공적인 가족(successful families), 가족의 기능이 최적화된 가족(optimally functioning families), 훌륭한 가족(good families), 탄력적인 가족(resilient families), 조화로운 가족(harmonious families)(DeFrain & Stinnett, 1995, p. 658) 등 다양한 용어로 명명되었으며, 용어의 차이에도 불구하고 가족원들이 서로 잘 기능하고 서로 간의 관계에 만족한다는 것을 믿는 것이 중요 내용이라고 한다.

가족건강성(family strengths)은 위에서도 지적하였듯이 가족건강성 관점의 연구에 기반한다. 가족건강성 관점의 기본 가정은 ① 모든 가족은 어려움을 직면하게 되는데 잠재적인 성장영역, 즉 강점(strengths)이 있으며, ② 가족의 문제만 보게 되면 오직 문제만 보이고, 강점을 보게 되면 강점을 찾게 되며, ③ 가족건강성은 가족의 구조가 아니라 기능에 초점을 맞추는 것이며, ④ 어린 시절 건강한 가족에서 자란 경우 성인이 되었을 때 건강한 가족을 만들기가 더 쉬우며, ⑤ 강점은 시간이 지남에 따라 발전하며, ⑥ 강점은 규범적 발달 전이를 통해 더욱 견고해지며, ⑦ 가족이 직면하게 되는 다양한 위기를 통해 시간이 걸리지만 건강성을 습득하게 되며, ⑧ 이러한 위기가 가족을 어렵게도 하지만 더욱 단단하게 만들며, ⑨ 가족건강성은 성장과 긍정적인 변화의 기초로 작용하며, ⑩ 전 세계의 모든 가족들은 상당한 강점을 가지고 있으며, ⑪ 건강한 가족은 긍정적인 감정적 연결과 소속감 등의 강력한 정서가 있다(Stinnett & DeFrain, 1995)는 것이다.

이러한 기본적 가정에 의해 가족건강성 모델을 제안한 학자들(Stinnett & DeFrain, 1985)은 건강한 가족은 <표 8-1>처럼 감사와 애정을 포함한 6개의 하위요인으로 구성된다고 한다.

표 8-1 가족건강성의 하위영역과 특징

유형	특징	하위개념*
감사와 애정 (appreciation & affection)	• 서로를 깊이 돌보며 서로에게 사랑 표현하는 것을 두려워하지 않음	서로 돌보기/친밀/개성에 대한 존중/농담/유머
헌신 (commitment)	• 구성원들이 서로의 안녕에 헌신하며, 가족활동에 시간과 열정을 투자함 • 일이나 다른 우선순위가 가족관계를 헤치지 않도록 하며, 가족생활을 최우선으로 생각함	신뢰/정직/의존할 수 있음 충실/공유
긍정적 의사소통 (positive communication)	• 과제 지향적인 의사소통을 하며, 문제를 함께 해결하기 위해 논의함 • 서로의 관계 유지를 위해 이야기하고 듣는 데 시간을 보냄 • 대화를 위해 시간을 투자하며, 개방적이고 가족생활의 어려움을 완화시키기 위해 중요한 정보를 교환함	감정 공유/칭찬해 주기/비난 피하기/절충/타협할 수 있는 동의하지 않는 것에 동의
함께 시간 보내기 (time together)	• 일상을 함께하며 가족구성원들이 서로 공유하는 시간을 진정으로 즐김	양질의 시간 좋은 일에 시간 내기 서로의 동료와 즐기기 단순한 좋은 시간 즐거운 시간 공유하기
영적 안녕 (spiritual well-being)	• 믿음, 희망, 낙관주의에 대한 개념으로 세계와 하나되는 개념으로 확대되거나 종교적인 용어로 해석되기도 함 • 서로에 대해 존경과 사랑을 표현하며, 윤리적 가치와 중요한 원인에 대한 헌신을 표현하기도 함 • 공유, 사랑, 연민을 촉진하는 개인의 보살핌으로도 나타남 • 사람들이 자신과 일상의 스트레스를 해소하는 데 도움이 되는 감정이나 힘	희망 믿음/신념 연민/동정 공유된 윤리적 가치 인류와의 하나됨(일체성)
스트레스와 위기의 관리능력 (the ability to cope with stress and crisis)	• 스트레스에 익숙해지는 것이 아니라 일상 스트레스원과 생활의 위기상황에서 창의적이고 효과적으로 관리할 수 있는 능력이 있음 • 문제 발생 전 예방법을 알고 있으며, 위기 발생 시 문제를 회피하기보다는 함께 협력하여 해결하는 방법을 알고 있음	적응성 도전과 기회로 위기를 바라보기 함께 위기를 통해 성장하며 변화에 열린 마음 회복탄력성

출처: Stinnett & DeFrain(1985), DeFrain(1999), * Stinnett & DeFrain (1995)의 내용을 함께 표로 정리함.

또한 Circumplex Model을 통해 Olson 등의 학자들은 응집성과 적응성이 있으며, 긍정적 의사소통을 하며 친족체계와 사회체계 등 상위체계와 연계된 개방적인 구조를 가진 가족을 건강한 가족이라고 정의한다. 응집성은 가족구성원 간의 친밀감과 유대감을 나타내는 결속의 수준과 가족원 각자의 자율성을 나타내는 분리의 수준을 나타내는 개념이며, 적응성은 가족체계가 안정(stability)을 추구하는 수준과 변화(change)를 지향하는 수준을 나타내는 개념이다(정현숙, 유계숙, 2002).

가족건강성을 측정하는 한국의 측정도구들은 개념의 혼란과 하위영역의 문제점 및 이론 적용의 한계 등 다양한 문제점을 지니고 있다. 이 책에서는 건강가족적 관점과 전 세계의 다양한 인구를 대상으로 신뢰성과 타당성이 검증된 DeFrain과 Stinnett(2002)의 척도가 우리나라에 잘 적용될 수 있을 것으로 생각되어 일부를 소개하고자 한다.

표 8-2 DeFrain과 Stinnett(2002)의 'American Family Strengths Inventory' 측정도구

하위요인	질문 내용
감사와 애정 표현하기 (appreciation & affection)	1. 우리는 서로에게 감사하고, 이 사실을 상대가 알게 한다. 2. 우리는 서로 돕는 것을 즐긴다. 3. 우리는 서로 약속을 지키는 것을 좋아한다. 4. 우리는 서로 애정표현을 하는 것을 좋아한다. 5. 우리는 서로 가깝다고 느낀다. 6. 우리는 서로에게 친절하다. 7. 우리는 서로 안아주는 것을 좋아한다. 8. 우리는 서로 배려해 주는 것을 좋아한다. 9. 우리는 불평하지 않고 서로 기다린다. 10. 우리는 서로 필요한 작업을 완수할 수 있는 충분한 시간을 준다. 11. 우리는 서로 용서할 수 있다. 12. 우리는 서로 사랑하기 때문에 더 강해진다. 13. 모든 것을 고려할 때, 우리는 서로 존중하고 애정이 있다.
헌신 (commitment)	14. 우리는 맡은 일을 공평하게 나눈다. 15. 의사결정을 내릴 때 모두가 발언권을 얻는다. 16. 가족원들이 각자 자율적인 선택을 하도록 허용된다. 17. 우리는 편안하게 서로 신뢰한다. 18. 우리는 서로 상대방이 기분이 좋아지는 일을 하는 것을 좋아한다. 19. 우리는 서로에 대해 합리적인 기대를 가지고 있다. 20. 우리는 서로가 자기 자신이 되도록 허용한다. 21. 우리는 서로 무척 존중한다. 22. 우리는 가족 내에서 맡은 각자의 역할을 존중한다. 23. 우리는 편안하게 서로에게 솔직하다. 24. 우리는 각자 다른(상이한) 일처리방식이 있음을 인정한다. 25. 우리는 서로 자존감을 갖도록 한다. 26. 모든 것을 고려할 때, 우리는 서로를 소중히 여기며, 가족의 행복을 위해 헌신한다.
긍정적 의사소통 (positive communication)	27. 우리는 서로 감정을 공유하는 것을 좋아한다. 28. 서로의 감정을 파악하기 쉽다. 29. 우리는 서로 터놓고 솔직하게 이야기하는 것을 좋아한다. 30. 우리는 상대방의 말을 경청한다. 31. 우리는 상대의 관점을 존중한다. 32. 우리에게는 문제점들을 충분히 이야기하는 것이 중요하다. 33. 우리는 서로 자신을 설명할 기회를 준다. 34. 우리는 가족 토론을 즐긴다. 35. 우리는 함께 농담을 나눈다. 36. 우리는 서로 혹평하는 경우는 드물다. 37. 우리는 서로 빈정거리는 말은 거의 하지 않는다. 38. 모든 것을 고려해볼 때, 우리의 의사소통은 효과적이다.

2) 가족건강성 영향요인

가족건강성에 영향을 미치는 요인에 대해서는 다양한 분야에서 연구가 이루어진다. 지금까지 연구분석을 통해 신은희와 정현숙(2019)은 크게 4영역 변인들의 영향력을 강조한다. 첫 번째는 인구통계학적 변인으로 성과 교육수준, 월평균소득 등이 영향을 미치는데 여성보다 남성의 교육수준이 높을수록, 자녀 수가 많을수록, 월평균소득이 높을수록 가족의 건강성이 높다고 한다.

두 번째는 일과 관련된 가족 및 직장의 환경적 요인이 가족건강성에 영향을 미치는데 일과 가족 간 갈등은 직장의 일이 가정의 일에 영향을 미치는 부분과 가정의 일이 직장의 일에 영향을 미치는 부분으로 구분할 수 있다. 전서영 등(2008)은 기혼남녀의 일-가족 갈등과 가족건강성의 영향에서 가정의 일로 인해 직장일이 방해받는 갈등 정도에 따라서 가족건강성에 유의한 차이를 보인다고 하였다. 또한 직업만족도, 일로 인한 가족스트레스, 일과 가족의 갈등, 기혼남성의 직무만족, 맞벌이 기혼남녀의 직업 유형, 맞벌이 기혼남녀의 근무시간, 일과 가정의 균형을 위한 휴일 유무 등의 복리후생제도 등도 가족건강성에 영향을 미친다.

세 번째는 부부관계의 특성도 가족건강성에 영향을 미치는데, 이지민(2013)은 긍정적인 부부의사소통이 부부친밀감을 통해 가족건강성에 간접적으로 영향을 미친다고 주장하였으며, 박형원(2015)은 가정 내 여러 문제를 조정하고 해결하는 데 부부가 중심 역할을 잘 하는지의 여부가 가족건강성에 영향을 준다고 하였다. 또한 중년기 기혼남녀의 부부의사소통과 친밀감이 긍정적 부부관계에 영향을 미치며, 맞벌이 부부의사소통 만족도가 높을수록 가족건강성이 높고, 부부의사소통을 통한 긍정적 교류가 많을수록 부부의 결혼만족도에 영향을 미친다(신은희, 정현숙, 2019).

네 번째는 세대관계적 특성으로 최정숙(2009)은 중년기는 가족발달주기로 볼 때 자녀 청소년기-자녀 독립기 정도에 해당하는 시기이다. 이 시기는 자녀의 성장과 학업성취를 격려하면서도 자율성을 허용하는 형태로 부모자녀관계를 변화시켜야 하는 시기이기 때문에 청소년 자녀와 부모와의 관계에서 친밀감이 형성되지 않으면 갈등을 경험하게 되고 청소년 자녀와의 갈등이 가족건강성을 저해하는 중요한 요소라는 점을 강조한다. 또한 이 시기는 노년기 부모세대를 부양해야 하는 시기로 이중의 부담이 있는 시기이다. 따라서 노부모와의 관계와 청소년 자녀와의 관계는 중요한 관련 변인이다. 부모와 청소년 자녀와의 관계가 긍정적일수록 가족건강성이 높으며(홍은영, 2010), 청소년 자녀문제로 스트레스가 높을수록 가족건강성이 낮다(김종윤, 2014). 또한, 청소년 자녀와의 갈등은 결혼만족도(김민녀, 2004)에 영향을 미친다고 하였다. 그러나 노부모와 성인자녀와의 가족건강성 관련 선행연구들은 성장 시 온정적인 양육 경험이 부모-자녀 친밀감에 영향을 미친다는 연구, 고부갈등과 아내의 결혼만족도, 장서관계의 관계만족도, 중년기 노부모와 성인자녀관계가 부부의 결혼만족도에 영향을 미친다는 연구들이 있다.

2. 가족스트레스와 분노조절

스트레스는 모든 질병의 원인이며 인간에게 신체적 · 심리적 결과를 초래한다. 특히 외적 자극에 대한 신체적 · 심리적 반응인 스트레스로 인해 적응장애, 불안장애, 외상후스트레스장애 등 다양한 스트레스성 질병이 발병한다. 이러한 이유로 스트레스 관련 연구들은 스트레스를 일으키는 원인(stressors)이나 사건이 무엇이며, 이러한 스트레스가 개인들에게는 미치는 영향 및 가족 전체에 미치는 영향에 초점을 맞춘다. 또한 가족과 같은 친밀한 체계에서의 스트레스를 가족이 어떻게 대응하느냐에 따라 문제 혹은 적응과정으로 진행될 수 있기 때문에 대처방법도 중요한 연구주제이다. 이 절에서는 가족스트레스를 설명하는 이론적 관점과 이러한 스트레스를 일으키는 갈등영역을 살펴보고, 갈등상황에서 발전하는 분노의 특성과 조절에 관한 내용을 정리하였다.

1) 가족스트레스 모델

(1) 가족스트레스 수준과 가족 기능성 간의 관계

가족스트레스는 매우 다양한 원인에 의해 발생하며 가족체계 전반에 영향을 미친다. 그러나 스트레스가 없는 상황이 반드시 바람직한 상황은 아닌데, 그 이유는 권태로 이어지기 때문이다. 가족스트레스 수준과 가족의 기능과의 관계에 대해 Olson과 DeFrain은 <그림 8-1>과 같이 제안하였다. 따라서 편안함을 넘어서 흥분과 고통으로 발전하는 가족스트레스를 어떻게 인지하고 극복하느냐가 가족건강성의 중요한 과제 중 하나이다.

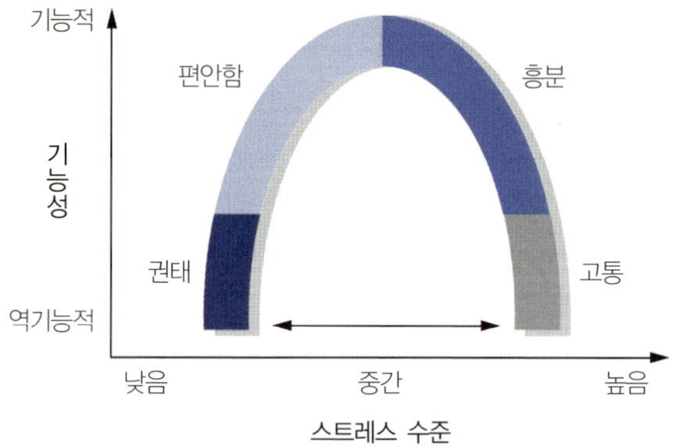

그림 8-1 스트레스 수준에 따른 가족의 기능성 수준
출처: Olson & DeFrain (1999). p. 458.

(2) R. Hill의 가족위기모델

1946년에 제안된 Koos의 롤러코스터모델을 보완한 Hill의 가족위기모델은 위기가 발생한 후 가족의 적응을 설명하는 모델이다. 여기서 '위기'는 인생의 중요한 목적으로 가는 길에 놓인 장애에 대한 개인의 반응을 의미하며, Boss(1987)는 <그림 8-2>와 같이 가족이 스트레스원을 경험할 때 이전의 상호작용이나 대처책략이 적절하지 않을 경우 혼란(disorganization)시기를 경험하며, 이 기간은 가족의 스트레스에 대한 취약성과 이겨낼 힘에 달려 있다고 한다. 이후 가족은 어려움을 역전시켜 이 시기를 벗어나는 회복(recovery)시기를 거치게 되는데 이전보다 같거나, 높거나 혹은 낮은 수준으로의 재구조화(organization)에 도달하기 때문에 가족은 위기적 사건에 의해 파괴되지는 않는다는 점을 강조한다.

1. 사건이 일어나기 전 가족기능수준
2. 사건이 일어남
3. 혼란의 최저점 '바닥을 침(hitting bottom)'
4. 회복시기
5. 재구조화 단계
   a. 기능적이었던 이전 시기보다 낮은 수준
   b. 이전과 같은 수준
   c. 이전보다 높은 수준

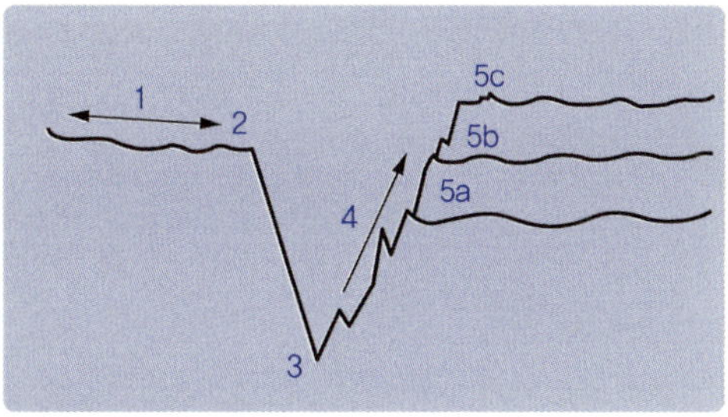

그림 8-2 R. Hill의 가족위기모델
출처: Boss (1987). p. 697.

(3) 가족위기에 대한 모델

① ABC-X 모델

1957년 다양한 문제들을 가진 가족과 활동하는 사회사업가들의 연구에 함께하면서 Hill은 가족위기에 대한 기존의 연구를 바탕으로 ABC-X 모델을 제안하였다. 일반적인 ABC-X 모델은 <그림 8-3>과 같다. 이 모델에서는 3가지 요인이 제시되는데 A는 가족의 적응을 요구하는 스트레스 사건 혹은 상황, B는 스트레스 사건이나 상황에 대처하는 개인이나 가족의 자원, C는 스트레스 사건이나 상황에 대한 개인이나 가족의 지각을 의미한다. 가족의 긴장원, 즉 사건을 일으키는 요인들은 <표 8-3>과 같이 유형별, 원인별, 강도별로 다양하다(McCubbin 등, 1982).

다양한 학자들이 가족의 자원(B)을 제안하였는데 Goddard와 Marchall(2004)은 지지적인 사회적 네트워크, 개인적 기술이나 흥미, 삶의 경험 등이 중요한 자원이라고 한다. 구체적으로는 도움을 주는 친구, 건강한 가족, 저금, 취미, 위기극복능력, 지지적인 종교지도자들, 좋은 가족의 전통, 개인의 창의성, 이전의 도전 경험, 종교적 신념, 여가활동, 지역도서관, 일기 쓰기, 현실적인 기대, 가족의 애완동물, 건강한 생활스타일과 멘토나 상담가 등이 모두 자원이 될 수 있다는 점을 강조한다.

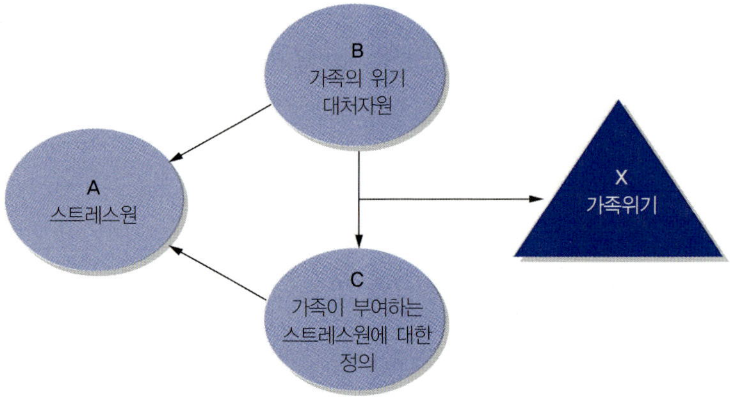

그림 8-3 가족 ABC-X 모델

출처: McCubbin, Cauble & Patterson (1982). p. 27.

표 8-3 가족의 스트레스 요인(stressor, A요인)들의 유형, 원인과 강도에 의한 분류

유형	원인	강도
성숙 —— 상황 규범적 —— 재난 발달적 —— 환경적 예측 가능 —— 예기치 않은 의도한 —— 의도하지 않은	가족 내 —— 가족 밖	만성 —— 급성 자극이 약한 —— 격심한 한 가지 —— 누적된(다중문제)

출처: Boss (1987). p. 699의 내용을 표로 정리함.

② Double ABC-X 모델

ABC-X 모델의 단점을 극복하기 위하여 McCubbin과 Patterson(1982)은 Double ABC-X 모델을 제안하였다. 이들은 가족의 스트레스는 어느 한 순간 일어나는 사건이나 상황이 아니라 가족의 생애주기 동안 시간의 변화에 따라 다양하게 나타나고 또한 이러한 스트레스에 대한 가족의 경험과 대처는 또 다른 자원이 되기도 하기 때문에, 위기 이전에 경험했던 ABC 요인들은 누적되는 특징이 있다는 것이다. 위기 이전에 경험했던 스트레스 요인(a)과 기존의 자원(b), 이에 대한 지각(c)에 의한 경험은 새로운 위기가 발생하면 기존 스트레스 요인(a)에 새로운 스트레스 요인(A)이 추가된다. 이렇게 시간에 따른 ABC-X 요인이 누적되어 스트레스원(aA 스트레스의 누적), 자원(bB, 기존 자원과 새로운 자원), cC(x+aA+bB에 대한 지각)가 누적된 double ABC-X 모델이 된다.

③ Boss(1987)의 대안적 ABC-X 모델

Boss(1987)는 임상적 관점에서 C요인은 가장 중요한 요인이지만, 연구방법적으로 측정이 어려워 Hill의 지지에도 불구하고 가장 적은 수의 연구가 이루어졌다고 주장한다. Boss(1987)는 Hill의 모델을 확장하여 <그림 8-4>와 같이 스트레스 정도에 따라 A, B, C요인에 영향을 미치는 대안적 모델을 제시하였다.

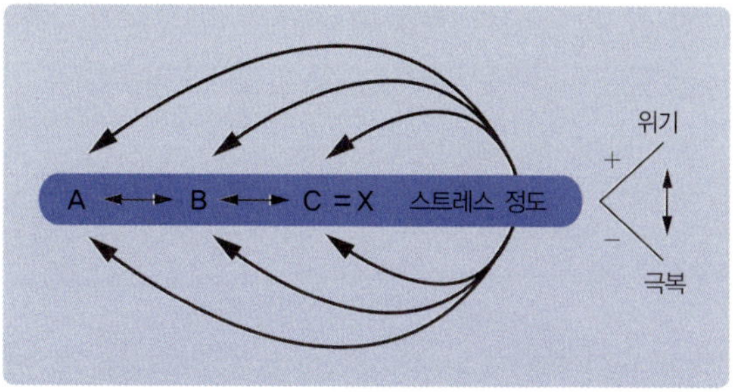

A: 사건, B: 위기극복 자원, C: 사건에 대한 지각, X: 스트레스 정도

그림 8-4 스트레스의 정도와 위기-극복의 대안적 결과를 포함한 Hill의 ABC-X 모델
출처: Boss (1987). p. 702.

Lazarus(1977, Boss, 1987에서 재인용)는 가족의 위기에 대한 극복과정을 <그림 8-5>와 같이 설명하였다. 여기에서 '인지적 평가'는 ① 인지된 위협의 정도와 ② 자극의 형태, ③ 개인의 심리적인 상황에 영향을 받으며, 1차, 2차 평가를 하는데 1차 평가는 앞에 놓인 위협을 평가하는 것이며, 2차 평가는 위기극복행동을 한 뒤에 한다. '정서적인 반응'은 지각된 위협에 대한 실제 반응을 포함하며, '극복행동'은 ① 스트레스원을 처리하는 직접적인 실제 행동(싸우거나 탈출하거나)과 ② 개인이 더 편안함을 느끼는 행동이나 생각 같은 스트레스를 경감시키는 행동을 의미한다. 이밖에도 다양한 위기극복전략은 이 책의 2장에서 설명하였다.

그림 8-5 Lazarus의 위기극복과정 모델
출처: Boss (1987). p. 703.

④ Boss(1987)의 상황적 모델

Boss(1987)는 가족스트레스가 가족관계 안에서만 일어나는 상황은 아니라는 점을 강조한다. 실제로 스트레스는 가족을 둘러싼 다양한 환경과 이들 환경과 가족들 간의 상호작용을 통해 일어난다. 이러한 상황을 설명하기 위해서 Boss(1987)는 가족스트레스에 대한 상황적 모델을 제안하였다. Boss(1987)는 가족의 행동을 분석하기 위해서는 거시적, 미시적 맥락을 모두 고려하여 분석하여야 하며 이를 위해 사회심리적, 생물학적 관점을 다함께 고려해야 함을 강조한다. 긴장을 일으키는 상황이나 사건이 일어나는 외부상황은 <그림 8-6>과 같이 역사, 경제 등을 포함하는 6개의 요소들이 중요하며, 이들 6개 요소들이 가족의 3개의 내부환경에 영향을 미치는데 이는 사회학적, 심리적, 철학적 환경이다. 미시적 관점에서 가족이 스트레스를 극복하는 기제는 차이가 있는데 지역사회에서 질병을 받아들이는 방식이나 부적절한 행동에 대항하는 방식 등이 가족의 스트레스적 사건에 대한 지각에 직접적으로 영향을 미친다는 것이다. 다시 말하자면 이 모델에서 강조하는 것은 긴장원이나 사건이 가족체계에 직접적으로 영향을 미치는 것이 아니며, 실제로 가족이 위기를 극복 혹은 극복하지 못하는가를 결정하는 것은 내외적 맥락(환경)에 의해 중재된다는 것이다.

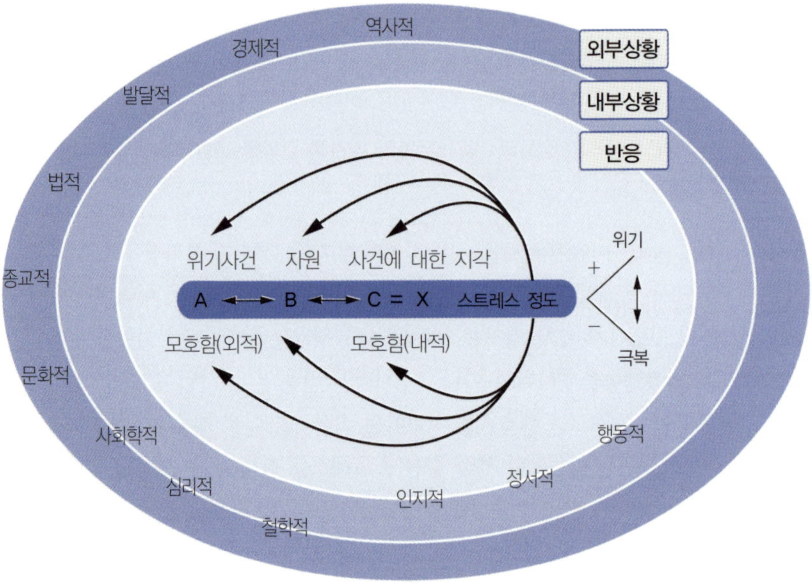

그림 8-6 Boss의 가족스트레스에 대한 상황적 모델
출처: Boss (1987). p. 703.

2) 가족의 갈등영역

가족체계 내의 갈등은 가족스트레스의 중요한 원인 중 하나이다. 정현숙 등(2018)의 연구에 의하면 가족갈등은 경제적인 문제, 자녀문제, 생활습관, 가족의례 순으로 나타나며, 경제적인 문제와 자녀문제는 가족생활주기상 모든 집단에서 가족갈등의 주요 요인이라고 한다. 가족생활주기에 따라서는 미취학자녀기가족은 가사분담, 초등자녀기가족은 가사분담과 가족의례, 중고등자녀기가족은 가족의례와 생활습관이 갈등요인이다. 가족관계의 각각의 하위영역에서의 이자관계 갈등은 앞의 4, 5, 7장에서 다루었다.

표 8-4 가족 내 갈등영역

구분 (단위, %)	전체 (n=489)	미취학 (n=46)	초등 (n=48)	중등 (n=35)	고등 (n=58)
경제적인 문제	31.4	31.4	32.7	44.1	35.8
자녀문제	25.4	25.4	23.4	32.3	25.2
부모와의 문제	12.8	12.8	15.4	18.7	12.8
친인척과의 문제	6.5	6.5	2.1	4.1	6.5
가사분담	10.4	10.4	17.5	19.9	6.1
생활습관	16.9	16.9	11.6	16.0	12.8
가족의례	14.3	14.3	14.3	22.7	10.5

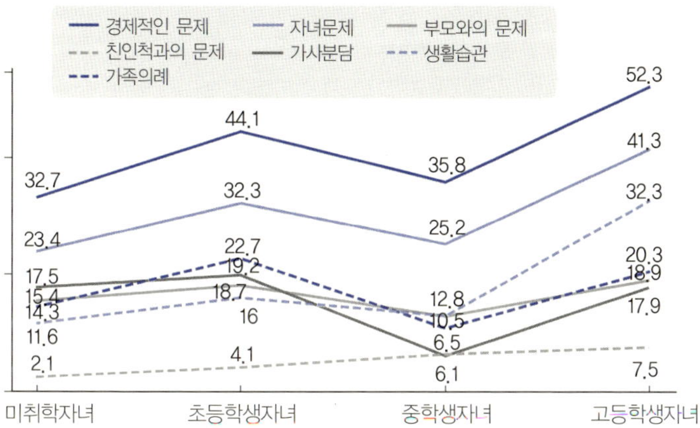

그림 8-7 가족생활주기별 가족 내 갈등영역(단위, %)
출처: 정현숙 등(2018). p. 144.

3) 분노

분노(anger) 혹은 화는 삶의 모든 부분과 관련된 현상이다. 친밀한 관계에서 갈등은 자연스러운 현상이지만, 갈등상황에서의 분노가 건강한 방향으로 표현되지 않을 경우 관계에 치명적인 결과를 초래한다. 분노는 개인적인 생각이나 언어적으로 혹은 신체적으로 직접 표현되기도 하고 다른 사람을 놀리거나 약 올리는 등 간접적인 방법으로 표현되기도 한다. 그러나 우리나라의 경우 전통적인 가족에서 많은 어머니들이 화를 참다 소위 '화병'에 걸리는 상황도 경험하고 있다. 상담자인 Chapman(2015)은 『분노』라는 책에서 내 · 외적으로 폭발하는 두 가지 분노표현방식이 있는데, 이 두 가지 모두 바람직한 방법은 아니라고 한다. 중요한 것은 행동계획을 수립하기 전에 분노의 원인이 '명확한 분노'인지 혹은 '왜곡된 분노'인지를 이성적으로 분석하는 것이 중요하다는 것이다. Chapman(2015)의 분노와 관련된 개념은 <표 8-5>와 같이 정리할 수 있다.

표 8-5 Chapman(2015)의 분노 관련 기본 개념들

분노	요인	특징
부정적 분노 표현 방법	폭발 (explosion)	• 큰소리 지르기, 얼굴 붉히며 흥분하기, 언어적 · 신체적 폭력 등을 분노로 이해하는 경향이 있음. 격정적으로 외부로 발산하는 것은 분노에 대한 잘못된 표현임 • 분노가 발산되면 본인과 상대방 모두 잘못되었다고 인식하지만, 관계에 포함된 모두에게 해가 되는 행동임 • 분노와 분노발산을 동일시하지 말아야 하며 단기적으로는 정서적 폭발이 분노의 최악의 시나리오이지만, 장기적 관점에서는 분노를 억압하는 것이 더 파괴적인 방법임
	안으로 폭발 (implosion)	• 분노를 표현하지 않고 감추면 분노는 우리 내면에 머무르고 둥지를 틀게 됨 • 분노는 우울, 비참함, 원한, 부자연스러운 관계, 냉소와 실체를 벗어난 잘못된 분노폭발 등을 포함한 다양한 부정적 효과를 유발함
분노의 원인	명확한 분노 (definitive anger)	• 누군가가 부당하게 취급할 때 발생되는 분노로, 건설적이고 적절한 대항이나 해결을 요하는 분노 • 화가 나는 원인을 없애거나 변화시키는 것에 상관없이, 자신에게 정서적인 문제로 발전되지 않도록 건강하게 해결할 수 있는 다양한 방법이 있음
	왜곡된 분노 (distorted anger)	• 일이 내가 원하는 방식대로 되지 않을 때 생기는 분노로 상황을 내가 전혀 바꿀 수 없을 때 생기는 분노 • 내가 분노를 조절할 수 없다는 것이 그 분노에 대해 희망이 없다거나 그 문제에 대해 이야기하지 말아야 된다는 것이 아니라, '나는 이 문제를 그냥 내버려 둘 거야'라고 하는 것이 가장 단순한 방법일 수 있음 • 문제 자체를 해결할 수 없다고 해도 분노를 해결한 어떤 행동을 취하는 것이 중요함

실제로 부부관계와 부모자녀관계 등에서 일상생활에서의 부당한 대우나 내가 원하는 방식으로 문제가 진행되지 않을 때 그 기저에는 분노가 발생한다. Chapman(2015)은 분노가 발생하면 분노를 인정하고 원인이 무엇인가를 파악한 뒤 분노에 대응하는 5단계 분노조절방식을 제안하였는데 1단계: 내 스스로가 화가 났다는 것을 의식적으로 인지하기, 2단계: 즉각적인 반응을 억제하기, 3단계: 분노의 핵심이 무엇인지를 찾아내기, 4단계: 다양한 대안을 분석하기, 5단계: 건설적인 행동을 취하기이다. Chapman(2015)은 일상생활에서 분노를 얼마나 잘 다루고 있는지를 평가할 수 있는 질문지(표 8-6 참조)를 제안하였다. 이를 통해 자신의 분노조절능력을 평가하고 문제해결 방안을 계획해 보자.

가족관계에서 분노에 영향을 미치는 요인들이 무엇인가에 대한 연구는 제한적이지만, 부모의 심리적 통제가 청소년의 분노사고와 분노표현(박선경, 2017)에 영향을 미친다고 한다. 분노와 관련해서는 분노표현과 조절을 위한 개입과 관련된 연구가 다수를 차지한다. 우리나라의 분노표현에 대한 연구를 분석한 정여주와 윤서연(2018)에 의하면 연구대상은 대학생/청소년이 가장 많았고, 특정직업 종사자(임상간호사, 호텔 종사자, 군의 초급간부), 부부 및 기혼자를 대상으로 한 연구가 많으며, 분노표현과 관련해서는 분노표출, 분노억제, 분노통제의 하위요인을 많이 이용한다고 한다. 또한 분노표현을 개선하기 위해 애착 및 양육에 초점을 맞추고, 상담적 개입으로는 인지치료와 체험적 접근(포커싱적 태도, 마음챙김, 수용전념 치료)과 그룹활동을 통한 표현예술치료도 활용하고 있다고 한다. 구체적으로 상담분야에서 박선영, 정혜정, 이지선(2017)은 중년부인들의 심층면접이 배우자의 분노로 인한 절망감 속에서 원가족 경험을 통해 학습된 자신의 모습을 발견하고 다양한 정서를 경험하면서 배우자의 분노를 극복하려는 적극적인 자세를 가지는 데 도움이 되며, 이 과정에

표 8-6 Chapman(2015)의 개인분노측정(Personal Anger Assessment)

* 12가지 가상적 상황에서 나의 반응을 가장 잘 나타내는 항목에 체크하세요. 완벽하게 맞지 않을 수도 있으니 가장 유사한 것을 선택하세요.			
1	나는 아무 이유 없이 사랑하는 사람과 심각한 논쟁을 한다.	A	
	나는 대부분 사람들이 나를 분노를 잘 조절하는 사람이라고 평가한다고 생각한다.	B	
	나는 누군가에게 화가 날 때, 상대에게 신속하고 예의 바른 방식으로 말할 수 있다.	C	
2	나는 나를 화나게 하는 누군가에게 그 문제를 재빨리 말함으로써 그 문제를 해결할 수 있다	C	
	나는 문제를 잘 다루어 벗어난다.	A	
	화가 난 것을 극복하고 싶지만 가끔은 시간이 많이 걸린다.	B	
3	나는 가끔 내가 분노를 표현한 방식에 대해 후회한다.	B	
	나는 과거의 일들을 그냥 과거사로 돌린다.	C	
	나에게 부당한 행동을 한 사람을 용서하기 힘들다.	A	
4	사소한 일에 별로 동요되지 않는다.	C	
	내가 느끼는 분노를 극복하기 위한 더 나은 방법을 알았으면 좋겠다.	B	
	나는 내가 느끼는 좌절을 그냥 내버려 두는 것이 매우 어렵다.	A	
5	나는 내가 한 말과 행동조차 기억할 수 없을 때 너무 화가 난다.	A	
	나는 지속적으로 분노를 해결하는 적절한 통로를 찾는다.	C	
	나는 나를 화나게 만드는 것이 무엇인지 항상 파악할 수 있다.	B	
6	내가 다른 사람에게 하는 방식을 별로 좋아하지 않는다.	B	
	나는 화가 날 때 상대에게 대항하기 위해 악의적인 것을 말한다.	A	
	나는 화가 나서 목소리를 높인 적이 거의 없다.	C	
7	내 성질 때문에 직장에서 문제가 있었다.	A	
	내 성질이 사랑하는 사람들과의 문제의 원인이지만, 잘 해결해 나가고 있다.	B	
	내가 문제해결을 위해 뭔가를 할 수 있다면, 내 주변에 문제가 해결되지 않은 채로 남겨 두지 않을 것이다.	C	
8	나는 논쟁을 많이 하는 편은 아니다.	C	
	내 성질을 두려워하는 사람들이 일부 있다.	A	
	나는 적절한 방식으로 사과를 해야 한다는 것을 알지만 화를 내면서 불쑥 말해 왔다.	B	
9	자주 그렇지는 않지만, 나는 내가 화났다는 것을 잘 알아차린다.	B	
	매우 다양한 상황에서 나는 분노를 표현하는 적절한 방법을 알고 있다.	C	
	나는 가끔 화가 나면 일을 그르친다.	A	
10	화가 난 뒤에도 나는 내 주변 사람들에게 여전히 애정 어리게 행동할 수 있다.	C	
	내가 주장을 하면 사랑하는 사람과 더 많은 논의와 어려움이 야기되지만 논쟁을 해야 한다고 느낀다.	B	
	내 분노는 내 주변 사람들이 통제할 수 없을 정도로 강하게 분출되는 경향이 있다.	A	
11	나는 화가 날 때 내 스스로 참는다.	A	
	나에게 무례했던 다른 사람을 쉽게 용서한다.	C	
	나는 다른 사람과의 논쟁을 주로 잘 해결한다.	B	
12	논쟁 후 나는 내가 좀 더 잘 반응했으면 좋았을 것이라고 생각하곤 한다.	B	
	사람들은 내가 화가 나면 과잉반응한다고 생각한다.	A	
	나는 분노를 표현하기 전에 모든 가능한 사실들을 꼼꼼히 생각하기 위해 노력한다.	C	
* 점수계산법: 총점 = (C의 개수 x 2) + (B의 개수) * 해석 방법: 0–6점(분노가 당신을 지배하고 있음), 7–18점(잘하고 있지만 노력이 필요함), 19–24(분노를 잘 다루고 있음)			

출처: Chapman (2015). pp. 211-215의 내용을 표로 재구성하고 번역함.

서 자신부터 변화하고자 시도하면서 자존감 향상과 정서적 분리를 통해 자신의 잃어버린 삶을 회복하고 성장해 나가는 과정을 제시하고 있다. 청소년을 대상으로 한 김현정과 이근매(2016)의 연구에서는 강박장애 청소년의 분노조절과 자아존중감 향상을 위한 미술치료의 효과성을 제시하고 있다.

4) 가족의 스트레스, 갈등, 분노의 극복과 가족체계의 변화

가족체계에 영향을 미치는 다양한 스트레스로 인한 갈등, 그리고 그 기저에 쌓인 분노를 어떻게 극복할 것인가는 가족의 건강성에 매우 중요한 과제이다. 앞의 ABC-X 모델에서도 스트레스가 있다는 것을 인지하는 가족들의 인식이 매우 중요하다고 한다. 이혼에 관한 Waite와 학자(2002)들의 연구는 이러한 인식에 많은 함의를 제공한다.

이혼 이후의 부부들의 삶을 연구한 Waite 등(2002)의 '이혼이 사람들을 행복하게 만들까요?'라는 5년 종단연구(t1-t2)는 매우 흥미로운 결과를 제시하였다. 이들은 연구 초기(t1)에 불행한 부부(1, 2유형)와 행복한 부부(3유형)가 5년 후에도 이러한 상태를 유지하는가에 관심을 가졌다. <표 8-7>와 같이 5년 후(t2) 부부간의 갈등으로 '이혼이나 별거한 집단'이 '불행하지만 결혼생활을 유지한 부부'들보다 행복하지는 않다는 것이다.

표 8-7 Waite 등(2002)의 연구결과

구분	time1	time2(5년 후)
불행한 부부	1유형: 이혼이나 별거	• 2유형보다 행복하지 않음
	2유형: 결혼생활 유지	• 1유형보다는 평균적으로 더 행복함 • 2/3가 t1보다 행복수준이 높음 • 낮은 우울증, 높은 자존감 • 82%가 관계에 폭력이 없음
행복한 부부	3유형: 행복한 부부	• 많은 수의 부부들이 이혼함 • 급격한 행복과 복지감 감소

또한 현재 행복한 부부도 상당히 긴 기간의 불행한 시기(예를 들면, 알코올 중독, 외도, 언어적 학대, 정서적 유기, 우울, 병, 이직 등)가 있었다는 것이다. 이들의 불행의 원인은 크게 3가지로 ① 외부의 스트레스(병, 실직, 우울증, 자녀문제), ② 남편의 문제행동(가부장적 태도, 약물, 알코올), ③ 의사소통문제와 성격 특성의 어려움(만성적 갈등, 의사소통문제, 정서적인 유기 등)이 있었다고 한다. 중요한 것은 이러한 문제 유형별로 행복도는 차이가 있는데 '외부의 스트레스'로 불행했던 사람들의 대부분이 5년 후 시간이 지나면서 외적인 스트레스가 없어지거나 약화되어 행복해졌다는 것이다. '남편의 문제행동' 집단의 경우는 5년 후 거의 변화를 기대할 수 없다고 한다. 특히 이 집단은 관계의 회복에 상담이 효과적이라는 사람은 상대적으로 적으며, 특히 남편의 문제행동의 경우 남편의 행동변화에 압력을 넣는 다른 사람들의 지원이 효과적이라고 한다. '의사소통의 문제와 성격 특성' 등이 문제인

경우는 개인의 문제에 대한 인식이나 교육을 통해 불행의 원인들이 감소되었다고 한다.

이러한 결과는 평균수명의 연장으로 60-70년을 함께 할 부부의 긴 여정에서 롤러코스터 같은 상황들이 발생하지만 관계의 질은 스트레스와 분노 등을 얼마나 효율적으로 다루느냐에 따라 질적으로 매우 다른 평생 파트너관계를 경험할 것이라는 결론을 도출할 수 있을 것이다. 또한 친밀한 관계에서 당연히 발생하게 되는 다양한 어려운 상황들을 극복하는 대안에 대한 다각적인 분석이 필요하다는 의미일 것이다.

또한 이러한 가족의 갈등이 스트레스를 유발하여 더 큰 가족체계의 긴장원으로 작용하지 않도록 하기 위해서는 스트레스를 잘 극복하는 것이 중요하다. 이와 같이 스트레스가 가족체계에 미치는 영향을 고려할 때 스트레스를 잘 극복하는 것은 가족체계의 건강성을 높이기 위해 매우 중요한 과제이다. 일상생활에서 만나는 스트레스에서의 경험이 이후의 삶에 매우 중요하기 때문이다. 이러한 이유로 Goddard와 Marshall(2004)은 어려움을 통해 배운 것들을 활용할 수 있도록 <그림 8-8>과 같이 일상에서 경험했던 스트레스를 어떻게 직면하였으며, 이 과정에서 배운 것은 무엇이며, 이러한 시련을 통해 나아진 점들을 분석할 수 있는 틀을 통한 학습을 제안하였다.

	과거에 어떤 도전에 직면했었는가?	이러한 도전에서 배운 것은 무엇인가?	이러한 도전 때문에 더 나아진 점은 무엇인가?
작은 (mall)			
중간 (medium)			
큰 (large)			

그림 8-8 당신의 도전: 당신이 직면한 것은 무엇인가?
출처: Goddard & Marshall (2004). p. 3.

3. 가족의례와 여가

1) 가족의례의 개념과 종류

가족의례에 대한 인식과 가족의례(family rituals)를 행하는 방식은 가족체계뿐만 아니라 가족구성원들에게도 중요한 의미가 있지만 가족연구 등에서 많이 다루어지지 않은 분야이다. 가족의례는 가족의 어려운 상황에서나 전이기에 안정감을 제공하는 매우 강력한 활동이다. Fiese와 Howell(2003)은 가족의례가 가족이 집단으로서 가치를 형성하는 데 중요한 과정이며, 위기상황이나 어려움에 직면했을 때 가족의 정신건강을 지켜주는 중요한 역할을 하며, 문화마다 매우 다양한 방식의 가족의례가 있음을 강조한다. 또한 유아기 아동이 있는 가족의 경우 의미 있는 의례를 하는 가족의 부부들이 결혼만족도도 높다고 한다(Fiese 등, 1993).

정현숙과 유계숙은 가족학자들(Burr, Day, & Bahr, 1993; Denton & Denton, 1983; Doherty, 1997)이 제시한 다양한 가족의례의 기능을 5가지로 정리하였는데, 가족의례는 ① 가족의 문화적 가치를 다음 세대에 전달하는 기능을 하며, ② 가족구성원들을 결속시키고, 뿌리 의식을 심어주는 역할을 하며, ③ 가족구성원들에게 한 집단으로서 민족적, 문화적, 가족정체감을 그리고 가족구성원들에게는 정체감 형성, 유지 및 변화에 영향을 주며, ④ 가족생활을 예측할 수 있는 질서를 부여하며, ⑤ 치료적인 기능을 통해 가족의 성장과 변화를 촉진한다고 한다.

Wolin과 Bennett(1984)는 가족축하의식(family celebration), 가족전통(family tradition), 유형화된 일상(patterned routine) 등 <표 8-8>과 같이 3가지 유형의 가족의례가 있다고 한다. 이들에

표 8-8 의례의 종류

연구자	가족의례 종류	특징	하위종류
Wolin과 Bennett (1984)	가족축하의식(family celebration)	한 문화에 의해 정의되고 치러지는 휴일이나 축제	결혼
	가족전통(family tradition)	한 가족의 활동	가족휴가, 특별한 기념일 등
	유형화된 의례(patterned routine)	의도적으로 규정하지는 않았지만 정기적으로 이루어지는 활동	저녁시간, 잠자리 의식, 귀가하는 가족을 맞는 방식 등
Doherty (1997)	결속의례	일상생활에서 가족구성원들을 결속시키는 기능을 하는 의례	정기적 가족모임이나 가족들만의 특정 활동
	애정의례	가족구성원의 친밀감을 증진시키고 서로를 특별한 존재로 인식시키는 의례	생일, 어버이날, 결혼기념일
	지역사회의례	공적인 차원에서 가족이 외부와 연계하여 상호지지를 주고받는 의례	성인식, 졸업식 등

의하면 일상의 과정(routine)과 의례(ritual)는 의사소통, 헌신과 지속성 수준의 차이가 있으며, 이 수준 또한 가족과 문화에 따라 차이가 있다고 한다.

이러한 의례는 다양한 방식으로 다루어지는데 Roberts(1988)는 가족이 의례를 치르는 6가지 방식을 제시하였으며, Fiese와 Kline(1993)도 의례가 얼마나 계획적이고 정기적으로 일어나는지, 이때 가족의 역할과 의무의 정도와 구성원들의 참여기대수준 및 가족이 그 의례에 부여하는 의미의 정도와 의례 운영과정에서의 융통성 및 지속성 등이 가족이나 문화에 따라 차이가 있다고 한다. 이러한 기준으로 우리나라의 가족의례 방식을 연구한 정계숙, 손환희와 윤갑정(2019)은 건강한 공동체를 형성하고 복원할 수 있는 기제로서 의례의 중요성을 강조하면서 가족의례를 8개의 하위요인(정규성, 역할수행, 융통성, 참여기대, 정서적 기여, 의미부여, 지속성, 계획성)을 통해 4개로 유형화하였다. 4유형 사이에는 가족구성원 간의 유대, 가족구성원 간의 의사소통, 가족구성원들의 문제해결능력, 가족구성원 간의 가치체계 공유 등 가족 건강성 하위요인들의 차이를 발견하였다(표 8-9 참조).

표 8-9 의례 수행방식

연구자	유형	특징
Roberts (1988)	의례를 강조하지 않는 가족 (under ritualized family)	• 가족이 의례를 거의 행하지 않으며, 생일이나 기념일 등 중요한 일정도 잊어버리는 유형
	엄격한 의례 수행 가족 (rigidly ritualized families)	• 모든 가족구성원들의 참석과 행동규정이 있는 등 의례 자체에 높은 기대가 있는 유형
	편중된 의식주의 가족 (skewed ritualization)	• 한 구성원에게 초점이 맞추어지거나, 혹은 종교나 민족적 특성을 반영하는 휴일 등 한 측면에 초점을 맞추는 방식
	속이 빈 의례 (hollow rituals)	• 집단활동에 어떠한 상징적인 요소나 의미가 부족한 반복적인 측면의 집단활동
	중단된 의례 (interrupted rituals)	• 질병이나 죽음 등으로 인해 갑자기 의례를 하지 않는 방식
	유연한 의례 (flexible rituals)	• 생애주기에 따라 역할과 방식들을 선택할 수 있고, 가족의례의 상징적인 의미를 유지하는 의례
정계숙 등 (2019)	관습적 의례 수행집단	• 구성원들의 참여에 대한 높은 기대와 정기적, 계획적인 수행과 의례의 외현을 강조함 • 구성원들에게 할당된 역할과 책임이 있음. 구성원이 갖는 가족의 의미나 정서적 기여와 같은 의례의 내적 가치에 대한 인식은 낮음
	의례 수행 활성화 집단	• 정규성, 역할 수행, 융통성, 참여 기대, 정서적 기여, 의미부여, 지속성, 계획성 등에 높은 인식 및 수행수준 • 가족이 갖는 정서나 의미를 추구하며 계획적이고 유연하게 가족의례 수행
	의례 수행 무관심집단	• 융통성을 제외한 나머지 부분에 대해서는 가장 낮은 인식 및 수행수준을 보이며, 구성원의 역할과 책임 인식이 가장 낮음
	의례 수행 취약집단	• 어느 정도 내적 가치에 대한 인식은 있으나, 네 집단 중에서 가족의례를 경직되게 인식하며 계획성과 지속성이 낮음

가족의례의 중요성은 가족의례가 가족생활 전반에 보호요인으로 작용한다는 데 있다. 만성적인 질병이 있는 가족이나 고위험상황에서도 가족의 전통을 보전하는 잘 계획된 의례는 보호요인으로서 중요한 기능을 한다(Fiese & Kline, 1993). 정계숙, 손환희와 윤갑정(2017)은 유아기 자녀를 둔 가족에서 가족의례와 가족건강성은 정적인 관계가 있으며, 연중의례, 특별의례, 주말의례, 저녁식사 의례, 전통의례 등이 가족건강성과 높은 상관이 있다고 한다. 또한 이들의 또 다른 연구에서(정계숙 등, 2019), <표 8-9>의 가족의례 유형 중 '의례 수행 활성화 집단'이 다른 집단에 비해 가족건강성의 하위영역인 가족의사소통과 가족구성원 간 유대, 가족구성원 간의 문제해결능력 및 가족의 가치체계 공유수준이 높다고 한다.

성인 남녀를 대상으로 어떤 종류의 일상적인 가족의례를 하는가에 대한 연구에서 배재현(2016)은 가족식사의례 중에서는 '집에서 직접 요리'. 가족주말여가의례에서는 '근교나들이', 가족생일의례에서는 '케이크 준비하기', 결혼기념일의례의 경우는 '외식하기(여성)'와 '꽃이나 선물 주기(남성)' 등이 중요 내용이었다. 각각의 의례에서 가족구성원 간의 갈등요인도 분석되었는데, 가족식사의례에서는 '일이 너무 바빠서' 시간을 못내는 문제가, 가족생일과 결혼기념일의례에서는 '내 생일(혹은 결혼기념일)을 가족(배우자)이 잊어버려서', 명절의례에서는 '배우자가 나의 어려움을 이해해 주지 못하는 것 같아서(여성)', 남성은 '친척들과의 인간관계 문제(남성)'가 가장 빈번하게 지적된 갈등이다.

이러한 연구결과를 볼 때 가족의례는 문화적으로 규정된 기존의 방식보다는 가족구성원들이 함께 의사소통을 통해 고유한 방식을 만들고 새롭게 전통을 만들어가는 것이 중요하다. 또한 전통적인 통과의례(출생, 성년, 혼인, 회갑, 상례, 제례)와 설과 추석 등을 포함한 명절을 보내는 방식도 가족건강성에 중요한 영향요인이므로 의례와 관련된 갈등을 제거하고 가족의 고유한 의례문화를 형성하는 것이 중요하다.

2) 가족의례의 활용

전통적 가족의례 중 대표적인 것이 통과의례(출산, 성년, 혼례, 회갑례, 상례, 제례)와 설과 추석 등을 포함한 명절이 있다. 이러한 전통의례는 일정한 규칙과 순서에 의해 이뤄지고 있으며 전통사회의 중요한 가치를 반영한다. 그러나 현대에 와서는 통과의례의 중요성이나 의례를 지내는 방식에서 많은 변화가 일어나고 있으며 제사나 돌잔치 등은 가족의례이지만 많은 경우 시장중심적인 성격으로 변모하고 있다. 예를 들면 출산 후 금줄을 내걸거나 백일을 강조하는 등의 방식은 사라지고 돌잔치를 외부기관에서 하거나 제사음식을 배달하는 등 방법적인 면에서 다양한 방식으로 변화하고 있다.

옥선화와 진미정(2011)의 세대별 가족의례 수행 차이에 대한 연구에서는 1941-1950년대 출생코호트(2019년 현재 만 69-78), 1951-1970년대 출생코호트(만 49-68세), 1971년 이후 출생코호트(만 48세 이하)들 간의 가족의례를 보내는 방식에서 차이가 보고되었다. 예를 들면 출산 관련하여 태교, 백일, 돌잔치에 대해서 세대간 차이가 있으며 미역국과 삼칠일에 대한 인식은 집단 간 차이가 없었다. 제사의 경우도 제사 여부와 범위 등에서 세대차를 보였다. 그러나 세대를 불문하고 90%가 돌잔치를 하고, 80%는 백일을 기념하였다. 그러나 설이나 추석 같은 명절에 큰집에 모이는 전통은 세대가 낮을수록 약화되고 식구들끼리만 모여 보내는 경향을 나타낸다고 한다.

또한 윤갑정, 손환희와 정계숙(2015)의 연구에 의하면 부모의 연령, 학력, 맞벌이 유무, 종교, 가족 고유의 가족의례 유무, 가족의례 의논 유무에 따라 가족의례 유형과 구성요소별 실행에 유의한 차이가 나타났다. 이러한 결과는 명절을 보내는 방법은 세대간 차이가 나타나기도 하지만 점차 가족의 특성에 따라 고유의 전통이나 특성으로 자리잡아가는 것이라고 해석할 수 있다. 따라서 가족이 함께 체계의 특성으로 어떠한 가족의례를 만들어갈 것인지 충분히 논의하여 새로운 문화를 형성하는 것이 중요하다.

상례문화도 많이 변화되었으나 우리나라 사람들은 전반적으로 매장에 대한 선호는 감소하고 화장 후 자연장을 치루는 방식을 선호하지만 연령에 따라 차이가 나타나 연령이 높은 집단의 매장에 대한 선호가 높다(그림 8-9 참조).

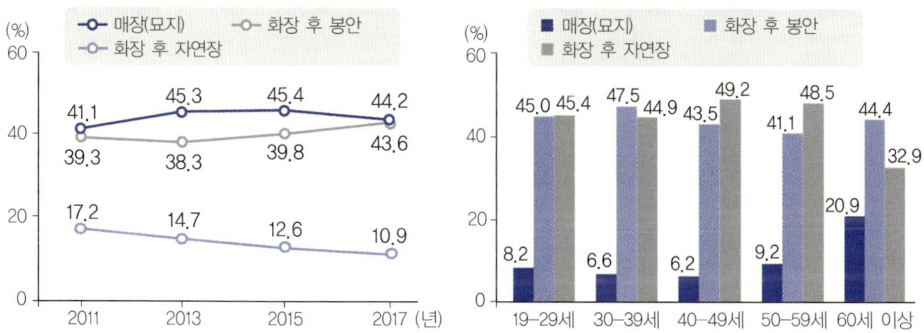

그림 8-9 연도별, 연령별 장례 선호

출처: 통계청(2018). 2017년 사회조사결과. p. 12.

3) 가족여가

가족여가는 가족구성원이 함께 여가활동에 참여하는 것(윤소영, 2008)으로 정의되며, ① 가족구성원들의 정신적 · 신체적 건강 유지와 심리적 만족을 높이고, 상호이해와 신뢰를 증진시킴으로써 부모-자녀 간의 결속력을 높이는 효과(Orthner & Manaeini, 1990)가 있으며, ② 여가를 계획하고 즐기는 과정이 가족구성원들 간 상호작용의 기회(Kelly, 1983)가 되기 때문에 의사소통기술, 타인에 대한 배려 및 책임감 등을 향상(지영숙 등, 1999)시키고, ③ 가족 간 친밀감과 즐거움이 증가되는 활력소이면서 여가를 통해 문화적 활동을 제공받는 기회(양영아, 1996)가 되는 등 긍정적인 기능을 한다.

(1) 가족여가실태

19세 이상 우리나라 사람들의 여가활용실태는 <그림 8-10>과 같이 주중과 주말 모두 TV시청과 휴식활동 등의 비율이 높고 컴퓨터 검색과 취미, 자기활동이 높은 비율을 차지한다(통계청, 2018). 이러한 휴가를 같이 하는 사람은 주중의 경우 가족 43.4%, 혼자서 30.3%, 친구 18.3%의 순서이며, 주말의 경우는 가족 55.3%, 친구 21.1%, 혼자서 15.6%로 전반적으로 가족과 함께하는 여가가 높은 비율을 차지한다. 그러나 전반적 여가활용에 대한 만족도는 27.2%로 매우 낮은 수준이다. 이러한 불만의 이유는 경제적 부담(54.2%)과 시간부족(24.4%) 등이다.

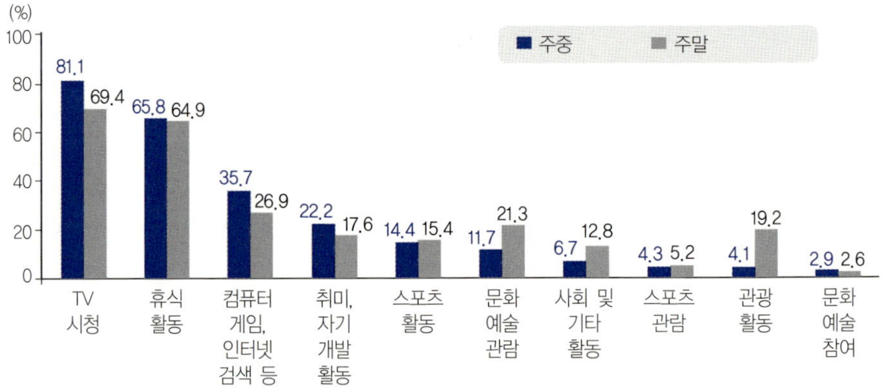

그림 8-10 여가활용(2017)(복수응답)

출처: 통계청(2018). 2017년 사회조사결과. p. 22.

서울시의 J구의 자녀가 있는 가족을 대상으로 한 정현숙 등(2018)의 연구에 의하면 가족여가활동은 <표 8-10>과 같이 전반적으로 휴식과 문화예술관람과 여행을 주로 하는 것으로 나타났다. 그러나 가족생활주기에 따라 차이가 나타나 미취학자녀와 초등자녀기가족은 여행과 문화예술관람을, 중등과 고등자녀 가족은 여행과 문화예술관람, 취미/오락 등의 여가를 즐기는 것으로 나타났다.

중년기 가족의 여가실태를 분석한 심지(2015)에 의하면 남녀 모두 가장 많이 하는 여가는 TV시청, 산책 등 정적인 활동이며, 가족과의 여가는 상대적으로 낮은 수준이며 가족과의 여가 종류도 전반적인 여가실태와 유사한 패턴을 보였다(표 8-11 참조).

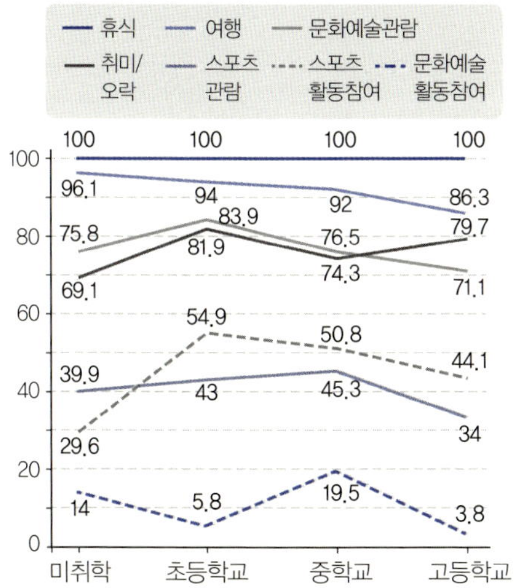

그림 8-11 가족생활주기별 가족여가활동

표 8-10 가족여가활동(복수응답) (단위: %)

구분	미취학	초등	중등	고등
문화예술 관람	75.8	83.9	76.5	71.1
문화예술 활동 참여	14.0	5.8	19.5	3.8
스포츠 관람	39.9	43.0	45.3	34.0
스포츠 활동 참여	29.6	54.9	50.8	44.1
여행	96.1	94.0	92.0	86.3
취미/오락	69.1	81.9	74.3	79.7
휴식	100	100	100	100

출처: 정현숙 등(2018). p. 144.

표 8-11 중년기 기혼남녀의 여가실태: 상위 10위 여가활동과 만족스런 여가 유형(N=1,004)*

남 성				순위	여 성			
가장 많이 하는 유형[1]		가장 만족스런 유형[2]			가장 많이 하는 유형[1]		가장 만족스런 유형[2]	
항목	가중치 빈도 (%)	항목	가중치 빈도 (%)		항목	가중치 빈도 (%)	항목	가중치 빈도 (%)
TV시청	1,675(33.8)	등산	469(25.6)	1	TV시청	1,888(34.5)	TV시청	429(20.0)
등산	665(13.4)	TV시청	311(17.0)	2	산책	767(14.0)	산책	334(15.6)
음주	568(11.5)	음주	279(15.2)	3	목욕/찜질방	685(12.5)	등산	322(15.0)
산책	545(11.0)	산책	218(11.9)	4	쇼핑/외식	482(8.8)	목욕/찜질방	300(14.0)
낮잠	385(7.8)	친구/동호회모임	165(9.0)	5	등산	458(8.4)	쇼핑/외식	213(9.9)
목욕/찜질방	309(6.2)	낮잠	105(5.7)	6	낮잠	312(5.7)	친구/동호회	187(8.7)
신문/잡지보기	275(5.6)	낚시	98(5.4)	7	계모임/동창회	261(4.8)	계모임/동창회	145(6.8)
친구/동호회모임	269(5.4)	계모임/동창회	85(4.6)	8	친구/동호회모임	230(4.2)	헬스/에어로빅	85(4.0)
인터넷검색/채팅/UCC제작/SNS	144(2.9)	골프	53(2.9)	9	잡담/통화/문자보내기	202(3.7)	종교활동	79(3.7)
계모임/동창회	119(2.4)	목욕/찜질방	47(2.6)	10	헬스/에어로빅	188(3.4)	수영	51(2.4)
	4,959(100)		1,830(100)	합계		5,473(100)		2,145(100)

주: 1) 5순위까지 선정한 결과, 2) 3순위까지 선정한 결과, 출처: 심지(2015).

4. 가족구성원의 죽음

1) 관련 통계자료

가족체계에서 죽음과 상실은 다양한 연령층에서 일어나는 사건이지만 부부관계에서 배우자의 죽음을 우선 살펴보고자 한다. 4장의 <그림 4-1>과 같이 통계청(2013)의 혼인상태표에 의하면 2010년 혼인상태별 사망률과 혼인상태 변동률이 유지된다는 가정하에서 2010년 기준의 남성들은 출생아 중 20.9%는 미혼상태로 사망하지만, 17.3%가 부인의 사망을 경험한다고 한다. 여성의 경우는 15.1%가 미혼으로 사망하고, 61.7%가 남편의 사망을 경험해 부부관계에서 여성들이 배우자의 사망을 경험할 확률은 매우 높다.

또한 <그림 8-12>와 같이 2015년의 1인가구 중 미혼이 가장 높은 비율을 차지하지만 29.5%가 사별 후 1인가구를 형성하였으며, <그림 8-13>과 같이 55세 이후 사별의 비중이 높다.

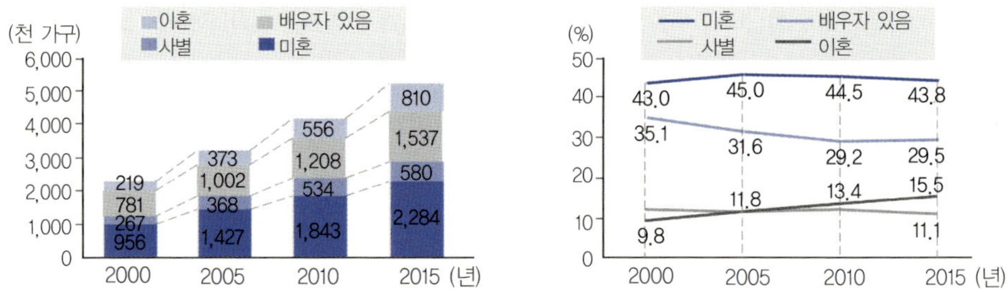

그림 8-12 1인가구의 혼인상태별 분포와 비율(2000-2005년)

출처: 통계청(2018). 인구주택총조사에 나타난 1인가구의 현황 및 특성 보도자료. p. 20.

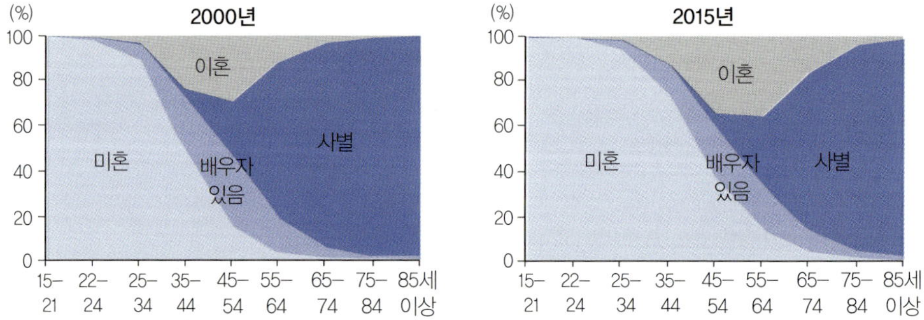

그림 8-13 1인가구의 연령대별 혼인상태별 비율(2000, 2015년)

출처: 통계청(2018). 인구주택총조사에 나타난 1인가구의 현황 및 특성 보도자료. p. 21.

이러한 통계는 배우자의 죽음이 부부관계 전 생애 동안 이루어지는 사건이지만 중년기 이후 비율이 증가하며, 이후 1인가구를 형성해서 살아가며, 자녀들과의 동거비율도 낮다는 결과로 적응과 독립을 위한 준비의 필요성을 보여준다. 특히 여성들의 적응을 위한 다양한 노력도 요구된다.

2) 죽음에 대한 반응과 적응

가족구성원의 죽음은 즉각적이며 동시에 장기적인 가족체계의 재조직을 요하는 중요한 과정(정문자 등, 2016)이기 때문에 ① 죽음의 현실에 대해 가족구성원들이 서로 공유하고 인정하는 것이 필요하며, ② 죽음의 아픔을 함께 공유하며, ③ 가족체계를 재조직하고, ④ 다른 관계와 미래에 대해 재투자하는 과정이 필요하다. 물론 죽음에 대한 충격은 죽음의 성격이나 가족에서 고인의 지위, 가족의 상실 내력 및 가족체계의 개방성과 적응성 등에 의해 그 영향과 대처방식은 달라진다(정문자 등, 2016). 그러나 가족의 정서적 환경을 관리하기 위해 애도과정에서 가족구성원을 지지하는 전략이 중요하며, 가족스트레스 관리를 위한 가족구성원들의 노력도 중요하다.

3) 가족구성원의 다양한 지위에 따른 구성원의 사망과 적응과정

(1) 자녀의 죽음

2017년 우리나라의 영아사망률은 2.8명(통계청, 2017년 사망원인통계결과)이며, 2018년 연령별 사망자 수는 0세 5.8천, 1-9세 2.8천, 10-19세 100명 순이고(통계청, 2019, 2018년 출생 사망통계 잠정

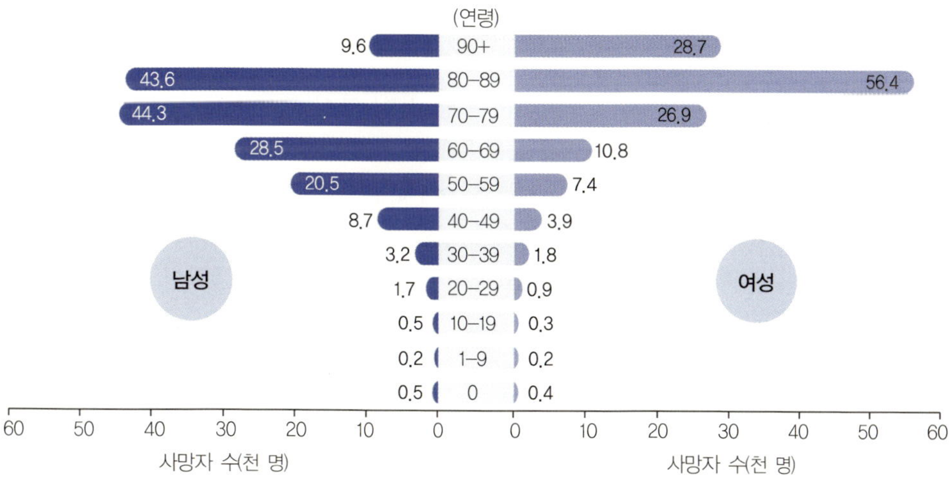

그림 8-14 성별 사망자 수(2018년)

출처: 통계청(2019). 2018년 출생 사망통계 잠정결과. p. 13.

결과) 남아의 사망률이 여아의 사망률보다 상대적으로 높다.

이들의 사망원인은 <표 8-12>와 같이 연령에 따라 다양하지만 0세의 경우 출생 전후의 질병이나 기형 및 영아돌연사증후군, 타살 등 원인이 매우 다양하다. 또한 1-9세의 경우는 암과 사고 및 타살 등 가족들에게 심리적 영향을 크게 미치는 외부적 요인에 의한 원인들이 대부분으로 가족체계 전반에 영향을 미칠 수 있는 사건들이다.

표 8-12 연령별 5대 사망원인 사망률, 2017년 사망원인 통계

	0세	1-9세	10-19세	20-29세	30-39세	40-49세	50-59세	60-69세	70-79세	80세 이상
1위	출생전후기에 기원한 특정 병태	악성 신생물	고의적 자해(자살)	고의적 자해(자살)	고의적 자해(자살)	악성 신생물	악성 신생물	악성 신생물	악성 신생물	악성 신생물
	139.8	1.9	4.7	16.4	24.5	42.5	126.7	305.5	744.9	1,445.7
2위	선천기형, 변형 및 염색체이상	운수사고	운수사고	운수사고	악성 신생물	고의적 자해(자살)	고의적 자해(자살)	심장질환	심장질환	심장질환
	45.4	1.4	2.7	5.1	13.8	27.9	30.8	61.3	227.4	1,063.4
3위	영아돌연사증후군	선천기형, 변형 및 염색체이상	악성 신생물	악성 신생물	운수사고	간질환	심장질환	뇌혈관 질환	뇌혈관 질환	폐렴
	20.0	1.1	2.3	4.0	4.5	12.2	28.1	45.1	186.1	856.7
4위	심장질환	가해(타살)	심장질환	심장질환	심장질환	심장질환	간질환	고의적 자해(자살)	폐렴	뇌혈관 질환
	7.3	0.9	0.6	1.5	4.0	11.1	25.4	30.2	132.2	749.9
5위	가해(타살)	심장질환	익사사고	뇌혈관 질환	간질환	뇌혈관 질환	뇌혈관 질환	간질환	당뇨병	고혈압성 질환
	4.6	0.6	0.4	0.7	3.0	8.8	20.1	26.1	85.6	285.0

출처: 통계청(2018). 2017년 사망원인 통계결과. p. 3.

이러한 사망원인에 대해서 윤태호 등(2007)은 출생 시 부모의 사회경제적 지위는 산모의 연령, 임신 주수, 태아 수, 태아의 성별, 출생 시 체중 등을 통제한 후에도 어린이 사망률에 매우 유의한 영향을 미친다고 한다. 특히 신생아기보다는 후기 신생아와 1-4세, 5-8세 때 부모의 교육수준이 낮을수록 사망위험이 증가하고, 아버지보다 어머니의 학력수준에 더 큰 영향을 받는 것으로 나타나 어린이의 건강불평등을 감소시키는 적극적이고 강력한 국가적, 사회적 정책 개입의 필요성을 강조한다.

(2) 배우자의 죽음

노년기의 배우자 죽음은 혼인 과정에 있는 부부들에게는 자연스러운 현상이다. 그러나 미혼의 성인자녀가 있는 여성들을 대상으로 한 성미애(2019)의 연구에 의하면 배우자 죽음이 가장 높은 스트레스원으로 배우자의 죽음은 이들의 우울수준을 높인다고 한다. 이는 한국 사회의 성차별적 태도와 부모의 책임에 대한 높은 사회적 기대 및 전형적인 가족 이데올로기 때문이며, 특히 부모로서의 책임감과 자녀들과의 갈등이 중요한 부담원이라고 한다.

그러나 평균수명의 연장으로 인한 노인들의 장수는 한편으로는 질병으로 인한 가족체계 전반에 어려움을 가중시키는 문제이기도 하다. 배우자를 사별한 결혼이주여성들에 대한 송재현(2018)의 연구에 의하면 '행복했던 결혼생활', '참고 살았던 결혼생활', '남편의 사별', '혼자 살아내야 하는 삶', '희망이 있어 견딜 수 있는 삶' 등의 주제어를 발견하였다. 특히 모든 것을 남편에게 의존하던 여성의 삶이 사별 후 스스로 삶의 변화에 적응해 가며 주체적인 삶을 살아내기 위해 노력하지만 많은 어려움을 경험하고 있어 실질적 방안이 마련되어야 할 필요성이 강조된다.

가족의 죽음과 관련해서는 몇 가지 법적인 문제점들이 대두되는데 생명유지치료나 안락사 등에 대한 사회적 관심도 증가하고 있다. 김명수(2009)에 의하면 의사의 생명유지치료를 거부하는 경우 환자의 자기결정권이 의사의 생명유지 의무에 우선한다고 보아 환자의 의사에 반해서 인위적인 생명유지조치를 강제적으로 할 수 없다고 한다. 이 경우 보호자나 의사는 생명유지 의무가 면제되어 환자의 요구에 응해서 치료를 중단한 의사는 처벌할 수 없다고 보아야 한다. 그러나 환자가 자기결정권을 행사할 수 없을 정도로 의식이 없는 경우에는 주관적 측면에서 환자의 추정적 의사나 환자 보호자의 동의가 있고, 객관적인 측면에서 환자가 이미 불가역적인 결정적 죽음의 과정에 들어섰다고 하는 명확한 증거가 있을 때 담당의사가 환자의 생명을 인위적으로 유지 내지 연장해야 될 의무가 면제되고, 환자의 안락한 죽음을 위해 협조해야 할 의무를 져야 한다고 주장한다. 그러나 연명치료를 자의적으로 중단하여 환자를 사망케 하면 의사는 살인죄를 저지르게 된다. 이러한 생명공학의 논쟁은 김명수(2009)의 주장처럼 인간존엄과 생명권 문제이지만 급격하게 평균수명이 증가하는 시점에서 많은 논의를 통해 선제적으로 대응할 수 있도록 정책적인 차원에서 논의가 필요하다고 본다.

또 다른 법적인 문제는 사실혼 배우자의 죽음으로 인한 상속권 등의 문제이다. 사실혼 배우자의 경우 다양한 법적 문제점을 경험하게 되는데 사실혼이 증가하고 있는 추세이지만 김상현(2018)에 의하면, 사망으로 인한 사실혼 해소의 경우에는 재산분할청구권이 인정되지 않는다고 한다. 특히 사실혼이 당사자 일방의 사망으로 해소된 경우 공동형성한 재산을 반환받을 수 없고 공동형성 재산이 사망한 사실혼 배우자 명의로 되어 있는 경우에도 상속인들이 상속하게 되는 불합리성과 부당성이 제기되고 있다.

(3) 부모의 죽음

부모의 사망은 자녀의 전생애주기에 일어날 수 있는 사건이지만, 자녀들에게 미치는 영향은 자녀들의 발달단계에 따라 매우 다양한 영향을 미친다. 18세 이전 부모 사망과 성인기 우울과의 관계를 연구한 이민아(2016)는 30세에서 64세까지의 응답자들이 두 부모가 생존해 있는 응답자에 비해 우울수준이 높고, 특히 아동기에 발생한 아버지의 사망이 응답자들의 교육수준을 낮추어 성인기 우울을 높인다고 한다.

조영화, 서순림과 박정림(2018)은 노인들의 죽음에 대한 태도는 가족이나 친척의 지지, 친구의 지지, 현재 신체적 건강상태와 현재 정신적 건강상태에서 유의한 차이가 있으며, 경제상태, 죽음에 대한 태도, 현재 신체적 건강상태, 수면의 질과 친구의 지지는 노인의 생활만족도에 영향을 미친다. 따라서 죽음에 대한 긍정적 태도를 형성하는 것이 노년기 삶의 질 향상에 중요함을 강조하고 이를 위한 프로그램 개발의 필요성을 주장하였다. 실제로 양로원 거주 노인을 대상으로 한 죽음준비교육 프로그램의 효과를 검증한 오혜진과 전해숙(2017)의 연구에 의하면 실험집단 노인의 죽음 불안과 우울 점수가 감소하였다고 한다. 이밖에도 죽음준비교육 프로그램을 다양한 집단에 실시한 많은 연구들에서 프로그램의 효과가 긍정적으로 평가되고 있다.

실제로 성인자녀기 동안의 부모의 사망은 상속과정에서의 갈등을 유발하는 요인이 되고 있다. 우리나라의 경우 부모의 죽음 후 가족들의 적응과 정서적 지원 등이 강조되기보다는 상속과 관련된 자녀들의 분쟁과 법적 다툼에 대한 보도가 빈번하며, 부모의 채무에 대한 절차 등 법적 처리 등이 뉴스에서 더 비중 있게 다루어지는 것이 현실이다. 5장의 '자녀의 권리' 부분에서도 다루었듯이 우리나라에서 상속문제는 법적으로 부모 사후의 자녀의 권리로 본다. 부모 사후의 부모-자녀 간 법률관계는 상속 · 유언의 자유 제한과 유류분권의 보호, 제사의 계승 등으로 나타나며, 반대로 자녀가 사망하면 부모가 상속인이 된다. 자녀는 부모 사망 후 직계존속으로서 제1순위의 상속인이 되며(제1000조 1항 1호), 태아일 경우에도 이미 출생한 것으로 보아(3항) 상속인이 될 수 있다. 자녀들 간의 상속재산은 공동소유가 되며(제1006조), 공동상속인은 부모의 유언이 없을 경우 모든 자녀가 균분하여 상속한다(제1009조 1항)고 명시되어 있다. 그러나 이러한 상속제도에 대하여 어인의(1996)는 상속인으로서 자녀의 권리만을 강조한 측면이 많다는 점을 지적하였다. 예를 들어, 생전에 자녀와 부모가 어떠한 관계였는지를 고려하지 않고 상속권을 부여한다거나(제1000조 1항 1호), 부모의 재산처분의 자유를 제한하는 점도 있으며(유류분제도 등), 자녀의 부모에 대한 부양의 보상으로 기여분을 인정하고(제1008조 2항), 사후의 부양인 제사주관자에게 특혜를 주고 있다는 점(제1008호의 3)이 문제점이라고 지적하였다.

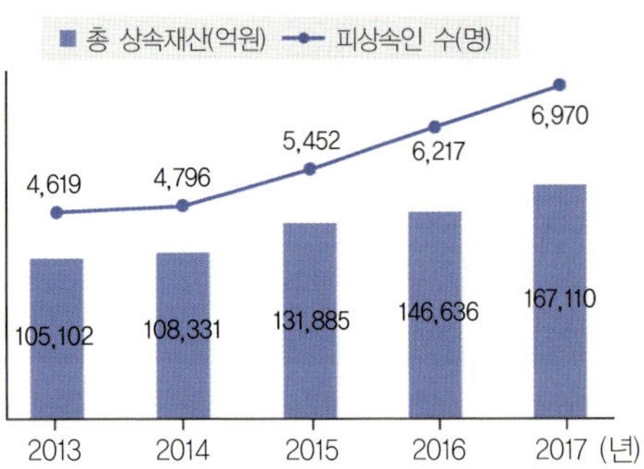

그림 8-15 상속세 신고현황(2013-2017년)
출처: blog.naver.com/ntscafe/221322300113

김지경과 송현주(2008)에 의하면 부모가 자녀에게 이전하는 소득금액이 자녀가 부모에게 이전하는 금액보다 2.8배 많으며, 부모와 자녀 간에 이루어지는 소득이전에서 자녀가 부모보다 더 큰 수혜액을 가지는 것으로 나타났다. 또한 2007년과 2011년 국세청의 상속세 신고현황(표 8-13)과 2013-2017년(그림 8-15)의 내용을 보면 2007년 이후 상속가액과 피상속인 수는 지속적으로 증가하여, 2017년의 상속재산가액은 매우 높은 수준임을 알 수 있다. 이러한 사적 증여는 결혼과정에서 더 많이 이루어진다. 최성애(1993)는 『혼수전쟁』이라는 책에서 우리나라의 결혼풍습에는 가부장문화와 급격한 경제성장에 따른 물신숭배가 깔려 있음을 지적하면서 자녀들의 은근하고 의도적인 재산분배 요구에 대해 구체적인 인터뷰 결과를 제시하고 있다. 경북도 소비자보호센터가 조사한 통계(영남일보, 2013.2.14)에 의하면, 결혼에 드는 비용의 부담은 '부모가 모두 부담했다'가 43.2%를 차지해 결혼에서의 부모의 기여가 매우 중요한 역할을 함을 알 수 있다.

그럼에도 불구하고 동아일보(2019.5.10)의 '대중화된 상속분쟁, 불효자 몫도 인정, 유언장이 효력을 가지려면'(news.v.daum.net/v/20190510160708914?f=m)이라는 기사에서는 부모의 죽음 이후 형제자매간의 분쟁이 점차 대중화되고 있으며, 상속분쟁인 '유류분 반환청구소송'이 10년 동안 4.6배나 늘었으며, 천만 원 이하의 소액 사례도 전체의 10%를 차지한다고 한다.

또한 이재림(2017)의 연구에 의하면 사망한 부모가 재산분배에 명확한 유언을 남기지 않은 경우 대부분 가족에서 형제자매와 긴장이나 갈등을 경험하는데, 부모 사망 이전의 가족경험을 상속과정에 투영하고, 부모의 남녀차별 및 장남우대, 부모부양 및 가족의례에 대한 기여, 오래된 가족갈등이 과거의 가족경험으로 부각되었다. 상속을 둘러싼 대립구도는 장남 대 딸들, 아들들 대 딸들, 장남 대 지차남의 긴장이 대표적이며, 상속과정에서 관계 악화와 단절, 이해의 계기 등 다양한 상호작용이 일어난다고 한다. 그러나 변화된 가족가치관과 균분상속에 대한 법적제도 마련에도 불구하고 경제적 이해관계 상충상황에서 여전히 가족 내의 규범이나 전통적인 관점에 따라 균분상속제, 공평성의 원리 등은 차별적으로 적용된다고 한다.

토론해 봅시다.

1. 우리나라의 전통의례 중 통과의례는 출산례, 성년례, 혼례, 회갑례, 상례, 제례 등이 있다. 이들 각각의 의례가 전통사회에서 갖는 상징적 의미는 무엇이었으며 이러한 의미를 현대적 의례로 계승 발전시킬 부분은 무엇인지 토론해 보자.

2. 중앙일보(2019.4.29)의 4개의 기사, 즉 1) 각자도생 2030 "결혼계획 없어 남 결혼식 안 가"(1면, news.joins.com/article/23453399), 2) 5060 부조장부(경조사비 받은 내역)…"우리 경조사 왔는지 확인, 받은 만큼 낸다"(2면, news.joins.com/article/23453396), 3) 2030 복세편살…"직장생활 10년, 결혼식 딱 두 번 갔다"(3면, news.joins.com/article/23452847), 4) "현금박치기·눈도장 찍기, 우리 경조사 문화 어찌할까"(23면, news.joins.com/article/23451575) 등의 기사는 우리 결혼문화의 변화, 세대간 차이 및 우리나라의 가족의례 전반의 변화를 보여준다. 이 기사들을 통해 우리의 '관혼상제' 문화가 1) 지속 가능하도록 보존해야 할 가치가 있는지, 2) 현재의 관혼상제의 문제점은 무엇이며, 3) 세대간 차이와 이를 극복할 방안은 무엇인지, 그리고 4) 건강한 가족의례를 위해 어떠한 변화가 필요하다고 생각하는지 토론해 보자.

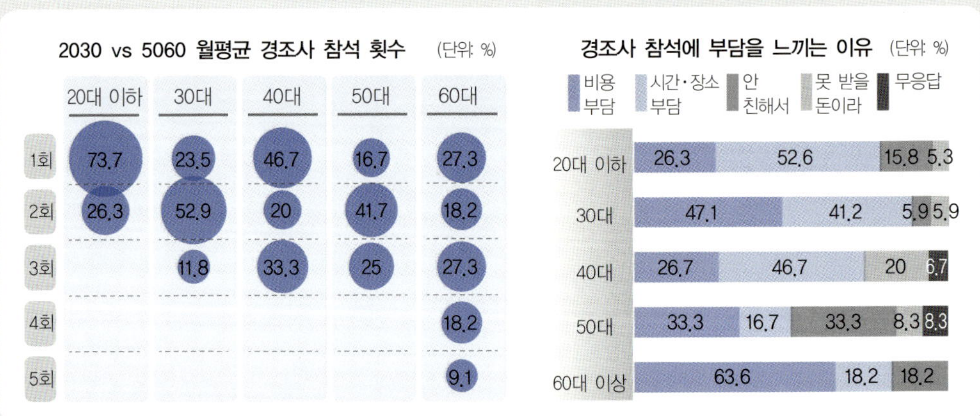

출처: 20대 이하-60대 이상 시민 74명 심층 인터뷰 결과
(중앙일보(2019.4.29.). 2030 복세편살…"직장생활 10년, 결혼식 딱 두 번 갔다." 3면)

3. '명절 때 받는 스트레스로 정신적, 육체적 증상을 겪는 것'을 명절증후군이라고 한다. 이러한 증상의 원인은 무엇이며, 가족의례의 기능과 중요성을 고려해 볼 때 명절을 잘 보내기 위한 방안이 무엇인지 토론해 보자. 또한 젊은이들의 경우 친척들의 결혼이나 직장생활에 대한 관심과 질문에서 벗어나기 위해 명절 때 국내외 여행을 떠나거나 혼자 지내는 비율이 증가하고 있다고 한다. 이러한 현상을 통해 가족의례의 방향에 대해 토론해 보자.

4. 우리나라의 혼인은 법이 정하는 일정한 형식을 요구하는 신고혼주의(혹은 법률혼주의)를 채택하기 때문에 부부처럼 남녀가 동거하고 공동생활을 해도 정상적인 혼인신고를 하지 않은 경우 부부로 인정받지 못하여 상속 등 다양한 법률적 권리와 보호를 받을 수가 없다. 박종렬과 정순형(2017)은 우리나라가 '초고령화 사회'에 접어들고, 노인들의 재혼에 대해 자녀들이 재산상의 문제로 혼인신고를 거부하는 문제점들을 지적하면서 사실혼 배우자 한 명의 사망으로 인한 문제점을 지적하고 있다. 이와 함께 동거에 대한 사회적인 관심도 증가하고 있다. 사실혼과 동거 등으로 인해 발생되는 현재 우리 사회의 문제점은 무엇이며 문제해결방안은 무엇인지 토론해 보자. 또한 자녀들의 재산권에 대한 입장과 노인부모의 행복추구권의 관점에서도 이 문제를 논의해 보자.

5. 인공수정을 위한 냉동정자 보관 중 남편이 사망한 경우 정자 사용 결정권에 대한 판결에서 김상헌(2016, '우리나라에서도 사망한 남편과 사후수정자 사이에 친자관계를 인정할 수 있는가?', 서울법학, 23(3), 25-59)의 연구에 의하면 법원이 사망한 남편과 사후수정자 사이에 친자관계를 인정한 판결을 내렸다고 한다. 이때 기준은 친자관계의 문제를 혈연관계로 판단하였지만, 현행법상 사후수정으로 태어날 자에게 어떠한 법적 지위를 부여할 것인가와 관련하여 몇 가지 문제점을 지적하였다. 1) 첫째 사후수정에 동의한 정자제공자(사망한 남편)가 아버지가 되려는 의사가 강하다는 추정만으로 친자관계를 인정할 수 있는지, 2) 둘째, 동시존재 원칙의 예외를 인정할 만큼 친자관계의 인정만이 자녀의 복리에 기여할 수 있는지, 3) 셋째, 시간이 흐른 뒤 사후수정을 제한하여 세대의 문제를 해결할 수 있다고 하더라도 사후수정자의 법적 지위는 출생한 자의 지위를 논하는 것으로 친자관계의 인정이 종국적으로 세대라는 개념의 해체를 가져올 수 있지는 않은지 등에 대한 논의가 필요함을 주장한다. 이러한 3가지 주장, 즉 부모자녀관계의 형성과 자녀의 법적지위 및 세대관계적 관점에서 토론해 보자.

Chapter **9**

가족의 미래와 가족관계의 전망

1. 가족의 변화에 영향을 미치는 요인들 | 2. 미래 가족과 가족관계의 특성

가족은 정치, 경제, 사회, 문화적 요소들의 변화와 함께 유연하게 끊임없이 변화하는 사회적 제도이다. 이러한 이유로 가족은 구성원들 간의 상호작용을 통해 누적된 개인 삶의 경험, 집단 삶의 경험을 반영하는 역사적, 사회적 구성물로 이해되며, 다양한 학자들은 가족과 친족 조직의 관계적 특성이 사회의 일반적 행동양식이나 조직원리 등으로 확산되는 기제 때문에 가족의 중요성을 강조한다. 또한 신수진(1998)은 한 사회의 문화를 '일정한 모습'으로 형성, 유지시키는 '기제'로서 가족의 중요성을 강조한다. 그러나 가족의 모습은 지속적으로 변화하고 있으며 새로운 변화에 적응해 다양한 모습을 나타낸다. 이 장에서는 가족의 변화에 영향을 미치는 요인들이 무엇인지 살펴보고, 미래의 가족관계에서의 주요한 특성들을 정리한다.

1. 가족의 변화에 영향을 미치는 요인들

1986년 미국의 유명한 학술잡지인 'Family Relations'에 Mckenry(1986)는 향후 미국 가족에 대한 예측에서 ① 독신, 재혼, 노인들의 집단모임, 동거 등 다양한 라이프스타일이 증가하여 2020년에는 대부분이 재혼과 독신가족일 것이며, ② 맞벌이가족이 증가하고, ③ 가족의 경제력은 향상될 것이며, ④ 가족 밖의 아동양육서비스가 증가하고, ⑤ 가족의 권력은 평등해지고, ⑥ 출산관련 기술 등이 변화할 것이라고 예상하였다. 그의 예측은 거의 빗나가지 않아 30년이 지난 지금 미국 사회뿐만 아니라 전 세계의 가족 상황과 일치한다. 그렇다면 앞으로 30년, 혹은 현재도 진행되고 있는 가족의 변화들은 무엇이며, 이러한 변화에 영향을 미치는 요소는 무엇인가?

우리나라의 역사적, 사회적 변화과정을 장경섭(2000)은 압축적 근대성이라는 개념으로 설명한다. 우리나라는 일제강점기와 한국전쟁의 암흑기를 거쳐 <그림 9-1>과 같이 서구화와 산업화 및 경제발전을 동시에 이루었으며 2019년 현재 4차 산업혁명 시대를 앞두고 있다. 이 과정에서 경제적으로는 1인당 국민소득이 87$(1962)에서 31,349$(2018)로 급속한 증가를 경험하였으며, 정치적으로는 정치적 불안정과 군사정권을 거쳐 현재에 이르렀으며, 종교적인 측면에서도 2015년 인구총조사(통계청, 2015)에 의하면 불교(16%) 등 전통적 종교는 줄어들고 있으며 기독교(20%)가 가장 높은 비중

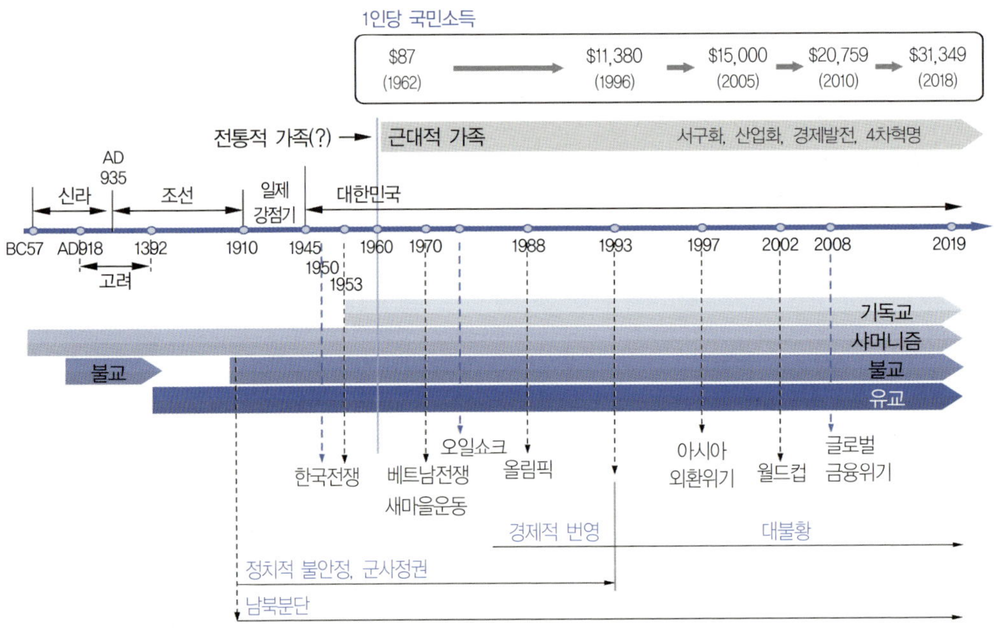

그림 9-1 우리나라의 정치, 사회, 경제적 변화와 영향요인들

을 차지하는 시대로 접어들었다.

이러한 사회문화적 변화는 가족에도 다양한 영향을 미쳤다. 많은 연구자들은 가족에 영향을 미친 사회적 환경 중에서 농경사회에서 산업화사회를 거쳐 정보화사회와 후기 정보화사회로의 변화로 설명되는 생산방식의 변화를 기초로 한 경제체제의 변화를 가장 중요한 원인 중 하나로 지적한다. 또 하나는 과학과 기술의 발달로 1960년대 피임약 개발을 시작으로 다양한 출산관련 기술의 발달과 의학의 발달은 가족 삶의 기간을 절대적으로 확대하였으며, 다양한 컴퓨터의 발달과 인터넷의 확산 등 과학적 발전은 고령화를 포함한 가족의 삶에 획기적인 변화를 가능케 하였다. 또한 과학과 기술의 발달은 사람들의 관계 맺는 방식의 변화와 집단지성 같은 교육체제의 변화도 가져온다. 정현숙과 옥선화(2016)는 과학기술의 발달로 연장된 평균수명은 가족관계의 기간을 연장시키면서, 중년기와 노년기를 질적으로 다른 양상으로 바꾸었으며, 조부모역할에 대한 인식 변화를 가져왔다고 강조한다. 또한 1인가구와 비혈연공동체, 동성부부 등 다양한 가족의 증가를 예상한다. 실제로 <참고 9-1>과 같이 2017년 떠오르는 새로운 10대 기술은 과학적 발전 속도가 이미 우리 삶의 다양한 분야에 우리가 인식하지 못하는 수준으로 깊숙이 파고들었음을 보여준다. 이러한 변화에 따른 가치관의 변화는 결혼에 대한 사람들의 인식과 가족관계 전반에 영향을 미쳤다.

참고 9-1 공기에서 물 얻고, 피 한 방울로 암 진단, 세상 바꿀 신기술 10

① **주삿바늘로 찌르지 않는 액체 생체검사법:** 암 연구에 획기적 변화를 가져올 기술. 생체조직검사가 가능하지 않은 경우에도 쉽게 적용할 수 있음
② **공기에서 식수 채집:** MIT와 버클리 대학은 공동으로 다공성 결정체와 태양열을 이용한 식수 채집에 성공.
③ **시각적 판독을 위한 인공지능 딥러닝:** 인간의 눈보다 빠른 형태 판독이 가능해져 인공지능(AI)을 다양한 분야에 적용할 수 있음
④ **햇빛을 이용한 액체연료 제조기술:** 식물의 광합성 과정을 인공적으로 모방해 저장 가능한 연료로 만드는 연구
⑤ **인간세포 지도:** 인체의 세포와 조직의 종류, 인체 내 생물분자들의 위치와 기능을 수록하는 것이 목표. 지도가 완성되면 인간의 건강관리와 맞춤치료에 획기적인 변화가 기대됨
⑥ **정밀농업:** 4차 산업혁명은 농업에도 변화를 가져올 전망. 농산물 재배에 필요한 물과 화학비료를 최소화할 수 있는 데다 노동력도 절감할 수 있게 됨
⑦ **환경 친화적 자동차를 위한 저렴한 촉매:** 환경에 무해한 자동차를 만들기 위한 기술 개발
⑧ **지놈 백신:** 단백질을 이용한 백신이 아닌 DNA나 RNA로 만들어진 백신. 인체 내에서 직접 항체를 만들어 항체 제조시간과 비용을 획기적으로 줄일 수 있는 기술
⑨ **물 · 에너지 등 공동 생활권의 지속 가능한 디자인:** 물과 에너지 소비 등을 최소화할 수 있는 친환경 공동체를 만들기 위해 필요한 여러 기술
⑩ **양자컴퓨팅:** 슈퍼컴퓨터 등 현존하는 컴퓨터의 저장 · 계산능력을 초월하는 컴퓨터

출처: 중앙일보(2017.6.28). B3면, news.joins.com/article/21706368의 내용을 요약함.

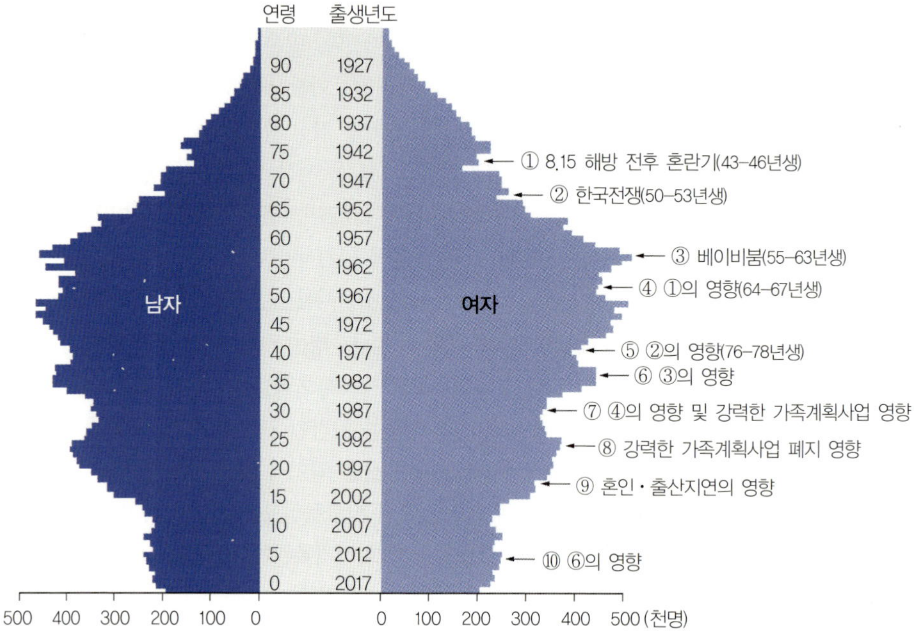

그림 9-2 2017년 기준 인구 피라미드와 영향요인
출처: 통계청(2019). 장래인구특별추계: 2017-2067 보도자료. p. 23.

사회 · 역사적 변화에 따른 인간행동의 변화를 보여주는 예는 2017년 우리나라의 인구증감에 대한 통계청(2019)의 분석이다. 이 통계에서는 <그림 9-2>와 같이 출생년도에 따라 다양한 세대가 서로 다른 사회 · 역사적 경험을 하였으며, 이러한 사회적으로 영향력 있는 사건들이 출산율에도 영향을 미쳤음을 보여준다. 이러한 통계는 가족관계 연구에서 사회적 세대를 반영한 연구설계의 필요성을 강조하는 결과이다.

2. 미래 가족과 가족관계의 특성

일찍이 Burr, Day와 Bahr(1993)는 사회적 변화에 따라 가족이 점차 다양해짐에 따라 현대의 가족학자들은 가족을 연구할 때 과거의 학자들과는 다르게 가족을 생각해야 한다는 점을 강조하였다. 또한 Cooley(1902)도 20세기 초에 이미 『인간성과 사회질서』라는 책에서 "컴퓨터 혁명이 새로운 세상을 만들어온 방식을 깨닫지 않고는 아무것도 올바르게 이해할 수 없다"고 강조한 바 있다. 이 절에서는 인구학적 혁명, 경제체제의 변화와 과학과 의학의 발전으로 상징되는 미래사회에서 가족관계에 어떠한 변화가 일어나고 있는지 혹은 일어날 것인지를 가족과 관련된 인구학적 특징과 다양한 가족관계를 중심으로 정리하였다.

1) 인구학적 특성의 변화

우리나라의 인구정책으로 인한 출산율의 변화와 이로 인한 자녀들의 가치를 가장 잘 보여주는 자료는 대국민 홍보자료이다. <그림 9-3>과 같이 베이비붐 세대의 인구폭발로 인한 출산인구 증가 때문에 발생된 문제를 해결하기 위해 1970년대는 "딸아들 구별 말고 둘만 낳아 잘 기르자"는 구호가 등장했다. 1980년대에 들어서는 계속되는 인구증가로 인해 "둘도 많다"는 구호로 변경되었다가 21세기 들어 소위 성혁명, 인구혁명, 가족혁명으로 요약되는 저출산과 고령화 등으로 "허전한 한 자녀, 흐뭇한 두 자녀, 든든한 세 자녀"라는 구호로 변경되었다. 이러한 일련의 과정은 인구학적 특성이 가족과 가족관계 전반에 다양한 영향을 미치며, 다시 피드백되어 인구학적 특성을 변화시키는 과정을 반복하고 있음을 보여준다. 앞으로 30년 후 초저출산율이 예상되며 무자녀혁명(Cane, M., 이한중 역, 2003)이 예측되는 상황에서 어떠한 정책구호가 대두될 것인가?

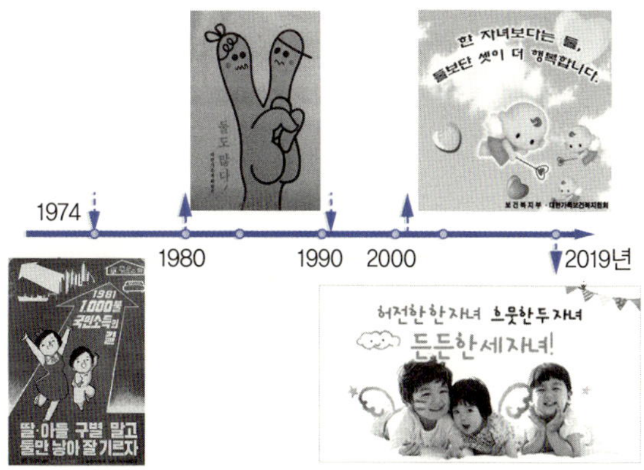

그림 9-3 1974년 이후 우리나라 출산정책관련 홍보자료

미래학자들이 평가하는 가족변화는 인구혁명으로 설명되는 구조적 변화를 통해 나타나는 출산율과 자녀 수의 감소와 만혼현상, 첫 자녀 출산 연령 증가, 이혼과 한부모가족, 혼외출산과 여성취업의 증가 등으로 인한 가족구조의 다양성이다. 우리 사회에서 이러한 인구혁명에 대한 예측치는 통계청의 가구와 인구추계를 통해 엿볼 수 있다. 국가 차원의 다양한 출산정책에도 불구하고 출산율은 매우 낮은 수준이 지속되고 있으며 고령화는 점차 심각해지고 있다.

가족의 구조적 변화를 예측할 수 있는 통계 중 하나는 우리나라의 인구통계학적 특성으로 통계청(2017)의 장래인구추계에 의하면 <그림 9-4>와 같이 2019년을 기점으로 낮은 출산율과 고령화로 출생자 수와 사망자 수의 역전현상이 일어나며 그 간극은 점차 커질 것으로 예측된다. 또한 <그림 9-5>와 같이 2015년 이후 부부와 자녀가구는 점차 감소하고, 2025년 이후는 1인가구가 가장 많은 비율을 차지한다. 특히 1인가구의 연령은 젊은 층과 노년층으로 이원화하는 현상을 나타낸다. 그러나 2035년을 기준으로 볼 때 영국이나 일본보다는 1인가구의 비율이 낮을 것으로 예측된다. 또한 이혼과 사별에 의한 한부모가구도 증가하여 <표 9-1>과 같이 2045년 한부모가구의 21.2%가 부-자녀가족이며, 모-자녀가족이 78.8%를 차지할 것으로 예측되는 등 미래의 가족은 가족관계적인 면에서뿐만 아니라 가족구조적인 면에서도 다양성을 나타낸 것이다.

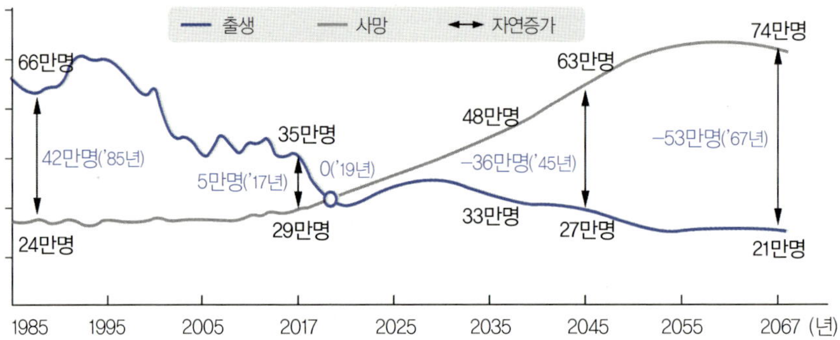

그림 9-4 출생아 수와 사망자 수(1985-2067년)

출처: 통계청(2019). 장래인구특별추계: 2017-2067. p. 1.

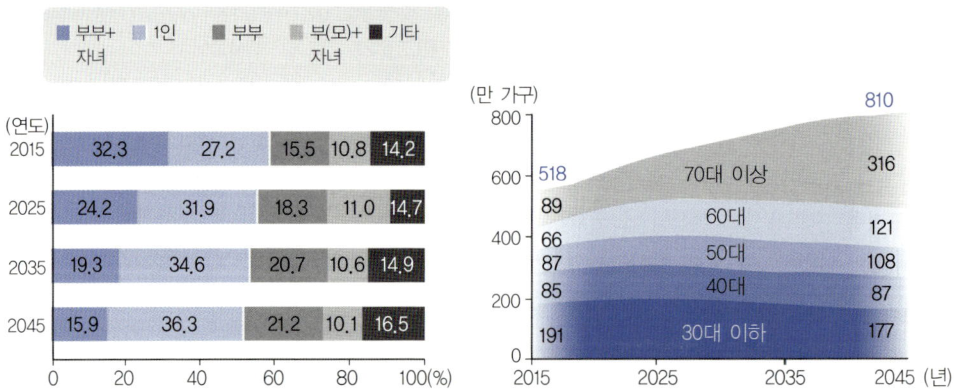

그림 9-5 가구 유형별 추계 및 1인가구의 연령별 분포(2015-2045년)

출처: 통계청(2017). 장래가구추계: 2015-2045. p. 2.

표 9-1 이혼·사별에 의한 한부모가구(2015-2045년) (단위: 만 가구, %)

	가구						구성비				
	2015	2017	2025	2035	2045	연평균 변화	2015	2017	2025	2035	2045
부(모)+자녀	205.2	212.7	230.3	234.3	225.7	0.7	100.0	100.0	100.0	100.0	100.0
이혼·사별에 의한 부(모)+자녀*	131.9	134.7	142.0	145.3	143.1	0.4	64.3	63.3	61.7	62.0	63.4
부+자녀	30.6	31.0	32.0	31.8	30.4	0.0	23.2	23.0	22.5	21.9	21.2
모+자녀	101.4	103.7	110.0	113.5	112.7	0.4	76.9	77.0	77.5	78.1	78.8

주: * 2세대 중 부(모)가 분거가족 등 유배우인 경우를 제외한 한부모가구임
출처: 통계청(2017). 장래가구추계 보도자료. p. 22.

그러나 이러한 구조적 특성 중 가장 관계에 가장 영향을 미칠 것으로 예측되는 인구통계학적 통계는 인구구조이다. <그림 9-6>과 같이 2017년부터 2067년에 이르기까지의 인구구조의 변화 패턴은 사회구조 전반에 중요한 영향을 미칠 뿐만 아니라 가족관계 전반에도 영향을 미칠 것으로 예측된다. 특히 유소년인구 1백 명당 고령인구 수인 '노령화지수'는 명확한데 2017년 105.1명에서, 2026년 206명, 2056년 502.2명으로 높아져, 2056년부터는 고령인구가 유소년인구보다 5배 이상 많아질 전망이다. 현재의 노후준비도나 부모의 자녀들에 대한 사적공유의 증가 및 점차 노쇠하여 의료적 도움을 필요로 하는 노인세대의 증가는 성인자녀와 부모 간 부양과 양육에 대한 태도에도 영향을 미치며, 길어진 결혼기간으로 일부일처제에 대한 신화에도 도전이 예상되고 조부모의 역할도 확대될 것이다.

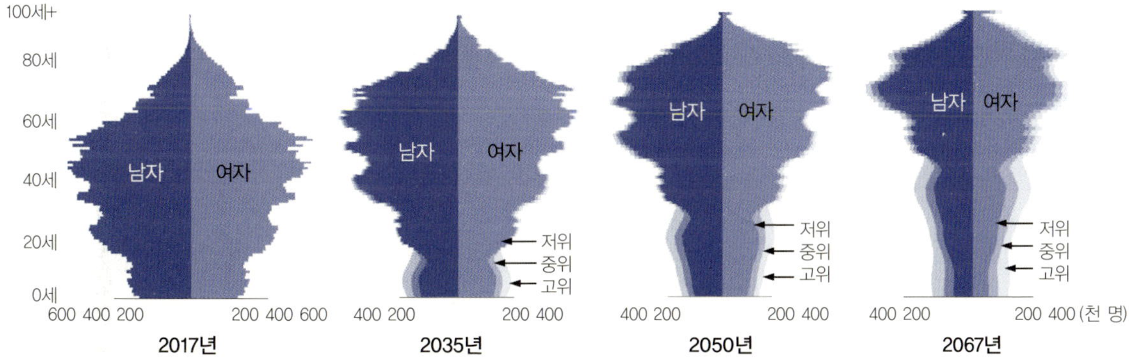

그림 9-6 인구피라미드(2017-2067년)
출처: 통계청(2019). 장래인구특별추계: 2017-2067 보도자료. p. 18.

2) 가족과 가족관계의 변화

가족에 대한 혁명적인 변화를 설명하는 학자들은 가족 정의의 유연성과 관계에 대한 인식의 변화가 가족과 가족관계의 중요한 변화라고 요약한다. 또한 유엔미래보고서 2045(Gerome Glenn, 박영숙 역, State of Future, 2015)에 의하면 미래학자들도 2045년은 예측이 어려운데 그 이유는 나노기술, 합성생물학, 인공지능 발달이 미래를 어떻게 바꿀지 알 수 없기 때문이라고 한다. 그러나 몇 가지 점에서 변화가 예견되는데, ① 수명 증가(노화, 치매치료, 발병 전 치료, 장기재생/생산-생명공학의 발달), ② 3D 프린터, ③ 동반자가 될 AI로봇, ④ 온난화의 심각성, ⑤ 해체되는 기존 사회시스템: Online portal system 구축, ⑥ 주민참여예산제도, 주민참여입법제도 도입, ⑦ 교육시스템: 무료온라인 대학교육, ⑧ 사랑과 종교(가상현실, 사이버공간에서의 정신적 만족감과 쾌락) 등을 중요내용으로 예측하며, 그 결과 2040년에는 결혼제도가 소멸되고 평균수명 120세를 맞아 일부일처제의 문제점들이 드러나게 될 것이라고 전망하였다. 그 이유는 인류가 일자리를 찾아 세계를 이동하면서 가족을 만들 여력이 없으며, 상황에 맞게 생산 · 사랑 · 생활을 공유하는 파트너십이 활성화될 것이기 때문이라는 것이다.

이러한 예측에 대해서 가족학자들은 가족제도 자체는 절대 없어지지 않을 것이라고 예측하지만 이러한 변화로 인해 가족에 대한 인식, 파트너십, 구애과정과 관계를 맺는 방식 등은 변화될 것으로 예측한다. 이 장에서는 이러한 내용을 중심으로 살펴본다.

(1) 가족에 대한 인식의 변화

미래사회에는 결혼과 혈연, 입양을 통한 합법적인 가족관계라는 개념이 변화될 것으로 예측된다. 이러한 이유로 Goode(2009)는 가족에 대한 유연한 정의가 필요하며 정서적인 관점에서의 가족관계에 초점을 맞춰 가족을 '특별한 종류의 가구나 집단이 아니라 사람들 간의 특별한 관계'라는 유연한 정의를 제안하였다. 우리 사회에서도 '가족적'이라는 표현을 많이 쓰지만 현대적 의미에서 가족적이라는 속성이 무엇인가에 대한 더 많은 논의가 필요하다. 그러나 Goode(2009)는 가족적 패키지(familistic package)에 ① 경제적 단위, ② 안(구성원)과 밖(외부인)에 대한 기준이 있는 비공식적 집단, ③ 돈과 재화를 공유하고 미래에도 상호지원적인 관계일 것이라는 기대가 있는 지속성(continuity), ④ 애정과 동료애 등 다양한 욕구가 충족되는 친밀성(familiality) 등이 포함된다고 한다. 이러한 정의에 의하면 미래사회에서 가족은 느슨한 구조적 속성과 함께 관계적인 속성이 중요한 비공식적인 집단으로 자리잡을 것이다.

(2) 파트너십에 대한 인식의 변화

정현숙(2010)은 결혼에 대한 인식 변화를 세 단계로 구분하였다. 첫 단계는 Burgess와 Locke(1945)가 구분한 '법, 제도와 종교적 신념에 의한 결합이 강조되는 제도적 결혼'(institutional marriage)에서 두 번째 단계인 '동료애, 우정, 낭만적 사랑이 강조되는 동반자적 결혼'(companionate marriage)으로의 변화이다. 세 번째 단계는 1960년대 이후 '동반자적 결혼에 대한 이상이 퇴색하고 동거, 맞벌이와 이혼 및 혼외출산 등이 증가하면서 개별화된 결혼'(individualized marriage)의 변화이다. 개별화된 세 번째 단계에서의 결혼은 부부관계에서의 역할이 유연해지고, 두 사람 간 협상이 자유롭게 이루어지고 배우자 각자의 자아발달이 중요한 만족의 척도가 되는 결합을 의미한다. 이러한 파트너십에 대한 기대는 점차 증가될 것이다.

많은 학자들도 전통적 결혼에서 중요시되던 가치나 관계의 특성들이 변화될 것으로 예측한다. Skolnick(2009)은 "모든 결혼은 행복한 결혼과 불행한 결혼이 있다"는 톨스토이의 말이 틀렸음을 강조하면서 행복한 결혼도 한 가지 모습이 아니며, 결혼의 정서적 핵심만 훌륭하다면 어떤 생활형태로 살아가도 문제가 되지 않는다고 주장하면서 구조보다는 관계의 중요성을 강조하였다. 그럼에도 불구하고 Skolnick과 Skolnick(2009)은 Bernard(1982)의 결혼에 대한 비판을 인용하면서 결혼은 가까운 미래에 없어질 라이프스타일은 아니라고 결론짓는다.

> "미래의 결혼은 사회의 다른 제도만큼이나 확실하게 존재할 것이다. 남자와 여자들은 친밀감(intimacy)을 지속적으로 원하고, 그들은 상호성(mutuality)을 축복하고, 혼인 성사로서의 결혼을 위해 교회에서 결혼식을 하고 정신적인 동반자로서의 경험을 지속적으로 원할 것이다. 이러한 헌신감이 사라지거나 이들 간의 관계가 일상화되고 잠시 지나는 것이 될 것이라는 어떠한 가능성도 거의 없다."
>
> -Skolnick & Skolnick (2009). p. 301.

미래의 결혼과 가족의 모습이 어떻게 변화할 것인지에 대해 구조적으로 다양성이 증가할 것이라는 데 이견이 없다. 그러나 미래사회에서 파트너 관계는 친밀성과 상호성을 바탕으로 한 동반자 관계로 변화될 것이라는 데도 이견이 없다. 또한 앞으로의 파트너십은 단순동거커플 관계에서도 독립성과 자율성이 강조되고, 이혼과 재혼이 증가하고, 평균수명이 증가하면서 LAT와 같은 비동거, 비거주형태의 파트너관계도 지속적으로 증가할 것으로 예측된다.

(3) 구애과정과 관계 맺는 방식의 변화

생애과정에서 데이트, 약혼과 결혼으로 이어지던 전통적인 구애과정이 변화하고 있으며 미래사회에는 더욱 더 다양한 경로가 나타날 것으로 예상된다. 한국보건사회연구원(2015)에 의하면 결혼을 통해 형성되는 가족관계의 삶의 사이클이 변화되는 양상을 보인다고 한다. 즉, 가구주 만 여명에 대한 실태조사에 의하면 기혼여성(15-49세)들의 삶의 경로는 '결혼식-함께 삶-혼인신고'하는 비율이 73.6%이며, '함께 삶-결혼식-혼인신고'하는 경우가 7.6%, '함께 삶-혼인신고-결혼식'을 하는 비율도 3.6%에 달하며, '혼인신고-함께 삶'의 비율이 0.2%, '동거(결혼하지 않은)'가 0.8%를 차지하여 삶의 과정에서 변화가 나타나고 있다. 실제로 한국경제(2019.4.6)에 의하면 현재의 2030세대의 결혼식 등에 대한 태도도 변화하여 스몰웨딩, 주례 없는 결혼, 결혼식 생략 등도 새로운 풍속도로 자리 잡아가고 있다고 한다.

또한 함인희(2001)도 배우자 선택 양식의 변화를 '친밀성의 혁명'으로 명명하면서, 문헌고찰을 통해 이성교제의 보편화, 연애혼의 증가, 선택조건의 동시성의 비동시성(전통적 요소와 개인적 자질이 공존/성격, 사랑이 주요 조건), 부모의 영향력 약화와 혼전 성경험의 허용과 이중 성윤리 거부 등의 변화를 주장한다.

실제로 사람들의 관계 맺는 방식은 <그림 9-7>와 같이 인터넷의 발달로 인해 매우 다양한 형태로 바뀌고 있으며, AI와 가상현실을 포함한 과학기술의 발달로 우리가 예측할 수 없는 수준까지 사람들의 관계 맺는 방식이 다양해질 것으로 예측된다(정현숙, 2010).

정현숙(2010)은 정보화와 과학기술의 발달로 우리나라의 인터넷상에서 기존과는 매우 다른 관계 맺음 방식들이 있다고 주장한다. 인터넷상의 관계 맺기는 아이러브스쿨(I love school)과 같은 사람 찾기 사이트로부터 진화하였으며, 월드컵 때의 응원열기나 촛불시위와 같은 공동체를 형성하는 데도 중요한 역할을 하였다. 좀 더 발전한 형태의 관계 맺기는 놀이공간으로서의 싸이월드(cyworld)나 일본의 믹시(mixi) 같은 사이트들이다. 이러한 가상공간 내에서 사람들은 새로운 친족관계인 일촌을 만들고 그들 간에 비밀스런 대화와 관계를 형성한다. 이에 한발 더 나아가 미국의 페이스북(facebook)과 같은 사이트는 놀이뿐만 아니라 특별한 목적을 가진 모임으로 발전되어 인맥쌓기와

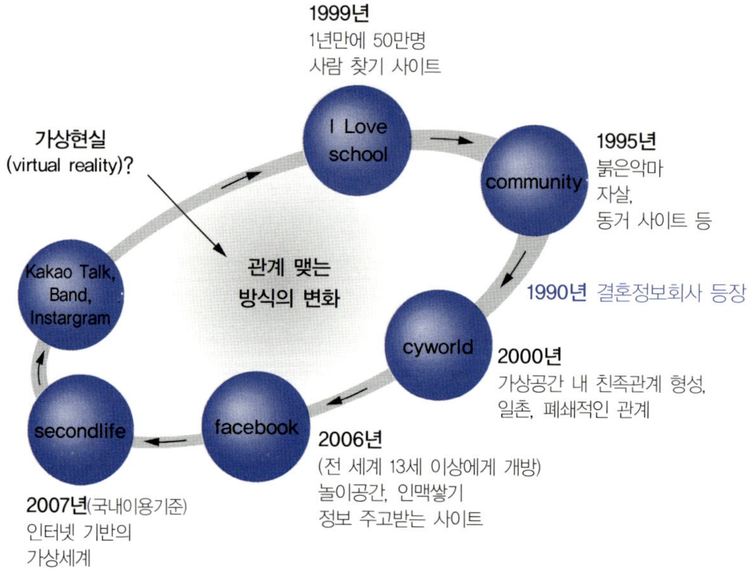

그림 9-7 관계 맺는 방식의 변화

출처: 정현숙(2010). p. 48.

정보를 얻는 주요 장소이다. 린든리서치사에서 만든 세컨드라이프(www.secondlife.com)는 제2의 천지창조로 받아들여진다고 한다. 이곳에서 세계 각국의 개인들은 집을 짓고, 직장에 다니며, 결혼도 하고 이혼도 한다. 이들은 자신이 살고 있는 현실에서의 삶도 살지만, 인터넷상에서 국제결혼도 하고 현실과는 다른 사람과 관계를 맺고 생활한다. 그러나 현재는 이 사이트도 많이 시들해져 사람들의 관심은 지속적으로 다른 활동을 찾고 있다고 한다.

정현숙(2010)은 아이러브스쿨, 네티즌의 촛불시위 모임, 독점적이고 배타적인 싸이월드에 이어 제4세대의 세컨드라이프와 같은 인터넷 세상에서 인간들이 기대하는 것은 소속감임을 강조한다. 사람들은 소속감을 통해 정서적 위로와 위안을 기대하며, 서로에 대한 관심과 배려를 추구한다. 그러나 세컨드라이프에서의 사랑은 육체적인 사랑이 아닌 정신적인 사랑이다. 결국 과학기술의 발달에서도 이룰 수 없는 근접성과 자발성에 바탕을 둔 가족관계가 이러한 과학과 함께 가야 하는 이유이기도 하다. 컴퓨터 음성인식과 동시 통번역이 가능한 기술발전도 곧 상용화될 것이다.

현재 많은 사람들이 사용하고 있는 SNS는 또 다른 매체이다. Facebook, 카카오톡, Instargram 등 다양한 매체들은 사람들의 관계 맺는 방식을 더욱 변화시키고 있다. 또한 가상현실과 증강현실과 같은 새로운 매체들의 발명은 현실에서의 관계와 가상세계에서의 관계에 대한 경계가 점차 무의미해질 수도 있을 것이다. 그러나 Bill Gates가 2018년이 되면 종이신문이 종말을 고할 것이라고 했지만 전통적인 방식과 새로운 방식은 독특한 방식으로 공존하며 매체 사용에서의 세대격차도 확대되고 있다. 인터넷상의 관계 맺음 방식이 어디까지 진화할지는 누구도 예상할 수 없지만, 이러한 세계에서 가족과 같은 인간관계의 중요성은 더욱 중요시될 것이라는 예측은 가능할 것이다. 세대격차가 존재하는 가족에서 이러한 과학적 발전으로 인한 격차가 더욱 확대되지 않을 방안들도 모색해야 할 것이다(정현숙, 옥선화, 2016; 정현숙, 2017).

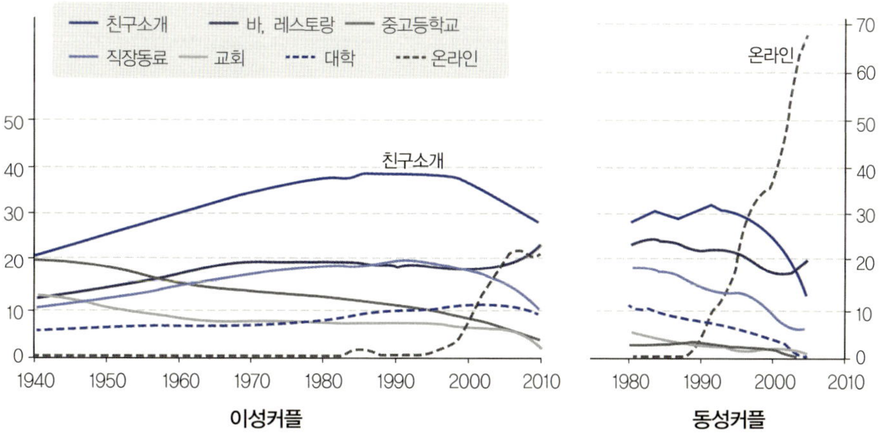

그림 9-8 미국 사람들이 데이트 파트너를 만나는 방법

출처: The Economist (2018. August 18). Putting the data into dating(pp. 16-18). p. 17.

이러한 예측과 맥을 같이하여 <그림 9-8>과 같이 미국 사람들이 이성 데이트 파트너를 만나는 방식은 여전히 친구들을 통한 방식이 가장 많지만, 2000년대 이후 온라인을 통한 방식이 급격하게 증가하고 있으며, 동성파트너의 경우는 약 70%가 온라인을 통한 방식으로 만나며 다른 방법들은 모두 급격하게 감소하고 있다. 그러나 이러한 성향은 연령과 인종에 따른 차이가 있는데, 남성들은 45-50대까지 연령이 증가할수록 온라인을 통한 만남을 적극적으로 추구하지만 이후 감소하고, 여성들은 20대에는 남성들보다 높은 수준으로 온라인을 통한 만남을 추구하지만 연령 증가에 따라 급속하게 감소한다고 한다(The Economist, 2018).

이와는 다른 방식으로 파트너와의 관계 맺는 방식이 다양해질 것으로도 예측되는데 Coate, Mahaffi와 Hines(1996)의 '2025, 미국과 지구촌의 과학기술 발전으로 인한 시나리오들'에 의하면 ① 결혼 대신에 동거(cohabitation)나 사실혼 관계, ② 실험결혼(trial marriage), ③ 브로커를 통한 결혼(the brokered marriage), ④ 생애파트너(life partners)로 이성 혹은 동성부부가 정식으로 결혼, 항상 이혼 제안의 권리를 갖는 형태, ⑤ 경제적 결합(economic unions)으로 성인과 아동들이 필요에 의해 함께 동거하는 공동체를 결성하여 상호이익을 위한 재정분담을 계약하는 형태 등 다양한 방식이 등장할 것으로 예측한다. 우리나라에서도 이미 동거나 비혼에 대한 논의가 본격화되고 있으며 동거가 결혼의 대안적 라이프스타일로 등장하게 될 것이다. 이와 같이 사람들의 관계 맺는 방식과 배우자 선택에서의 주체는 끊임없이 변화하면서 사회의 변화에 적응하고 있다.

Stone(1979)도 배우자 선택에서의 주체가 시대에 따라 변화될 것으로 전망하면서 1단계는 자녀의 소망과 관계없이 부모의 의지에 의해 결혼이 성사되며, 2단계에는 부모들이 다리를 놓는 대신 자식들이 거부할 권리를 가지고, 3단계는 자식들이 선택권을 갖고 부모가 거부할 권리를 가지는 단계를 거쳐, 4단계는 자식이 스스로 선택하고 부모들의 거부권을 인정하지 않는 방식으로 선택의 주체가 누구인가에 초점을 맞추어 설명한다. 우리나라에서는 이 모든 단체가 정도의 차이는 있지만 공존하고 있으며, 많은 수가 3, 4단계 중간 정도에 위치하고 있다고 생각된다. 그러나 미래사회에는 점차 4단계로 변화하여 파트너 선택에 부모의 영향력이 감소할 것이다.

(4) 부부관계의 변화와 과제

① 평균수명 증가로 인한 관계 기간의 확대

평균수명의 증가로 인한 가족관계에서의 변화를 가장 잘 보여주는 책 중의 하나는 연세대 철학과 명예교수인 김형석(2016)의 『백년을 살아보니』이다. 이 책에서 저자는 인생은 늙어가는 것이 아니라 익어가는 것이라는 점을 강조하면서, 돌이켜 보면 힘든 과정이었지만 '사랑이 있는 고생'이 최고의 행복이었으며, 그것을 깨닫는 데 90년이나 걸렸음을 강조한다. 길어진 삶의 과정에서 부부관계의 중요성과 질병과 연령과 신체적 건강의 차이로 가까운 사람들의 죽음, 특히 부인과 친구들의 죽음을 경험하면서 오래 사는 삶에 대한 다양한 생각들을 정리하였다.

김형석(2016)과 비슷한 문제를 제기한 것이 4장의 노년기 부부관계에서도 언급한 영국의 경제시사주간지 'The Economist'(2016.8.13-19)의 '죽음을 속이기(Cheating death)'와 관련된 기사이다. 이 기사에서는 생화학 혁명과 유전자조작기술 등의 발달과 반-노화처치가 가능할 미래사회에서 ① 소득의 양극화로 계층 간 반-노화처치의 가능성은 얼마나 되며, ② 이러한 기술발달로 부부가 80세까지 살 확률은 얼마나 되며, ③ 신체적 변화가 정신적 특성까지 변화시킬 것인가에 대한 연구의 필요성을 강조한다. 또한 부부관계에서 ① 연속적 단혼제를 통해 파트너관계는 점차 복잡해질 것으로 예상되는데, 이러한 관계에서 여성의 자유도 증가하면서 가부장적 남성이 경험하게 될 위기의 정도는 얼마나 될 것이며, ② 장수는 얻었으나 젊음을 얻지 못했을 때의 부작용은 무엇이며, ③ 치매, 암 등의 질병과 함께 살아가는 방법이 무엇인가에 대한 다양한 가능성을 제기하고 있다. 특히 노년기의 권태를 어떻게 극복하는가가 중요한 과업이라고 한다.

미래사회에서 과학기술의 발달을 통해 얻은 장수라는 삶의 과정에서 위의 김형석(2016)과 '죽음을 속이기'라는 글에서 길어진 삶에서 권태를 어떻게 극복할 것인가가 중요한 과제라는 점이 강조된다. William T. Sadler(김경숙 역, 2000)는 새롭게 조명되는 중년기, 즉 '서드에이지' 동안 나이에 대한 고정관념을 벗어나 성공에 대한 재정의를 하는 등의 이전과는 다른 중년의 정체성 확립의 필요성을 강조한다. 마찬가지로 새롭게 우리 삶에 주어진 길어진 노년기에 어떠한 가족관계를 이루어야 할 것인가는 '노년의 새로운 정체성' 확립을 통해 가능할 것이다.

이미 1930년대 영국의 철학자이자 논리학자인 Bertrand Russell(이순희 역, 2011)은 『행복의 정복』이라는 책에서 인간행위의 중요한 요인인 권태가 중요성에 비해 관심의 대상이 되지 못했지만 인간 역사의 중요한 원동력 중 하나라는 점을 강조한다. 또한 이러한 개념들이 상식이 되었으면 한다는 서문도 눈에 띈다. 권태가 생겨나는 필수조건은 "…어쩔 수 없이 상상하게 되는 지금보다 바람직한 상황과 현재 상황을 비교"(p. 64)하는 것으로 권태의 반대는 즐거움이 아니라 자극이라는 것이다. 또한 권태에는 삶을 풍요롭게 하는 것과 황폐하게 하는 것이 있는데, 마약과 같이 자극이 지나치면 더욱 더 강한 자극을 찾을 수밖에 없게 되고 이러한 것들이 삶을 황폐하게 만든다는 것이다. 그는 자연을 통한 생명의 욕구와 같은 매우 근원적인 자극과 사랑이 있는 성관계 등의 중요성을 강조한다. 행복한 인생이란 대부분 조용한 인생이라는 점을 강조하면서 권태를 두려워하는 데서 생기는 특이한 권태도 있다고 한다.

2019년 현재 노인세대는 100세 시대를 예상 못하고 청년, 중년, 노년시대를 살아가는 세대이다. 부부가 결혼해서 50년 이상 같이 살아갈 것도 예상하지 못했었다. 자녀들에게 학업을 위한 지원과 결혼자금을 준비해 주고, 심지어 그들의 손자녀까지 돌보면서 살 것으로 기대한 세대도 아니다. 미래에 대한 준비 없이 길어진 삶의 과정에서 자녀들과의 동거나 부부가 함께 같은 날 죽음을 기대할 수도 없으며, 경제적 어려움과 외로움을 함께 지니고 살아가는 세대이다. 일생을 통해 권태는 삶의 과정에서 생기는 일이지만 노년기의 권태와 소외와 외로움을 극복할 수 있도록 준비하는 것이 필요하며, 김형석(2016) 교수의 가르침처럼 '사랑이 있는 고생'의 중요성을 90세가 아니라 미리 깨달아 상호교류적인 가족관계를 확립할 수 있는 노력이 필요하다. 이를 위해 가족생활교육과 가족상담 등이 중요한 자원이 될 수 있을 것이다.

이 밖에도 의학의 발전으로 길어진 생애과정으로 정현숙(2001)은 ① 평균수명의 연장으로 가족관계 전 기간이 길어져 부부, 부모, 조부모역할을 하는 시기가 이전보다 길어지고, 이혼의 증가로 가족의 돌봄기능이 약화될 것이며, ② 평균수명 증가는 질병이나 노화의 정도가 가족관계에 미치는 영향력이 증가되어 만성적 질병을 안고 오랜 기간 살아가야 하는 문제 등이 발생하며, ③ 평균수명의 증가로 세대관계가 더욱 중요해질 것이라고 예측한다. 이러한 예측은 가족관계의 핵심이 부부관계가 되어야 하며 이들의 동반자적 관계가 삶의 질에 매우 중요한 과제가 될 것이라는 의미이기도 하다.

② 부부관계의 속성의 변화

정현숙과 옥선화(2016)는 미래의 가족관계에서의 다양한 변화 중 결혼과 부부관계적 측면에서는 ① 부부관계에서 정서적 친밀성, 애착, 평등성에 대한 기대가 증가하고, ② 파트너관계에서 성의식의 변화와 성 대상이 확대될 것이며, ③ 다양한 형태의 파트너 관계를 시작하는 방식의 변화가 일어날 것으로 예측한다. 이러한 다양한 변화와 현재의 의학적 발전으로 인한 평균수명의 증가는 책 1부의 도비라에 제시했던 데이비드 P. 머래쉬, 주디스 이브 립턴(2002)의 『일부일처제의 신화』라는 책에서의 결론인 "완벽하게 맞물리는 좋은 일부일처제 혼인은 타고나는 것이 아니라 만들어지는 것이다"라는 내용을 다시 강조하게 된다. 즉, 파트너관계는 타고나는 것이 아니라 만들어지는 것이라는 의미이며, 이는 Browing(2000)이 강조한 20세기의 결혼의 하위차원이 상호보호와 만족과 개발, 즉 결혼을 통해 개인과 부부로서 계속적인 향상을 이루기 위해 노력해야 함을 강조하는 것과 같은 맥락이다.

부부간의 파트너십에 대한 가치관 변화를 반영하는 개념이 '졸혼'이다. 『졸혼시대: 낡은 결혼을 졸업할 시간』이라는 스기야마 유미코(2017)의 책으로 촉발된 졸혼에 대한 관심은 다양한 대중매체를 통해 소개되면서 새로운 가족 유형으로 인식되고 있다. '결혼을 졸업한다'는 의미의 졸혼(卒婚)은 이미 서구에서는 오랫동안 LAT(Living-apart-together) 혹은 비동거관계(non-cohabiting, non-residential relationships)라는 가족 유형으로 분류되어왔다. 우리나라에서는 법적 혼인관계를 유지한 채 부부가 각자의 삶을 살아가는 개념으로 이해되고 있다. 이러한 관계에 대해 Levin(2004)은 자발적으로 떨어져 사는지 혹은 상황적 조건(자녀나 노부모 부양책임과 같은) 때문에 떨어져 사는지에 따라 유형을 구분하기도 한다.

서구 국가들, 특히 영국(Roseneil, 2006) 노인들의 경우 독립성과 자율성을 원하거나 자녀들에 대한 고려 때문에, 혹은 동거가 관계에 위험이 될 수도 있다는 두려움이나 부정적 영향에 대한 대비로 선택하는 파트너십으로 인식된다. Levin(2004)은 이러한 LAT가 과거에도 있었으나 최근 들어 사회에서 더 현저하게 나타나는 '새로운 가족형태(new family form)'라는 점을 강조하였다. 졸혼은 독립성과 사생활을 존중하는 삶이 핵심적인 요소이다. 일본의 경우는 1982년에서 1997년 사이에 급속히 증가하였는데 자녀의 결혼문제와 사회적인 시선을 의식해 이혼 대신 졸혼을 택한 이들도 있고, 은퇴 후 남은 삶을 자신을 위해서 살고 싶다는 이유도 높다고 한다. 우리나라의 경우 미혼남녀의 혼인 · 이혼 인식조사에 의하면(경향비즈, 2017.1.25.), 미래 혼인의 모습을 사실혼(동거)(46.9%), 계약결혼(9.1%), 졸혼(卒婚)(8.1%), 이혼(1.6%) 등으로 다양하게 꼽았다(biz.khan.co.kr/khan_art_view.html?artid=201701251009001&code=920100). LAT에 대한 다양한 연구들에 의하면 <표 9-2>와 같이 성인 인구 중 차지하는 비율이 높으며 국가적으로도 통계에 포함시키는 유형이다. 그러나 동거방식과 관계적 특성은 국가별로 차이가 있다.

표 9-2 LAT에 대한 다양한 국가의 연구결과

연구자, 국가	LAT의 특징
Duncan 등 (2014) 영국	• 독신의 약 1/4, 미래에는 동거 계획 있음 • LAT들은 근처(47%, 8km 이내)에 살며, 잦은 접촉을 하며, 일부일처제며, 서로 헌신한 커플로 인식함(2년 이상 동거, 60%) • 친밀성이나 정서적 안정성에서의 위기 등의 관점에서 동거와 차이 없음, 개인적 요구와 사회적 요구의 균형을 위한 전략. 일반적으로 커플이 동거하기를 기대하는 것을 제외하고는 현대의 부부관계의 규범과 매우 동떨어지는 것은 아닌 것으로 인식
Reimondos, Evans, & Edith (2011) 호주	• 성인 인구의 7–9%, 독신 인구의 24%, 전국가구조사 자료분석 • 연령, 성, 자녀 유무, 이전 관계 역사(결혼, 이전에 결혼하지 않고 동거, 동거나 결혼 경험 없음)에 따라 다양한 유형, 평균기간 2.4년, 28%가 3년 이상, 연령이 많을수록 기간이 증가, 4집단으로 구성됨(프랑스의 경우와 유사함(Beaujouan 등, 2009) • 연령집단에 따라 차이가 있음 – 25세 이하 집단: 동질적, 자녀 없음, 동거나 결혼 경험 없음, 48% 동거 계획 없음 – young adults: 25–34세, 자녀와 결혼 경험 없음, 과거에 동거 경험 있음, 한부모: 30세 이상, 결혼 경험과 자녀 1명 이상 동거 – older, previously married: 동질적, 45세 이상, 70% 동거 계획 없음 • 이혼이나 별거한 집단들의 경우 자발적인 LAT를 추구하며, 동거로 연결 계획이 없음 • 독립성과 자율성을 위해 동거 경험이 있는 경우는 규범적인 압박 때문에 3년 뒤 동거 계획 비율이 높음
Lyssens-Dann 등 (2013) 벨기에	• 비록 동거나 결혼한 부부와 같은 가족지원 혜택은 기대하지만, 영구 LAT들은 법적 이슈에 관심이 일시적 LAT들보다 적음
Turcotte (2013) 캐나다	• Living apart together(Catalogue no 75-006X, Statistic Canada) • 2011년 20대 이상 인구의 약 7%(1.9million) • 20–50대 80%, 60대 30%가 언젠간 함께 살 계획이 있음 • 20–24세의 31%, 25–29세 17%, 30–59세 3–5%, 60대 2%
DePaulo (2015) 스웨덴	• Sweden의 Sarbo: 결혼의 대안, 1933년부터 통계조사함 • 사보는 자식들을 독립시킨 부부가 각자의 거처에 따로 살면서 배우자 역할을 하는 것으로 서로는 각자의 집에 놀러 가기도 하고, 가끔 밖에서 만나 식사를 하기도 함

이와는 조금 차이가 있는 유형으로 결혼과 동거의 중간 형태로 프랑스의 시민연대계약(PACS)제도가 있다. 김상호와 송민영(2016)은 프랑스의 경우 커플의 유형은 결혼커플(15세 이상 여성과 18세 이상 남성의 결합), PACS(동거를 원하는 이성 혹은 동성커플이 동거계약서를 지방법원에 제출함으로써 성립)와 단순동거커플(두 사람이 같은 주소지에 거주하고 있음을 증명하면 관계가 성립)이 있다고 한다. 이들

중 비혼동거커플이 증가하고 있다고 한다. 결합기간 동안의 권리와 의무는 각 유형마다 차이가 있으며 특히 자녀양육관련 권리와 의무도 차이가 있다. 그러나 가장 핵심적인 점은 PACS의 경우 국가가 개입하지 않는 개인 간의 결합이라는 것이다. 예를 들면 PACS의 경우 출생자녀의 경우에도 아버지가 친권을 자동으로 승계하지 못하며 아버지임을 확인하는 증명서가 있어야 친권이 형성되며, 세 유형 모두 부의 친권 성립 후 1년 이내에는 관계가 종료되더라도 공동양육권은 있으나 자동적으로 성을 승계하는 것이 아니라 세 유형 모두 파트너가 자녀의 성에 대해 상의하여 정할 수 있다. 실제로 이러한 제도는 프랑스의 출산율에 긍정적인 영향을 미친 것으로 분석되고 있다.

우리나라의 경우 가족이 사적영역인가 공적영역인가에 대해서는 더 이상 논란의 여지가 없으나 어디까지가 가족의 자율적인 영역이며, 어디까지가 국가가 개입할 수 있는 공적영역인가에 대해서는 합의점이 없으며, 어느 정도의 균형이 필요한가에 대한 이론적 관점도 부족한 실정이다. 그러나 미래사회에서는 개인의 자율성에 대한 인식은 더욱 증가할 것이며, 앞에서도 설명하였듯이 가족에 대한 태도와 관계 맺는 방식에 대한 허용성도 더욱 증가할 것이다. 프랑스의 이러한 제도는 우리나라와 같이 동거에 대한 구체적인 기준이 아직 수립되어 있지 않으나 동거에 대한 인식은 점차 허용적으로 변화하는 시점에서 앞으로 다양한 결합방식을 허용하면서도 가족구성원 간 복잡성이 생기지 않도록 어떠한 법적·사회적인 준비가 필요한가에 대한 시사점이 있을 것이다.

(5) 부모자녀관계의 변화

① 과학의 발달로 인한 변화: 부모됨과 윤리적 문제의 증가

현대사회의 급속한 과학기술의 발전으로 마래사회에서는 이전과는 다른 부모자녀관계로 인해 법적인 윤리적 문제의 가능성이 높아졌다. 특기 과학기술의 발달로 촉발된 출산기술의 발달은 부모자녀관계의 복잡성을 더욱 증가시킬 것으로 예측된다(정현숙, 2010). 결혼하지 않은 독신여성, 레즈비언 여성, 불임부부들도 인공수정을 통해 출산할 수 있게 되면서 생물학적 부모와 양육부모가 다를 수도 있으며, 이혼과 재혼 등의 증가로 생물학적 부모, 양육부모, 현재 거주부모 등 다양한 부모자녀관계가 새롭게 형성되면서 관계의 복잡성은 증가할 것이다.

실제로 영국에서는 모계의 유전질환 대물림을 막기 위해서 '엄마 핵+기증자 난자+아빠 정자'를 받은 세 부모 아기가 태어났으며, 영국 하원도 2015년 3월 '세 부모 체외수정'을 허용하는 '인간수정과 배아 법률' 개정안을 통과시켰다(한겨레신문, 2015.2.4). 이러한 과정을 통해 맞춤형 아기를 출산할 가능성이 있어 생명윤리의 금기선을 넘는 행동이라는 비판도 있으나 유전질환을 앓는 가족들에게는 매우 필요한 과정이라는 반론도 있다.

이러한 복잡성으로 인해 아버지의 권리와 아버지-자녀관계에 대한 패러다임이 변화될 것이다. 냉동정자를 이용해 독신여성이나 레즈비언들이 인공수정을 통해 출산하면서 아버지들은 아버지 역할을 선택할 수도 없으며, 자식의 존재를 알지 못하는 상황이 발생될 것이다. 사회는 양성평등이 이뤄졌으며, 냉동정자 수정을 통해 독신어머니들이 빠른 속도로 증가하고 있어 남성의 필요성이 줄어들고

참조 9-2 모계 유전질환 대물림을 막기 위한 세 부모 아기 체외수정방법

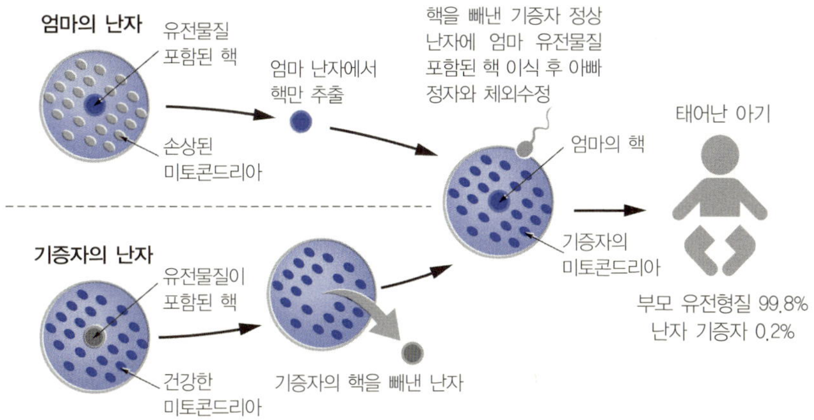

출처: 한겨레신문(2015.2.4). 영국 '세 부모 아기' 세계 첫 허용.

여성의 파워가 급속히 증가하고 있다. 그러나 한편으로는 출산에 앞서 아버지에게 출산을 알리지 않는 여성의 권력이 남성들의 입장에서는 문제가 될 수 있다. 비록 많은 국가에서 아동양육관련법을 통해 여성이 아버지를 밝히게 하고 있지만 그 실효성에 의문이 제기되고 있다(정현숙, 옥선화, 2016).

이러한 것에 대한 대응책으로 남성들은 과학기술의 도움으로 친자확인이라는 행동으로 권리 찾기에 나서고 있는데, 많은 아버지들이 자신들의 권리를 찾기 위해 기꺼이 돈을 지불함으로써 친자확인사업은 점차 확대되고 있다(정현숙, 옥선화, 2016). 또 다른 사례는 불임여성이 보관해 놓은 냉동정자를 이혼 이후나 사별 후에도 사용할 권리가 있는지 혹은 남편 사후 인공수정이 가능한지 등의 법적인 문제가 발생할 수 있으며, 남편 사후 인공수정한 여성이 친자확인소송에서 패소한 사례(한겨레, 2003.11.12) 등이 우리 사회에서도 가능한 이슈이다. 이러한 사례는 하나의 예일 뿐이며 앞으로 과학기술과 가족에 대한 가치관의 변화는 대리모, 동성부모의 임신 등 다양한 사례로 발전되면서 부모의 권리와 의무에 대한 새로운 논의와 정의가 필요할 것으로 보인다.

② 자녀들의 삶의 환경의 변화[1]

앞에서도 설명하였듯이 현대의 자녀들은 과학의 발달, 성혁명과 제도적 변화의 주체이면서 또한 이러한 변화에 영향을 받은 부모들을 보면서 자란 자녀들이다. 아동의 관점에서 볼 때 부모세대와 가장 큰 차이점은 생애과정, 경제, 성혁명을 포함한 사회의 변화로 인해 이들에게 필요한 자원이 변화된 사회에서 산다는 것이다(Hernandez & Myers, 2003). 성혁명시대의 자녀들은 형제 수와 두

1) 이 절의 내용은 정현숙(2010). 가족의 혁명적 변화와 대응의 내용을 발췌 정리하였음.

부모에 의한 양육의 감소, 맞벌이의 증가로 인한 가정경제 향상과 아버지 직업의 불안정성 증가 및 유아기 때 부모 이외의 양육 증가, 교육열 증가와 평준화된 고등교육 기회 확대 등으로 부모세대와는 다른 삶의 경험을 하고 있다(정현숙, 2010).

또한 한부모가족, 맞벌이가족과 재혼가족에서 생활하는 아동의 증가는 아동의 생활방식과 삶에 대한 인식이 이전세대와는 다를 것이다. 즉, 과거 농경사회에서 경제적 생산, 부모역할과 아동양육은 같은 공간에서 이루어졌었다. 그러나 산업혁명으로 아버지는 가족을 위해 집에서 떨어진 직장으로 삶의 중심이 이동했으며 집안일과 양육은 어머니가 담당하였다. 현대의 아이들은 맞벌이부모나 혹은 한부모가족에서 살게 되고, 부모 이외의 사람에 의해 양육된다. 그러나 맞벌이가족의 증가는 가족의 경제력 향상을 의미하기 때문에 부모세대보다는 더 나은 선택과 경험의 가능성을 의미하기도 하며, 양극화로 정반대의 경험도 가능하다. 이러한 변화에는 부모세대의 교육수준 향상이 가장 큰 영향을 미친다. 이러한 성혁명의 풍요로운 세대를 살아가는 자녀들의 사회에 대한 기대는 더욱 높아지고 가족과 성취에 대한 다른 가치관을 형성할 것으로 예측된다.

자녀들의 반응에 대해 Gerson(2003)은 후기청소년기와 초기성인기, 즉 18-30세의 자녀들을 가족 변화의 역동성을 가장 가까이서 경험한 젊은이들로 규정하고 이들 '성혁명시대의 아동'을 통해 이 문제에 접근하였다. 이 연구는 이들 세대의 구성원들이 성인기로 전환을 시작하면서 그들의 부모에 의해 시작된 사회적 성에 대한 변화를 어떻게 자신들의 일과 가족의 책략으로 만들어가는지에 대한 중요한 실마리를 제공해 주기 때문에 매우 흥미로운 연구이다. 연구대상은 120명(60%는 비히스패닉 백인이고, 20%는 흑인, 18%는 히스패닉, 6%는 아시안)이며, 심층 life-history 인터뷰 결과 이들은 18세가 되기 전 비전통적 가족 유형을 경험하는데 1/3은 아동기 중 어느 시기에는 한부모가족에서 살고, 40%는 오랜 기간 부모들이 맞벌이를 했다. 나머지도 자신의 가족을 일반적으로 전통적이라고 생각했으나 결혼에 어려움이 있었거나 어머니가 일시적으로 일을 하는 등 어떠한 변화를 겪은 가정에서 성장했다. 중요한 연구결과는 3가지이다. 가장 중요한 연구결과는 가족 과정과 궤도가 아동의 삶에 가족구조 이상으로 중요하다는 결과이다. 즉, 이들의 삶에서 중요한 것은 어느 한 시기의 가족구조보다 시간에 따라 가족이 변화하는 과정이라는 것이다. 어머니의 직업지위와 가정에 있는 부모의 수가 가족에서 어린이 경험의 주요 결정요인은 아니며 가족 과정, 즉 가족구성원들이 서로 어떻게 상호작용하는지가 중요하다는 것이다. 아동의 관점에서 궁극적으로 문제가 되는 것은 정서적, 경제적 안정성과 가정 내에서의 상호존경적인 역동성과 부모와 다른 양육자의 애정적인 돌봄이 있는가 등으로 가족구조가 중요한 것은 아니라는 것이다. 중요 질병, 알코올중독, 실업, 가족의 이동 등의 외적인 조건에 의한 삶의 변화가 아동에게 주된 영향요인이 되는데 이러한 일은 어떠한 가족구조에서도 일어날 수 있는 일이다.

또 하나 중요한 연구결과는 어머니의 직업지위는 전반적인 맥락을 볼 때 덜 중요하다는 것이다. 계층, 연령, 성을 통제했을 때, 자녀들은 엄마가 일하는가 아닌가에는 관심이 없으며, 왜 일을 하고, 엄마가 일에 대해 어떻게 느끼고, 엄마와 아버지가 어떤 돌봄의 형태에 의존하는가가 중요하다고 응답하였다. 균형적 관점에서 아동들은 그들 엄마의 고용이 여러 수준에서 유용하다고 본다. 어머니의 직업은 가족의 경제적 안정을 도와 자원을 증가시키며, 어머니의 만족도와 자율성을 높이고 경쟁의 본보기를 보여준다고 평가한다. 그러나 아이들은 어머니와 아버지의 경제적 자원을 보장해 주는 직업을 얻을 능력과 지지적인 일의 조건과 일과 가족생활을 유지하기 위해 충분한 유연성이 있는가를 걱정한다.

또 한 가지 중요한 결과는 아동은 부모와 사회의 영향에 대한 수동적인 수혜자가 아니라 적극적으로 사회를 해석하고 그들의 사회적 세계에 때로는 예측할 수 없는 방향으로 반응하기도 한다는 것이다. 남녀 아동 모두 일과 가족에 대한 비슷한 높은 열망을 가지고 있으며, 헌신과 자율성을 모두 강조한다. 그러나 경제적인 압력과 시간을 요구하는 직업적 스트레스에 대한 요구에 대해 성혁명세대의 여아들은 한부모가족이 되더라도 개인적 자율성이 중요하다고 응답한 반면, 남아들은 맞벌이를 선호하지만 그래도 남성의 경력과 직업이 가장 중요한 삶의 의미라는 점을 강조한다. 이러한 결과는 일과 사회영역에서 이들이 추구하는 평등이 완전히 이루어진 것은 아니라는 것을 보여준다. 비록 이들이 대부분 비전통적이고 평등적인 이상을 수용해 왔으나, 이런 목적을 성취하는 데 사회적 지원이 충분치 못하다는 것도 이해한다. 그러나 이들 세대는 정치적인 비전이 없으며, 가족과 일의 문제를 개인적으로 해결하려는 성향을 보인다. 그러나 이들 자신의 높은 교육수준과 부모로 부터의 경험을 통해 얻은 높은 이상과 기대는 사회적 제도를 통해서만 충족될 수 있기 때문에 제도적지원의 부족은 결국 결혼 자체를 침식시키고 파트너와의 긴장을 증가시키게 될 것이다. 결국 성혁명의 자녀들은 사회의 지원 없이는 자신들의 이상을 충족시키기 어려운 세대들이라는 것이다.

우리 사회에서도 이러한 자녀들이 2019년 현재 청년계층으로 등장하였다. 우리나라의 경제적 상황과 낮은 취업률과 맞물려 우리 사회에서 이러한 성혁명의 자녀들은 1인가구를 형성하고, 비혼과 동거를 선택하고 있다. 그러나 또 한편으로 경제적 측면에서 심화되고 있는 양극화는 빈곤의 악순환을 야기하면서 가정경제 양극화를 심화시킬 가능성도 증가시킨다. 그렇지만 우리나라에서 이들이 선택할 삶의 방향에 대한 이해는 매우 부족한 실정이다. 학문분야에서 이들에 대한 다양한 연구를 통해 특성을 파악하는 작업이 필요한 이유이다.

③ 아버지역할의 변화

위의 절에서 과학기술의 발달로 인한 부모됨에 대한 논의는 아버지의 역할에 대한 변화와도 관련된다. 출산기술의 발달로 야기된 냉동정자를 이용한 여성 출산의 경우 아버지의 권리가 어디까지인가에 대한 논란이 있을 수 있다. 이에 대해 Goldschneider(2000)는 냉동정자를 기증한 남성에게 자녀의 존재를 알리고, 아버지로서 책임과 법적 권리를 갖기 원하는지 아닌지를 선택할 수 있는 '경제적 낙태권'이 주어져야 하며, 아버지에게 아버지임을 알리지 않는 여성에게 법적 제재가 있어야 한다(정현숙, 2010)고 주장한다. 이러한 논의는 가족행동이 개인의 선택에 기초하고 여성과 남성의 평등성의 관점에서 출발해야 한다는 의미이기도 하다. 그러나 현재의 인공지능과 나노기술 등의 발전을 볼 때 미래사회의 과학발전이 어떠한 형태로 변화될지는 누구도 예측하지 못한다고 주장하는 학자들도 있다. 따라서 가족관계에서 개인의 선택과 평등성에 기반하여 새롭게 변화될 부모자녀 관계에 대한 준비가 필요할 것이다. 또한 정현숙과 옥선화(2016)도 미래 가족관계에서 아버지의 역할에 획기적인 변화가 이루어지는데, ① 성혁명으로 아버지의 경제적 역할과 정서적 역할에 대한 기대가 증가하며, ② 자녀와의 관계에서 점차 가족 삶의 중심으로부터 멀어지는 경험을 하게 될 것이라고 예측한다.

토론해 봅시다.

1. 현행 우리나라의 법과 제도적인 차원과 본문에서 설명한 한겨레신문(2015.2.4)의 영국 '세 부모 아기' 세계 첫 허용과 관련한 기사를 볼 때 우리나라에서 발생할 수 있는 법적인 문제는 무엇이며, 또한 가족관계적인 면에서 어떠한 문제가 발생될 수 있는지 토론해 보자.

2. 본문에서 설명한 것과 같이 가까운 미래사회에 '결혼제도'의 존폐 여부에 대한 논의가 있다. Skolnick과 Skolnick(2009)은 결혼은 가까운 미래에 없어질 라이프스타일은 아니라고 주장하고, 유엔미래보고서 2045(Gerome Glenn, 박영숙 옮김, State of Future, 2015)에서는 2040년에는 결혼제도가 소멸되고 일부일처제의 문제점들이 드러나게 될 것이라고 전망한다. 이 두 관점에 대해 찬반을 나누어 토론해 보자.

3. 연세대 철학과 명예교수인 김형석(2016)의 『백년을 살아보니』라는 책을 읽고 길어진 삶의 과정에서 부부관계의 의미에 대해 토론해 보자. 특히 '사랑이 있는 고생'이 최고의 행복이었음을 강조하는 교수님이 강조하는 점은 무엇인지도 살펴보자. 특히 가까운 미래사회에서는 2019년 평균 초혼연령이 남녀 모두 30대 초반인 점을 고려해 볼 때 이혼을 하지 않을 경우 70년 이상을 함께 하는 긴 부부관계가 예상된다. 노년기의 행복을 위해 어떠한 점들이 부부관계에서 고려되어야 하는가? 혹은 배우자 선택과정에서 이전과는 다른 점들이 중요하게 고려되어야 하는가? 혹은 부모자녀관계와 부부관계는 상호 어떠한 영향을 서로 미칠 것인가 등 길어진 생애과정에서의 가족의 의미도 토론해 보자.

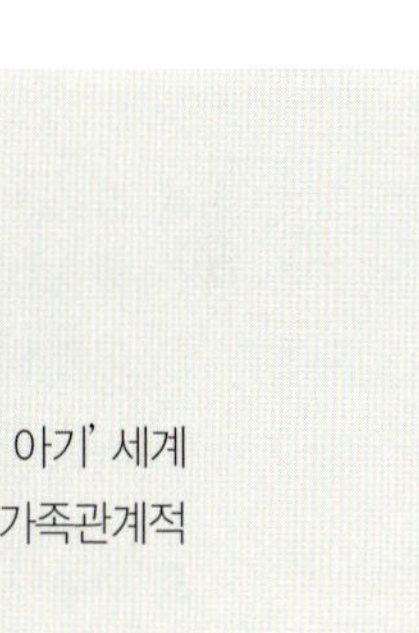

4. 1980년대 이미 보편화된 유럽의 LAT와 같은 가족 유형이 우리나라에서도 보편적인 가족 유형으로 증가할 것으로 예상하는가? 또한 졸혼의 의미와 이러한 관계에서의 파트너관계의 특성이 기존의 부부관계와 어떻게 다른지 토론해 보자. 또한 현재의 부부관계의 문제점은 무엇이며 미래사회에서 건강한 부부관계의 특성이 어떻게 변화되어야 하는지에 대해서도 토론해 보자.

5. 인공지능이나 합성생물학과 나노기술 등이 인간의 삶에 긍정적인 영향을 미칠 것이라는 관점도 있지만 『슈퍼인텔리전스』(2017)의 저자인 옥스퍼드 대학교 인류미래연구소의 닉 보스트롬 교수는 과학기술이 급속도로 발전한 지금 인류는 '취약한 세계의 가설'(The Vulnerable World Hypothesis)' 즉, 과학기술의 발전이 가속화할수록 인류가 한순간 멸망할 가능성도 커지는 딜레마에 처해 있다고 경고했다(중앙일보, 2019.4.19. news.joins.com/article/23445314). AI를 포함한 과학기술의 발달과 의학의 발달 중 한 사례를 선택하여 이러한 발달이 미래의 가족관계에 미칠 수 있는 긍정적 영향과 부정적인 영향은 무엇인지 토론해 보자.

6. 안젤름 그륀 신부의 『노년의 기술』(김진아 역, 2010)에서는 나이를 먹는다는 것의 의미에 대해서 다양한 교훈을 제시한다. 또한 승려 아잔 브라흐마가 쓴 『술 취한 코끼리 길들이기』(류시화 역, 2013)에서는 삶의 과정에서 두려움을 이기는 방법, 분노와 용서 등 다양한 정서적 과정을 어떻게 인식하고 다스려야 하는가에 대한 삶의 지혜를 설명한다. 이들 수도자들이 공통적으로 강조하는 '현재의 삶을 즐기는 것'의 의미가 무엇인가 토론해 보자. 미래사회에서 길어질 삶의 과정에서 개인이 어떠한 철학과 가치를 가지고 다양한 가족관계를 선택해야 하는지도 함께 논의해 보자.

Chapter **10**

가족관계를 지원하는 다양한 사회적 지원망

1. 가족생활교육 | 2. 가족상담과 치료 | 3. 가족법과 정책

건강가정기본법(2005)에 의해 설립되어 전국적 조직망을 가진 건강가정지원센터, 다문화가족지원센터를 비롯하여, 치매지원센터, 부모역할 지원을 위한 한부모가족지원센터, 육아정보지원센터, 공동육아나눔터 등 2000년대 이후 가족을 지원하는 다양한 지원체계가 증가하고 있다. 또한 이혼 후 양육비 지원을 위한 양육비이행관리원(www.childsupport.or.kr) 등 가족을 지원하는 사회적 지원망도 지속적으로 확대되고 있다. 이 장에서는 이러한 기관들에서 활동하기 위해 기본적인 자격과 관련하여 가족생활교육과 가족상담에 대해 살펴보고, 이러한 지원의 근간이 되는 가족정책과 법에 대해 살펴보고자 한다.

1. 가족생활교육

가족생활교육은 가족문제를 예방하기 위한 다양한 활동을 의미(정현숙, 2016)하며, 미국가족관계학회(National Council on Family Relations)에서는 가족생활교육을 '개인과 가족의 복지를 위한 예방적이고 교육적인 프로그램의 개발, 적용, 평가, 훈련 및 연구'(2000, NCFR)하는 분야로 광범위하게 정의한다. 가족생활교육의 목적은 매우 다양하지만 가장 보편적인 정의는 가족이 일상생활에서 접하는 문제를 다루고, 문제예방과 개인과 가족의 잠재력을 증진하는 것(Arcus, Schwaneveldt & Moss, 1993)이다. 구체적인 가족생활교육의 내용은 개인과 가족의 복지 증진과 강화를 위해 설계된 교육과정을 포괄하며 일반적으로 아동발달, 부모역할기술, 은퇴와 이혼의 적응, 의사소통기술 습득, 시간과 돈의 관리, 갈등해결기술 등 다양한 내용이 포함된다(정현숙, 2016). 가족생활교육사(family life educator)는 '더 생산적이고 만족한 삶을 위해 개인과 가족을 위한 문제 예방을 위한 교육을 하는 전문직업'(NCFR, 2002, p. 2)으로 정의되는데, 우리나라에서는 이와 유사한 활동을 하는 전문가가 '건강가정사'이다.

미국의 경우 가족생활교육의 전문화와 직업으로의 발전을 위해 가족생활교육의 교육과정을 제정하고, 생애주기(아동기, 청소년기, 성인기, 노인기)에 따른 아홉 개 영역(사회에서의 가족, 가족의 내적역동, 인간성숙과 발달, 성, 대인관계, 가족자원관리, 부모교육과 지도, 가족법과 공공정책, 윤리)의 구체적인 교육내용을 제안하였으며, 1984년 이래 NCFR에서는 가족생활교육사에 대한 자격제도를 마련하여 운영 중이다(Hughes, 1994; Thomas & Arcus, 1992).

정현숙(2016)은 가족생활교육의 필요성을 6가지로 정리하였는데 ① 사회 변화에 따른 가족가치 혼란을 극복하기 위해, ② 가족의 교육기능 약화를 지원하기 위해, ③ 다양한 스트레스 증가로 인한 개인적 긴장 완화를 위해, ④ 새로운 가족규범 정립을 위해, ⑤ 아동의 사회화 장소로서의 가족역할 강화와, ⑥ 교육을 통한 가족의 삶의 질 증진을 위해, 그리고 ⑦ 외부지원에 대한 가족의 요구 충족 등을 위해 필요하다는 점을 강조한다.

1) 우리나라의 가족생활교육

우리나라 가족생활교육은 정현숙(2016)에 의하면 1970년 이후 평생교육 차원에서 시작된 프로그램이 1980년대에서는 사목을 목적으로 교회로 확대되었으며, 1990년대 이후에는 개인과 가족의 삶의 질에 대한 인식이 높아지면서 가족문제를 예방하기 위한 다양한 프로그램이 실시되고, 2005년 「건강가정기본법」의 제정으로 건강가정지원센터와 다문화가족지원센터 등에서 가족생활교육이라는 명칭으로 저변이 확대되었다. 내용도 1970년대에는 미혼/예비신부들을 대상으로 요리, 예절, 살림살이와 부덕 등의 일반 교양교육과 가정관리, 결혼관 등이 주로 교육되었으나, 1990년 이후에는 가족학분야 연구자에 의해서 결혼준비교육, 신혼부부, 한부모, 중년 며느리, 젊은 며느리, 노인 및 노부모, 부모교육 등 영역으로 점차 확대되었다.

2) 건강가정사의 자격

「건강가정기본법」 시행규칙 제5조에 의하면 건강가정사의 자격은 <표 10-1>과 같이 핵심과목 5개와 관련 교과목 7개를 이수할 경우 주어진다. 2019년 현재 「건강가정기본법」의 개정이 논의되고 있어 자격규정 및 이수과목 등은 새롭게 개정이 추진될 예정이다. 현재 건강가정사는 건강가정지원센터와 다문화가족지원센터에서 활동 중이다.

표 10-1 건강가정사 이수 관련 교과목(제5조 관련)(건강가정기본법, 2007.9.10 개정)

구분		교과목
핵심과목(5)		건강가정론, (건강)가정(족)정책론, 가족상담(및 치료), 가정(족)생활교육, 가족복지론, 가족과 젠더, 가족(정)과 문화, 건강가정현장실습, 여성과 (현대)사회, 비영리기관 운영관리 중 5과목 이상
관련과목(7)	기초이론(4)	가족학, 가족관계(학), 가족법, 아동학, 보육학, 아동(청소년)복지론, 노년학, 노인복지론, 인간발달, 인간행동과 사회환경, 가족(정)(자원)관리, 가계경제, 가사노동론, 여가관리론, 주거학, 생애주기 영양학, 여성복지(론), 여성주의이론, 정신건강(정신보건사회복지)론, 장애인복지론, 가정생활복지론, 상담이론, 자원봉사론, 성과 사랑, 법여성학, 여성과 문화, 일과 가족(정), 사회복지(개)론 중 4과목 이상
	상담·교육 등 실제(3)	생활설계상담, 아동상담, 영양상담 및 교육, 소비자상담, 주거상담, 부모교육, 부부교육, 소비자교육, 가정생활과 정보, 가계재무관리, 주택관리, 의생활관리, 지역사회 영양학, 프로그램 개발과 평가, 사회복지실천기술론, 지역사회복지론, 연구(조사)방법론, 부부상담, 집단상담, 가족(정)과 지역사회, 여성과 교육, 여성과 리더십, 여성주의 상담, 사회복지실천론, 위기개입론, 사례관리론 중 3과목 이상

1. 대학원에서 관련 교과목을 이수하는 경우에는 같은 표의 교과목 중 핵심과목 4과목 이상, 관련과목 4과목(기초이론 2과목, 상담 · 교육 등 실제 2과목) 이상을 각각 이수하여야 한다. 다만, 핵심과목 및 관련과목 각각의 2분의 1의 범위에서 대학 또는 이와 동등 이상의 학교에서 이수한 교과목도 이를 대학원에서 이수한 것으로 본다.
2. 교과목의 명칭이 동일하지 아니하더라도 교과내용이 동일한 것으로 여성가족부장관이 인정하는 경우에는 동일 교과목으로 본다.
3. 관련 교과목 이수는 12과목 36학점(대학원에서 이수하는 경우 8과목 24학점) 또는 12과목 이상 36학점(대학원에서 이수하는 경우 8과목 이상 24학점)으로 한다.

3) 건강가정사의 활동: 건강가정지원센터와 다문화가족지원센터

「건강가정기본법」 재정 이후 2004년 시범사업(용산, 여수, 김해)을 거쳐, 2018년 기준 전국에는 151개 지역건강가정지원센터, 217개 지역 다문화가족지원센터가 운영 중이며, 가족교육과 상담, 가족문화활동, 부모역할지원, 공동육아나눔터운영, 취약위기가족지원, 아이돌봄지원사업(idolbom.go.kr) 등을 건강가정사들이 운영하고 있다. 2019년 건강가정지원센터와 다문화가족지원센터가 통합 추진되어 통합센터로 운영되고 있으며, '가족센터'(가칭) 등으로 명칭 개정 논의도 진행되고 있다. 이 법에 의해서 개설된 건강가정지원센터와 다문화가족지원센터 및 이 두 기관의 통합센터인 건강가정 · 다문화가족지원센터의 법적 근거 및 주요 사업은 <표 10-2>와 같다. 건강가정지원센터(1577-93

37, www.familynet.or.kr)와 다문화가족지원센터[1577-1366, liveinkorea.kr(다누리포털)]를 통해 서비스 안내와 사업을 확인할 수 있다.

표 10-2 건강가정지원센터, 다문화가족지원센터와 건강가정 · 다문화가족지원센터의 특징

기관명	건강가정지원센터(24개)	다문화가족지원센터(44개)	건강가정 · 다문화가족지원센터(183개)
법적 근거	• 건강가정기본법령 • 법 제34조(전담수행) • 법 제35조(설치) • 시행령 제3조(조직 등) • 시행규칙 제6조(위탁운영)	• 다문화가족지원법 제12조(다문화가족지원센터의 설치 · 운영 등)	• 건강가정기본법 • 법 제21조(가정에 대한 지원) • 법 제35조(건강가정지원센터의 설치) • 다문화가족지원법 • 법 제6조(생활정보제공 및 교육지원) • 법 제12조(다문화가족지원센터의 설치 · 운영 등)
연혁	• '05년 본격 실시 • 시군구 센터 15개소 신규 설치 및 확대 • '13년 전국 151개소 설치 • '16년 통합서비스 실시	• '06년 4월 결혼이민자가족지원센터 지정 · 운영 • '08년 다문화가족지원법 제정 및 '다문화가족지원센터'로 명칭 변경 • '13년 다문화가족지원센터 전국 211개소 설치 • '16년 통합서비스 실시	• '14년–'15년 통합서비스 시범사업(22개소) • '16년도 통합서비스 운영기관(78개소) • '17년도 통합서비스 운영기관 확대(101개소) • '18년도 통합서비스 운영기관 확대(152개소)
사업 방향	• 다양한 가족지원, 이용자 참여 확대를 통한 가족기능 지원 강화 • 생애주기별 부모교육 등 가족교육 활성화	• 다문화가족의 한국사회 조기적응 및 사회 · 경제적 자립지원 도모	• 가족 유형과 상관없이 다양한 가족에 대한 보편적이고 포괄적 서비스 제공 • 다문화가족을 위한 종합적 서비스를 제공하여 다문화가족 한국사회 조기적응 및 사회 · 경제적 자립지원 도모
주요 사업	• 가족돌봄나눔 – 모두가족봉사단 – 모두가족품앗이 – 아버지-자녀가 함께하는 돌봄 프로그램 • 가족교육 – 생애주기별 가족교육 – 남성대상 교육 • 가족상담 • 가족문화 – 가족 사랑의 날 – 가족관계 개선을 위한 캠프, 축제, 체험활동 등 • 지역사회연계	• 가족 – 다문화가족 이중언어 환경조성 프로그램 – 다문화가족 학령기자녀 입학 및 입시 정보 제공 • 성평등 · 인권 – 가족 내 성평등교육 • 사회통합 – 취업기초 소양교육 – 다문화가족 나눔 봉사단 • 상담 • 홍보 및 자원연계	• 가족관계 – 부모역할지원 등 – 아버지역할지원 등 – 다문화가족 관계향상지원 등 – 다문화가족 이중언어 환경조성 등 – 다문화가족자녀 성장지원 등 – 가족상담 등 • 가족돌봄 – 가족역량강화지원 등 – 다문화가족 방문서비스 등 • 가족생활 – 맞벌이가정 일 · 가정 양립지원 등 – 결혼이민자 통번역 지원 등 • 가족과 함께하는 지역공동체 – 결혼이민자 정착단계별 지원 패키지 등 – 공동육아나눔터 등

출처: www.kihf.or.kr/lay1/S1T335C338/contents.do(2019.6.10.)

2. 가족상담과 치료

가족상담 혹은 가족치료의 발달은 전통적인 개인 심리치료가 다루지 못했거나 개인치료로는 한계가 있었던 문제나 어려움을 해결하기 위한 방안으로 시작되었으며, 또한 유기체론적 세계관의 영향으로 발전하였다(정문자, 정혜정, 이선혜, 전영주, 2007). 이들에 의하면 가족치료는 Bowen의 다세대가족치료, 경험적 가족치료, 구조적 가족치료, 전략적 가족치료, 해결중심단기치료와 이야기치료 등 다양한 이론적 모델에 기초하여 이루어지고 있다고 한다. 특히 한국 사회는 동양의 문화적 전통을 반영한 유교, 불교, 도사상과 음양오행사상, 무속신앙과 민간신앙 등 종교와 연계된 유기체론적, 전체론적, 집단주의적 세계관 등이 우리나라 사람들의 문제 예방과 대처의 준거였다는 점을 강조한다. 그러나 1970년대 가족치료가 처음 소개되고 1980년대 대학 등에서 정식 교과목으로 채택되면서 점차 한국 사회에 뿌리를 내리기 시작하였다고 한다.

우리나라의 가족치료관련 연구학문분야 및 학술단체는 <그림 10-1>과 같이 매우 다양한 학문분야를 기반으로 하고 있다. 각 단체에서는 관련 상담분야의 자격증 규정에 따라 자격증을 발부하며 슈퍼비전 등을 통해 상담자의 역량강화를 지원한다.

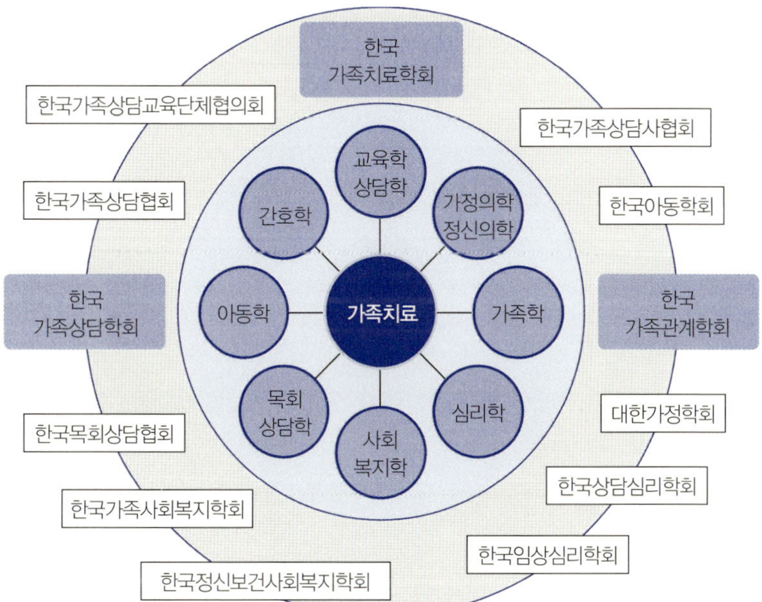

그림 10-1 가족치료관련 학문분야 및 학술단체

출처: 정문자, 정혜정, 이선혜, 전영주(2007). p. 105.

가족상담은 다양한 기관에서 이루어지는데, 「건강가정기본법」에 의해 설립된 건강가정지원센터와 다문화가족지원센터에서도 가족상담이 이루어지고 있으며, 법원과 연계하여 이혼신청 가정에 대한 이혼상담, 교육문화서비스도 제공하고 있다. 가족상담의 효과에 대해서 박태영과 박소영(2019)은 보웬모델을 적용하여 여성 가정폭력 행위자 부부를 대상으로 한 상담에서 원가족과 자기분화수준을 높이고 부모와의 탈삼각화를 통해 스트레스 상황에서 폭력행사를 하지 않으려 노력하면서 가정폭력이 중단되었다고 보고하였다. 이밖에도 2015년에서 2019년 동안 DBPIA와 KISS 등에 발표된 가족상담관련 논문 검색에서 가족상담은 재혼가족, 문제행동청소년, 비행청소년, 자살유가족, 정서문제가 있는 아동, 수용자위기가족, 다문화가족, 지적장애청소년, 경도정서 행동발달장애 학대아동, 치매환자가족 등에 효과적이라는 논문들이 발표되었다.

그러나 이러한 상담의 효과에도 불구하고 가족상담사에 대한 자격기준과 국가자격제도의 필요성에 대해 많은 학자들이 강조한다. 조은숙, 최연실과 김민경(2015)은 국가정책으로 시행되고 있는 건강가정사업을 포함한 다양한 가족상담사업을 수행할 전문인력의 공신력 있는 기준을 확립하고, 자격에 대한 공적 기준이 확립되지 못하여 난립하고 있는 다양한 가족상담관련 자격증으로 인한 혼란을 막기 위해 가족상담사의 국가자격증화를 강조하였다. 특히 미국의 사례 등을 기초로 자격등급별 직무, 응시자격, 시험과목, 임상수련요건, 보수교육 등에 대한 구체적인 안도 제시하였다.

3. 가족법과 정책

1) 가족법

법적인 측면에서 볼 때 가족법은 "가족을 규제하는 판례(case)들과 법령들(statutes)"을 의미한다(Diduck & O'Donovan, 2006, p. 7). 가족법은 가족을 공식적, 비공식적으로 규제하는 고용법, 범죄 관련 법, 청소년법, 세법, 이민법, 소유와 관련된 법, 사회안정보장법 등을 모두 포함하는 개념으로 확대 해석된다. 또한 최근에는 인구정책도 가족정책과 긴밀한 관계를 유지하고 있다.

많은 사람들이 법과 가족은 관련이 적은 주제라고 생각하지만 일상생활에서 법과 관련되지 않은 영역은 없다. 저자의 경우도 재혼을 준비하는 사람들을 대상으로 한 재혼준비교육에서 이들이 재혼과 관련해 가장 궁금해 하는 점들이 부부관계와 부모자녀관계에 대한 법률관련 내용이었으며, 가정법원에서 이혼숙려기간 동안 상담과정에서 만난 많은 사람들 역시 법적인 문제에 대한 관심이 가장 높았다. 그러나 실제로 많은 사람들은 법에 대해 잘 모를 뿐만 아니라 법률정보를 지원하는 기관도 다른 기관에 비해서 상대적으로 매우 부족한 실정이다. 따라서 우리나라 법에서 가족관계를 규정하는 법에 대한 지식은 매우 중요하다고 생각된다.

우리나라의 가족관계를 규정하는 법률은 민법 중 제4편(친족)과 제5편(상속)이 가족에 대한 규정과 가족관계에서의 의무규정 및 상호작용의 다양한 측면을 규정하고 있다. 제4편의 1장에서는 8장에서 다루었던 친족에 대한 규정이 있으며 2장(가족), 3장(혼인), 4장(부모와 자), 7장(부양) 등의 내용을 담고 있다. 제5편에는 1장(유언), 2장(유류분)에서 상속관련 법적 내용이 포함되어 있다. 이 절에서는 이러한 내용 중 가족관계를 이해하는 데 중요한 내용을 <표 10-3>, <표 10-4>와 같이 정리하였다. 그러나 제4편의 제3절은 친권에 대한 것으로 이는 5장의 부모자녀관계에서 다루었으므로 여기서는 생략하였다.

표 10-3 민법 제4편(친족)

		중요 내용
제779조	가족의 범위	1. 배우자, 직계혈족 및 형제자매 2. 직계혈족의 배우자, 배우자의 직계혈족 및 배우자의 형제자매 ② 제1항 제2호의 경우에는 생계를 같이 하는 경우에 한한다.
제781조	자의 성과 본	① 자는 부의 성과 본을 따른다. 다만, 부모가 혼인신고 시 모의 성과 본을 따르기로 협의한 경우에는 모의 성과 본을 따른다. ② 부가 외국인인 경우에는 자는 모의 성과 본을 따를 수 있다. ③ 부를 알 수 없는 자는 모의 성과 본을 따른다. ④ 부모를 알 수 없는 자는 법원의 허가를 받아 성과 본을 창설한다. 다만, 성과 본을 창설한 후 부 또는 모를 알게 된 때에는 부 또는 모의 성과 본을 따를 수 있다. ⑤ 혼인 외의 출생자가 인지된 경우 자는 부모의 협의에 따라 종전의 성과 본을 계속 사용할 수 있다. 다만, 부모가 협의할 수 없거나 협의가 이루어지지 아니한 경우에는 자는 법원의 허가를 받아 종전의 성과 본을 계속 사용할 수 있다. ⑥ 자의 복리를 위하여 자의 성과 본을 변경할 필요가 있을 때에는 부, 모 또는 자의 청구에 의하여 법원의 허가를 받아 이를 변경할 수 있다. 다만, 자가 미성년자이고 법정대리인이 청구할 수 없는 경우에는 제777조의 규정에 따른 친족 또는 검사가 청구할 수 있다.
제801조	약혼연령	18세가 된 사람은 부모나 미성년후견인의 동의를 받아 약혼할 수 있다
제804조	약혼해제 사유	당사자 한쪽에 다음 각 호의 어느 하나에 해당하는 사유가 있는 경우에는 상대방은 약혼을 해제할 수 있다. 1. 약혼 후 자격정지 이상의 형을 선고받은 경우 2. 약혼 후 성년후견개시나 한정후견개시의 심판을 받은 경우 3. 성병, 불치의 정신병, 그 밖의 불치의 병질(病疾)이 있는 경우 4. 약혼 후 다른 사람과 약혼이나 혼인을 한 경우 5. 약혼 후 다른 사람과 간음(姦淫)한 경우 6. 약혼 후 1년 이상 생사(生死)가 불명한 경우 7. 정당한 이유 없이 혼인을 거절하거나 그 시기를 늦추는 경우 8. 그 밖에 중대한 사유가 있는 경우
제807조	혼인적령	만 18세가 된 사람은 혼인할 수 있다.
제812조	혼인의 성립	① 혼인은 「가족관계의 등록 등에 관한 법률」에 정한 바에 의하여 신고함으로써 그 효력이 생긴다. ② 전항의 신고는 당사자 쌍방과 성년자인 증인 2인의 연서한 서면으로 하여야 한다.
제815조	혼인의 무효	혼인은 다음 각 호의 어느 하나의 경우에는 무효로 한다. 1. 당사자 간에 혼인의 합의가 없는 때 2. 혼인이 제809조 제1항의 규정을 위반한 때 3. 당사자 간에 직계인척관계(直系姻戚關係)가 있거나 있었던 때 4. 당사자 간에 양부모계의 직계혈족관계가 있었던 때
제826조	부부간 의무	① 부부는 동거하며 서로 부양하고 협조하여야 한다. 그러나 정당한 이유로 일시적으로 동거하지 아니하는 경우에는 서로 인용하여야 한다. ② 부부의 동거장소는 부부의 협의에 따라 정한다. 그러나 협의가 이루어지지 아니하는 경우에는 당사자의 청구에 의하여 가정법원이 이를 정한다.
제829조	부부 재산의 약정과 변경	① 부부가 혼인성립 전 그 재산에 관하여 따로 약정을 하지 아니한 때에는 그 재산관계는 본관 중 다음 각 조에 정하는 바에 의한다. ② 부부가 혼인성립 전에 그 재산에 관하여 약정한 때에는 혼인 중 이를 변경하지 못한다. 그러나 정당한 사유가 있는 때에는 법원의 허가를 얻어 변경할 수 있다. ③ 전항의 약정에 의하여 부부의 일방이 다른 일방의 재산을 관리하는 경우에 부적당한 관리로 인하여 그 재산을 위태하게 한 때에는 다른 일방은 자기가 관리할 것을 법원에 청구할 수 있고 그 재산이 부부 공유인 때에는 그 분할을 청구할 수 있다. ④ 부부가 그 재산에 관하여 따로 약정을 한 때에는 혼인성립까지에 그 등기를 하지 아니하면 이로써 부부의 승계인

		또는 제삼자에게 대항하지 못한다. ⑤ 제2항, 제3항의 규정이나 약정에 의하여 관리자를 변경하거나 공유재산을 분할하였을 때에는 그 등기를 하지 아니하면 이로써 부부의 승계인 또는 제삼자에게 대항하지 못한다.
제836조 의2	이혼의 절차	① 협의상 이혼을 하려는 자는 가정법원이 제공하는 이혼에 관한 안내를 받아야 하고, 가정법원은 필요한 경우 당사자에게 상담에 관하여 전문적인 지식과 경험을 갖춘 전문상담인의 상담을 받을 것을 권고할 수 있다. ② 가정법원에 이혼의사의 확인을 신청한 당사자는 제1항의 안내를 받은 날부터 다음 각 호의 기간이 지난 후에 이혼의사의 확인을 받을 수 있다. 1. 양육하여야 할 자(포태 중인 자를 포함한다. 이하 이 조에서 같다)가 있는 경우에는 3개월 2. 제1호에 해당하지 아니하는 경우에는 1개월 ③ 가정법원은 폭력으로 인하여 당사자 일방에게 참을 수 없는 고통이 예상되는 등 이혼을 하여야 할 급박한 사정이 있는 경우에는 제2항의 기간을 단축 또는 면제할 수 있다. ④ 양육하여야 할 자가 있는 경우 당사자는 제837조에 따른 자(子)의 양육과 제909조 제4항에 따른 자(子)의 친권자결정에 관한 협의서 또는 제837조 및 제909조 제4항에 따른 가정법원의 심판정본을 제출하여야 한다. ⑤ 가정법원은 당사자가 협의한 양육비부담에 관한 내용을 확인하는 양육비부담조서를 작성하여야 한다. 이 경우 양육비부담조서의 효력에 대하여는 「가사소송법」 제41조를 준용한다.
제837조	이혼과 자의 양육책임	① 당사자는 그 자의 양육에 관한 사항을 협의에 의하여 정한다. ② 제1항의 협의는 다음의 사항을 포함하여야 한다. 1. 양육자의 결정 2. 양육비용의 부담 3. 면접교섭권의 행사 여부 및 그 방법 ③ 제1항에 따른 협의가 자(子)의 복리에 반하는 경우에는 가정법원은 보정을 명하거나 직권으로 그 자(子)의 의사(意思)·연령과 부모의 재산상황, 그 밖의 사정을 참작하여 양육에 필요한 사항을 정한다. ④ 양육에 관한 사항의 협의가 이루어지지 아니하거나 협의할 수 없는 때에는 가정법원은 직권으로 또는 당사자의 청구에 따라 이에 관하여 결정한다. 이 경우 가정법원은 제3항의 사정을 참작하여야 한다. ⑤ 가정법원은 자(子)의 복리를 위하여 필요하다고 인정하는 경우에는 부·모·자(子) 및 검사의 청구 또는 직권으로 자(子)의 양육에 관한 사항을 변경하거나 다른 적당한 처분을 할 수 있다. ⑥ 제3항부터 제5항까지의 규정은 양육에 관한 사항 외에는 부모의 권리의무에 변경을 가져오지 아니한다.
제837조 의2	면접 교섭권	① 자(子)를 직접 양육하지 아니하는 부모의 일방과 자(子)는 상호 면접교섭할 수 있는 권리를 가진다. ② 자(子)를 직접 양육하지 아니하는 부모 일방의 직계존속은 그 부모 일방이 사망하였거나 질병, 외국거주, 그 밖에 불가피한 사정으로 자(子)를 면접교섭할 수 없는 경우 가정법원에 자(子)와의 면접교섭을 청구할 수 있다. 이 경우 가정법원은 자(子)의 의사(意思), 면접교섭을 청구한 사람과 자(子)의 관계, 청구의 동기, 그 밖의 사정을 참작하여야 한다. ③ 가정법원은 자의 복리를 위하여 필요한 때에는 당사자의 청구 또는 직권에 의하여 면접교섭을 제한·배제·변경할 수 있다.
제839조 의2	재산분할 청구권	① 협의상 이혼한 자의 일방은 다른 일방에 대하여 재산분할을 청구할 수 있다. ② 제1항의 재산분할에 관하여 협의가 되지 아니하거나 협의할 수 없는 때에는 가정법원은 당사자의 청구에 의하여 당사자 쌍방의 협력으로 이룩한 재산의 액수 기타 사정을 참작하여 분할의 액수와 방법을 정한다. ③ 제1항의 재산분할청구권은 이혼한 날부터 2년을 경과한 때에는 소멸한다.
제840조	재판상 이혼 원인	부부의 일방은 다음 각 호의 사유가 있는 경우에는 가정법원에 이혼을 청구할 수 있다. 1. 배우자에 부정한 행위가 있었을 때 2. 배우자가 악의로 다른 일방을 유기한 때 3. 배우자 또는 그 직계존속으로부터 심히 부당한 대우를 받았을 때 4. 자기의 직계존속이 배우자로부터 심히 부당한 대우를 받았을 때 5. 배우자의 생사가 3년 이상 분명하지 아니한 때 6. 기타 혼인을 계속하기 어려운 중대한 사유가 있을 때
제844조	남편의 친생자의 추정	① 아내가 혼인 중에 임신한 자녀는 남편의 자녀로 추정한다. ② 혼인이 성립한 날부터 200일 후에 출생한 자녀는 혼인 중에 임신한 것으로 추정한다. ③ 혼인관계가 종료된 날부터 300일 이내에 출생한 자녀는 혼인 중에 임신한 것으로 추정한다.

제855조	인지	① 혼인 외의 출생자는 그 생부나 생모가 이를 인지할 수 있다. 부모의 혼인이 무효인 때에는 출생자는 혼인 외의 출생자로 본다. ② 혼인 외의 출생자는 그 부모가 혼인한 때에는 그때로부터 혼인 중의 출생자로 본다.
제869조	입양의 의사표시	① 양자가 될 사람이 13세 이상의 미성년자인 경우에는 법정대리인의 동의를 받아 입양을 승낙한다. ② 양자가 될 사람이 13세 미만인 경우에는 법정대리인이 그를 갈음하여 입양을 승낙한다. ③ 가정법원은 다음 각 호의 어느 하나에 해당하는 경우에는 제1항에 따른 동의 또는 제2항에 따른 승낙이 없더라도 제867조 제1항에 따른 입양의 허가를 할 수 있다. 1. 법정대리인이 정당한 이유 없이 동의 또는 승낙을 거부하는 경우. 다만, 법정대리인이 친권자인 경우에는 제870조 제2항의 사유가 있어야 한다. 2. 법정대리인의 소재를 알 수 없는 등의 사유로 동의 또는 승낙을 받을 수 없는 경우 ④ 제3항 제1호의 경우 가정법원은 법정대리인을 심문하여야 한다. ⑤ 제1항에 따른 동의 또는 제2항에 따른 승낙은 제867조 제1항에 따른 입양의 허가가 있기 전까지 철회할 수 있다.
제870조	미성년자 입양에 대한 부모의 동의	① 양자가 될 미성년자는 부모의 동의를 받아야 한다. 다만, 다음 각 호의 어느 하나에 해당하는 경우에는 그러하지 아니하다. 1. 부모가 제869조 제1항에 따른 동의를 하거나 같은 조 제2항에 따른 승낙을 한 경우 2. 부모가 친권상실의 선고를 받은 경우 3. 부모의 소재를 알 수 없는 등의 사유로 동의를 받을 수 없는 경우 ② 가정법원은 다음 각 호의 어느 하나에 해당하는 사유가 있는 경우에는 부모가 동의를 거부하더라도 제867조 제1항에 따른 입양의 허가를 할 수 있다. 이 경우 가정법원은 부모를 심문하여야 한다. 1. 부모가 3년 이상 자녀에 대한 부양의무를 이행하지 아니한 경우 2. 부모가 자녀를 학대 또는 유기(遺棄)하거나 그 밖에 자녀의 복리를 현저히 해친 경우 ③ 제1항에 따른 동의는 제867조 제1항에 따른 입양의 허가가 있기 전까지 철회할 수 있다.
제905조	재판상 파양의 원인	양부모, 양자 또는 제906조에 따른 청구권자는 다음 각 호의 어느 하나에 해당하는 경우에는 가정법원에 파양을 청구할 수 있다. 1. 양부모가 양자를 학대 또는 유기하거나 그 밖에 양자의 복리를 현저히 해친 경우 2. 양부모가 양자로부터 심히 부당한 대우를 받은 경우 3. 양부모나 양자의 생사가 3년 이상 분명하지 아니한 경우 4. 그 밖에 양친자관계를 계속하기 어려운 중대한 사유가 있는 경우
제908조의2	친양자 입양의 조건	① 친양자(親養子)를 입양하려는 사람은 다음 각 호의 요건을 갖추어 가정법원에 친양자 입양을 청구하여야 한다. 1. 3년 이상 혼인 중인 부부로서 공동으로 입양할 것. 다만, 1년 이상 혼인 중인 부부의 한쪽이 그 배우자의 친생자를 친양자로 하는 경우에는 그러하지 아니하다. 2. 친양자가 될 사람이 미성년자일 것 3. 친양자가 될 사람의 친생부모가 친양자 입양에 동의할 것. 다만, 부모가 친권상실의 선고를 받거나 소재를 알 수 없거나 그 밖의 사유로 동의할 수 없는 경우에는 그러하지 아니하다. 4. 친양자가 될 사람이 13세 이상인 경우에는 법정대리인의 동의를 받아 입양을 승낙할 것 5. 친양자가 될 사람이 13세 미만인 경우에는 법정대리인이 그를 갈음하여 입양을 승낙할 것 ② 가정법원은 다음 각 호의 어느 하나에 해당하는 경우에는 제1항 제3호 · 제4호에 따른 동의 또는 같은 항 제5호에 따른 승낙이 없어도 제1항의 청구를 인용할 수 있다. 이 경우 가정법원은 동의권자 또는 승낙권자를 심문하여야 한다. 1. 법정대리인이 정당한 이유 없이 동의 또는 승낙을 거부하는 경우. 다만, 법정대리인이 친권자인 경우에는 제2호 또는 제3호의 사유가 있어야 한다. 2. 친생부모가 자신에게 책임이 있는 사유로 3년 이상 자녀에 대한 부양의무를 이행하지 아니하고 면접교섭을 하지 아니한 경우 3. 친생부모가 자녀를 학대 또는 유기하거나 그 밖에 자녀의 복리를 현저히 해친 경우 ③ 가정법원은 친양자가 될 사람의 복리를 위하여 그 양육상황, 친양자 입양의 동기, 양부모의 양육능력, 그 밖의 사정을 고려하여 친양자 입양이 적당하지 아니하다고 인정하는 경우에는 제1항의 청구를 기각할 수 있다.

출처: 법제처, 국가법령정보, 민법(www.law.go.kr/lsSc.do?tabMenuId=tab18&query=%EB%AF%BC%EB%B2%95#\)

표 10-4 민법 제5편(상속)의 중요 내용

		중요 내용
제1000조	상속의 순위	① 상속에 있어서는 다음 순위로 상속인이 된다. 1. 피상속인의 직계비속 2. 피상속인의 직계존속 3. 피상속인의 형제자매 4. 피상속인의 4촌 이내의 방계혈족 ② 전항의 경우에 동순위의 상속인이 수인인 때에는 최근친을 선순위로 하고 동친 등의 상속인이 수인인 때에는 공동상속인이 된다. ③ 태아는 상속순위에 관하여는 이미 출생한 것으로 본다.
제1004조	상속인의 결격사유	다음 각 호의 어느 하나에 해당한 자는 상속인이 되지 못한다. 1. 고의로 직계존속, 피상속인, 그 배우자 또는 상속의 선순위나 동순위에 있는 자를 살해하거나 살해하려 한 자 2. 고의로 직계존속, 피상속인과 그 배우자에게 상해를 가하여 사망에 이르게 한 자 3. 사기 또는 강박으로 피상속인의 상속에 관한 유언 또는 유언의 철회를 방해한 자 4. 사기 또는 강박으로 피상속인의 상속에 관한 유언을 하게 한 자 5. 피상속인의 상속에 관한 유언서를 위조 · 변조 · 파기 또는 은닉한 자
제1008조 의2	기여분	① 공동상속인 중에 상당한 기간 동거 · 간호 그 밖의 방법으로 피상속인을 특별히 부양하거나 피상속인의 재산의 유지 또는 증가에 특별히 기여한 자가 있을 때에는 상속 개시 당시의 피상속인의 재산가액에서 공동상속인의 협의로 정한 그 자의 기여분을 공제한 것을 상속재산으로 보고 제1009조 및 제1010조에 의하여 산정한 상속분에 기여분을 가산한 액으로써 그 자의 상속분으로 한다. ② 제1항의 협의가 되지 아니하거나 협의할 수 없는 때에는 가정법원은 제1항에 규정된 기여자의 청구에 의하여 기여의 시기 · 방법 및 정도와 상속재산의 액 기타의 사정을 참작하여 기여분을 정한다. ③ 기여분은 상속이 개시된 때의 피상속인의 재산가액에서 유증의 가액을 공제한 액을 넘지 못한다. ④ 제2항의 규정에 의한 청구는 제1013조 제2항의 규정에 의한 청구가 있을 경우 또는 제1014조에 규정하는 경우에 할 수 있다.
제1065조	유언방식	유언의 방식은 자필증서, 녹음, 공정증서, 비밀증서와 구수증서의 5종으로 한다.
제1066조	자필증서 유언	① 자필증서에 의한 유언은 유언자가 그 전문과 연월일, 주소, 성명을 자서하고 날인하여야 한다. ② 전항의 증서에 문자의 삽입, 삭제 또는 변경을 함에는 유언자가 이를 자서하고 날인하여야 한다.
제1067조	녹음유언	녹음에 의한 유언은 유언자가 유언의 취지, 그 성명과 연월일을 구술하고 이에 참여한 증인이 유언의 정확함과 그 성명을 구술하여야 한다.
제1068조	공정증서 유언	공정증서에 의한 유언은 유언자가 증인 2인이 참여한 공증인의 면전에서 유언의 취지를 구수하고 공증인이 이를 필기낭독하여 유언자와 증인이 그 정확함을 승인한 후 각자 서명 또는 기명날인하여야 한다.
제1069조	비밀증서 유언	① 비밀증서에 의한 유언은 유언자가 필자의 성명을 기입한 증서를 엄봉날인하고 이를 2인 이상의 증인의 면전에 제출하여 자기의 유언서임을 표시한 후 그 봉서표면에 제출연월일을 기재하고 유언자와 증인이 각자 서명 또는 기명날인하여야 한다. ② 전항의 방식에 의한 유언봉서는 그 표면에 기재된 날로부터 5일 내에 공증인 또는 법원서기에게 제출하여 그 봉인상에 확정일자 인을 받아야 한다.
제1070조	구수증서 유언	① 구수증서에 의한 유언은 질병 기타 급박한 사유로 인하여 전4조의 방식에 의할 수 없는 경우에 유언자가 2인 이상의 증인의 참여로 그 1인에게 유언의 취지를 구수하고 그 구수를 받은 자가 이를 필기낭독하여 유언자의 증인이 그 정확함을 승인한 후 각자 서명 또는 기명날인하여야 한다. ② 전항의 방식에 의한 유언은 그 증인 또는 이해관계인이 급박한 사유의 종료한 날로부터 7일 내에 법원에 그 검인을 신청하여야 한다. ③ 제1063조 제2항의 규정은 구수증서에 의한 유언에 적용하지 아니한다.
제1112조	유류분 권리자와 유류분	상속인의 유류분은 다음 각 호에 의한다. 1. 피상속인의 직계비속은 그 법정상속분의 2분의 1 2. 피상속인의 배우자는 그 법정상속분의 2분의 1 3. 피상속인의 직계존속은 그 법정상속분의 3분의 1 4. 피상속인의 형제자매는 그 법정상속분의 3분의 1

출처: 법제처, 국가법령정보, 민법(www.law.go.kr/lsSc.do?tabMenuId=tab18&query=%EB%AF%BC%EB%B2%95#)

우리나라에서 가족들에게 법적인 정보를 제공하는 대표적 기관으로는 한국가정법률상담소(www.lawhome.or.kr)가 있다. 이 기관은 1956년 개소 이래 경제적으로 어렵거나 법을 모르기 때문에 어려움을 겪고 있는 사람들에게 법률서비스를 무료로 제공해 주는 법률구조기관이다. 2010년부터는 포털사이트 다음 '미즈넷'을 통해 가정법률상담을 제공하며, 2011년 이후 서울가정법원 민원실에서도 출장상담을 한다. 2016년 창립 60주년을 맞은 이 기관은 다양한 기관과 연계하여 법률서비스를 제공한다.

대한법률구조공단(www.klac.or.kr)도 법을 잘 모르는 사회 · 경제적 약자들이 공단의 지원을 받아 억울함을 해소함으로써 정의를 실현하는 것을 사명으로 설립된 인권 옹호 및 법률복지기관이다. 이 기관에서는 다양한 법률서식을 제공하고 있으며, 법률구조제도를 운영하고 있다. 법률구조제도는 경제적으로 어렵거나 법을 몰라서 법의 보호를 충분히 받지 못하는 국민에게 법률상담, 변호사 또는 공익법무관에 의한 소송대리 및 형사변호 등의 법률적 지원을 통하여 적법한 절차에 의하여 정당한 권리를 보호받을 수 있도록 함으로써 국민의 기본적 인권을 옹호하는 법률분야의 사회복지제도이다. 서울 서초구에 서울중앙지부가 있으며 전국에 지부가 설립되어 있다. 이밖에도 다양한 자체단체에서 주민들을 위한 법률구조제도를 운영하고 있다.

2) 가족, 여성정책[2)]

(1) 가족정책과 여성정책의 개념

가족정책, 여성정책, 사회정책이 무엇인가에 대해서는 학자들마다 매우 다양한 견해가 존재하며, 이들 정책들 간의 차이에 대해서도 이미 많은 학자들에 의해 논의가 이루어져 왔으며 학자들에 따라 정의와 대상, 방법 등이 다양하다. 그러나 이러한 정책들은 상호관련성이 높으며, 가족에 미치는 영향도 광범위하여 이러한 내용 중 가족과 관련 높은 주제들을 중심으로 살펴보고자 한다.

정책의 범위와 내용을 이해하기 위해서는 각 정책에서 다루고 있는 주제가 무엇인지가 중요한데, 변화순 등(2008)은 가족정책을 조세와 인구 등을 포함한 광의의 개념과 개인적 사회서비스제도와 요보호대상가족 및 취약가족을 위한 협의의 분류로 구분한다. 조흥식 등(2002)은 직접적으로 '가족'복지에 관심을 두고 정부가 의도적으로 취하는 조치나 행동을 가리키는 것, 개인을 다루더라도 가족과 연계 속에서 접근하는 경우, 즉 아동 · 노인 · 장애인 · 여성 등 특정 인구집단을 대상으로 한 정책이라도 그것이 가족구성원에 영향을 미치는 경우, 직접적으로는 아니어도 '가족과 관련된' 사회보험 · 공공부조 · 사회복지서비스 · 고용정책 · 조세정책 · 보건의료정책 · 주택정책 등이 모두 가족정책으로 포함될 수 있다고 주장한다. 김성천과 안현미(2003)는 전체로서의 가족과 가족 내의

2) 이 장의 내용은 '가족정책의 변화와 앞으로의 방향'이라는 특강에서의 내용과 정혜정, 공미혜, 전영주, 정현숙(2009)에서 저자가 집필한 부분을 발췌 정리하였음.

아동, 노인 여성으로 분류하여 가족정책의 서비스영역을 구분하고 있다. 장혜경 등(2002)은 소득지원, 자녀양육지원, 노인부양지원정책으로 한국의 가족정책을 세분하였다. 김승권(2004)은 가족의 욕구, 가족의 기능, 정책의 수혜대상, 정책의 주체로 가족정책을 분류하여 소득보장정책, 주거보장정책, 양육 및 부양지원정책, 의료보장정책, 가정생활문화정책, 가족보호정책을 가족정책으로 구분하였다. 초의수(2008)도 Kamerman과 Kahn(1976)의 가족정책의 개념을 인용해 가족을 위해 목적과 목표를 갖고 정부가 체계적으로 수립, 집행하는 명시적 가족정책과, 간접적인 결과로 가족에 영향을 미치는 결과를 초래하는 묵시적인 정책도 가족정책의 대상으로 이념화하고 있다. 또한 가족정책을 가족을 당위로 하고 여성정책과 사회정책과는 관련성이 높으나 고유의 독립적 정체성을 갖는 정책영역이 있으며 사회제반 여건이 가족에게 영향을 미치는 주요 문제를 해소하고 가족 및 가족구성원의 삶의 질을 향상시키는 공공부분의 개입으로 정의하고 있다.

따라서 가족법은 가족을 공식적, 비공식적으로 규제하는 고용법, 범죄 관련법, 청소년법, 세법, 이민법, 소유와 관련된 법, 사회안정보장법 등을 모두 포함하는 개념으로 확대 해석된다(정혜정 등, 2009). 그렇다면 우리나라의 가구 중 가족이 아닌 집단이 존재하는가? 이러한 정의에 기초한다면 아동, 노인, 장애인, 여성 등 개별가족원을 정책대상으로 하는 모든 정책이 가족생활에 영향을 미친다면 우리 사회에 존재하는 모든 정책이 가족정책의 범위에 포함된다.

그러나 이러한 내용은 매우 광범위하므로 관련 내용 중 보건복지부와 여성가족부와 관련된 법과 정책을 중심으로 살펴보고자 한다. 우리나라에서 여성과 가족에 대한 최초의 정부 내 조직은 1946년 9월 보건후생부 내의 부녀국이다. 이후 이 조직을 기초로 지방부녀행정조직이 마련되었으며, 서울시 내무국에 부녀과 설치(1947.6), 전국의 시도의 보건후생국 후생과 내에 부녀계 설치(1947.10)로 이어진다(표 10-5 참조). 이 시기는 부녀계몽사업, 공창제도 폐지 등을 주요 사업으로 전쟁미망인과 윤락여성의 보호 등 요보호여성을 대상으로 하는 시혜적 · 사후적 복지사업인 부녀복지제도가 핵심이었다. 1970년대를 계기로 부녀복지차원에 머물던 한국의 여성정책은 일하는 여성의 보호로 확대되고, 노동시장에서의 여성에 대한 차별문제를 정책화하기 시작하였다. 또한 1975년 「모자보건법」의 제정으로 모성의 생명과 건강보호, 건강한 자녀 출산과 양육을 위한 여성복지정책이 본격화되었다. 특히 1975년 '유엔 세계 여성의 해'를 계기로 여성정책이 국가정책의 한 부분으로 자리잡기 시작하였으며, 1980년에 이르러 사업적인 면에서는 한부모와 윤락여성에 대한 관심으로 여성에 대한 사업영역이 확대되었다. 이후 1985년 '여성발전기본계획'과 '남녀차별개선지침'을 통해 여성정책이 국가정책으로 통합되었으며, 이러한 여성정책은 1995년 북경에서 열린 제4차 세계여성대회를 기점으로 1995년 「여성발전기본법」으로 통합되면서 여성할당제, 남녀고용평등, 저소득복지정책, 폭력예방, 모성보호, 아동보육 등의 영역으로 정책의 관심분야가 지속적으로 확대되었다.

(2) 가족, 여성정책의 발전

정책의 변화는 각 시기의 국내의 여성과 관련된 다양한 환경과 거시적인 국제환경의 변화를 반영한 결과로 평가할 수 있는데 <표 10-5>의 다양한 여성관련 정책에서 볼 수 있듯이 우리나라 여성과 가족과 관련된 정책은 여성정책의 변화와 그 맥을 같이한다. 변화순(1992)은 정치, 경제, 사회, 문화 등 모든 분야에서 여성의 지위와 권익을 향상시켜 남녀가 평등한 사회를 이룩하려는 포괄적인 국가정책을 여성정책으로 정의한다. 여성정책에 대한 문헌고찰을 통해 유영주(2006)도 궁극적으로 남녀평등한 사회의 실현에 목표를 두는 정책을 여성정책으로 정리하고 있다.

표 10-5 여성, 가족, 청소년 및 인구관련 정책의 역사적 변화

연도	주요 내용	관련부처
1946–1947	• 여성문제를 다룬 최초의 정부 내 조직: 1946년 9월 중앙의 보건후생부 내의 부녀국과 지방부녀행정조직 마련 • 서울시 내무국에 부녀과 설치(1947.6), 전국의 시도의 보건후생국 후생과내에 부녀계 설치(1947.10) – 부녀계몽사업 실시, 공창제도 폐지 등을 주요 사업으로 전쟁미망인과 윤락여성의 보호와 직업지원 등 요보호여성 중심 복지정책	보건후생부(보건사회부 전신) 내의 부녀국
1948	• 1948년 헌법 제정 시 남녀평등을 법에 명시함(1987년 헌법 개정 시 차별금지와 특별보호를 구체적으로 명시함: 여성의 고용은 특별한 보호를 받으며 고용임금 및 근로조건에 있어서 부당한 차별을 받지 아니한다)	
1961–1962	• "국가재건최고회의"에서 가족계획사업 채택, 1962년 시행: 1973년 제정되는 모자보건법의 기초가 됨 • 인구정책의 변화: 가족계획 확산기(1962–1975): 가족계획사업(피임보급체계 확립) – 제1차 5개년계획기간(1962–1966): 피임보급체계의 확립 – 제2차 5개년계획기간(1967–1971): 지역사회중심 피임보급의 기반조성 – 제3차 5개년계획기간(1972–1976): 특수집단을 위한 선별적 사업 전개	
1970–1972	• 1970 노동청 근로기준담당관실 설치: 부녀소년보호업무와 여성근로자 권익보호 • 1972년 근로기준담당관실을 근로기준관실로 개칭: 부녀소년관이 여성근로자업무 전담: 부녀복지차원에 머물던 한국의 여성정책의 영역이 일하는 여성의 보호로 확대되고, 노동시장에서의 여성에 대한 차별 문제 정책화 시작	
1973	• 「모자보건법」 제정: 모성의 생명과 건강 보호, 건강한 자녀 출산과 양육을 위한 여성복지정책	
1976	• 인구정책 관련 정책: 사회정책적 지원의 도입기(1976–1990): 가족법 개정, 의료보험의 분만급여, 공무원의 자녀학비 보조수당, 가족수당 2자녀 국한시킴, 해외이주법 제정	
1977	• 「혼인에 관한 특례법」: 동성동본 혈족 사이의 혼인인정(12.31)	
1983	• 4월 '한국여성개발원' 개원, 여성에 관한 연구 및 정책개발 수행: 여성경제활동의 질적 · 양적 확대 노력에 의해 여성인적자원의 중요성에 대한 사회적 인식 제고, 남녀차별적 관행, 법 · 제도의 개선 노력에 의한 여성의 인권 및 사회참여권 신장에 기여, 남녀의 동반자적 관계형성 노력에 의한 양성평등의식의 확산에 기여를 목적으로 설립: 2007년 "한국여성정책연구원"으로 명칭 변경 • 여성정책심의위원회 설치(1983): '여성정책' 용어사용	보건사회부 산하의 정부출연 연구기관
1984	• '여성발전기본계획' 마련(1985년 4월 정책으로 채택됨): 여성발전준비기(1985–1986)/통합기(1987–1991)/정착기(1992–2000) 계획: 기본목표는 모든 분야, 모든 수준에의 여성참여 촉진을 위한 여성인력 활용의 극대화, 남녀평등 기반조성 및 여성 지위 향상을 위한 여성능력의 최대한 개발, 여성발전을 지원하는 건강하고 안정된 가정 정착으로 여성의 참여영역 증대 및 가정과 직장의 조화, 법적 제도적 사회지원체제 확립으로 여성발전의 사회여건 조성, 여성문제 정책화의 기반조성으로 여성발전 가속화 • 「모자복지법」(1984.4.1. 제정)	여성정책 심의위원회 의결 (1985.4.11)
1986	• 「모자보건법」 개정: 보건소 임산부, 영유아건강진단사업 실시	

1987	• 「남녀고용평등법」 제정(1987.12.4): 모집과 채용에서의 성차별 금지, 모성보호, 직장보육시설에 대한 규정: 1991년 「영유아보육법」의 기초 • 「동성동본에 관한 특례법」 제정	
1988	• 정무장관(제2)실 설치(1988)	
1990	• 「모자보건법」 확대: 임산부 청소년 및 미혼여성, 장년기 여성까지 대상 확대	
1991	• 「청소년기본법」(1991.12, 문화관광부): 2005.3. 청소년위원회, 2008.2. 보건복지가족부, 2010.1. 여성가족부로 이관 • 「영유아보육법」(1991.1.14) 제정(보건복지부): 아동보육의 사회화를 통해 여성의 사회참여를 지원하는 효과 (보육시설 평가인증제 도입, 보육인력 자격관리체계 도입을 위한 법적 근거를 마련: 2004.1. 「영유아보육법」 개정): 2005.3. 여성가족부, 2008.2. 보건복지가족부, 2010.1. 보건복지부로 이관됨	
1994	• 국회 내 여성특별위원회가 설치(1994): 여성들의 의견 대변과 여성정책심의 및 여성 지위향상을 위한 정책의 입법화(후에 여성부를 소관으로 하는 상임위원회인 여성위원회로 신설(2002)되었으며, 여성가족위원회로 명칭 개정(2005)됨)	
1995	• 「여성발전기본법」(12.30) 제정: 평등권 보장을 위한 헌법과 가족법의 제정 및 개정, 여성의 사회참여 확대를 위한 법률제정 및 조치, 여성복지의 지속적인 확대를 목적으로 함 • 여성발전기금 조성: 여성의 권익 증진을 위한 사업, 여성단체 사업, 여성관련 시설 설치와 운영, 여성의 국제협력 사업 및 남녀평등 실현, 여성발전 및 가족 지원 등을 위해 대통령령으로 정하는 사업 지원(1997년 정부출연금 50억 원 전입 이후 2007년 말까지 300억원의 여성발전기금이 조성, 2007년 복권기금 121억 원이 전입되어 가정폭력 · 성폭력 · 성매매 피해여성의 복지지원 사업 추진과 취약계층 아동양육지원을 위한 4개의 가족지원사업 신규 추진, 2008년에 12개 사업에 162억 원 집행계획 수립)	정무장관 제2실
1996	• 인구정책 변화(1996): 출산위주의 정책으로 전환: 모자보건, 성비불균형 시정, 청소년 성문제, 인공임신중절, 여성 및 노령인력 활용 등 사회적 정책과제와 함께 가족복지 차원으로 전환	
1998	• '제1차 여성정책기본계획': 국가 및 사회발전에 남녀가 공동 참여하고 책임을 분담하는 사회체계구축 • 「국민연금법」 개정, 배우자의 연금분할수급권을 인정(1998) • 정무장관(제2)실 폐지와 대통령직속 여성특별위원회 신설(2월): 여성정책에 대한 종합적인 기획 · 조정에 관한 사무 관장 • 6개 부처(행정자치부, 법무부, 교육부, 보건복지부, 농림부, 노동부)에 여성정책담당관실 설치, 운영: 여성문제의 해결을 위한 조정 · 실행(국방부에는 2006년 1월 설치)	여성 특별위원회
1999	• 「남녀차별금지 및 구제에 관한 법률」(1999.2): 사회의 모든 영역에서 남녀차별을 금지하고, 이로 인한 피해자 권익을 구제하는 제도 마련 • 양성평등한 교과과정(1999): 기술가정 통합	여성 특별위원회
2001	• 2001년 1월 29일 「정부조직법」 개정: 여성부 발족: 관련부처에서 산발적으로 추진했던 가족정책을 통합적으로 추진하는 기반 마련 • 성폭력피해자 의료지원체계 개선대책 마련(2001) • 여성긴급전화 '1366'의 기능 강화: 성폭력피해자 지원서비스 연체체계 구축 • 출산휴가 90일 확대, 육아휴직급여 지급(2001)	
2002	• 「모자보건법」 개정: 모자건강 증진(임산부 · 영유아 등록관리 및 건강검진, 선천성 대사이상 검사, 미숙아 및 선천성 이상아 등록관리 및 의료비 지원, 보건소 여성과 어린이 건강증진사업 지정운영, 엄마 젖 먹이기 운동 전개) • 성매매방지종합대책 수립(2002)	
2003	• '제2차 여성정책기본계획': 평등한 사회, 평화로운 사회, 인권 존중되는 실질적 남녀평등사회실현 • 여성정책조정회의 및 5월에 45개 중앙행정기관에 여성정책책임관 지정: 〈여성정책기본계획〉, 〈연도별 시행계획〉 종합 · 조정하고 추진실적을 점검, 「여성발전기본법」에 의한 정책의 성별영향분석 · 평가업무와 당해기관 여성공무원의 지위 향상에 관한 업무 등 담당: 여성정책조정회의는 각 부처가 추진하는 여성정책의 효율적인 조정을 위한 장치로 국무총리 소속하에 신설되었으며 중앙행정기관에 여성정책책임관제도 마련 (이후 여성정책조정회의는 2002년 12월 개정된 「여성발전기본법」에 근거 2003년 3월 국무총리소속하에 설치됨)	

	• 「여성과학기술인 육성 및 지원에 관한 법률 시행령」 제정과 여성과학기술인육성위원회 설치(2003): 과학기술분야에서 여성의 잠재력을 적극 활용하기 위한 제도적 기반 마련 • 「교육공무원법」 및 「임용령」 개정(2003): 국 · 공립대 여성교수 채용목표제 시행	
2004	• 성별영향평가 시범사업 실시: 기관별 정책의 성별영향평가는 2005년에 실시 • 보건복지부로부터 여성부로 영유아보육업무이관(2004.6.12) • 건강가정기본법 제정(2004.2, 보건복지부소관): 양성평등한 가족정책 기반조성 • 「성매매방지 및 피해자보호 등에 관한 법률」(2004.3) • 「성폭력범위의 처벌 및 피해자보호 등에 관한 법률」(2004.3)	여성부
2004	• 「청소년활동진흥법」(2004.2), 청소년복지지원법(2004.2.9, 문화관광부) 제정: 2005.3. 청소년위원회, 2008.2. 보건복지가족부, 2010.1. 여성가족부로 이관	
2005	• 여성가족부(3.24) 신설: 가족업무가 보건복지부에서 여성부로 이관되면서 보육정책과 가족정책을 추가하여 여성가족부로 개편: 「여성발전기본법」, 「영유아보육법」, 「성매매방지법」, 「건강가정기본법」, 「모 · 부자복지법」 관할. 여성부의 주요 업무였던 남녀차별개선 관련 사무는 국가인권위원회로 이관되고, 성희롱예방 및 남녀차별개선의 정책적 기능 수행 • 가족정책국 신설(6.23) • 여성, 가족, 영유아 보육업무 담당 • 「건강가정기본법」 시행: 국무총리 소속 "중앙건강가정정책위원회" 설치 운영 〈건강가정기본계획〉 및 주요 시책 심의, 건강가정지원센터 설치 · 운영	여성가족부
2005	• 3월 호주제폐지 민법개정안 국회통과 • 여성종중원 자격을 인정하는 대법원 판결(2005.7)	
2006	• 다문화가족지원센터 운영 • 중앙행정기관을 기준으로 여성관리자 임용목표제(10%) 시행: 현황 2003년 6.4%, 2004년 7.4%, 2005년 8.4%, 공무원 양성평등 채용목표제(목표율 30%)시행(2005년에는 중앙정부 17명, 지방정부에 124명(남성 68명, 여성 56명) 채용)	
2007	• 가족친화 사회환경의 조성 촉진에 관한 법률(2007.12) • 결혼중개업의 관리에 관한 법률(2007.12) • 한부모가족지원법 개정(2007.10.17): 모자복지법(1989.4.1) → 모 · 부자복지법(2002 개정) • 민법개정(2007.12): 혼인과 이혼에서의 양성평등을 위한 개정: 혼인이 가능한 연령이 남녀 모두 18세로 변경: 협의이혼절차가 개선: 자녀의 권리로서 면접교섭권을 인정 등	
2007	• 가족통합팀 설치 • 결혼이민자가족지원 업무강화 • 아이돌보미사업시행 • 남여고용평등법이 「남녀차별금지 및 구제에 관한 법」으로 변경: 헌법의 평등이념에 따라 고용에서 남녀의 평등한 기회와 대우를 보장하고 모성 보호와 여성 고용을 촉진하여 남녀고용평등을 실현함과 아울러 근로자의 일과 가정의 양립을 지원함으로써 모든 국민의 삶의 질 향상에 이바지하는 것을 목적으로 전면 개정	여성가족부
2008	• 「다문화가족지원법」 시행(2008.3) • 경력단절여성 등의 경제활동 촉진법 • 호주제 폐지(2008.1) • 「여성발전기본법령」 개정 : 성희롱 예방사업의 근거 마련, 정책분석 · 평가지원기관 지정 등, 한국양성평등교육진흥원의 설립 • 「정부조직법」 개정(2008.2.29): 여성가족부가 수행했던 가족 및 보육정책 기능은 보건복지가족부로 이관되었고 여성가족부는 여성정책의 조정 · 종합, 여성의 권익증진 등 지위향상 기능을 수행할 수 있도록 개편	여성가족부
2008	• 보건복지가족부(2008.2.29)와 여성부로 개편 • 가족정책관(3개과: 가족정책, 가족지원과, 다문화가족과) 신설 • 6월 「가족친화 사회환경의 조성 촉진에 관한 법률」 제정(2008. 6): 가족친화적인 사회환경 조성을 촉진하기	보건복지가족부

	위한 종합적이고 체계적인 지원체계를 구축함으로써 사회 전반에 가족친화적인 환경의 정착 및 국민의 삶의 질 향상 목적 • 「모 · 부자복지법」을 「한부모가족지원법」으로 개정 • 노인장기요양보험제도 도입	
2009	• 아동청소년의 성보호에 관한 법률(2009.6 전부개정)	
2010	• 여성가족부(2010.3.19)로 개편: 여성, 가족, 청소년정책, 건강가정사업을 위한 업무(그림 10-2 참조): 근거: 정부조직법 개정(2010.1.18): 가족 해체 및 다문화가족 등 현안 사항에 적극 대응하기 위하여 보건복지가족부의 청소년 및 다문화 가족을 포함한 가족기능을 여성가족부로 이관하는 내용으로 개정(2010.1.18) 되어 "여성가족부"로 다시 개편되고, 여성 · 종합 및 여성의 권익증진 등 지위 향상뿐만 아니라 가족정책, 건강가정사업을 위한 아동업무 및 청소년의 육성 · 복지 및 보호기능 수행 • 「영유아보육법」은 1월 보건복지부로 이관 • 성폭력방지 및 피해자보호 등에 관한 법률(2010.4) 제정	여성가족부
2011–2018	• 성별영향분석평가법(2011.9), 아이돌봄지원법(2012.2), 학교밖 청소년 지원에 관한 법률(2014.5), 양육비 이행확보 및 지원에 관한 법률(2014.3) 제정 • 「양성평등기본법」(2014.5) 전부개정 • 「아이돌봄지원법」(2016.3.2. 시행, 법률 제14064호)	여성가족부

출처: 국가기록원 나라기록(2010). 정책/제도. 국회법률지식정보시스템(2010). 법률정보./보건복지가족부 가족정책관(2009). 2009 가족사업 안내./보건복지가족부(2008). (제1차) 건강가정기본계획(2006-2010)보완판: 함께가는 가족2010./여성가족부(2009). 2001-2010 여성(가족)부 주요업무계획보고서. 여성가족부(2009). 정책가이드./여성가족부(2010). 여성가족부의 가족정책 조직개편./여성가족부(2010). 여성가족부의 가족정책의 기본방향과 비전 등에서 재정리/여성가족부 홈페이지(www.mogef.go.kr) 법령현황 참조

주: 생활보호법, 아동복지법, 노인, 장애인복지법 등 주요 관련 법률 등은 포함하지 못했음.

우리나라에서 가족정책은 2005년 6월 23일 가족여건 변화에 대응하는 통합적 가족정책 추진체계를 구축하고 다양한 가족에 대한 사회적 지원을 강화하기 위해 여성부를 여성가족부로 개편하면서 본격화되었다고 볼 수 있다. 저출산, 고령화 사회로 접어들면서 전통적 가족구조와 역할이 변화하고 가족해체문제가 심각해짐에 따라 이를 예방하고 새롭게 형성되는 다양한 형태의 가족이 가족공동체로서의 역할을 할 수 있도록 지원하는 일이 시급해짐에 따라 2005년 정부조직법을 개정하여 여성부가 수행하는 기능 이외에 통합적 가족정책을 수립하고 각 부처이 가족정책을 수립 · 조정 · 지원하는 기능을 수행할 수 있도록 여성가족부로 개편하였다. 그러나 정부기능을 재배치하는 정부조직법이 2008년 개정되면서 여성가족부가 수행했던 가족 및 보육정책 기능은 보건복지가족부로 이관되었고 여성부는 여성정책의 조정 · 종합, 여성의 권익증진 등 지위 향상 기능을 수행할 수 있도록 개편되었다. 이에 따라 2008년부터 보건복지부는 가족관련 정책과 보육정책을 통합하여 보건복지가족부로 개편되었다(www.mogef.go.kr/html/sub06/sub06_32.jsp?menuID=kg0302). 이때를 기점으로 통합적 가족정책을 위한 추진기반 조성이 강조되었으며 그 결과가 2006년 수립된 '제1차 건강가정기본계획(2006-2010)-함께 가는 가족 2010'이며, 가족돌봄의 사회화, 일과 가족 양립을 위한 환경조성, 다양한 가족에 대한 지원 등의 정책방향이 강조되었다.

2008년 2월 가족정책이 보건복지가족부로 이관되면서 부서 내의 저출산고령사회정책국의 가족정책과, 가족지원과, 다문화가족과가 가족업무를 담당하였다. 변화순(2008)에 의하면 가족 업무의

보건복지가족부로의 이관은 가족의 업무를 평등적 관점에서 복지적 관점으로 다루고자 하는 정책기조의 축이 이동한 것으로 판단한다. 실제로 보건복지가족부의 정책은 평생복지안정망 확충, 보건복지, 가족정책, 건강의 관점의 상호연계선상에서 정책이 이루어지고 있다. 이때의 정책보고서에서는 미래를 대비하여, 포괄적 · 예방적 가족정책과 함께, 수요자 중심으로 보육정책을 개편하고, 아동 · 청소년의 사회안전망 강화 및 가족의 돌봄노동의 사회화를 위해 노인장기요양보험도 실시하고 있다고 주장하고 있다. 실제로 이러한 정책은 2006년부터 2010년까지 시행되었던 건강가정기본계획에 근간을 두고 있다. 기본계획의 정책비전은 "가족 모두 평등하고 행복한 사회"를 이룩하는 것이다. 이를 위한 정책목표는 가족과 사회에서의 남녀간, 세대간 조화를 실현하고, 가족 및 가족구성원의 삶의 질을 향상시키는 것이 정책목표이다. 이를 위해 가족돌봄의 사회화, 일 · 가정의 양립, 다양한 가족에 대한 지원, 가족친화적 사회환경 조성, 새로운 가족관계 및 문화조성 및 가족정책 인프라 확충을 정책과제로 제시하고 있다(정혜정 등, 2009).

여성부의 제3차 여성정책기본계획(2008-2012)의 정책과제(국가 운영에 주도적 참여, 여성의 복지와 인권 강화, 여성의 경제적 역량 강화, 돌봄의 사회적 분담, 사회통합과 평등문화 정착)와 보건복지가족부의 제1차 건강가정기본계획(2006-2010)의 정책과제(가족돌봄의 사회화, 직장가정의 양립, 다양한 가족에 대한 지원, 가족친화적 사회환경 조성, 새로운 가족관계 및 문화조성 및 가족정책 인프라 확충)는 많은 유사점이 있다. 비록 가족정책이 여성부에서 보건복지가족부로 이관되었다 하더라도 문제에 대한 인식에는 성인지적인 측면이 중요하게 고려되고 있다. 많은 여성학자들이 지적하였듯이 가족에서의 평등이 이루어지지 않을 때 사회에서의 평등은 더욱 실현이 어려운 것이 사실이다. 실제로 가족에 속하지 않은 사람은 없다. 또한 아동의 건강한 발달의 장으로서의 가족의 역할도 간과될 수 없는 것이다(정혜정 등, 2009).

그러나 2010년 3월에 다시 여성가족부로의 출범을 통해 여성가족부는 인력개발, 인권보호, 가족, 청소년정책을 수행하게 되었으며, 가족정책은 '가족 모두가 평등하고 행복한 사회'라는 비전으로 가족과 사회에서의 남녀간, 세대간 조화 실현과 가족 및 가족구성원의 삶의 질을 정책목표로 한 기본방향이 수립되었다. 이 과정에서 보육정책은 여성부에서 다시 분리되었다. 2019년 현재는 여성정책의 기획 · 종합 및 여성의 권익증진, 청소년의 육성 · 복지 및 보호, 가족과 다문화가족정책의 수립 · 조정 · 지원, 여성 · 아동 · 청소년에 대한 폭력피해 예방 및 보호가 주요 업무이다(여성가족부 홈페이지, www.mogef.go.kr). 이러한 방향에 따라 2019년 현재 여성가족부의 정책분야는 더욱 다양해지고 부모역할지원, 공동육아나눔터운영, 건강가정 · 다문화가족지원센터운영(www.familynet.or.kr, 2018년 기준 151개 지역건강가정지원센터, 217개 지역 다문화가족지원센터), 취약위기가족지원, 아이돌봄지원사업(idolbom.go.kr), 청소년한부모자립지원(읍면동 주민센터, 1644-6621), 한부모가족복지시설지원(www.bokjiro.go.kr), 양육비이행지원제도(www.childsupport.or.kr), 국제결혼피해상담 및 구조(02-333-1311, 한국소비자원 1372, 대한법률구조공단 132), 다누리콜센터(1577-1366) 등 다양한 전달체계를 운영하고 있다.

여성정책의 기획 · 종합 및 여성의 권익증진	청소년의 육성 · 복지 및 보호	가족과 다문화가족 정책의 수립 · 조정 · 지원	여성 · 아동 · 청소년에 대한 폭력피해 예방 및 보호

○ 주요 업무

- □ 여성정책의 기획 · 종합 및 여성의 사회참여 확대
- □ 정책의 성별영향 분석 · 평가
- □ 여성인력의 개발 · 활용
- □ 청소년정책의 협의 · 조정
- □ 청소년 활동진흥 및 역량개발
- □ 유해환경으로부터의 청소년 보호
- □ 위기청소년 등의 보호 · 지원
- □ 가족 및 다문화가족 정책의 기획 · 종합
- □ 양육 · 부양 등 가족기능의 지원
- □ 다문화가족의 사회통합지원
- □ 성폭력 · 가정폭력 예방 및 피해자 보호
- □ 성매매 예방 및 피해자 보호
- □ 아동 · 청소년 등의 성보호
- □ 이주여성 · 여성장애인 등의 권익보호

그림 10-2 여성가족부의 주요 업무

출처: www.mogef.go.kr/mi/amo/mi_amo_f002.do(2018.12.17)

또한 맞벌이가족, 한부모가족, 다문화가족, 재혼가족 등 다양한 가족이 증가하면서 이들 가족에서의 여성과 아동의 지위, 사회적 적응을 지원하기 위해 여러 법들이 개정되거나 신설되고, 명칭도 성평등적인 개념으로 수정되었다. 여성계의 가장 핵심적인 활동으로 평가되는 2005년 호주제 폐지를 포함한 민법이 개정되어 2008년부터 시행되고 있으며, 혼인과 이혼에서의 양성평등을 위한 개정이 2007년 이루어지면서, 혼인 가능 연령이 남녀 모두 18세로 변경되었다.

협의이혼절차도 개선되어 협의상 이혼을 할 경우 가정법원이 제공하는 이혼에 대한 안내를 받아야 하고, 가정법원은 필요한 경우 당사자에게 전문상담인의 상담을 받도록 권고할 수 있게 되었으며, 자녀의 권리로서 면접교섭권을 인정함으로써 자녀들의 복지에도 기여를 하였다. 이 밖에도 2008년 「모 · 부자복지법」을 「한부모가족지원법」으로 수정하는 등 변화하는 가족의 다양성을 인정하는 방향으로 법률이 개정되고 있다.

그러나 정현숙(2018)은 이러한 가족정책의 변화에도 불구하고 가족정책은 두 가지 측면을 고려하여 확대되어야 함을 강조하였다. 첫째는 현재와 같이 특정 유형별 가족에 초점을 맞추기보다는 다양한 가족들의 공통적인 어려움과 요구에 초점을 맞추어 통합적으로 정책이 개발되어야 한다는 것이다. 그 이유는 인구통계학적 변화와 경제생활의 변화, 그리고 성역할의 변화 등 우리를 둘러싼 사회문화적 맥락은 오늘날의 가족생활을 과거보다 훨씬 복잡하고 다양한 형태로 변화시켰으며, 그 결과 미래학자들은 미래가족은 현재보다 구조와 역동 면에서 더욱 다양해질 것으로 예측하기 때문이다. 그러나 기존의 가족정책 기본계획들은 가족의 구조와 관계의 다양성에도 불구하고 특정구조의 가족을 개별적으로 접근함으로써 정책의 포괄성과 실행의 효율성이 제한되었음을 강조하였다.

두 번째는 다양한 가족이 지닌 공통적인 요소를 중심으로 가족정책을 수행하는 것이 필요하다는 것이다. 그 이유는 다양한 가족의 증가가 특징인 현대 한국 가족을 고려할 때 가족정책은 가족의

구조와 관계적 다양성에 상관없이 ① 모든 가족에게 공통적으로 필요한 가족의 역량강화(empowerment)를 지원하는 예방적 차원의 정책과, ② 가족의 구조와 역동성의 다양성으로 인해 생기는 가족의 특별한 요구에 초점을 맞추는 정책(부모역할 강화 및 지원에 대한 요구, 역할과중 및 평등적 역할에 대한 요구, 사회적 편견 극복에 대한 요구 등), ③ 긴급한 가족문제로 국가의 적극적 개입을 통한 보호 및 지원을 제공하는 정책(아동의 건강한 발달환경으로서 위험 요소에 대한 긴급개입과 지원, 세대간 유산으로 전이되는 가족문제에 대한 긴급개입과 지원, 기본적 삶 유지를 위한 경제적 지원, 위기 조기발견과 치료적 개입)으로 구분하여 정책을 수행함으로써 정책수행의 수월성을 제고할 수 있기 때문이라는 것이다.

3) 가족을 지원하는 다양한 법과 정책

(1) 건강가정기본법

2004년 제정된 건강가정기본법은 건강한 가정생활의 영위와 가족의 유지 및 발전을 위한 국민의 권리 · 의무와 국가 및 지방자치단체 등의 책임을 명백히 하고, 가정문제의 적절한 해결방안을 강구하며 지원정책을 강화함으로써 건강가정 구현에 기여하기 위해 제정한 법(2004.2.9, 법률 제7166호)이다. 이 법에 의해 건강가족에 관한 주요 시책을 심의하기 위하여 국무총리 소속하에 중앙건강가정정책위원회, 건강가정실무기획단과 함께 각 시 · 군 · 구별로 건강가정지원센터를 통해 가족에 대한 예방적인 서비스를 실시하고 있다. 특히 시행령에서 개인과 가족의 생활실태를 파악하고 가정문제에 관한 서비스의 욕구와 수요를 파악하기 위하여 가족실태조사를 실시하도록 함에 따라 가족실태조사의 방법 및 내용, 건강가정교육계획의 수립에 관한 사항을 정하고 있다. 건강가정기본법에 의해 운영되는 전달체계로는 앞 절 가족생활교육에서 설명한 건강가정지원센터와 다문화가족지원센터가 있다.

(2) 아이돌봄지원법

아이돌봄지원법(아이돌봄지원법 시행령, 시행규칙)에 의해 만 12세 이하 아동을 둔 맞벌이가족 등에 아이돌보미가 직접 방문하여 아동을 돌봐주는 서비스인 아이돌봄사업은 궁극적으로는 가족구성원의 삶의 질 향상을 위해 <그림 10-3>과 같은 목적으로 운영 중이다. <그림 10-4>와 같이 이용자 수는 점차 증가하여 2018년 약 6만 가구 이상이 이용 중이며, 2018년 현재 서비스제공기관은 건강가정지원센터와 다문화가족지원센터가 약 78%로 가장 많은 수를 차지하고 있으며, 23,675명의 아이돌보미들이 활동하고 있다(www.idolbom.go.kr/intro/index2.go). 지원내용은 가구원수별 소득기준에 따라 차등 지원된다.

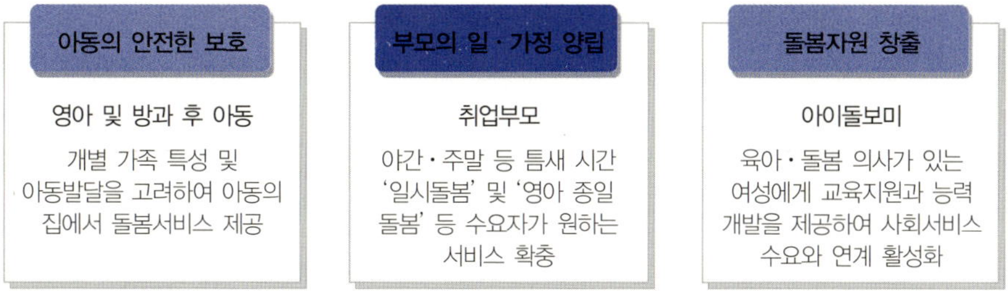

그림 10-3 아이돌봄 지원사업의 내용과 목적
출처: www.idolbom.go.kr/intro/index2.go

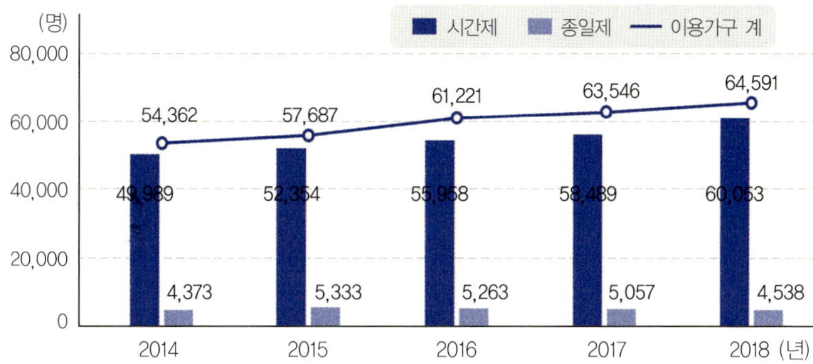

그림 10-4 아이돌봄서비스 이용자 현황
출처: www.idolbom.go.kr/intro/index1.go

이밖에도 2008년부터는 가족돌봄에 대한 사회적 지원을 제도화를 위해 노인장기요양보험제도가 도입되었으며, 보육정책, 가족돌봄자에 대한 지원의 제도화, 돌봄인력 공급 및 관리 등도 이슈화되고 있다. 또한 우리나라의 출산율이 계속 감소하여 경제협력개발기구 국가 중 가장 낮은 수준을 기록하는 등 저출산문제가 심각한 사회문제로 대두됨에 따라 자연분만에 의한 출산 및 신생아에 대한 입원진료로서 보건복지부장관이 정하는 요양급여를 받는 경우에는 본인이 부담할 비용을 면제하도록 함으로써 출산장려정책을 시행하려는 취지로 「국민건강보험법」의 시행령도 개정되었다.

(3) 양육비이행확보 및 지원에 관한 법률

이혼이 증가하지만 부모들의 자녀양육비 지원과 관련한 다양한 문제들이 발생함에 따라 「양육비이행확보 및 지원에 관한 법률」에 근거해 양육비 이행 서비스가 제공된다. 이 법의 지원대상은 만 19세 미만 자녀를 양육하는 한부모, 조손가족과 기타 실질적 양육자이며, 「한부모가족지원법」에 따른 자녀양육 한부모와 조손가족도 포함된다. 특히 이혼한 부모뿐만 아니라 미혼부와 미혼부도 지원하며, 저소득 취약가정의 경우 경제적 안정을 우선 지원하고 있다. 양육비이행관리원(www.childsupport.or.kr)이 이러한 업무를 수행하지만 운영은 건강가정기본법 제34조의2(한국건강가정진흥원의 설립 등)에 의해 한국건강가정진흥원에서 운영을 관리한다.

이 법에 의해 양육부 · 모(양육비 채권자)의 신청을 받아 비양육부 · 모(양육비 채무자)로부터 양육비를 지급받을 수 있도록 당사자 간 협의 성립, 양육비 관련 소송, 추심, 불이행 시 제재조치 등을 지원하는 서비스이다. 양육부 · 모(양육비 채권자)는 필요한 서비스를 지원받기 위해 각각의 단계마다 필요한 서비스를 제공하는 기관을 일일이 찾아갈 필요 없이 이행관리원에 1회 신청만으로 지원을 받을 수 있는 종합지원서비스이다(www.kihf.or.kr/lay1/S1T266C267/contents.do). 구체적으로는 법률지원, 추심지원 및 제재조치, 상담지원, 양육지원, 한시적 양육비 긴급지원, 이행개선, 다누리콜센터(1577-1366), 미혼부모를 포함한 한부모상담전화(1644-6621) 등의 사업을 운영한다.

(4) 다문화가족지원법과 정책

다문화가족지원을 위해 2008년 3월부터 시행되는 다문화가족지원법의 중요 내용은 <표 10-6>과 같다. 많은 연구에 의하면 결혼이민자 및 그 자녀 등으로 구성되는 다문화가족은 언어 및 문화적 차이로 인하여 사회부적응과 가족구성원 간 갈등 및 자녀교육에 어려움을 겪고 있다. 다문화가족 구성원이 우리 사회의 구성원으로 안정적 가족생활을 영위할 수 있도록 가족상담 · 부부교육 · 부모교육 및 가족생활교육 등을 제공하고, 문화의 차이 등을 고려한 언어통역, 법률상담 및 행정지원 등의 전문적인 서비스를 제공하도록 하는 등 다문화가족에 대한 지원정책의 제도적인 틀을 마련하려는 것이 이 법의 중요 취지이다.

표 10-6 다문화가족지원법의 중요 내용

법안	내 용
평등한 가족관계의 유지	다문화가족이 민주적이고 양성평등한 가족관계를 누릴 수 있도록 가족상담, 부부교육, 부모교육, 가족생활교육 등을 추진하고, 문화의 차이 등을 고려한 전문적인 서비스 제공
가정폭력 피해자 보호 · 지원	결혼이민자 등이 가정폭력으로 혼인관계를 종료하는 경우 의견진술 및 사실 확인 등에 있어서 언어통역, 법률상담 및 행정지원 등 필요한 서비스를 제공
다국어에 의한 서비스 제공	다문화가족에 대한 지원정책을 추진함에 있어 결혼이민자 등의 의사소통의 어려움을 해소하고 서비스 접근성을 제고하기 위하여 다국어에 의한 서비스 제공이 이루어지도록 노력
다문화가족지원센터의 지정	다문화가족 지원 정책의 시행을 위하여 필요한 경우에는 다문화가족 지원에 필요한 전문인력과 시설을 갖춘 법인이나 단체를 다문화가족지원센터 지정

출처: 법제처 종합법률정보센터(http://www.moleg.go.kr/main/main.do)의 다문화가족지원법 중 정리함.

(5) 한부모가족지원법(한부모가족법)

한부모가족법은 한부모가족이 안정적인 가족 기능을 유지하고 자립할 수 있도록 지원함으로써 한부모가족의 생활 안정과 복지 증진에 이바지함을 목적으로 한다. 이 법에서는 한부모가족의 지원범위와 지원방향 및 실태조사, 한부모가족복지단체에 대한 지원과 한부모가족의 날(5월 10일) 제정과 이들을 위한 복지급여의 기준 등을 제시하고 있다. 이에 따라 한부모가족을 위한 다양한 정책들이 마련되었으며, 특히 자녀양육을 위한 경제적 지원과 기반 마련 및 청소년 한부모를 위한 다양한 정책을 추진하였다. 구체적으로는 자녀양육비지원, 한부모가족공동생활가정제공, 취업성공패키지 지원, 양육비이행률제고 등의 성과를 거두었으며, 청소년 한부모가족을 위해 학생미혼모 위탁교육 기관 지정 및 학교생활기록부 기재요령개정, NEIS 학업중단(위기)학생 지원시스템 운영으로 학교밖 청소년지원센터와 연계하였다고 한다(여성가족부, 2017, 제3차 건강가정기본계획 16년도 실적 및 17년 이행점검 및 분석).

이밖에도 24세 이하 청소년 한부모의 경우 '청소년 한부모자립지원' 정책을 마련하였는데 정책의 대상은 사별, 이혼 등에 의한 한부모가족(세대주인 모 또는 부가 만 24세 이하 청소년인 경우, 세대주인 모 또는 부가 만 18세 미만(취학 시 만 22세 미만)의 자녀를 양육하는 경우, 가구 소득인정액 기준 중위소득 72% 이하인 경우)이 대상이며, 구체적인 복지급여기준과 지원금액은 <표 10-7>과 같다.

표 10-7 청소년 한부모자립지원 정책 중 복지급여지급기준 및 지원 금액

지원 종류	지원 대상	지원 금액
아동양육비	소득인정액 중위소득 60% 이하인 가족의 자녀	월 35만원
아동교육지원비	소득인정액 중위소득 52% 이하인 가족의 중학생 · 고등학생 자녀(학용품비)	자녀 1인당 연 5.41만원
생활보조금	한부모가족복지시설에 입소한 가족 중 소득인정액 중위소득 52% 이하인 가족	가구당 월 5만원
검정고시학습비	소득인정액 중위소득 60% 이하인 가족으로, "부" 또는 "모"가 검정고시 준비 중	가구당 연 154만원 이내
고등학생교육비	소득인정액 중위소득 60% 이하 가족으로, "부" 또는 "모"가 고등학교 재학 중	수업료, 입학금 실비
자립촉진수당	소득인정액 중위소득 60% 이하 가족으로 "부" 또는 "모"가 학업이나 취업활동 중	가구당 월 10만원

주: 2019년의 경우 2인 가구 중위소득 290만, 3인 376만원, 4인 461만원, 5인 547만, 6인 가구는 632만원임.
출처: www.mogef.go.kr/sp/fam/sp_fam_f007.do(2019.6.11. 기준)

(6) 청소년지원 관련 기관과 정책

여성가족부의 주요 정책 방향 중 하나가 '청소년의 육성 복지 및 보호' 및 '여성아동청소년에 대한 폭력피해 예방과 보호'이다. 이러한 정책을 수행하는 여성가족부 산하기관과 관련단체들은 한국청소년활동진흥원, 한국청소년상담복지개발원, 한국청소년정책연구원, 한국청소년단체협의회, 한국청소년수련시설협회 등이 있다. 이들 기관들의 설립 목적과 주요 정책은 <표 10-8>과 같다.

표 10-8 청소년 관련 단체의 설립 목적과 주요 정책 내용

관련 기관	설립 목적	주요 정책 내용
한국청소년활동진흥원(www.kywa.or.kr)	청소년의 균형 성장에 필요한 활동 종합적 지원과 이를 통한 청소년의 삶의 질 향상	• 청소년의 다양하고 창의적인 체험활동 활성화 • 청소년 활동 프로그램의 개발 · 보급 · 평가 및 시범운영 • 청소년육성에 필요한 정보 등의 종합적 관리 및 제공 • 청소년 관련 제 기관 및 시설과의 상호 연계지원 · 지도 · 평가 • 국가 · 지방자치단체가 설치하는 청소년수련시설의 위탁 유지 · 관리 및 운영 • 청소년지도자의 양성 · 교육 및 교류 진흥 • 국내외 청소년 교류활동의 진흥 및 지원 • 청소년자원봉사활동 및 참여 · 권리증진활동의 활성화 지원 • 청소년특별회의, 청소년수련활동인증제도, 청소년성취포상제도, 청소년 방과 후 활동의 운영 및 지원, 청소년프로그램 공모, 청소년 어울림마당 · 동아리활동 및 청소년의 달 행사의 운영 및 지원 • 수련시설 종합 안전 · 위생점검 지원 및 안전 관련 컨설팅 · 홍보 • 숙박형 등 청소년수련활동 계획의 신고 지원에 대한 컨설팅 및 교육
한국청소년상담복지개발원(www.kyci.or.kr)	청소년들의 건강한 성장과 밝은 미래 위한 상담복지사업, 위기청소년 지원, 정책연구, 프로그램 개발, 상담복지 전문인력 양성	전국 400여개 청소년상담복지센터, 학교밖청소년지원센터(청소년지원센터 꿈드림) 총괄기관 • 청소년 상담 및 복지와 관련된 정책의 연구/청소년 상담 · 복지사업의 개발 및 운영 · 지원 • 청소년 상담기법 개발 및 상담자료의 제작 · 보급/청소년 상담 · 복지 인력의 양성 및 교육 • 청소년 상담 · 복지 관련 기관 간의 연계 및 지원 • 지방자치단체 청소년복지지원기관의 청소년 상담 · 복지 관련 사항에 대한 지도 및 지원 • 청소년 가족에 대한 상담 · 교육/청소년에 관한 상담 · 복지 정보체계의 구축 · 운영 등
한국청소년정책연구원(www.nypi.re.kr)	청소년 올바른 인성 함양과 잠재력 계발, 디지털 · 글로벌 역량 강화, 인권과 참여 위한 사회환경개선, 소외계층 청소년 복지 · 지원 등 정책 개발, 기초연구 자료축적 통해 미래사회 국가발전 동력 창조	• 기초조사: 청소년 생활 · 의식 실태와 변화 양상에 대한 종합적 조사연구를 통한 청소년 정책 수립의 시계열적 기초자료 축적 - 청소년패널조사/청소년개발지표연구/전국청소년생활실태조사 등 • 정책 연구 · 개발: 국가 · 지방자치단체의 청소년관련 정책수립을 위한 연구 및 정책 현안에 대한 대응방안과 프로그램 개발 - 청소년육성기본계획 관련 기초연구/청소년일탈행동 연구 등 • 정책평가 · 자문: 국가 · 지방자치단체 청소년정책 효과분석을 위한 평가사업 및 자문 · 지원 - 청소년 정책 · 사업 평가모형 개발/청소년육성기금사업 성과 평가 등 • 대외교류 · 협력사업: 국내외 청소년 전문기관 및 관련기관과의 교류 · 협력 - 청소년관련 국제교류와 학술 심포지엄/세계청소년연구개발협의회(WARDY) 운영 등 • 정책 및 연구자료 제공: 청소년연구 및 정책 개발의 방향제시 · 의견수렴을 위한 세미나 · 협의회 개최, 연구 자료 및 정책관련 정보 제공/학술세미나 개최/연구 · 사업보고서, 청소년지도자 연수교재 발간/'한국청소년연구' 발간/국내외 청소년관련 저널, 논문집, 단행본 수집 · 제공 등
한국청소년단체협의회(www.ncyok.or.kr)	국가발전에 이바지할 수 있는 바람직한 청소년 육성과 국내외 청소년단체 상호 간 협력 및 교류, 지원	• 회원단체가 행하는 사업과 활동에 대한 협조 · 지원/청소년육성을 위한 홍보 및 실천운동 • 우수 청소년단체, 모범 청소년지도자 및 청소년 포상/청소년관련 도서출판 및 정보지원 • 청소년 관련분야의 국제기구(WAY, AYC 등) 활동/청소년활동에 관한 조사 · 연구 · 지원 • 국제청소년센터 운영에 관한 사업/지방청소년단체협의회에 대한 협조 및 지원 • 외국 청소년단체와의 교류 및 지원/청소년지도자의 연수와 권익증진 • 남 · 북 청소년 및 해외교포 청소년과의 교류 · 지원
한국청소년수련시설협회(www.youthnet.or.kr)	청소년시설의 전문화, 선진화 통해 청소년활동 활성화, 건전한 청소년 육성에 기여	• 청소년수련시설의 실태조사관리 및 통계분석 • 청소년수련시설의 투명성 및 서비스 질 향상을 위한 평가 및 컨설팅 지원 • 청소년수련시설의 안전성 확보를 위한 안전관리지원 • 청소년활동 및 시설의 정보제공을 위한 시설정보시스템 운영 • 청소년수련시설 종사자의 전문성 향상을 위한 교육연수 • 청소년수련시설 종사자의 권익옹호와 복지증진/청소년지도사의 취업정보제공 • 예비 청소년지도사의 전문성 및 역량강화를 위한 현장실습 지원

출처: 각 기관의 홈페이지에서 발췌 정리함.

토론해 봅시다

1. 건강가정사, 가족생활교육사, 가족상담사 이외에 가족관련 직업영역은 어떤 분야가 있는지 토론해 보자. 또한 건강가정사, 가족생활교육사, 가족상담사 자격을 얻기 위한 방법은 어떠하며, 현장에서 필요한 역량이 무엇인지 토론해 보자.

2. 사회의 가치관 변화와 의학과 과학기술 등의 발전으로 새롭게 변화되어야 하는 가족법 영역은 무엇인지 토론해 보자. 특히 다양한 가족이 증가하는 현대사회의 특징을 고려할 때 아래 민법의 가족의 정의는 어떠한 변화가 필요하다고 생각하는가?

민법 제779조	가족의 범위	1. 배우자, 직계혈족 및 형제자매 2. 직계혈족의 배우자, 배우자의 직계혈족 및 배우자의 형제자매 ② 제1항 제2호의 경우에는 생계를 같이 하는 경우에 한한다.

3. 법제처(www.law.go.kr)의 국가법령정보센터의 검색창에 '가족'을 키워드로 관련 법령을 찾아보면, 2019년 6월 기준 '6·25전쟁 납북피해 진상규명 및 납북피해자 명예회복에 관한 법률에 의한 가족관계등록사무처리규칙'을 포함하여 총 33개의 법령, 시행령과 시행규칙이 검색된다. 이들 가족과 관련된 법률 현황을 통해 가족과 가족관계를 규정하는 어떠한 법령들이 있는지 살펴보고 내용을 검토해 보자. 또한 향후 가족과 가족관계의 변화를 볼 때 어떤 법령이 필요한지에 대해서도 토론해 보자.

4. 가정법원(slfamily.scourt.go.kr/dcboard/new/DcNewsViewAction.work?seqnum=652)에서는 아래의 표와 같이 '2017년 양육비산정기준표'를 작성하였다. 이 기준표는 1) 자녀에게 이혼 전과 동일한 수준의 양육환경을 유지하여 주는 것이 바람직하고, 2) 부모는 현재 소득이 없더라도 최소한의 자녀양육비에 대하여 책임을 분담한다는 두 가지 원칙하에 작성되었다. 이 기준표를 기초로 현재 이혼가족의 다양한 특성과 자녀양육을 위한 비용, 자녀의 발달단계 등을 고려할 때 기준의 타당성을 토론해 보자.

부모합산 소득(세전) / 자녀 만 나이	0–199 만 원	200–299 만 원	300–399 만 원	400–499 만 원	500–599 만 원	600–699 만 원	700–799 만 원	800–899 만 원	900만 원 이상
	평균양육비 양육비구간	평균양육비 양육비구간	평균양육비 양육비구간	평균양육비 양육비구간	평균양육비 양육비구간	평균양육비 양육비구간	평균양육비 양육비구간	평균양육비 양육비구간	평균양육비 양육비구간
0–2세	532,000	653,000	818,000	948,000	1,105,000	1,294,000	1,388,000	1,587,000	1,753,000
	219,000–592,000	593,000–735,000	736,000–883,000	884,000–1,026,000	1,027,000–1,199,000	1,120,000–1,341,000	1,342,000–1,487,000	1,488,000–1,670,000	1,671,000 이상
3–5세	546,000	732,000	896,000	1,053,000	1,189,000	1,379,000	1,576,000	1,732,000	1,924,000
	223,000–639,000	640,000–814,000	815,000–974,000	975,000–1,121,000	1,122,000–1,284,000	1,285,000–1,477,000	1,478,000–1,654,000	1,655,000–1,828,000	1,829,000 이상
6–11세	623,000	776,000	952,000	1,136,000	1,302,000	1,514,000	1,605,000	1,830,000	2,164,000
	244,000–699,000	700,000–864,000	865,000–1,044,000	1,045,000–1,219,000	1,220,000–1,408,000	1,409,000–1,559,000	1,560,000–1,717,000	1,718,000–1,997,000	1,998,000 이상
12–14세	629,000	774,000	995,000	1,220,000	1,386,000	1,582,000	1,718,000	1,876,000	2,411,000
	246,000–701,000	702,000–884,000	885,000–1,107,000	1,108,000–1,303,000	1,304,000–1,484,000	1,485,000–1,650,000	1,651,000–1,797,000	1,798,000–2,143,000	2,144,000 이상
15–18세	678,000	948,000	1,205,000	1,376,000	1,610,000	1,821,000	1,970,000	2,124,000	2,664,000
	260,000–813,000	814,000–1,076,000	1,077,000–1,290,000	1,291,000–1,493,000	1,494,000–1,715,000	1,716,000–1,895,000	1,896,000–2,047,000	2,048,000–2,394,000	2,395,000 이상

주: 전국의 양육자녀 2인가구 기준. (단위: 원)

5. 다양한 가족 중 한 가족 유형을 선택해 1) 다양한 가족에 대한 연구결과를 통해 이들이 겪는 어려움을 무엇이며, 이들 가족의 중요한 사회적 요구는 무엇인지 분석해 보자. 2) 분석결과를 통해 이들 가족 유형을 위한 법과 정책을 살펴보고, 향후 다양한 가족의 가족구성원들의 삶의 질 향상을 위해 어떠한 점이 보완되어야 하는지도 검토해 보자.

참고문헌

강동욱, 문영희 (2018). 노인복지시설 내 노인학대 방지를 위한 법정책적 개선방안. **외법논집, 42(3)**, 263-292.

강영혜 (1993). 학부모의 교육적 권리. **경희대학교 교육문제연구소논문집, 8**, 1-13.

강준모, 김소연, 한덕현, 주소연, 이영식 (2010). 소아 원형탈모증 환아 어머니의 성격특성, 애착유형, 의사소통 방식. **신경정신의학, 49(5)**, 492-499.

강충렬, 신문승, 윤수미 (2015). 영재교육 프로그램 효과에 관한 메타분석. **영재와 영재교육, 14(3)**, 173-198.

고선강 (2012). 중년기 자녀의 노부모에 대한 자원이전의 호혜성. **한국가족자원경영학회지, 16(2)**, 103-121.

고희선, 김정희 (2017). 예비유아교사를 위한 의사소통 프로그램 개발 및 적용: TET프로그램을 기초하여. **예술인문사회 융합 멀티미디어 논문지, 7(10)**, 399-412.

곽영숙, 홍강의 (1987). 아동 학대의 개념과 원인. **한양대정신건강연구, 6**, 37-52.

구승신 (2016). 여성노인의 배우자 돌봄에 대한 연구. **임상사회사업연구, 13(1)**, 37-62.

구인회 (2003). 가족배경이 청소년의 교육성취에 미치는 영향: 가족구조와 빈곤의 영향을 중심으로. **사회복지연구, 22(22)**, 5-32.

구자숙, 한준, 김명언 (1999). 세대격차와 갈등의 사회심리적 구조. **심리과학, 8(1)**, 123-139.

권명진 (2017). 환자가 인지한 간호사의 의사소통 유형별 스트레스, 간호서비스 만족과 간호사에 대한 신뢰. **예술인문사회 융합 멀티미디어 논문지, 7(12)**, 713-724.

김경희, 유지영 (2019). 배우자 사별여부와 복잡성비애 수준이 노인의 죽음불안에 미치는 영향. **한국노년학, 39(1)**, 21-35.

김득성 (2002). 이혼적응 교육 프로그램 개발 및 효과검증: 단기과정을 중심으로. **한국가정관리학회지, 20(2)**, 1-8.

김명수 (2009). 인간의 존엄성 -생명권, 안락사 등을 중심으로. **세계헌법연구, 15(2)**, 87-150.

김미숙 외 (2000). 저소득 편부모가족의 생활실태와 정책제안. 한국보건사회연구원.

김미영, 김미란 (2015). 기혼 무자녀 여성의 '가족실천'을 통해서 본 생애과정의 탈규범화. **젠더와 문화, 8(2)**, 33-69.

김민녀 (2004). K-MSI를 활용한 기혼자의 결혼 만족도: 가족생활주기를 중심으로. 성신여자대학교 대학원 석사학위논문.

김사녀, 부성숙 (2013). 유아교사의 의사소통능력이 교수효능감 및 직무만족도에 미치는 영향. **한국생활과학회지, 22(4)**, 511-524.

김상용 (1997). 소위 친권행사자론에 대한 비판적 고찰. **가족법연구, 11**, 253-279.

김상헌 (2018). 우리나라에서도 사망한 남편과 사후수정자 사이에 친자관계를 인정할 수 있는가: 서울가정법원 2015. 7. 3. 선고 2015드단21748 판결을 중심으로. **서울법학, 23(3)**, 25-59.

김상현 (2018). 사실혼 배우자의 상속권에 관한 연구. **입법학연구, 15(2)**, 201-224.

김상호, 송민영 (2016). 비혼 동거커플의 증가와 프랑스의 시민연대계약(PACS). *Global Social Policy Brief, 13*, 1-4.

김선옥, 유미현 (2012). 영재학생과 일반학생의 부모양육태도 인식, 정서지능 비교 및 영재학생의 부모양육태도와 정서지능관계. **과학영재교육, 4(3)**, 175-189.

김성천, 안현미 (2003). 참여정부 가족정책의 기본 구성요소의 분석과 발전방향모색. **한국가족복지학**, 12, 35-63.

김순미, 박미려 (2008). 중 · 고령자가구의 경제적 자원 교류유형 및 교류액에 영향을 미치는 요인. **한국가정관리학회**, 26(5), 1-14.

김승권 (2004). 한국 가족정책의 동향과 발전방안. **보건복지포럼**, 91, 6-32.

김승옥, 정혜정 (2013). 기혼남녀의 마음 챙김과 일치성이 부부친밀감에 미치는 영향. **한국가족치료학회**, 21(2), 203-229.

김양희, 곽인숙, 윤정혜, 이승미, 정현숙, 최규련, 최현자 (1999). 가장의 실직전 직업유형에 따른 실직가정의 생활실태와 대처방식. **한국가정관리학회지**, 17(2), 93-104.

김영애, 박태영 (2018). 가족치료 과정에서 나타난 부부의 섹스리스 인식변화 과정에 대한 질적 연구. **가족과 가족치료**, 26(3), 379-401.

김영희 (1996). 빈곤층 편모의 스트레스 및 사회적 지원에 관한 질적 내용분석. **안성산업대논문집**, 28, 245-252.

김예랑 (2012). 청소년업무 실무자와 다문화가정 청소년을 위한 문화간 훈련방안에 대한 모색: 다문화교육 및 세계시민교육을 바탕으로. **한국청소년연구**, 23(3), 171-204.

김오남 (2007). 손자녀를 양육하는 조부모의 부담과 보상감. **한국노년학연구**, 16, 59-84.

김유리 (2015). 장애인 형제자매에 대한 연구 동향 및 향후 과제 고찰. **지적장애연구**, 17(2), 275-298.

김유숙 (1998). **가족치료: 이론과 실제**. 서울: 학지사.

김윤옥, 임재택 (1996). 보육시설에서의 노인 · 아동상호작용의 필요성 및 연구 동향. **영유아보육연구**, 1(1), 105-126.

김은아 (2010). 재혼가족의 친족법적 과제. 한양대학교 법학대학원 박사학위논문.

김종윤 (2014). 40대 중년여성의 생활스트레스와 대처방식이 가족의 건강성에 미치는 요인. 고려대학교 보건대학 석사학위논문.

김주희 (1993). 가족의 기원. 한국가족학연구회(편), **가족학**(pp. 65-74). 서울: 하우.

김지경, 송은경 (2004). 부모와의 경제적 교류여부 및 교류액의 결정요인: 따로 사는 부모가구와 자녀가구를 대상으로. **한국가정관리학회지**, 22(5), 75-89.

김지경, 송현주 (2008). 결혼으로 분가한 자녀와 부모 간의 사적소득이전. **사회보장연구**, 24(3), 77-98.

김지은, 최용훈 (2018). 영어교육과 학생들의 영어 문법에 대한 인식과 의사소통 중심 문법 교육. **예술인문사회융합멀티미디어논문지**, 8(2), 567-575.

김춘경, 문혁준, 신유림, 심미경, 옥경희, 위영희, 이경희, 이정희, 정계숙, 정현숙, 제경숙, 조성연, 천희영 (2002). **아동학개론**. 서울: 학지사.

김필숙, 이윤석 (2015). 맞벌이 기혼 남녀 관리자들의 일-가족 갈등: 성별 비교를 중심으로. **한국인구학**, 38(4), 63-88.

김현정, 이근매 (2016). 강박장애 청소년의 분노조절 및 자아존중감 향상을 위한 미술치료 사례연구. **임상미술심리연구**, 6(2), 23-52.

김형석 (2016). **백년을 살아보니**. 서울: 덴스토리.

김혜련, 전선영, 김정희 (2004). 아버지가 알코올 중독자인 여성 ACOA의 아버지의 알코올 중독, 가족기능, 부모와의 애착, 심리사회적 적응에 관한 연구. **한국사회복지학**, 56(4), 317-343.

김효선 (1994). 모델 없는 시대의 어머니들. 공동육아연구소편. **함께 크는 우리아이**. 서울: 또하나의문화.

김희삼 (2014). 패널자료를 이용한 연구방법. 2014 한국사회정책연합 공동학술대회.

나용선 (2005). 노인학대 개입 프로그램개발을 위한 노인학대 가해 및 피해상황 관련요인 분석. 21세기사회복지연구, 2(1), 135-162.

남석인, 김세진, 김호정 (2018). 배우자와의 지원교환 유형이 전기노인의 우울에 미치는 영향: 성별에 따른 비교를 중심으로. 보건사회연구, 38(2), 257-289.

노미화, 이인수 (2011). 비혼 여성의 가족경험에 관한 질적 연구. 가족과 가족치료, 19(1), 77-101.

노민희, 김은경 (2018). 자폐성 장애인과 함께 살아가는 성인 형제자매의 삶과 지원요구에 관한 연구. 자폐성장애연구, 18(1), 1-33.

노영희, 김상인 (2016). 한부모의 자녀양육 어려움, 고용지위, 사회적 지지가 우울에 미치는 영향: 한부모의 성별 차이를 중심으로. 가족과 가족치료, 24(2), 167-185.

류민영 (2016). 중년기 기혼부부의 어머니와의 세대관계. 상명대학교 대학원 박사학위논문.

류민영, 정현숙 (2018). 중년기 기혼부부의 어머니와의 세대관계 측정을 위한 양가성 척도개발. 한국가족관계학회지, 22(4), 239-256.

류민영, 정현숙 (2019). 중년기 기혼부부의 어머니와의 세대관계유형과 판별요인. 한국가정관리학회지, 37(1), 23-38.

류은숙 (1997). UN 어린이 · 청소년 권리 조약의 역사적 배경과 각 조항해설. 어린이 · 청소년의 권리연대회의(편), 아이들의 인권, 세계의 약속. 서울: 내일을 여는 책.

문무경, 조숙인, 김정민 (2016). 한국인의 부모됨 인식과 자녀양육관 연구. 육아정책연구소연구보고서.

문상정 (2018). 중년기 여성의 부부갈등과 스트레스의 관계: 여가경험은 스트레스 대처효과가 있는가. 지역산업연구, 41(4), 97-122.

민미정 (2009). 조부모-부모-자녀의 관계와 청소년의 부모부양의식. 한양대학교 교육대학원 석사학위논문.

박명숙 (2002). 민간보육시설에서의 노인자원봉사자 활용의 방안에 관한 연구. 동국대학교 사회과학대학원 석사학위논문.

박미경, 엄정애 (2007). 결혼이민자 가정 유아의 유아교육기관 생활 경험에 대한 질적 연구. 한국아동학회지, 28(2), 115-136.

박민자 (2004). 혼인의미의 시대적 변화. 가족과 문화, 16(1), 109-135.

박상도 (2009). 스트레스와 가족부담감 관계연구: 알콜중독자 가족을 중심으로. 청소년보호지도연구, 14, 49-73.

박선영, 정혜정, 이지선 (2017). 배우자의 분노조절 문제에 대한 중년부인의 경험 연구. 가족과 가족치료, 25(3), 621-643.

박소영 (2015). 여성 결혼이민자의 결혼생활에 관한 질적 연구: 대상화된 전형화를 넘어서기. 한국산학기술학회논문지, 16(3), 1773-1784.

박소영 (2016). 사위가 경험하는 장서관계: 근거이론적 접근. 한국가족관계학회지, 19(4), 165-187.

박영란 (1998). 저소득 모자가정의 생활실태 분석: 모자보호시설 입소가정을 중심으로. 여성연구, 56, 149-177.

박영수 (2016). 가정폭력의 현황과 대책에 관한 연구. 한국경찰연구학회. 한국경찰연구, 15(2), 89-112.

박영숙, 글렌 제롬 (2015). 유엔미래보고서 2045. 서울: 교보문고.

박인아 (2012). 기혼자녀의 노부모와의 관계 불만족이 노부모와의 관계 부적응 행동과 그 영향요인들 간의 관계에서 지니는 매개효과 연구. 한국가족복지학, 36, 5-29.

박재흥 (2001). 세대연구의 이론적, 방법론적 쟁점. **한국인구학, 24**(2), 47-78.

박종렬 (2018). 민법상 노부모 부양에 대한 문제점과 개선방안. **법이론실무연구, 6**(3), 175-208.

박종렬, 정순형 (2017). 사실혼배우자에 관한 연구. **법이론실무연구, 5**(1), 205-235.

박종영 (2017). 지적장애 학생 학부모의 재택순회교육 경험 및 인식에 대한 연구. **한국청각 · 언어장애교육연구, 8**(2), 151-167.

박진희, 박지선 (2016). 청소년의 형제자매유형에 따른 비교 연구: 개인적 변인 및 관계적 변인. **청소년학연구, 23**(5), 1-30.

박태영, 박소영 (2019). 여성 가정폭력 행위자 가족상담 사례 연구: Bowen 가족치료모델의 관점을 중심으로. **복지상담교육연구, 18**(1), 183-209.

박형원 (2015). 기혼성인의 가족건강성에 대한 영향요인-원가족 경험 중심으로. **한국콘텐츠학회논문지, 15**(9), 184-194.

박혜인 (1993), 한국가족의 역사적 변천. 한국가족학연구회 편, **가족학**(pp. 85-137). 서울: 하우.

박홍석, 고혜신 (2018). 의사소통프로그램이 취업 준비생의 직업기초능력으로서의 의사소통능력, 인지 · 정서적 공감능력에 미치는 영향. **취업진로연구, 8**(2), 75-95.

박희숙, 김영진, 최동숙 (2017). 팀 기반 학습(Team-Based Learning)이 문제해결 능력, 의사소통 능력, 자기주도 학습에 미치는 영향. **예술인문사회 융합 멀티미디어 논문지, 7**(9), 599-611.

방하남, 김기헌 (2001). 고등교육 기회에 있어서 사회계층별 불평등의 분석. 한국노동연구원.

배매리, 이규미 (2006). 청소년 외동아와 형제아의 부 · 모 · 또래 애착과 자기애. **한국가족복지학, 11**(1), 113-130.

배재현 (2016). 가족의례가 가족건강성에 미치는 영향. **한국콘텐츠학회논문지, 12**, 1598-4877.

백옥미 (2018). 노년기 거주형태 변화와 삶의 만족도. *The Journal of the Convergence on Culture Technology, 4*(4), 301-308.

백지은 (2018). 손자녀 돌봄경험이 조부와 조모의 심리적 건강에 미치는 영향. **한국융합학회논문지, 9**(1), 363-375.

변귀연, 김혜래, 이상희 (2009). 청소년 미혼모와 그들의 교육권에 대한 교사의 인식. **청소년복지연구, 11**(1), 1-22

변화순 (1991). 국가정책과 여성: 출산정책과 성비불균형 현상을 중심으로. **여성연구, 32**, 109-133.

변화순 (1999). 여성노인의 부부관계. **한국노인문제연구소, 14**, 19-29.

변화순 (2008). 가족정책의 방향정립과 가족영향평가의 시행. **젠더리뷰, 8**, 4-27.

서동인 (1996). 친조부모-손자녀관계에 대한 모의 관점 및 중재에 관한 연구. **대한가정학지, 34**, 153-166.

서미아 (2018). 배우자 외도로 인한 애착손상을 경험한 아내들의 삶에 대한 내러티브 탐구. **가족과 가족치료, 26**(3), 499-522.

서선영 (2008). 대학생의 가상공개구혼장에 나타난 배우자 조건분석. **한국가족관계학회지, 13**(2), 171-193.

서선희 (1995). 가족중심주의에 대한 유교적 해석. **가족학논집, 7**, 21-44.

성미애 (2019). 미혼 성인자녀가 있는 배우자 사별 여성의 우울과 관련되는 가족관련 가치관 및 관계특성 변인. **한국가정관리학회지, 37**(1), 39-53.

송원숙 (2018). 가족 의사소통 유형에 따른 청소년의 정치사회화 차이 연구. **한국청소년연구, 29**(2), 69-96.

송재현 (2018). 결혼이주여성의 배우자 사별 경험에 관한 현상학적 연구. **한국콘텐츠학회논문지, 18**(8), 379-391.

스기야마 유미코 (2017). **졸혼 시대: 낡은 결혼을 졸업할 시간**. 장은주 옮김. 서울: 더퀘스트.

신성자 (2017). 성역할고정관념과 개방결혼에 대한 인식이 성적외도 실행의도에 미치는 영향-혼외관계 수용성의 매개효과와 성별의 조절효과를 중심으로. **한국콘텐츠학회논문지**, 17(3), 199-211.

신수진 (1998). 한국의 가족주의 전통과 그 변화. 이화여자대학교 대학원 박사학위논문.

신용주 (2015). 조부모됨과 조부모역할 다시보기. **한국성인교육학회**, 18(4), 29-47.

신은희, 정현숙 (2019). 맞벌이가족 내 중년기 남녀의 가족건강성 관련 변인. **생애학회지**, 19(1), 81-100.

신현직 (1990). 교육기본권에 관한 연구. 서울대학교 대학원 박사학위논문.

신혜림, 주수산나 (2016). 고학력 결혼적령기 커플들의 연애와 결혼에 대한 의미 및 젠더. **한국가족관계학회지**, 21(1), 77-98.

심영희 (1998). IMF시대의 청소년문제 양상과 과제: 위험사회의 관점에서. **청소년학연구**, 5, 115-145.

심지 (2015). 중년기 기혼남녀의 여가활동 실태와 여가활동변인이 여가만족도에 미치는 영향: 성별을 중심으로. 상명대학교 대학원 석사학위논문.

안동현 (1997). 아동의 권리: 필요성, 역사성 및 과제. **아동권리학회**, 1, 9-21.

안명자 (1995). 친족지원과 사별과 편모의 심리적 복지감. 한국교원대학교 대학원 석사학위논문.

안지혜, 임희석, 윤유동 (206). 한국아동·청소년패널조사 데이터를 이용한 중학생 삶의 만족도 분석. **디지털융복합연구**, 14(2), 197-208

양다진, 조희선 (2005). 기혼남녀의 혼외관계에 대한 연구. **생활과학**, 8, 51-76.

어인의 (1997). 孝와 친자간의 법률관계. **조선대법학논총**, 3, 215-233.

어주경, 정문자 (1999). 저소득층 가족의 경제적 어려움이 아동의 자존감에 미치는 영향. **아동학회지**, 20(2), 21-40.

여성가족부 (2011). 2010년도 가정폭력실태조사.

여성가족부 (2012). 청소년백서.

여성가족부 (2012). 한부모가족실태조사.

여성가족부 (2016). 전국다문화가족실태조사.

여성가족부 (2017). 제3차 건강가정기본계획 16년도 실적 및 17년 이행점검 및 분석.

여성을 위한 모임 (1994). **일곱가지 남성 콤플렉스**. 서울: 현암사.

오경석 (2010). 저소득층 조손가족 조부모의 인생이야기와 손자녀 양육경험. **한국보육지원학회지**, 6(3), 65-84.

오선주 (1992). 사회계층별로 본 가족의 주요사회망, 사회망과 가족의 참여 및 구직과 사회망. **대한가정학회지**, 30(3), 177-191.

오욱환 (2008). 교육격차의 원인에 대한 직시-학교를 넘어서 가족과 사회로. **한국교육사회학연구**, 18(3), 111-133.

오혜진, 전해숙 (2017). 죽음준비교육 프로그램의 효과-양로시설 거주 노인을 대상으로. **한국노인복지학회 학술발표논문집**, 7(2), 366-384.

옥선화, 정민자 (1992). **결혼과 가족**. 서울: 하우.

옥선화, 진미정 (2011). 가족가치관과 생활문화의 세대 비교: 가족의례를 중심으로. **대한가정학회지**, 49(4), 67-76.

원승룡 (2001). **문화이론과 문화읽기**. 파주: 서광사.

원영희, 김동배, 이금룡, 한정란 (2002). 노인의 자원봉사활동이 중학생의 노인에 대한 태도에 미치는 영향. **한국노년학**, 22(2), 131-146.

유경아 (1998). 저소득 모자가정 자녀의 사회·심리적 적응에 관한 연구: 서울시 모자보호시설을 중심으로. 숭실대학교 대학원 석사학위논문.

유계숙, 강민지, 윤지은 (2018). 청년층의 가족개념과 가치관: 2001년과 2017년 20대 미혼 청년세대 비교를 중심으로. **가족과 문화**, 30(3), 42-69.

유계숙, 유영주 (2002). 서울시민의 가족개념 인식 및 가치관에 관한 연구. Family and Environment Research, 40(5), 79-94.

유계숙, 임춘희, 전춘애, 천혜정 (1998). **또 하나의 우리, 재혼가족: 재혼가족에 대한 실태 연구와 재혼준비교육 프로그램 모형개발**. 서울: 한국가족상담교육연구소.

유계숙, 정현숙 (2002). 부모됨의 의미와 동기에 대한 청년의 인식. **한국가정관리학회지**, 20(3), 39-47.

유계숙, 최연실, 성미애 (1998). **가족학 이론**. 서울: 문음사.

유영주 (1996). 한국의 여성 및 가족정책의 변화: 문제와 전망. **여성가족생활연구**, 9, 89-114.

유영주, 김순옥, 김경신 (2000). **가족관계학**. 서울: 교문사.

유진이 (2002). 세대통합을 위한 효 교육. **한국청소년학회 학술대회**, 2002(6), 101-129.

윤갑정, 손환희, 정계숙 (2015). 유아기 가족의 가족의례에 대한 인식 및 실태. **유아교육연구**, 35(2), 337-368.

윤선오, 박명호, 권장수 (2010). 부모-자녀 간 의사소통 및 사회적 지지가 청소년의 문제행동에 미치는 영향. **복지행정논총**, 20(1), 25-47.

윤태호, 김준연, 유승흠, 김정만, 이용환, 홍영습, 이상이 (2007). 부모의 사회경제적 지위와 어린이 사망의 연관성. **보건과사회과학**, 20, 29-46.

이가연, 전혜정, 주수산나 (2018). 중년기 부부의 성역할태도가 부부의 의사결정 유형에 미치는 영향. **한국노년학회 2018 춘계학술대회 발표집**, 295-296.

이가옥, 이지영, 이미진, 김연순 (2008). 세대통합프로그램을 통한 대학생의 노인에 대한 인식변화와 자기성찰: 휴대전화 교육프로그램에 참여한 대학생을 중심으로. **노인복지연구**, 39, 79-109.

이래혁, 장혜림 (2017). 다문화가정 청소년의 폭력경험과 자살 생각의 관계: 행복감과 우울감의 매개효과를 중심으로. **청소년복지연구**, 19(3), 109-132.

이미련, 곽윤경 (2016). 의사소통 간호교육의 효과. **예술인문사회융합멀티미디어 논문지**, 6(4), 181-190.

이미리, 박주희, 정현숙 (2015). 양친, 한부, 한모가족 청소년의 적응과 가족환경특성 비교. **한국가정관리학회지**, 33(4), 147-160.

이민아 (2013). 계획적 무자녀 가족: 한국 사회에서 아이 갖기의 의미와 가족주의의 역설. **한국사회학**, 47(2), 143-176.

이민아 (2016). 아동기 부모의 사망과 성인기 우울의 관계. **보건사회연구**, 36(3), 5-33.

이병혜 (2011). 의사-환자 간의 의사소통 장애요인 인식 차이와 소통만족도에 미치는 영향. **커뮤니케이션학연구**, 19(1), 35-54.

이소영, 김은정, 박종서, 변수정, 오미애, 이상림, 이지혜 (2018). 2018년 전국 출산력 및 가족보건 복지실태조사. 한국보건사회연구원.

이수현 (2012). 기혼여성의 무자녀 결정 시기와 요인에 관한 연구. **여성학연구**, 22(3), 43-88.

이순자 (2011). 중소도시 중년여성의 자원봉사활동이 삶의 질에 미치는 영향에 관한 연구. 경북대학교 과학기술대학원.

이신동 (2002). 영재와 평재 부모의 배경과 양육특성 비교. **영재와 영재교육**, 1(2), 29-45.

이신동, 이경숙 (2017). 국외 소외계층 영재 선발도구 요인 비교. **영재와 영재교육**, 16(1), 23-45.

이신숙 (2007). 대학생의 노인과 노화에 대한 태도가 조모와의 친밀감에 미치는 영향. **한국생활과학회지**, 16(3), 479-490.

이영숙, 박경란 (2002). 노년학 교육이 대학생의 노인에 대한 태도에 미치는 영향. **한국노년학회**, 21(3), 29-41.

이영숙, 박경란, 전귀연 (2000). **혼외관계의 이해**. 서울: 학지사.

이윤정, 고선강 (2011). 어머니와 성인자녀간 자원이전: 경제적 자원과 돌봄. **한국가정관리학회**, 29(6), 137-151.

이은해 (1981). **아동연구방법**. 서울: 학지사.

이은해, 이미리, 박소연 (2006). **아동연구방법의 이해**. 서울: 학지사.

이재림 (2017). 성인자녀의 상속과정 경험과 가족관계의 변화. **가족과 문화**, 29(1), 225-264.

이재림, 손서희 (2013). 미취학 자녀를 둔 맞벌이 여성의 일-가족 갈등: 직장 및 자녀양육 관련 자원과 지각을 중심으로. **한국가족관계학회지**, 18(1), 93-114.

이정화, 신은정, 박지현, 김미영, 문혜경 (2017). 환자의 신뢰만족도 향상을 위한 간호사의 의사소통 전략. **예술인문사회융합멀티미디어논문지**, 7(1), 619-633.

이주연, 박성연 (1996). 아동학대유형에 따른 또래수용과 인성특성. **대한가정학회지**, 34, 21-34.

이주연, 정혜정 (2012). 초기 노년기 부부의 부부관계와 성인자녀관계에 따른 집단유형과 심리적 부적응의 차이. **한국노년학**, 32(4), 975-991.

이지민 (2013). 20-30대 기혼여성의 원가족분화 경험, 부부의사소통 및 부부친감이 가족건강성에 미치는 영향. **한국가정관리학회지**, 31(6), 23-38.

이지수 (2008) 장애아동 가족의 자녀 양육부담 및 서비스 욕구. **한국장애인복지학**, 8, 71-100.

이해숙, 신효균 (2013). 남성노인의 손자녀 양육경험에 관한 연구. **효학연구**, 17, 81-113.

임걸 (2010). 스마트폰 기반 사회네트워크 서비스 활용수업 사례연구: 의사소통 내용 및 도구적 특성 분석을 중심으로. **한국교육방법학회**, 22(4), 91-114.

임미혜, 지연경 (2016). 성인기 발달단계에 따른 형제자매의 온정성과 갈등: 성별구성과 출생순위의 조절효과. **가족과 문화**, 28(4), 30-56.

임재택 (2001). 유아교육기관의 노인·아동 상호작용 프로그램의 적용 효과에 관한 연구. **열린유아교육연구**, 2(5), 67-101.

임춘희 (1996). 재혼가족내 계모의 스트레스와 적응에 관한 질적 연구. 고려대학교 대학원 박사학위논문.

장경섭 (2000). 가족이념의 우발적 다원성: 압축적 근대성과 한국 가족. **2000년 한국사회학회 후기사회학대회 발표문**, 81-83.

장수지 (2010). 노년기 사회적 관계망의 구조적, 기능적 측면과 주관적 삶의 질의 관계. **사회과학연구**, 26(1), 75-100.

장혜경 (2002). 한국의 여성정책. **한국여성학**, 18(1), 206-209.

장휘숙 (2004). **청년심리학**. 서울: 박영사.

장휘숙 (2006). **전생애 발달심리학**(4판). 서울: 박영사.

장휘숙 (2008). 기질과 애착이 형제자매관계와 친구관계에 미치는 영향. **한국심리학회지: 발달**, 21(1), 69-87.

전귀연, 임주영 (2006). **형제관계**. 서울: 신정.

전서영, 박정윤, 김양희 (2008). 기혼 남녀의 일-가족 갈등에 따른 가족건강성의 차이에 관한 연구. **한국가족자원경영학회지**, 12(3), 59-79.

전재일, 정영숙, 유수기 (2000). 장애아가족의 상대적 빈곤감에 대한 결정요인과 복지정책적 논의. **사회복지개발연구원**, 6(1), 90-115.

정계숙, 손환희, 윤갑정 (2019). 유아기 자녀를 둔 가족의 가족의례 군집유형에 따른 가족건강성의 차이. **유아교육연구**, 39(1), 149-170.

정동하 (2009). 청소년이 지각한 가족건강성, 부모-조부모 친밀감 및 노부모 부양의식에 관한 연구. **한국가족복지학**, 14(3), 29-49.

정문자, 정현숙, 정혜정, 전영주, 정유진 (2016). **다세대발달관점의 가족관계**. 서울: 학지사.

정문자, 정혜정, 이선혜, 전영주 (2007). **가족치료의 이해**. 서울: 학지사.

정미라, 최혜정 (2017). 손자녀 양육 조모와 성인자녀의 결속도 군집유형에 따른 양육특성 차이. **한국유아교육학회 정기학술발표논문집**, 239-239.

정순화 (2011). 국내 외동아 관련 연구의 동향분석. **인간발달연구**, 18(4), 35-61.

정여주, 윤서연 (2018). 분노표현에 대한 국내 연구 동향. **열린교육연구**, 26(3), 159-180.

정은미 (2010). 청소년기 손자녀를 둔 저소득 조손가정을 위한 조부모교육프로그램의 효과성 연구. **부모교육연구**, 7(1), 5-21.

정현숙 (1983). 형제구성에 따른 권력기반과 권력상호작용에 관한 연구. 연세대학교 대학원 석사학위논문.

정현숙 (1993). 부모의 이혼에 따른 자녀들의 적응. **아동학회지**, 14(1), 59-76.

정현숙 (1994). 가족학 연구와 발달적 접근. 한국가족학연구회 편. **가족학연구의 이론적 접근**(pp. 171-105). 서울: 교문사.

정현숙 (1996). 도시부부의 결혼만족도 변화패턴. **한국가정관리학회지**, 14(2), 51-60.

정현숙 (1997). 맞벌이가족의 부모역할긴장과 부부관계. **대한가정학회지**, 35(5), 151-162.

정현숙 (1997a). 부모역할갈등과 결혼만족도와의 관계. **가족학논집**, 8(1), 43-55.

정현숙 (1997b). 맞벌이가족의 부모역할긴장과 부부관계. **대한가정학회지**, 35(5), 151-162.

정현숙 (1997c). 결혼만족도연구와 척도의 고찰을 통한 새로운 연구방향과 척도의 모색. **대한가정학회지**, 35(1), 191-204.

정현숙 (2001). 가족연구의 발달적 접근. 가족관계학회 편. **가족이론**. 서울: 교문사.

정현숙 (2001a). 한국형 결혼만족도척도 개발연구. **대한가정학회지**, 39(12), 205-224.

정현숙 (2002). 부모와 자녀의 권리와 의무. **아동권리연구**, 6(2), 311-340.

정현숙 (2002a). 아동과 가족. In 김춘경 등. **아동학개론**(pp. 171-197). 서울: 학지사.

정현숙 (2004). 동북아공동체 형성의 기초로서의 동북아 가족론. 한국동북아지식인연대(편), **동북아 공동체를 향하여**. 서울: 동아일보사.

정현숙 (2006). 혼인율 특성, 변화요인 분석과 가족정책 제언. **한국가정관리학회지**, 24(6), 177-193.

정현숙 (2011). 가족의 혁명적 변화와 대응. **한국가정관리학회지**, 29(1), 55-70.

정현숙 (2013). 가족의 세대간 통합과 사회통합: 사회통합의 장으로서의 "가족" 재발견. **한국가정관리학회 학술발표대회 자료집**, 13-41.

정현숙 (2016). **가족생활교육**(2판). 서울: 신정.

정현숙 (2016.6.22). 가족의 과거, 현재 미래. 한국가정법률상담소 창립60주년 기념심포지엄 발표자료.

정현숙 (2017.10.27). 친밀한 관계 맺기의 지형변화와 가족학자의 과제. 2017년 한국가족관계학회 추계학술대회 기조강연자료.

정현숙 (2018). 다양한 가족의 차별해소와 안정적 가족생활지원. 여성가족부(편), **제3차 건강가정기본계획 보완연구**, 106-148.

정현숙, 노미화, 류민영, 오찬욱, 이현숙 (2018). 종로행복지표 개발 및 분석 보고서.

정현숙, 서동인 (1994). 가족생활주기에 따른 도시가족의 부부문제. **한국가족상담교육연구소 연구보고서 1**, 1-39.

정현숙, 옥선화 (2016). **가족관계**. 서울: 한국방송통신대학교 출판부.

정현숙, 유계숙 (2001). **가족관계**. 서울: 신정.

정현숙, 유계숙, 어주경, 전혜정, 박주희 (2002). **부모학**. 서울: 신정.

정현숙, 최연실, 유계숙 (2003). **결혼학**. 서울: 신정.

정현숙, 최연실, 이금룡, 황혜신 (2011). **세대프로그램**. 서울: 신정.

정혜정, 공미혜, 전영주, 정현숙 (2009). **가족과 젠더**. 서울: 신정.

정혜정, 김병수 (2009). 남편의 혼외관계를 경험한 아내의 부부관계 적응에 관한 질적 연구. **한국생활과학회지**, 18(3), 657-673.

정혜정, 이주연 (2012). 초기 노년기 부부의 부부관계와 성인자녀관계에 따른 집단유형과 심리적 부적응의 차이. **한국노년학회**, 32 (4), 975-991.

조남주 (2017). **82년생 김지영**. 서울: 민음사.

조성남, 박숙미 (2002). 한국의 세대관련 연구에 나타난 세대개념의 구분과 세대갈등을 이해하는 방법에 관한 일고찰. **사회과학연구논총**, 9, 39-68.

조영화 (2018). 노인의 죽음에 대한 태도와 수면의 질이 생활만족도에 미치는 영향. **예술인문사회융합멀티미디어논문지**, 8(5), 547-558.

조은숙, 최연실, 김민경 (2015). 가족상담사의 국가자격제도를 위한 기초연구. **가족과 가족치료**, 23(3), 469-498.

조혜숙, 최수일 (2011). 지혜로운 중년 부부의 부부관계 경험에 대한 질적 연구. **한국콘텐츠학회논문지**, 11(11), 313-328.

조황숙, 조병은 (2000). 홀로된 여성 노인의 자매관계 특성이 심리적 적응에 미치는 영향. **한국노년학**, 20(2), 197-213.

조흥식 (1998). 실직자 가족의 사회복지서비스 대책수립을 위한 가족스드레스 대처모델의 적용. **한국가족복지학**, 2, 195-216.

지연경, 임미혜 (2018). 학령기 아동 및 청소년의 부모자녀관계가 일상적 스트레스에 미치는 영향에서 형제자매 온정성과 갈등성의 매개효과. **한국가정관리학회 학술발표대회 자료집**, 227-227.

청소년대화의 광장 (1997). **자녀의 힘을 북돋우는 부모**. 서울: 청소년대화의 광장.

초의수 (2008). 한국 가족정책의 재평가-최근 한국가족 변화 경향과의 관련성을 중심으로. **여성연구논집**, 19, 163-210.

최봄이, 송시영 (2018). 공동 의사결정을 매개로 한 맞벌이 부부의 상대적 자원과 결혼 만족의 구조모형 분석. **한국여성정책연구원 세미나자료**, 250-273.

최성애 (1993). **혼수전쟁**. 서울: 청산.

최슬기, 최새은 (2012). 세대 간 애정적 결속에 있어서 부계와 모계의 비교연구. **조사연구**, 13(1), 89-112.

최연실 (2006). 혼외 관계의 내적 역동과 치료적 함의. **한국가족치료학회지**, 14(1), 81-109.

최운선 (2012). 한일 다문화가정 청소년의 개인적 특성, 민족정체감, 차별경험 자아존중감과 문제행동 간의 관계. **한국가족복지학**, 17(2), 49-71.

최원기 (2006). 세대격차와 세대갈등에 대한 성찰적 논의. **한국인간관계학보**, 11(1), 85-103.

최윤희, 김순자 (2011). 국제결혼가정 자녀의 자아정체감이 진로성숙도에 미치는 영향. **한국심리학회지: 일반**, 30(3), 743-762.

최정숙 (2009). 중년기부부를 대상으로 하는 가족레질리언스 강화 프로그램 개발 연구. **한국가족복지학회지**, 27(4), 175-208.

최지영, 곽금주, 전숙영, 민하영, 김경은 (2012). 한국 중년 남성의 집합주의, 직무만족 및 심리적 안녕감의 관계. **인간발달연구**, 19(2), 251-267.

최지원, 유혜원 (2018). 지혜로운 중년 부부의 부부관계 경험에 대한 질적 연구. **가족과 가족치료**, 26(1), 77-107.

통계청 (2016). 사회조사보도자료.

통계청 (2017). 2017년 사회조사결과(복지 · 사회참여 · 문화와 여가 · 소득과 소비 · 노동).

통계청 (2017). 장래가구추계 시도편: 2015-2045년.

한국가족학연구회 (1993). **이혼과 가족문제**. 서울: 하우.

한국보건사회연구원 (2015). 전국출산력 및 가족보건 복지실태조사.

한국여성개발원 (1999). 실업에 따른 가족생활과 여성의 역할변화에 관한 연구.

한인섭 (1992). 아동보호와 아동권리. **제8회 한국아동학대예방협회 세미나**, 1-10.

한정란 (1994). 세대공동체를 통한 노인교육 교육과정의 예시적 실천연구. **한국노년학**, 14(1), 140-153.

한정란, 최상민 (2004). 세대공동체 봉사학습을 통한 청소년의 노인에 대한 태도변화. *Andragogy Today: Interdisciplinary Journal of Adult & Continuing Education,* 7(4), 75-100.

함인희 (2001). 배우자 선택 양식의 변화: 친밀성의 혁명. **가족과 문화**, 13(2), 3-28.

행정안전부 보도자료 (2017. 11. 16). 외국인주민수 176만 명, 총인구 대비 3.4%-행정안전부, '지방자치단체 외국인주민 현황' 조사결과 발표.

홍달아기 (2003). 대학생의 배우자 선택성향에 대한 연구. **한국가족관계학회지**, 8(1), 75-97.

홍달아기, 하근영 (2002). 조보모-손자녀 유대관계가 노인부양의식에 미치는 영향-전북지역 대학생을 중심으로. **한국생활과학회지**, 11(2), 107-121.

홍봉선, 남미애 (2011). 청소년양육미혼모의 자녀양육과 자립을 위한 지역사회 지원체계 구축방안. **청소년학연구**, 18(9), 19-52.

홍숙자 (2004). 복지실천으로서의 노인문제상담 및 실제에 대한 소고. **우송대학교 논문집**, 753-770.

홍순혜, 김혜래, 이혜원, 변귀연, 정재연, 이상희, 조보라, 장샘 (2007). **청소년 미혼모의 교육권 보장 실태조사**. 광주: 국가인권위원회.

홍은영 (2010). 결혼만족과 부모-자녀 만족의 관계-청소년 자녀를 둔 학부모 중심으로. 고려대학교 대학원 석사학위논문.

황신정 (2018). 노인학대 중 경제적 학대에 대한 고찰. **사회보장법연구**, 7(1), 251-284.

황혜정, 임미란 (2017). 간호대학생의 셀프리더십과 의사소통 능력이 전문직업관과 심리적 안녕감에 대한 매개효과. **예술인문사회 융합 멀티미디어 논문집**, 7(10), 215-227.

Aldous, J. (1978). *Family careers: Developmental change in families*. NY: John Wiley & Sons.

Amato, P. R. (2000). The quensequences of divorce for adult and children. *Journal of Marriage and Family, 62*(4), 1269-11287.

Anderson, S., & Sabatelli, R. (1999). *Family interaction: A multigenerational developmental perspective*. Boston: Allyn and Bacon.

Arnold, M., & Pauker, S. (1987). *The first year of marriage*. NY: A Time Warner Company.

Bandura, A. (1997). *Self-efficacy: The experience of control.* NY: Freeman and Company.

Barash, D. P., & Lipton, J. E. (2002). **일부일처제의 신화**. 이한음 옮김. 서울: 해냄.

Barrett, A. E., & Turner, R. J. (2005). Family structure and mental health: The mediating effects of socioeconomic status, family process, and social stress. *Journal of Health and Social Behavior, 46*(2), 156-169.

Belsky, J. (1984). The determinants of parenting: A process model. *Child Development, 55*, 83-96.

Bengtson, V. L. (1975). Generations and family effect in value socialization. *American Sociological Review, 40*(3), 358-371.

Bengtson, V. L., & Robert, R. E. (1991). Intergenerational solidarity in aging families: An example of formal theory construction. *Journal of Marriage and Family, 53*, 856-870.

Bengtson, V., Giarrusso, R., Marby, B., & Silverstein, M. (2002). Solidarity, conflict and ambivalence: Complimentaty or competing perspectives on intergenerational relationship?. *Journal of Marriage and family, 64*, 568-576.

Bernard, J. (1982). *The future of marriage*. Yale University Press.

Biddle, B. J. (1976). *Role theory: Expectations, identities, and behaviors*. Chicago: Dryden Press.

Bigner, J. L. (1985). *Parent-child relations: An introduction to parenting* (2nd ed.). NY: Macmillan.

Bigner, J. L., & Gerhardt, C. G. (2018). *Parent-Child Relations: An Introduction to parenting* (9th cd). Pearson.

Bigner, J., & Pearson, J. (2014). *Parent-child relations: An introduction to parenting*. Boston: Pearson.

Blenkner, M. (1965). Social work and family relationships in later life with some thoughts on filial maturity. In E. Shanas & G. F. Streib (Eds.), *Social structure and the family: Generational relations*. Englewood Cliffs, NJ: Prentice Hall.

Boldwin, A. L. (1948). Socialization and the parent-child relationship. *Child Development*, *19*, 127-136.

Boss, P. (1987). Family stress. In M. B. Sussman, & S. K. Steinmetz (Eds.). *Handbook of marriage and the family* (pp. 695-724). NY: Plenum Press.

Boss, P. G., Doherty, W. J., LaRossa, R., Schumm, W. R., & Steinmetz, S. K. (Eds.) (1993). *Sourcebook of family theories and methods: A contextual approach.* NY: Plenum Press.

Boss, P., Doherty, W. J., LaRossa, R., Schumm, W. R., & Steinmetz, S. K. (1998). **가족학이론**. 유계숙, 최연실, 성미애 옮김. 서울: 문음사.

Brahma, A. (2008). **술취한 코끼리 길들이기**. 류시화 옮김. 서울: 연금술사.

Bronfenbrenner, U. (1989). Ecological systems theory. *Annuals of Child Development, 6*, 187-250.

Browing, D. (2000). *What is marriage? An exploration* (www.uchicago.edu/divinity/family).

Bubolz, M. M., Eicher, J. S., & Sontag, M. S. (1979). A human ecosystem: A model. *Journal of Home Economics, 71*, 28-30.

Burgess, E. W., & Locke, H. J. (1945). *The family: From institution to companionship*. NY: American Book.

Burr, W. (1970). Satisfaction with various aspects of marriage over the life cycle: A random middle class sample. *Journal of Marriage and the Family, 32*, 29-37.

Burr, W. R. (1973). *Theory construction and the sociology of the family*. NY: John Wiley.

Burr, W. R., Day, R. D., & Bahr, K. S. (1993). *Family science*. Belmont, CA: Brooks/Cole.

Buss, D. M., Goetz, C., Duntley, J. D., Duntley, J. D., Asaoa, K., & Conroy-Beam, D. (2017). The mate switching hypothesis. *Personality and Individual Differences, 104*, 143-149.

Cain, M. (2003). **무자녀 혁명**. 이한중 옮김. 서울: 북키앙.

Carolan, M. (2010). Sociological ambivalence and climate change. *Local Environment, 15*(4), 309-321.

Carter, B., & McGoldrick, M. (1988). *The changing life cycle: A framework for family therapy*. NY: Gardner Press.

Cartwright, D. (Ed.) (1959). *Studies in social power*. Ann Arbor: The University of Michgan press.

Chapman, G. D. (2015). *Anger: Training a powerful emotion*. Chicago: Moody Pub.

Cherlin, A. (2010). Demographic trends in the United States: A review of research in the 2000s. *Journal of M arriage & Family, 72*(3), 403-419, doi:10.111/j.1741-3737.2010.00710.x.

Cherlin, A., & Furstenberg, F. (1986). *The new American grandparent: A place in the family, a life apart*. NY: Basic Books.

Chung, H. (2003). *Korea. In international encyclopedia of marriage and the family*. McMillan Reference Group.

Cicirelli, V. G. (1972). The effect of sibling relationship on concept learning of young chidren thought by child teacher. *Child Development, 42*, 282-287.

Cicirelli, V. G. (1976). Family structure and interaction: Sibling effect on socialization. In M. Mcuillan & S. Hanao (Eds.). *Child psychatry: Treatment and research*. NY: Bruner/Mazel.

Cicirelli, V. G. (1976). Sibling teaching siblings. In V. Allen (Ed.), *Children as teachers*. NY: Academic.

Cicirelli, V. G. (1993). Attachment and obligation as daughter' motives for caregiving behavior and subsequent effect of subject burden. *Psychology and Aging, 8*, 144-155.

Coates, J. F., Mahaffie, J. B., & Hines, A. (1996). *2025: Scenarios of US and global society re-shaped by science and technology*. Oakhill Press.

Collins, W. A., Maccoby, E. E., Steinberg, L., Hetherington, E. M., & Bornstein, M. H. (2000). Contemporary research on parenting: The case for nature and nurture. *American psychologist, 55*, 218-232.

Conroy-Beam, D., & Buss, D. M. (2016). Do mate preferences influence actual mating decisions? Evidence from computer simulations and three studies of mated couples. *Journal of Personality and Social Psychology, 111*(1), 53-66.

Cowan. C., & Cowen, P. (1999). Becoming a parent. In A. Skolnick & J. Skolnick (1999). *Family in transition* (10th ed.) (pp. 189-201). NY: Longman.

Cox, F. (1999). *Human Intimacy: Marriage, the family and its meaning*. Belmont, CA: Wadsworth Publishing Company.

Cox, M. J., & Paley, B. (1997). Families as system. *Annual Review of Psychology, 48*, 243.

Cromwell, R. E., & Olson, D. H. (Eds.). (1975). *Power in families*. NY: John Wiley & Sons.

Crosbie-Burnett, M., & Lewis, E. A. (1993). Theoretical contributions from social, cognitive, and behavioral psychology. In P. G. Boss, G. W. Doherty, R. LaRossa, W. R. Schumm, & S. K. Steinmetz (Eds.), *Sourcebook of family theories and methods: A contextual approach.* NY: Plenum Press.

Darling, C. A. (1987). Family life education. In M. B. Sussman & S. K. Steinmetz (Eds.), *Handbook of marriage and the family*. NY: Plenum, 815-833.

Davis, K. (1985). Near and dear: Friendship and love compared. *Psychology Today*, Feb, 24.

De Vaus, D. A. (1986). *Surveys in social research.* Boston: George Allen & Unwin.

DeFrain, J., & Stinnett, N. (2002). Family strengths. In J. Ponzetti, *International encyclopedia of marriage and family* (pp. 637-642). MacMillan Reference USA.

Denton, W. & Denton, J. H. (1983). *Creative Couples: The Growth Factor in Marriage*. Philadelphia, Pennsylvania: Westminster Press.

Doherty, W. J. (1997). *The intentional family: Simple rituals to strengthen family ties*. NY: Avon Books.

Duncan, O. D. (1965). Human ecology. *Encyclopedia britannica, 7*, 923-924.

Duncan, S., Phillips, M., Carter, J., Roseneil, S., & Stoilova, M. (2014). Practices and perceptions of living apart together. *Family Science, 5*(1), 1-10, doi:10.1080/19424620.2014.927382.

Dunn, J., & Munn, P. (1985). Becoming a family member: Family conflict and the development and understanding. *Child Development, 56*, 480-492.

Duvall, E. (1977). *Marriage and family development*. NY: J. B. Lippincott Co.

Eastwick, P. W., Harden, K. P., Shukusky, J, A., Morgan, T. A., & Joel, J. (2017). Consistency and inconsistency among romantic partners over time. *Journal of Personality and Social Psychology, 112*(6), 838-859.

Elder, G. H., Conger, R. D., Foster, E. M., & Ardelt, M. (1992). Families under economic pressure. *Journal of Family Issues, 13*(1), 5-37.

Erber, R., & Erber, M. (2001). *Intimate relationships: Issues, theories, and research.* Needham Heights: Allyn & Bacon.

Eshelman, R. (2000). *The family* (9th ed.). Needham Heights: Allyn & Bacon.

Fehr, B., & Harasymchuk, C. (2017). A prototype matching model of satisfaction in same-sex friendships. *Personal Relationships, 24*(3), 683-693.

Fiese, B. H., Hooker, K. A., Kotary, L., & Schwagler, J. (1993). Family rituals in the early stages of parenthood. *Journal of Marriage and the Family, 55*(3), 633.

Fink, A. (1995). *The survey handbook*. Thousand Oaks, CA: Sage.

Fitzpatrick, M. (1988). *Between husbands and wives: Communication in marriage*. Newbury Park, CA: Sage.

Fitzpatrick, M., & Badzinski, D. M. (1985). All in the family: Interpersonal communication in kin relationships. In M. L. Knapp & G. R. Miller (Eds.), *Handbook of Interpersonal Communication* (pp. 687-736). Beverly Hills, CA: Sage.

Fitzpatrick, M., & Best, P. (2009. 2, Jun.). Dyadic adjustment in relational types: Consensus, cohesion, affectional expression, and satisfaction in enduring relationships. 167-178 (doi.org/10.1080/03637757909376004).

Fowler, F. J. (1984). *Survey research methods*. London: Sage.

Fraccaro, P. J., Jones, B. C., Vukovic, J., & DeBruine, L. M. (2011). Experimental evidence that women speak in a higher voice pitch to men they find attractive. *Journal of Evolutionary Psychology, 9*(1), 57-67.

French, J. R., & Raven, B. (1959). The bases of social power. In D. Cartwright (Ed.), *Studies in social power* (pp. 150-167). Ann Arbor: University of Michigan Press.

Frey, J. H. (1983). *Survey research by telephone*. Beverly Hills, CA: Sage.

Galinsky, E. (1992). **자녀와 더불어 성장하는 부모: 부모기의 6단계**. 김세희, 김정준, 송미선, 장화선, 전선옥 옮김. 파주: 양서원.

Ganong, L. H., Jamison, T. B., & Chapman, A. (2016). Assessing differences in intimate partner obligations based on relationship status, gender, and parental status. *Journal of Social and Personal Relationships, 33*(7), 867-891.

Ganong, L., & Coleman, M. (1994). *Remarried family relationship*. Thousand Oaks, CA: Sage.

Germain, C. B. (Ed.). (1979). *Social work practice: People and environments*. NY: Columbia university press.

Germain, C. B., & Gitterman, A. (1980). *The life model of social work practice*. NY: Columbia university press.

Gerson, K. (2003). Children of the gender revolution: Some theoretical questions and findings from th field. In A. Skolnick & J. Skolnick (Eds.), *Family in transition* (pp. 103-114). Boston: Allyn & Bacon Pub.

Giarrusso, R., Silverstein, M., Gans, D., & Bentson, V. L. (2005). Aging parents and adult children: New perspectives on intergeneratioanl relationships. In M. Johnson, V. L. Bengtson, P. G. Coleman & T. Kirkwood (Eds.), *Cambridge handbook on aging* (pp. 413-421). Cambidge, UK: Cambridge University Press.

Giddens, A. (2003). 현대사회의 성, 사랑, 에로티시즘: 친밀성의 구조변동. 배은경, 황정민 옮김. 서울: 새물결.

Giele, J. (2003). Decline the family: Conservative, liberal, and feminist view. In A. Skolnick & J. Skolnick (Eds.), *Family in transition* (57-75). Boston: Allyn & Bacon Pub.

Goddard, H. W., & Marshall, J. P. (2004). Managing stress: Turning challenges into blessings. Booklet published by University of Arkansas.

Goldschneider, F. (2000). Men, children, and the future of the family in the third millenium. *Futures, 32*, 525-538.

Goode W. J. (2009). The theoretical importance of the family. In A. S. Skolnick & J. H. Skolnick (Eds.), *Family in transition* (15th ed.) (pp. 13-25). Boston: Allyn & Bacon Pub.

Goode, W. (1982). *The family* (2nd ed.). Englewood Cliffs: Prentice Hall.

Gottman, J. M. (1994). *What predict divorce?* Hillsdale, NJ: Lawrence Erbaum Associates.

Gottman, J. M., & Levenson, R. W. (1988). The social psychophy of marriage. In P. Noller & M. A. Fitzpatrick (Eds.), *Perspectives on martial interaction* (pp.182-200). Philadelphia: Multilingual Master.

Gottman, J. M., Coan, J., Carrere, S., & Swanson, C. (1998). Predicting marital happiness and stability from newlywed interactions. *Journal of Marriage and the Family, 60*, 5-22.

Gray, P. B., Volsche, S. L., Garcia, J. R., & Fisher, H. E. (2015). The roles of pet dogs and cats in human courtship and dating. *Anthrozoos, 28*(4), 673-683.

Greenhaus, J. H., & Beutell, N. J. (1985). Sources of conflict between work and family Roles. *Academy of management Review, 10*(1), 76-88.

Gross, M. (2003). Gifted and talented children, In Ponzetti, J. J. (Ed.), *International encyclopedia of marriage and family* (pp. 748-753). NY: MacMillan, Reference USA.

Hajal, F., & Rosenberg, E. B. (1991). The family life cycle in adoptive families. *American Journal of Orthopsychiatry, 61*(1), 78-96.

Hamon, R., & Whitney, K. R. (2003). Filial responsibility. In J. J. Ponzctti Jr. (Ed.), *International encyclopedia of marriage and family,* (2nd ed.) (pp. 673-679), NY: MacMillan Reference USA.

Hanks, R. S., & Ponzetti, J. J. (2004). Family studies and intergenerational studies: Intersections and opportunities. *Journal of Intergenerational Relationships, 2*(3/4), 5-22.

Hawkins, J., Weisberg, C., & Ray, D. (1980). Spouse differences in communication style preference, perception, behavior. *Journal of Marriage and the Family, 42*(3), 585-593.

Hernandez, D., & Myers, D. (2003). Revolutions in children's lives. In A. Skolnick & J. Skolnick (Eds.), *Family in transition* (12th ed.) (pp. 263-283). Boston: Allyn & Bacon Pub.

Hill, R., & Hanson, D. A. (1960). The identification of conceptual frameworks utilized in family study. *Marriage and Family Living, 22*, 299-311.

Hoffman, L. (1989). Effects of maternal employment in the two-parent family. *American Psychologist, 44*, 283-292.

Hoffman, L. W., & Manis, J. D. (1979). The Value of Children in the United States: A New Approach to the study of fertility. *Journal of Marriage and Family, 41*(3), 583-596.

Hunsley, J., & Pinsent, C. (1995). Construct validity of the short forms of the dyadic adjustment scale. *Family Relations, 44*(3), 231-241.

Jencks, C., & Mayer, S. (1980). The social consequences of growing up poor neighborhood. In L. Lynn & G. McGeary (Eds.), *Inner-city poverty in the United States*.

Johnson, C. L. (1996) Cultural diversity in the late-life family. In R. Bleszner & V. Bedford (Eds.), *Aging and family: Theory and research*. Westport, CT: Greenwood Press.

Kamerman, S. et al. (2003). Social policies, family types and child outcomes in selected OECD countries, *OECD social, employment and migration working papers, 6*, OECD Publishing, Paris.

Kantor, D., & Lehr, W. (1975). *Inside the family: Toward a theory of family process.* San Francisco: Jossey-Bass.

Kertzer, D. I. (1983). Generation as a sociological problem. *Annual Review of Sociology, 9*, 125-149.

Kieffer, C. (1977). New depths in intimacy. In R. Libby & R. Whitehurst (Eds.), *Marriage and alternatives: Exploring intimate relationships*, 267-293.

Klimek, D. (1979). *Beneath mate selection and marriage: The unconscious motives in human pairing.* NY: Van Nostrand Reinhold. 13.

Kline, R., & Johnson, M. (2000). Strategies of couple conflict. In R. Milardo & S. Duck (Eds.), *Families as relationships* (pp. 79-98). London: Wiley.

Kornhaber, A. (1996). *Contemporary grandparenting*. Thousand Oaks, CA: Sage.

Lamb, M. E. (1997). The development of father-infant relationships. In M. Lamb (Ed.), *The role of father in child development.* NY: Wiley.

Lange, B. P., Hennighausen, C., Brill, M., & Schwab, F. (2016). Only cheap talk after all? New experimental psychological findings on the role of verbal proficiency in mate choice. *Psychology of Language and Communication, 20*(1), 1-22.

Langton, C. E., & Berger, L. M. (2011). Family structure and adolescent physical health, behavior, and emotional well-being. *Social Service Review, 85*(3), 323-357.

Laszloffy, T. A. (2002). Systemic family development (SFD) model. *Family Relations, 51*(3), 206-214.

Lavee, Y., & Dollahite, D. (1991). The linkage between theory and research in family science. *Journal of Marriage and the Family, 53*, 364.

Levinger, G. (1965). Marital cohesiveness and dissolution: An integrative review. *Journal of Marriage and the Family, 27*, 19-28.

Lindsey, E., Easterling, B., & Knox, D. (2016). Taking chances in romantic relationships. *College Student Journal, 50*(2), 241-245.

Livson, F. B. (1981). Paths to psychological health in the middle years: Sex differences. In D. H. Eichorn, J. A. Clausen, N. Haan, & M. P. Mussen (Eds.), *Present and post in middle life* (pp. 195-222). NY: Academic Press.

Luescher, K., & Pillemer, K. A. (1998). Intergenerational ambivalence: A new approach to the study of parent-child relations in later life. *Journal of Marriage and Family, 60*, 413-425.

Luscher, K. (2002). Integenerational ambivalence: Further steps in theory and research. *Journal of marriage and Family, 64*(3), 585-593.

Lyssens-Danneboom, V., Eggermont, S., & Mortelmans, D. (2013). Living apart together (LAT) and law: Exploring legal expectations among LAT individuals in Belgium. *Social & Legal Studies, 1-20*, doi:10.1177/0964663913478960.

Manen, M. (1990). Beyond assumptions: Shifting the limits of action research. In M. Manen, *Theory into practice* (pp. 152-157). Taylor & Francis.

Mark, K., Herbenick, D., Fortenberry, D., Sanders, S., & Reece, M. (2014). The object of sexual desire: examining the "what" in "what do you desire?". *Journal of Sexual Medicine, 11*(11), 2709-2719.

Marks, S. (1989). Toward a systems theory of marital quality. *Journal of Marriage and the Family, 51*(1), 15-26.

Martin-Matthews, A., & Kobayashi, K. M. (2009). Intergenerational transmission. *The Marriage and Family Encyclopedia*. Retrieved May, 201.

McCubbin, H. I., Cauble, A. E., & Patterson, J. M. (Eds.) (1982). *Family stress, coping and social support*. Springfield, Ill.: Charles C. Thomas.

McCubbin, H., & Patterson, J. (1983). The family stress process: The double ABC-X model of adjustment and adoptation. *Marriage and the Family Review, 6*, 7-37.

Menkin, J., Robles, T. F., Wiley, J. F., & Gonzaga, G. C. (2015). Online dating across the life span: Users' relationship goals. *Psychology and Aging, 30*(4), 987-993.

Miller, B. C. (1986). *Family research methods*. Beverly Hills, CA: Sage.

Morrison, B. M. (1974). The importance of balanced perspective: The environment of man. *Man-Environment Systems, 4*, 171-178.

Munro, B., & Munro, G. (2003). Definition of family. In J. J. Ponzetti Jr. (Ed.), *International encyclopedia of marriage and family,* (2nd ed.) (pp. 549-555). NY: MacMillan Reference USA.

Murstein, B. I. (1980). Mate selection in the 1970's. *Journal of Marriage and the Family, 42*, 777-792.

Murstein, B. I. (1986). *Path to marriage*. Beverly Hills, CA: Sage.

Noller, P., & Fitzpatrick, M. A. (1993). *Communication in family relationships*. Englewood Cliffs, NJ: Prentice-Hall.

Norton, R. (1983). Measuring marital quality: A critical look at the dependent variables. *Journal of marriage and the family, 45*, 141-151.

Nydegger, C. N. (1991). The development of paternal and filial maturity. In K. Pillemer & K. McCartney (Eds.), *Parent-child relations throughout life*. Hillsdale, NJ: Lawrence Erlbaum Associates.

Nye, F. I. (1988). Fifty years of family research, 1937-1987. *Journal of Marriage and the Family, 50*(2), 305-316.

OECD (2017). *Taxing wages 2017*, OECD publishing, Paris.

Olson, D., & DeFrain, J. (2000). *Marriage and the family: Diversity and strength* (3rd ed.). Mountain View: Mayfield Publishing Company.

Papalia, D. E., Olds, S., & Feldman, R. (1991). **인간발달 I.** 박성연 옮김. 서울: 교육과학사.

Pathus, S., Nevid, J., & Finchner-Rathus, L. (1998). *Essentials of Human sexuality*, 122-126.

Peterson, G. W., & Rollins, B. C. (1987). Parent-child socialization. In M. B. Sussman & S. K. Steinmetz (Eds.), *Handbook of marriage and the family*, 471-507.

Powell, L., & Cassidy, D. (2001). *Family life education.* Mountain View, Ca: Mayfield Publishing Co.

Regnier-Loilier, A., Beaujouan, E., & Villeneuve-Gokalp, C. (2009). Neither single, nor in a couple: A study of living apart together in France. *Demographic Research, 21*(4), doi:10.4054/DemRes.2009.21.4.

Reimondos, A., Evans A., & Edith, G. (2011). Living-apart-together (LAT) relationships in Australia. *Family Matters, 87*, 43-55.

Roberts, L. C., & Blaton, P. W. (2001). I always knew mom and dad loved me best: Experiences of only child. *The Journal of Individual Psychology, 57*(2), 125-140.

Rogers, J. (2013). **백만장자 아빠가 딸에게 보내는 편지.** 최성환, 김치안 옮김. 서울: 한국경제매거진.

Rollins, B., & Feldman, H. (1970). Marital satisfaction over family life cycle. *Journal of Marriage and the Family, 32*, 20-28.

Rosen, D. (1999). What is a family? Nature, culture, and the law. In A. Skolnick & J. Skolnick, *Family in transition* (10th ed.), 53-63. NY: Longman.

Rosen, K., & Rothbaum, F. (2003). Attachment: Parent-child relationships. In J. J. Ponzetti Jr. (Ed.), *International encyclopedia of marriage and family, 1* (2nd ed.) (pp. 103-111), NY: MacMillan Reference USA.

Russell, B. (2011). **행복의 정복.** 이순희 옮김. 서울: 사회평론.

Sabatelli, R., & Anderson, S. (1991). Family syatem dynamics, peer relationship, and adolescents' psychological adjustment. *Family Relations, 40*, 363-369.

Sadler, W. (2000). **서드에이지, 마흔 이후 30년.** 김경숙 옮김. 서울: 사이.

Schacht, R., & Grote, M. (2015). Partner choice decision making and the integration of multiple cues. *Evolution and Human Behavior, 36*(6), 456-466.

Schumm, W., Nichols, C., Schectman, K., & Grigsby, C. (1983). Characteristics of responses to the Kansas Marital Satisfaction Scale by a sample of 84 married mothers. *Psychological Report, 53*, 567-572.

Schwartz, M. A., & Scott, B. M. (1994, 2006). *Marriages and families: Diversity and change.* Englewood Cliffs, NJ: Prentice Hall.

Schwartz, P. (1999). Peer marriage. In A. Skolnick & J. Skolnick, *Family in transition* (10th ed.) (pp. 154-163). NY: Longman.

Skolnick, A. (2009). Grounds for marriage: How relationships succeed or fail. In A. S. Skolnick & J. H. Skolnick (Eds.) (15th ed.), *Family in transition* (pp. 192-201). Boston: Allyn & Bacon Pub.

Skolnick, A. S., & Skolnick, J. H. (Eds.) (2009). *Family in transition* (15th ed.). Boston: Allyn & Bacon Pub.

Slater, S., & Mencher, J. (1991). The lesbian family life cycle: A contextual approach. *American Journal of Orthopsychiatry, 61*(3), 372-382.

Spanier, G. (1976). Measuring dyadic adjustment. *Journal of Marriage and the Family, 38*, 15-28.

Spanier, G., & Furstenberg, F. (1987). Remarriage and reconstituted families, In M. B. Sussman and S. D. Steinmetz (Ed.), *Handbook of marriage and the family*, 419-432, NY: Plenum.

Spring, J. A., & Spring, M. (2012). *After the affair*. William Morrow & Co.

Stanley, S. M., Markman, H. J., & Whittion, S. (2002). Communication, conflict, and commitmen: Insights on the foundations of relationship success from a national survey. *Family Process, 41*(4), 659-675.

Steinbach, A. (2008). Intergenerational solidarity and ambivalence: Types of relationships in German families. *Journal of Comparative Family Studies, 39*(1), 115-127.

Stinnett, N., & DeFrain, J. (1985). *Secrets of Strong Families*. Boston: Little, Brown and Company.

Strong, B., & DeVault, C. (1992). *The marriage and family experience* (5th eds.). St. Paul: West publishing Company.

Thomas, D. L., & Wilcox, J. E. (1987). The rise of family theory. In M. B. Sussman & S. K. Steinmetz (Eds.), *Handbook of marriage and the family*. NY: Plenum Press.

Time (2001. 3. 19). *Sex in Asia*. 31-33.

Trochim, W. K. Social research methods knowledge base.(www.compadre.org/per/items/detail.cfm?ID=1116).

Tskhay, K. O., Clout J. M., & Rule, N. O. (2017). The impact of health, wealth, and attractiveness on romantic evaluation from photographs of faces. *Archives of Sexual Behavior*, 1-12.

Valentova, J. V., Varella, M,. A. C., Bartova, K., Sterbova, Z., & Dixson, J. W. (2017). Male preferences and choices for facial and body hair in heterosexual women and homosexual men: Influence of sex, population, homogamy, and imprinting-like effect. *Evolution and Human Behavior, 38*(2), 241-248.

Veevers, J. (1973). The social meanings of parenthood. *Psychiatry 36*, 291-310.

Visher, E. B., & Visher, J. S. (1990). Dynamics of successful stepfamilies. *Journal of Divorce & Remarriage, 14*, 3-12.

Waite, L. J., Browning, D., Doherty, W. J., Gallagher, M., Luo, Y., & Stanley, S. M. (2002). *Does divorce make people happy? Findings from a study of unhappy marriages*. Institute for American Values.

Walcheski, M., & Bredehoft, D. (2003). Internal dynamics of families. In M. J. Walcheski & D. J. Bredehft (Eds.), *Family life education: Integrating theory and practice* (68-74). NCFR.

Wallerstein, J., Lewis, J., & Blakslee, S. (2000). *The unexpected legacy of divorce*. NY: Hyperion.

Ward, C. (2006). Acculturation, identity, and adaptation in dual heritage adolescents. *International Journal of Intercultural Relations, 30,* 243-259.

Warren, N. C. (1992). *Finding the Love of your life*. Colorado Spring, Colorado: Focus on the Family Publishing.

Weeks, J. (1986). *Family studies: Information and resources.* Yorkshire: British Library.

Whyte, M. K. (1992). *Choosing mates-the American way*., doi:10.1007/BF02695300.

Whyte, S., Torgler, B., & L. Harrison, K. (2016). What women want in their sperm donor: A study of more than 1000 women's sperm donor selections. *Economics & Human Biology, 23*, 1-9.

Williams, B. K., Sawyer, S. C., & Wahlstrom, C. M. (2006). *Marriages, families, and intimate relationships: A practical introduction*. Boston, MA: Allyn and Bacon.

Winch, R. (1958). *Mate selection: A study of complementary needs*. NY: Harper and Brothers.

Wolin, S. J., & Bennett, L. A. (1984). Family rituals. *Family Process 23*, 401-420.

찾아보기

저자소개

정현숙은 연세대학교에서 학 · 석사를 받고 미국 Ohio State University에서 가족학 박사학위(Ph. D.)를 받았다.
현재 상명대학교 가족복지학과 교수로 재직 중이다. 남편과 남편만 좋아하는 셔틀랜드 쉽독 진돌과 함께 살고 있으며, 아들과 며느리가 있으며 곧 할머니가 될 예정이다.

가족관계

초판발행 2019년 9월 10일 **1판 1쇄 발행** | 2020년 3월 10일 **1판 2쇄 발행**
2021년 9월 10일 **1판 3쇄 발행** | 2024년 9월 10일 **1판 4쇄 발행**

지은이 정현숙
펴낸이 최용구 | 펴낸곳 도서출판 **신정**
주소 (04316) 서울시 용산구 원효로 89길 19 (원효로1가)
전화 02)3211-4782, 0266(영업부), 3211-4783(편집부), 3211-4784(팩스)
이메일 shinjeong72@naver.com | **홈페이지** www.sjbook.co.kr
등록 2001년 5월 11일 제13-702호
기획마케팅 최용구 장만동 최충구 송대용 | **책임편집** 석기은 황가연 | **표지** SDY

ISBN 978-89-5912-494-7 93590
정가 18,000원